江西省民营经济研究会文库

U0582945

江西民营经济年鉴

2015

主　编：蒋金法　龚培兴　副主编：曹元坤　胡大立

经济管理出版社
ECONOMY & MANAGEMENT PUBLISHING HOUSE

图书在版编目（CIP）数据

江西民营经济年鉴 2015/蒋金法，龚培兴主编 . —北京：经济管理出版社，2017.6
ISBN 978 - 7 - 5096 - 5151 - 3

Ⅰ. ①江…　　Ⅱ. ①蒋… ②龚…　　Ⅲ. ①民营经济—江西—2015—年鉴　　Ⅳ. ①F121. 23 - 54

中国版本图书馆 CIP 数据核字（2017）第 121514 号

组稿编辑：杜　菲
责任编辑：杜　菲
责任印制：司东翔
责任校对：超　凡　王纪慧

出版发行：经济管理出版社
　　　　　（北京市海淀区北蜂窝 8 号中雅大厦 A 座 11 层　　100038）
网　　　址：www. E - mp. com. cn
电　　　话：（010）51915602
印　　　刷：三河市延风印装有限公司
经　　　销：新华书店
开　　　本：787 × 1092/16
印　　　张：18. 5
字　　　数：478 千字
版　　　次：2017 年 6 月第 1 版　　2017 年 6 月第 1 次印刷
书　　　号：ISBN 978 - 7 - 5096 - 5151 - 3
定　　　价：98. 00 元

前　言

2015 年，是江西省民营经济发展进一步取得优异成绩的一年。

在这一年中，江西省委、省政府出台了一系列文件，举办了一系列活动，极大地促进了江西非公有制经济更好更快地发展。当年 8 月在广州召开的江西现代服务业招商推介会上，基于江西的区位优势、生态优势、资源优势及不断改善的投资环境喊出的"选择江西，就选择了发展；选择江西，就选择了成功！"让民营企业家激情澎湃。

在这一年中，江西省借助全国工商联十一届四次执委会议在江西召开的有利契机，主打"民企入赣"主题招商牌，坚持一手抓项目对接，一手抓项目落地，取得了显著的成效。围绕"民企入赣"主题，省级层面采用"走出去"与"请进来"相结合的方式，开展了"11＋3"主题招商引资活动。11 个设区市和县（市、区）也以各种形式举办了不同层级、不同规模的会见走访、项目推介和对接洽谈等活动。

在这一年中，由全国工商联和江西政府联合举办的"全国知名民营企业助推江西发展升级大会"在南昌举行，大会创下了江西省一次性集中到会客商层次最高、规模最大的纪录。时任江西省委副书记、省长鹿心社出席大会并讲话。他指出，推动全国知名民营企业入赣，合作互利、共谋发展，是江西省委、省政府的一项重要部署，是全国工商联支持江西发展的重要举措，既为江西发展提供了新动力，也为民营经济发展提供了"江西机会"。江西省委、省政府历来高度重视民营经济发展，将一如既往进一步全面深化改革，加强法制建设，为民企入赣助推江西发展、升级营造更加公正、透明、稳定的营商环境。要以良好的制度环境为民营企业来赣投资创业提供坚强保障；要以良好的营商环境为民营企业来赣发展提供高效便捷服务；要以良好的法治环境保护企业和投资者的合法权益。

在这一年中，在省委、省政府领导高度重视下，在各项有利于民营经济发展的政策和措施的推动下，在民营经济发展环境不断优化的前提下，江西省的民营经济取得了令人瞩目的发展成绩。在江西省人民政府 12 月 18 日举行的新闻发布会上，省工商联主席雷元江介绍，"进入新世纪以来，我省经济发展速度在全国排名逐步前移，2015 年更是再创新纪录！"其中，江西省非公有制经济贡献巨大，支撑了江西省经济发展的半壁江山，成为新形势下保增长、促发展的主要动力源泉。

"雄关漫道真如铁，而今迈步从头越！"我们在看到江西民营经济发展取得成绩的同时，还必须看到发展中的不足：与发达省份相比，江西省在非公经济发展方面还存在着不少差距；"与全省'发展升级、小康提速、绿色崛起、实干兴赣'的奋斗目标相比，江西非公企业发展仍不充分，还有很大的发展潜力和提升空间。"因此，更好更快发展江西民营经济还需要付出更大的努力。

"前事不忘，后事之师！"在新形势新矛盾下要推进民营经济更好更快发展，我们需要对过往的发展成绩予以记载，以鼓舞人们的干劲，也需要在过往的发展历程中总结经验和教训，汲取营养，探寻推进民营经济持续健康发展的路径。迎着这一历史呼唤，在省领导和省非公领导小组的关心和支持下，2014年，江西省工商联主持启动了每年编辑出版《江西民营经济年鉴》的工程，填补了这一研究领域的历史空白。根据顶层设计，年鉴的编写由江西省工商联、江西省民营经济研究会委托江西财经大学主持成立专项课题组，组织专家学者完成。江西省工商联的主要领导不但为年鉴的编写倾注了大量的心血，而且为年鉴的编写提供了良好的条件。《江西民营经济年鉴2014》已于2016年出版发行，它的问世，受到了社会各界的好评。现在，《江西民营经济年鉴2015》也将问世。

《江西民营经济年鉴2015》的编辑，坚持客观记录和真实反映2015年度江西民营经济运行的经济贡献、创新能力、主要活动、发展环境等方面的情况。本年鉴的主要内容包括江西民营经济发展概况、民营经济政策法规、民营经济统计资料、民营经济科技创新、工商联与商会组织、县（市）民营经济、重点产业民营企业、民营企业社会责任、民营经济研究组织与成果、民营企业排行榜以及大事记等。在内容上，本年鉴尽可能做到结构科学、内容丰富、资料翔实、数据客观，力求为广大读者了解、研究江西民营经济发展发挥富有意义和价值的参考作用。

作为一项原则性强、工作量大、涉及面广的文化工程，《江西民营经济年鉴2015》的编写和出版能够顺利地进行，首先应该归功于江西省工商联的坚强领导、江西省民营经济研究会和江西财经大学的精诚协作，得力于年鉴编撰部同仁的专注努力，同时还要真诚感谢经济管理出版社的敬业精神和出版支持！

目　录

第一章 江西民营经济发展概况

一、江西民营经济基本情况

2015 年，既是全面推进商事制度改革的第二年，又是全面完成"十二五"规划的收官之年。根据江西省工商局统计调查结果显示，总体来看，2015 年底，全省民营企业总数达 40.43 万户，比上年同期增长 22.92%；注册资本总额达 1.67 万亿元，比上年同期增长 42.47%。全省新登记民营企业 8.85 万户，比上年同期增长 19.14%，占新登记企业的比重达 94.12%；新登记民营企业注册资本 4155.79 亿元，比上年同期增长 37.85%，占新登记企业注册资本的比重达 78.09%；新登记民营企业户均资金规模 469.79 万元，比上年同期户均资金规模扩大了 15.7%（见图 1 - 1 ~ 图 1 - 3）。

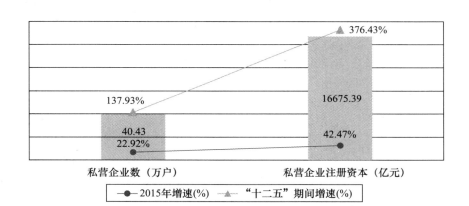

图 1 - 1　2015 年江西省民营企业增长变化情况

从就业人数来看，2015 年全省新登记私营企业从业人数 74.28 万人，比上年同期略下降 1.22%；其中投资者 16.08 万人，比上年同期增长 17.88%，雇工人数 58.2 万人，比上年同期下降 5.45%。截至 2015 年底，全省私营企业从业人数实有 459.02 万人，比上年同期增长 15.17%；其中投资者 79.14 万人，比上年同期增长 19.27%，雇工人数 379.88 万人，比上年同期增长 14.35%。私营企业城镇从业人员 261.52 万人，在城镇就业比重达 56.97%，比上年提高了 2.26 个百分点。

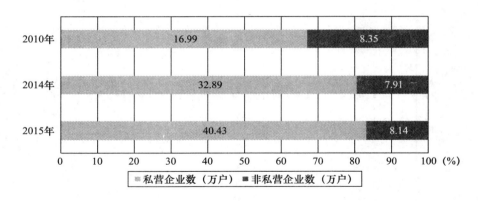

图 1 – 2　2010～2015 年江西省民营企业增长变化

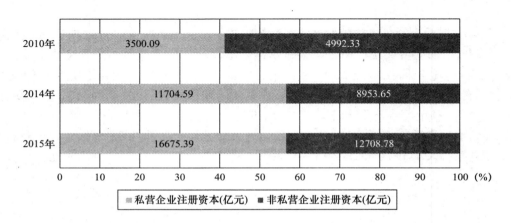

图 1 – 3　2010～2015 年江西省民营企业注册资本变化

资料来源：http://www.jxaic.gov.cn/jx/dxzsy.html.

　　从民营企业规模来看，截至 2015 年底，资金规模在 100 万元以下的私营企业有 19.74 万户，比上年同期增长 9.88%；资金规模在 100 万~500 万元的私营企业有 12.72 万户，比上年同期增长 37.87%；资金规模在 500 万~1000 万元的私营企业有 3.88 万户，比上年同期增长 39.89%；资金规模在 1000 万元到 1 亿元的私营企业有 3.92 万户，比上年同期增长 39.21%；资金规模在 1 亿元以上的私营企业有 1680 户，比上年同期增长 55.84%。私营企业集团达 545 户，比上年同期增长 6.45%。全省个人独资企业户数为 4.24 万户，比上年同期增长 14.85%，个人独资企业出资额 392.39 亿元，比上年同期增长 19.77%；合伙企业 1.9 万户，比上年同期增长 17.42%，合伙企业出资额 1845.2 亿元，比上年同期增长 115.77%，其中有限合伙企业 3365 户，比上年同期增长 162.28%，有限合伙企业出资金额 1661.69 亿元，比上年同期增长 141.33%；私营有限责任公司 14.13 万户，比上年同期增长 24.29%，私营有限责任公司注册资本 14029.71 亿元，比上年同期增长 37.23%，其中自然人独资的一人有限公司 6.46 万户，比上年同期增长 70.74%，自然人独资的一人有限公司注册资本 1666.29 亿元，比上年同期增长 70.32%；私营股份有限公司 1723 户，比上年同期增长 30.83%，私营股份有限公司注册资本 408.09 亿元，比上年同期增长 36.8%（见图 1 – 4 ~ 图 1 – 6）。

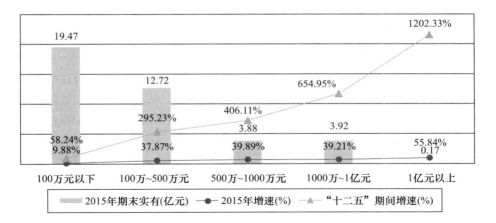

图1-4 2015年江西省民营企业规模划分

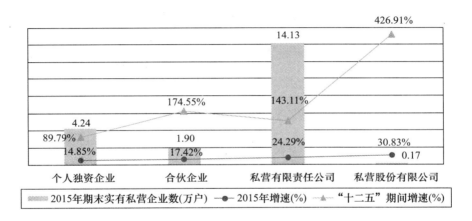

图1-5 2015年江西民营企业按类型划分

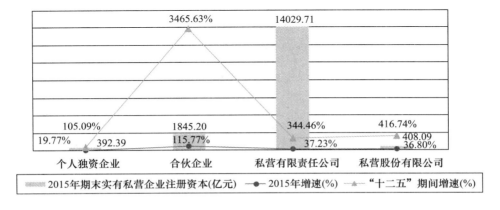

图1-6 2015年江西民营企业按类型划分

资料来源：http://www.jxaic.gov.cn/jx/dxzsy.html.

二、江西民营企业产业及行业分布情况

截至 2015 年底，全省私营企业户数产业分布为第一产业 2.59 万户，比上年同期增长 26.19%，第二产业 9.81 万户，比上年同期增长 14.91%，第三产业 28.04 万户，比上年同期增长 25.69%，产业比重调整为 6.4∶24.25∶69.35，第一产业比重比"十一五"末提高了 0.66 个百分点，第三产业比重比"十一五"末提高了 5.93 个百分点；私营企业注册资本产业分布为第一产业 974.32 亿元，比上年同期增长 46.18%，第二产业 5040.64 亿元，比上年同期增长 33.94%，第三产业 10660.43 亿元，比上年同期增长 46.54%，产业比重调整为 5.84∶30.23∶63.93，第一产业比重比"十一五"末提高了 0.75 个百分点，第三产业比重比"十一五"末提高了 5.77 个百分点（见图 1－7）。

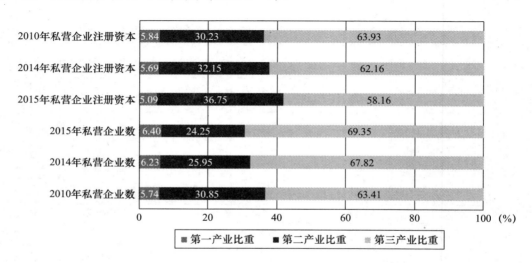

图 1－7　江西省民营企业产业结构变化情况

资料来源：http：//www.jxaic.gov.cn/jx/dxzsy.html.

截至 2015 年底，全省私营企业在批发和零售业达 13.79 万户，注册资本达 3451.49 亿元，比上年同期分别增长 22.96%、34.81%；在租赁和商务服务业 6.01 万户，注册资本 3304.67 亿元，比上年同期分别增长 36.37%、83.79%；在制造业 6.54 万户，注册资本 2994.66 亿元，比上年同期分别增长 12.15%、20.35%。从注册资本产业增幅来看，"十二五"期间，批发和零售业注册资本增长 359.07%，超过制造业成为资金密集第一大行业，租赁和商务服务业注册资本增长 1187.67%，超过制造业、房地产业成为资金密集第二大行业，制造业注册资本增长 229.63%，排在资金密集第三大行业。

"十二五"期间，除租赁和商务服务业外，私营企业行业注册资本增幅高于行业平均增幅的有：金融业增长 1047.26%，达 847.32 亿元；科学研究和技术服务业增长 797.51%，达 274.21 亿元；卫生和社会工作增长 718.02%，达 18.57 亿元；文化体育和娱乐业增长 593.96%，达 95.73 亿元；建筑业增长 583.28%，达 1785.89 亿元；信息传输、软件和信息技术服务业增长 569.73%，达 302.59 亿元；水利环境和公共设施管理业增长 533.59%，达 127.93 亿元；农林牧渔业增长 485.86%，达 1043.55 亿元（见图 1－8 和图 1－9）。

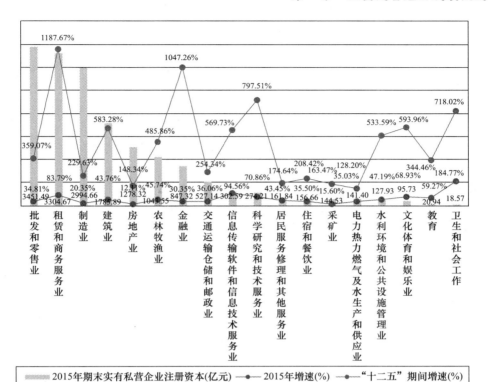

图1-8 江西省民营企业注册资本行业增长变化

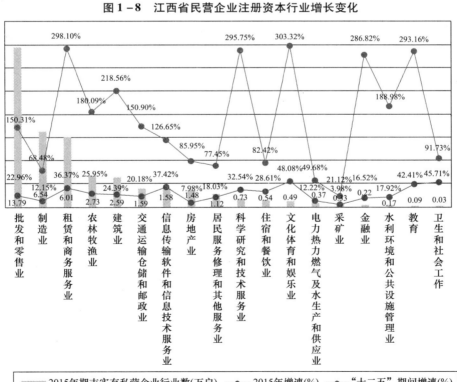

图1-9 江西省民营企业行业增长变化情况

资料来源：http://www.jxaic.gov.cn/jx/dxzsy.html.

三、江西民营企业区域分布情况

截至 2015 年底，南昌市私营企业达 10 万户，注册资本 3887.92 亿元，比上年同期分别增长 23.19%、44.47%；赣州市私营企业 5.56 万户，注册资本 1965.15 亿元，比上年同期分别增长 27.54%、35.1%；九江市私营企业 4.54 万户，注册资本 1975.26 亿元，比上年同期分别增长 14.35%、31.39%；上饶市私营企业 4.48 万户，注册资本 1747.76 亿元，比上年同期分别增长 25.06%、42.85%；宜春市私营企业 4.12 万户，注册资本 1670.67 亿元，比上年同期分别增长 23.08%、25.45%；吉安市私营企业 3.12 万户，注册资本 1095.76 亿元，比上年同期分别增长 21.83%、38.16%；抚州市私营企业 2.72 万户，注册资本 878.21 亿元，比上年同期分别增长 18.81%、32.76%；新余市私营企业 1.74 万户，注册资本 956.31 亿元，比上年同期分别增长 29.39%、58.84%；萍乡市私营企业 1.59 万户，注册资本 732.99 亿元，比上年同期分别增长 27.15%、55.17%；景德镇市私营企业 1.22 万户，注册资本 320.74 亿元，比上年同期分别增长 21.32%、40.26%；鹰潭市私营企业 1.22 万户，注册资本 1058.3 亿元，比上年同期分别增长 28.63%、131.65%（见图 1-10、图 1-11）。

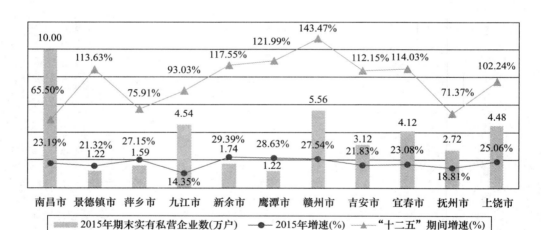

图 1-10 江西省各区市民营企业数量变化情况

资料来源：http://www.jxaic.gov.cn/jx/dxzsy.html.

"十二五"期间，私营企业户数增速排名依次为：赣州市 143.47%、鹰潭市 121.99%、新余市 117.55%、宜春市 114.03%、景德镇市 113.63%、吉安市 112.15%、上饶市 102.24%、九江市 93.03%、萍乡市 75.91%、抚州市 71.37%、南昌市 65.50%（见图 1-10）。私营企业注册资本增速排名依次为：鹰潭市 527.63%、新余市 365.53%、萍乡市 335.18%、赣州市 278.27%、景德镇市 256.63%、上饶市 251.13%、吉安市 248.57%、九江市 230.98%、宜春市 221.22%、抚州市 217.40%、南昌市 185.34%（见图 1-11）。

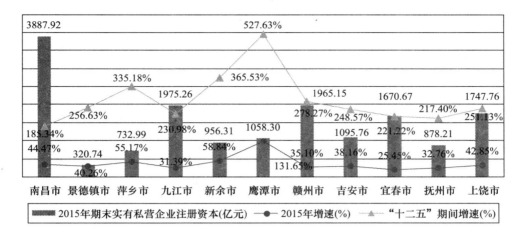

图1-11 江西省各区市民营企业注册资本变化情况

资料来源：http://www.jxaic.gov.cn/jx/dxzsy.html。

四、江西民营企业发展状况[①]

（一）整体规模稳步增长

2015年1月1日至2015年12月31日，全省上规模民营企业共有420家，营业收入总额达5317.66亿元，比2014年提高775.60亿元，增长17.08%。增速较去年有所上升，比2014年增幅多5.11%。江西省上规模民营企业中，营收总额100亿元以上的企业有7家，50亿~100亿元的企业有6家，10亿~50亿元的有72家，10亿元以下的有335家，表明江西省上规模民营企业中超大型企业数量偏少，其中10亿元以下规模企业数量较2014年增长较大，多出46家（见表1-1）。

表1-1 2014~2015年上规模民营企业营业收入分布表 单位：家

营业收入总额标准	2015年企业数	2014年企业数
100亿元以上	7	7
50亿~100亿元	6	6
10亿~50亿元	72	77
10亿元以下	335	289

从不同地区来看，2015年江西上规模民营企业主要分布在宜春、南昌、九江三个设区市，营业收入总额前三位为南昌、宜春、上饶，资产总额前三位为南昌、宜春、上饶。2015

① 资料来源：http://www.jxfic.gov.cn/ztzl_6/sgmdy/。

年江西省民营企业 100 强分布在全省 9 个设区市，其中南昌 36 家，宜春、鹰潭、上饶均超过 10 家，详情见表 1－2。

表 1－2　2015 年入围江西民营企业 100 强企业数　　单位：家

设区市	入围江西民营企业 100 强企业数
南昌市	36
九江市	9
新余市	3
鹰潭市	12
赣州市	1
宜春市	22
上饶市	12
吉安市	3
抚州市	2

　　2015 年江西民营企业百强名单中，入围门槛是 11.75 亿元。正邦集团有限公司以 5203466 万元的营业收入摘得桂冠，双胞胎（集团）股份有限公司则以 3861761 万元的收入屈居亚军，晶科能源有限公司和江西萍钢实业股份有限公司分别以近 2000000 万元的收入，夺得第三和第四；江西赣基集团工程有限公司以 1775926 万元、江西济民可信集团有限公司以 1308298 万元的收入，分居第五、第六；以上 6 家企业，2015 年收入均超百亿元（见表 1－3）。

表 1－3　2015 年江西民营企业 50 强名单　　单位：万元

排名	企业名称	设区市	所属行业名称	营业收入
1	正邦集团有限公司	南昌市	农业	5203466
2	双胞胎（集团）股份有限公司	南昌市	农副食品加工业	3861761
3	晶科能源有限公司	上饶市	电气机械和器材制造业	1957557
4	江西萍钢实业股份有限公司	南昌市	黑色金属冶炼和压延加工业	1941017
5	江西赣基集团工程有限公司	九江市	土木工程建筑业	1775926
6	江西济民可信集团有限公司	南昌市	医药制造业	1308298
7	江西博能实业集团有限公司	上饶市	金属制品业	893181
8	泰豪集团有限公司	南昌市	专用设备制造业	832939
9	方大特钢科技股份有限公司	南昌市	黑色金属冶炼和压延加工业	814829
10	中恒建设集团有限公司	南昌市	房屋建筑业	662839
11	华宏汽车集团有限公司	南昌市	零售业	588000
12	宏盛建业投资集团有限公司	上饶市	房屋建筑业	576717
13	吉安市广裕石化有限公司	吉安市	批发业	551222
14	上饶市致远环保科技有限公司	上饶市	有色金属冶炼和压延加工业	500218
15	鸭鸭股份公司	九江市	皮革、毛皮、羽毛及其制品和制鞋业	491061

排名	企业名称	设区市	所属行业名称	营业收入
16	利达装饰集团有限公司	南昌市	建筑装饰和其他建筑业	480105
17	发达控股集团有限公司	南昌市	房屋建筑业	439312
18	美华建设有限公司	南昌市	建筑装饰和其他建筑业	434364
19	仁和（集团）发展有限公司	宜春市	医药制造业	432758
20	江西省丰和营造集团有限公司	南昌市	房屋建筑业	419215
21	江西自立环保科技有限公司	抚州市	有色金属冶炼和压延加工业	387147
22	江西新金叶实业有限公司	上饶市	废弃资源综合利用业	382674
23	煌上煌集团有限公司	南昌市	食品制造业	382661
24	上饶和丰铜业有限公司	上饶市	有色金属冶炼和压延加工业	382389
25	江西青峰药业有限公司	赣州市	医药制造业	373756
26	江西中南建设工程集团公司	南昌市	房屋建筑业	366736
27	红旗集团江西铜业有限公司	鹰潭市	有色金属冶炼和压延加工业	359375
28	江西特种电机股份有限公司	宜春市	专用设备制造业	358991
29	中阳建设集团有限公司	抚州市	房屋建筑业	350743
30	中大建设股份有限公司	上饶市	房屋建筑业	332466
31	九江信华集团有限公司	九江市	房地产业	321370
32	汇仁集团有限公司	南昌市	医药制造业	313755
33	江西洪客隆百货投资有限公司	南昌市	零售业	300929
34	贵溪丰茂铜业有限公司	鹰潭市	有色金属冶炼和压延加工业	298697
35	江西合力泰科技有限公司	吉安市	计算机、通信和其他电子设备制造业	294564
36	九江联盛实业集团有限公司	九江市	零售业	285997
37	昌建建设集团有限公司	南昌市	房屋建筑业	279110
38	江西新和源投资控股集团有限公司	南昌市	土木工程建筑业	270643
39	江西铜材有限公司	鹰潭市	有色金属冶炼和压延加工业	269496
40	江西兴成新材料股份有限公司	鹰潭市	有色金属冶炼和压延加工业	266478
41	四特酒有限责任公司	宜春市	酒、饮料和精制茶制造业	255391
42	江西联创光电科技股份有限公司	南昌市	其他制造业	250638
43	华林特钢集团有限公司	九江市	房地产业	241000
44	江西凯安铜业有限公司	鹰潭市	有色金属冶炼和压延加工业	232942
45	江西恒泰塑料制品有限公司	宜春市	橡胶和塑料制品业	232334
46	江西省第五建设集团有限公司	南昌市	房屋建筑业	221608
47	贵溪大三元集团有限公司	鹰潭市	有色金属冶炼和压延加工业	217086
48	贵溪正发铜业有限公司	鹰潭市	有色金属冶炼和压延加工业	215277
49	江西东旭投资集团有限公司	南昌市	教育	214962
50	江西太阳陶瓷有限公司	宜春市	非金属矿物制品业	210481

（二）经营效益增长放缓

近年来，江西出台了一系列促进民营经济发展的政策措施，有力地推动了全省民营经济的发展。民营经济作为全省经济发展中最具活力的增长点，已经成为全省国民经济的重要组成部分，在推动经济增长、增加财政收入、促进就业、改善民生等方面作出了重大贡献。从江西 100 强民营企业经营情况来看，2014 年度 100 强民营企业实现净利润 163.5 亿元，户均 1.64 亿元，净利润增长幅度达 37.3%，2015 年度 100 强民营企业实现净利润 147.4 亿元，户均 1.47 亿元，略有下降，2015 年度 420 家上规模民营企业共实现利润 230.14 亿元，户均 0.55 亿元，利润相比 2014 年也有一定的降幅。大部分上规模民营企业 2015 年净利润有所上升，其中 264 家企业净利润比上年度有所增长。净利润 4 亿元以上的上规模民营企业有 6 家，其中双胞胎（集团）股份有限公司税后净利润达 12.92 亿元，位居首位。2015 年净利润 4 亿元以上的上规模民营企业如表 1 - 4 所示。

表 1 - 4　2015 年净利润 4 亿元以上的上规模民营企业　　　　单位：万元

序号	企业名称	税后净利润
1	双胞胎（集团）有限公司	129242
2	四特酒有限责任公司	69069
3	正邦集团有限公司	67810
4	晶科能源有限公司	67039
5	江西济民可信集团有限公司	56795
6	仁和（集团）发展有限公司	42986

（三）行业差异较明显

从企业数量和营业收入等数据来看，2015 年上规模民营企业仍集中在第二产业，占企业总数的 85.24%，与全国分布情况大致相同。第三产业有 48 家企业，企业数量和规模所占比重仍然较低。2015 年，上规模民营企业前十大行业共 235 家企业中，有 60 家企业集中于冶金、化工等资金和技术密集型行业，建筑业和医药制造业也分别集中了 42 家和 28 家企业（见表 1 - 5）。

表 1 - 5　2015 年上规模民营企业前十大行业　　　　单位：家

所属行业名称	企业数量
建筑业	42
其他制造业	40
有色金属冶炼和压延加工业	39
医药制造业	28
化学原料和化学制品制造业	21
农副食品加工业	16
非金属矿物制品业	14
纺织业	13
金属制品业	12
食品制造业	10

（四）上规模民营企业行业间经营效益差异明显

2015 年上规模民营企业行业间运营效率差异明显，皮革、毛皮、羽毛及其制品和制鞋业，住宿业，教育等行业表现突出，仓储业、批发业、畜牧业等行业整体经营效益不佳。

从销售净利率来看，2015 年上规模民营企业平均销售净利率为 4.82%，在 54 个行业中，有 35 个行业销售净利率高于平均值，其中 11 个行业销售净利润高于 10%，皮革、毛皮、羽毛及其制品和制鞋业以 23.32% 的销售净利率居榜首（见表 1-6）。

表 1-6　2015 年上规模民营企业中销售净利率超过 10% 的行业

行业名称	企业数（家）	净利润额（万元）	营业收入总额（万元）	销售净利率（%）
皮革、毛皮、羽毛及其制品和制鞋业	8	32305	138519	23.32
住宿业	1	1917	10005	19.16
教育	1	2624	14450	18.16
林业	2	3973	25478	15.59
仪器仪表制造业	2	18569	126375	14.69
酒、饮料和精制茶制造业	3	47853	370078	12.93
木材加工和木、竹、藤、棕、草制品业	7	16075	128842	12.48
医药制造业	26	383362	3377167	11.35
石油加工、炼焦和核燃料加工业	2	11784	106370	11.08
房地产业	10	121216	1191609	10.17
餐饮业	1	1639	16299	10.06

有 8 个行业销售净利率低于 2%，分别为仓储业，批发业，畜牧业，黑色金属矿采选业，农业，铁路、船舶、航空航天和其他运输设备制造业，黑色金属冶炼和压延加工业，橡胶和塑料制品业（见表 1-7）。

表 1-7　2015 年上规模民营企业中销售净利率不足 2% 的行业

行业名称	净利润额（万元）	营业收入（万元）	销售净利率（%）
仓储业	430	141213	0.30
批发业	6282	7540	0.44
畜牧业	1301	132961	0.98
黑色金属矿采选业	160	14716	1.09
农业	62051	4492742	1.38
铁路、船舶、航空航天和其他运输设备制造业	1164	66494	1.75
黑色金属冶炼和压延加工业	78735	4115790	1.91
橡胶和塑料制品业	1917	99259	1.93

从资产运营效率来看，2015 年上规模民营企业平均资产净利率为 7.13%，有 27 个行业平均资产净利率高于平均值，其中 19 个行业资产净利率高于 10%，石油加工、炼焦和核燃

料加工业以 38.88% 的资产净利率居首位（见表 1 - 8）。

表 1 - 8 2015 年上规模民营企业中资产净利率超过 10% 的行业

行业名称	净利润额（万元）	资产总额（万元）	资产净利率（%）
石油加工、炼焦和核燃料加工业	11784	30311	38.88
纺织服装、服饰业	71424	242387	29.87
机动车、电子产品和日用产品修理业	1561	5226	29.47
燃气生产和供应业	2498	9730	25.67
非金属矿采选业	6453	27925	23.11
建筑安装业	13465	58881	22.87
皮革、毛皮、羽毛及其制品和制鞋业	32305	147311	21.93
医药制造业	383362	2031362	18.87
餐饮业	1639	9233	17.75
电力、热力生产和供应业	1725	11244	15.34
装卸搬运和运输代理业	1830	13640	13.42
农副食品加工业	153972	1162081	13.25
土木工程建筑业	31325	243222	12.88
软件和信息技术服务业	11443	97955	11.68
金属制品业	26841	231956	11.57
木材加工和木、竹、藤、棕、草制品业	16075	142002	11.32
通用设备制造业	44275	393483	11.25
酒、饮料和精制茶制造业	47853	430020	11.13
住宿业	1917	17993	10.65

5 个行业资产净利率低于 2% ，分别为仓储业，铁路、船舶、航空航天和其他运输设备制造业，造纸和纸制品业，黑色金属矿采选业，批发业（见表 1 - 9）。

表 1 - 9 2015 年上规模民营企业中资产净利率低于 2% 的行业

行业名称	净利润额（万元）	资产总额（万元）	资产净利率（%）
仓储业	430	35929	1.20
铁路、船舶、航空航天和其他运输设备制造业	1164	82312	1.41
造纸和纸制品业	5807	342249	1.70
黑色金属矿采选业	160	8917	1.79
批发业	6282	327268	1.92

从人均净利率来看，2015 年上规模民营企业人均净利润为 5.55 万元，有 15 个行业人均净利润高于 10 万元，其中燃气生产和供应业以 59.48 万元的人均净利润居首位，人均净利润前十位的行业如表 1 - 10 所示。

表1-10　2015年上规模民营企业人均净利润前十位的行业

行业名称	净利润额（万元）	员工数（人）	人均净利润（万元）
燃气生产和供应业	2498	42	59.48
装卸搬运和运输代理业	1830	63	29.05
房地产业	121216	4602	26.34
石油加工、炼焦和核燃料加工业	11784	502	23.47
纺织服装、服饰业	71424	3043	23.47
机动车、电子产品和日用产品修理业	1561	70	22.30
住宿业	1917	120	15.98
建筑安装业	13465	906	14.86
建筑装饰和其他建筑业	67281	5051	13.32
仪器仪表制造业	18569	1484	12.51

第二章　民营经济政策法规

一、概述

政策法规，是指党政机关制定的关于处理党内和政府事务工作的文件。一般包括中共中央、国务院及其部门制定的规定、办法、准则以及行业的规范和条例规章等。2015年，我国、江西省及各设区市为支持民营经济的发展出台了一系列相关政策法规，构建了民营经济发展的政策环境。

（一）国家有关民营经济发展的政策法规

2015年，中共中央、国务院及其各部委为促进民营经济发展，发布了多方面、多角度的政策法规。政府不断加快对行政制度、科技管理体制、贸易管理体制、投融资机制、价格机制、劳动关系机制、文化管理体制、企业税费体制进行改革优化，加快实施创新驱动战略，拓展创业创新融资，推动形成深度融合的开放创新局面，激发民营经济活力。国家所颁布的政策法规涉及政府行政审批制度改革、体制机制改革、营造良好的创业创新环境、推动经济结构优化升级、减免企业税费负担等。中共中央、国务院及其各部委颁布这些政策，旨在提高行政管理的效率和效能，促进政府运用法治思维和法治方式加强市场监管，推进市场监管制度化、规范化、程序化，从根本上促进政府职能转变，从而达到提高经济领域创新能力的目的。

（二）江西有关民营经济发展的政策法规

2015年，江西省委、省政府及各厅局为推动民营经济更好更快发展，颁布多条相关政策法规，在科技管理体制、文化管理机制、投融资机制、贸易管理体制、企业税费体制、企业资金管理体制等方面进行了深度改革。所颁布的政策法规涉及省政府体制机制改革、营造良好环境的政策法规、落实创新驱动发展战略、推动产业转型升级、减免企业税费负担、提供专项资金扶持的政策法规等。多项政策法规的颁布表明江西省政府在落实创新驱动发展战略，优化创业创新环境，切实减轻企业负担，提升企业创新能力，推动"大众创业、万众创新"等方面给予了重点关注。同时还颁布了有关非公有制经济领域宣传工作和党建工作的政策法规，一方面，通过加强和改进非公有制经济人士思想政治工作，营造促进非公有制经济持续健康发展的良好舆论环境，从而达到建立健全非公有制经济领域宣传思想工作体制机制的目标；另一方面，通过在全省非公有制企业中开展"平安企业"建设工作，引导非公有制经济组织增强大局意识、法治意识，不断提高企业安全生产、守法经营的能力和水平。为实现非公有制经济持续健康发展、非公有制经济人士及全体职工健康成长提供强有力的保障和支撑，从而达到建立健全非公有制经济组织党建工作领导体制和工作机制的目标。

（三）江西设区市有关民营经济发展的政策法规

2015 年，江西各设区市的市委、市政府及其经济主管部门为构建民营经济的发展环境，颁布多条相关政策法规。各设区市为民营经济搭建更好的发展平台，不断破除制约民营经济发展的体制机制障碍，为民营经济发展提供最佳的审批环境，因此，市委、市政府逐步深化对政府行政审批制度、科技管理体制、价格管理机制、企业税费体制改革，不断优化投融资机制和加快转变政府职能。具体涉及市委、市政府体制机制改革、营造良好环境、减免企业税费负担、提供专项资金扶持等。这些政策为促进非公有制经济，尤其是民营经济提供了制度保障。同时，各市区积极鼓励和引导社会资本进入社会事业领域，努力实现公办社会事业与民办社会事业相互促进，非营利性机构与营利性机构协调发展，"政府主导、社会参与、市场运作、群众受益"的新型社会事业投资运营体系基本形成。

二、政策法规文件列表

（一）国家有关民营经济发展的政策法规列表

表 2-1 为 2015 年国家促进民营经济发展的相关政策法规的整理与归纳。

表 2-1　国家促进民营经济发展的相关政策法规列表

序号	文件名称	发文机关	文件内容摘要	文件文号
1	关于深化体制机制改革　加快实施创新驱动发展战略的若干意见	中共中央、国务院	深化体制机制改革，加快实施创新驱动发展战略，并提出九条意见：总体思路和主要目标；营造激励创新的公平竞争环境；建立技术创新市场导向机制；强化金融创新的功能；完善成果转化激励政策；构建更加高效的科研体系；创新培养、用好和吸引人才机制；推动形成深度融合的开放创新局面；加强创新政策统筹协调	中发〔2015〕8 号
2	关于构建和谐劳动关系的意见	中共中央、国务院	为全面贯彻党的十八大和十八届二中、三中、四中全会精神，构建和谐劳动关系，推动科学发展，促进社会和谐，提出八条意见：充分认识构建和谐劳动关系的重大意义；构建和谐劳动关系的指导思想、工作原则和目标任务；依法保障职工基本权益；健全劳动关系协调机制；加强企业民主管理制度建设；健全劳动关系矛盾调处机制；营造构建和谐劳动关系的良好环境；加强组织领导和统筹协调	中发〔2015〕10 号
3	关于推进价格机制改革的若干意见	中共中央、国务院	为推动价格改革向纵深发展，加快完善主要由市场决定价格机制，提出六条意见：总体要求；深化重点领域价格改革；建立健全政府定价制度；加强市场价格监管和反垄断执法；充分发挥价格杠杆作用；保障措施	中发〔2015〕28 号

续表

序号	文件名称	发文机关	文件内容摘要	文件文号
4	关于进一步做好新形势下就业创业工作的意见	国务院	为促进民生改善、经济结构调整和社会和谐稳定提供新动能，提出五条意见：深入实施就业优先战略；积极推进创业带动就业；统筹推进高校毕业生等重点群体就业；加强就业创业服务职业培训；强化组织领导	国发〔2015〕23 号
5	关于大力发展电子商务 加快培育经济新动力的意见	国务院	为减少束缚电子商务发展的机制体制障碍，进一步发挥电子商务在培育经济新动力、打造"双引擎"、实现"双目标"等方面的重要作用，提出八条意见：指导思想、基本原则和主要目标；营造宽松的发展环境；促进就业创业；推动转型升级；完善物流基础设施；提升对外开放水平；构筑安全保障防线；健全支撑体系	国发〔2015〕24 号
6	关于大力推进大众创业、万众创新若干政策措施的意见	国务院	为改革完善相关体制机制，构建普惠性政策扶持体系，推动资金链引导创业创新链、创业创新链支持产业链、产业链带动就业链，提出十一条意见：充分认识推进大众创业、万众创新的重要意义；总体思路；创新体制机制；优化财税政策；搞活金融市场；扩大创业投资；发展创业服务；建设创业创新平台；激发创造活力；拓展城乡创业渠道；加强统筹协调、完善协同机制	国发〔2015〕32 号
7	关于积极推进"互联网 +"行动的指导意见	国务院	为加快推动互联网与各领域深入融合和创新发展，充分发挥"互联网 +"对稳增长、促改革、调结构、惠民生、防风险的重要作用，现就积极推进"互联网 +"行动提出行动要求、重点行动和保障支撑	国发〔2015〕40 号
8	关于印发促进大数据发展行动纲要的通知	国务院	为贯彻落实党中央、国务院决策部署，全面推进我国大数据发展和应用，加快建设数据强国，提出发展形势和重要意义、指导思想和总体目标、主要任务和政策机制	国发〔2015〕50 号
9	关于加快构建大众创业、万众创新支撑平台的指导意见	国务院	为加快构建大众创业、万众创新支撑平台，推进四众持续健康发展提出十条意见：把握发展机遇，汇聚经济社会发展新动能；创新发展理念，着力打造创业创新新格局；全面推进众创，释放创业创新能量；积极推广众包，激发创业创新活力；立体实施众扶，集聚创业创新合力；稳健发展众筹，拓展创业创新融资；推进放管结合，营造宽松发展空间；完善市场环境，夯实健康发展基础；强化内部治理，塑造自律发展机制；优化政策扶持，构建持续发展环境	国发〔2015〕53 号
10	关于实行市场准入负面清单制度的意见	国务院	就实行市场准入负面清单制度，提出六条意见：重大意义；总体要求和适用条件；制定、实施和调整程序；确认方式及与现行制度的衔接；保障措施；加快相关体制改革和制度建设	国发〔2015〕55 号
11	关于积极发挥新消费引领作用 加快培育形成新供给新动力的指导意见	国务院	为更好发挥新消费引领作用，加快培育形成经济发展新供给新动力，提出七条意见：重要意义；总体要求和基本原则；消费升级重点领域和方向；加快推进重点领域制度创新；全面改善优化消费环境；创新并扩大有效供给；优化政策支撑体系	国发〔2015〕66 号

续表

序号	文件名称	发文机关	文件内容摘要	文件文号
12	关于发展众创空间推进大众创新创业的指导意见	国务院办公厅	为加快实施创新驱动发展战略，加快发展众创空间等新型创业服务平台，营造良好的创新创业生态环境，提出总体要求、重点任务和组织实施	国办发〔2015〕9号
13	转发文化部等部门关于做好政府向社会力量购买公共文化服务工作意见的通知	国务院办公厅	为加快推进政府向社会力量购买公共文化服务工作，提出三条意见：指导思想、基本原则和目标任务；积极有序推进政府向社会力量购买公共文化服务工作；营造政府向社会力量购买公共文化服务的良好环境	国办发〔2015〕37号
14	转发财政部发展改革委人民银行关于在公共服务领域推广政府和社会资本合作模式指导意见的通知	国务院办公厅	为改革创新公共服务供给机制，大力推广政府和社会资本合作（Public – Private Partnership，PPP）模式，提出六条意见：充分认识推广政府和社会资本合作模式的重大意义；总体要求；构建保障政府和社会资本合作模式持续健康发展的制度体系；规范推进政府和社会资本合作项目实施；政策保障；组织实施	国办发〔2015〕42号
15	关于促进跨境电子商务健康快速发展的指导意见	国务院办公厅	为促进我国跨境电子商务健康快速发展，提出十二条意见：支持国内企业更好地利用电子商务开展对外贸易；鼓励有实力的企业做大做强；优化配套的海关监管措施；完善检验检疫监管政策措施；明确规范进出口税收政策；完善电子商务支付结算管理；提供积极财政金融支持；建设综合服务体系；规范跨境电子商务经营行为；充分发挥行业组织作用；加强多双边国际合作；加强组织实施	国办发〔2015〕46号
16	转发银监会关于促进民营银行发展指导意见的通知	国务院办公厅	为实体经济特别是中小微企业、"三农"和社区以及大众创业、万众创新提供更有针对性、更加便利的金融服务，提出七条意见：指导思想；基本原则；准入条件；许可程序；稳健发展；加强监管；营造环境	国办发〔2015〕49号
17	关于促进进出口稳定增长的若干意见	国务院办公厅	为外贸企业减负助力，促进进出口稳定增长，培育国际竞争新优势，提出七条意见：坚决清理和规范进出口环节收费；保持人民币汇率在合理均衡水平上基本稳定；加大出口信用保险支持力度；加快推进外贸新型商业模式发展；继续加强进口工作；进一步提高贸易便利化水平；切实改善融资服务	国办发〔2015〕55号
18	关于推进线上线下互动加快商贸流通创新发展转型升级的意见	国务院办公厅	为落实国务院决策部署，推进线上线下互动，加快商贸流通创新发展和转型升级，提出四条意见：鼓励线上线下互动创新；激发实体商业发展活力；健全现代市场体系；完善政策措施	国办发〔2015〕72号
19	关于支持和促进重点群体创业就业税收政策有关问题的补充通知	财政部、税务总局、人力资源和社会保障部、教育部	为进一步简化享受税收优惠政策程序，对《财政部 国家税务总局 人力资源和社会保障部关于继续实施支持和促进重点群体创业就业有关税收政策的通知》（财税〔2014〕39号）补充了三项通知	财税〔2015〕18号

序号	文件名称	发文机关	文件内容摘要	文件文号
20	关于小型微利企业所得税优惠政策的通知	财政部、国家税务总局	为了进一步支持小型微利企业发展，就小型微利企业所得税政策发布了三项通知	财税〔2015〕34 号
21	关于进一步做好小微企业税收优惠政策贯彻落实工作的通知	国家税务总局	为支持小微企业（含个体工商户，下同）发展和创业创新，全面落实小微企业各项税收优惠政策，释放小微企业税收优惠政策红利，根据国务院决策部署，税务总局决定围绕四个方面，采取 10 项有效措施，进一步做好小微企业各项税收优惠政策贯彻落实工作	税总发〔2015〕35 号
22	关于坚持依法治税更好服务经济发展的意见	国家税务总局	为贯彻落实好党中央、国务院一系列重大决策部署，充分发挥税收职能作用，促进经济持续健康发展，就坚持依法治税更好服务经济发展提出六条意见：切实增强税收服务经济发展的主动性；始终坚持依法征税；认真落实税制改革和税收政策措施；积极支持新业态和新商业模式健康发展；深入开展"便民办税春风行动"；大力加强督察督办和绩效考核	税总发〔2015〕63 号
23	关于贯彻落实《国务院办公厅关于加快推进"三证合一"登记制度改革的意见》的通知	工商总局等六部门	为加快推进"三证合一"登记制度改革，确保"三证合一、一照一码"登记模式如期实施，发布四项通知：统一思想，提高认识；突出重点，统一模式；明晰权责，协同推进；强化措施，确保落实	工商企注字〔2015〕121 号
24	关于 2015 年小微企业金融服务工作的指导意见	中国银监会	为贯彻落实党中央国务院关于金融支持小微企业发展的决策部署，持续改进小微企业金融服务，促进经济提质增效升级，就 2015 年小微企业金融服务工作提出十条意见	银监发〔2015〕8 号
25	关于取消收费许可证制度加强事中事后监管的通知	国家发展改革委、财政部	为贯彻落实党的十八届三中全会精神，加快推动政府职能转变和简政放权，创新更为有效的收费监管方式，进一步提高收费管理工作水平，就有关事项发布五项通知	发改价格〔2015〕36 号

（二）江西有关民营经济发展的政策法规列表

表 2 - 2 为 2015 年江西发展民营经济的政策法规的整理与归纳。

表 2 - 2　江西发展民营经济的政策法规列表

序号	文件名称	发文机关	文件内容摘要	文件文号
1	关于促进市场公平竞争维护市场正常秩序的实施意见	江西省人民政府	根据《国务院关于促进市场公平竞争维护市场正常秩序的若干意见》精神，结合我省实际，提出八条意见：总体要求；放宽市场准入；强化市场行为监管；夯实监管信用基础；改革监管执法体制；健全社会监督机制；完善监管执法保障；加强思想组织领导	赣府发〔2015〕1 号

续表

序号	文件名称	发文机关	文件内容摘要	文件文号
2	关于加快发展生产性服务业促进产业结构调整升级的实施意见	江西省人民政府	为加快我省生产性服务业发展，促进产业结构调整升级，提出总体要求、主要任务、支持政策、保障措施	赣府发〔2015〕15号
3	关于促进服务外包产业加快发展的实施意见	江西省人民政府	进一步推动我省服务外包产业加快发展，结合我省实际，制定了四条意见：重要意义和目标任务；工作重点；政策措施；服务保障	赣府发〔2015〕19号
4	关于创新重点领域投融资机制鼓励社会投资的实施意见	江西省人民政府	为充分发挥社会资本特别是民间资本的积极作用，提出九条意见：总体要求；鼓励社会资本进入重点领域；创新重点领域建设运营和投融资模式；深化重点领域体制机制改革；完善重点领域价格形成机制；落实重点领域优惠政策；推进政府和社会资本合作（PPP）；充分发挥政府投资引导带动作用；创新融资方式，拓宽融资渠道	赣府发〔2015〕20号
5	关于开展政府和社会资本合作的实施意见	江西省人民政府	为深入贯彻落实党的十八届三中全会精神，鼓励和引导社会投资，就开展政府和社会资本合作（PPP）提出六条实施意见：总体思路；准确把握政府和社会资本合作的基本要求；规范政府和社会资本合作项目的实施和管理流程；建立完善政府和社会资本合作的合理收益机制；切实强化政府和社会资本合作的政策保障；着力形成推进政府和社会资本合作的工作合力	赣府发〔2015〕25号
6	关于大力推进大众创业、万众创新若干政策措施的实施意见	江西省人民政府	为进一步优化创业创新环境，激发全社会创业创新活力，以创业带动就业、以创新促进发展，结合江西实际，提出四条意见：降低准入门槛；激发主体活力；加大资金扶持；提升服务水平	赣府发〔2015〕36号
7	关于加快推进"互联网+"行动实施方案的通知	江西省人民政府	为加快推进互联网与经济社会各领域的深度融合，打造经济发展新动力，特制定本实施方案，需做好以下九个方面工作：明确思路目标；突出发展重点；强化资金支持；夯实发展基础；构建支撑产业；推进创新驱动；加强智力建设；优化发展环境；抓好组织实施	赣府发〔2015〕43号
8	关于印发《江西省推广自由贸易试验区改革试点经验实施方案》的通知	江西省人民政府	推进江西深化改革、扩大开放，结合本省实际，制定本实施方案，提出总体要求、主要内容和抓好组织实施	赣府字〔2015〕70号
9	关于印发促进经济平稳健康发展的若干措施的通知	江西省人民政府	为认真贯彻落实党中央、国务院关于稳增长的一系列决策部署，促进全省经济平稳健康发展，结合江西实际，提出二十二条措施	赣府发〔2015〕24号
10	关于印发文化创意和设计服务与相关产业融合发展行动计划的通知	江西省人民政府办公厅	为推进我省文化创意和设计服务与相关产业融合发展，根据《国务院关于推进文化创意和设计服务与相关产业融合发展的若干意见》精神，结合江西实际，特制定本行动计划，提出了总体要求、重点任务和政策措施	赣府厅发〔2015〕24号

序号	文件名称	发文机关	文件内容摘要	文件文号
11	关于印发江西省商贸流通业发展三年行动计划的通知	江西省人民政府办公厅	为贯彻落实《国务院办公厅关于促进内贸流通健康发展的若干意见》，充分发挥流通业作为国民经济基础性和先导性产业作用，推进消费扩大和升级，加快转变全省经济发展方式，特制定本计划，提出了总体要求、重点工作和保障措施	赣府厅字〔2015〕29 号
12	关于加快工业产业集群支撑体系建设的意见	江西省人民政府办公厅	为贯彻落实"发展升级、小康提速、绿色崛起、实干兴赣"十六字方针，深入实施工业强省战略，加速全省工业发展升级，就加快工业产业集群支撑体系建设提出七条意见：强化创新能力建设；加强人才队伍建设；完善市场体系建设；加快物流体系建设；推动基础设施和公共平台建设；促进金融服务体系建设；强化组织实施	赣府厅发〔2015〕29 号
13	关于大力推进两化深度融合加快制造业转型升级的意见	江西省人民政府办公厅	为贯彻落实"发展升级、小康提速、绿色崛起、实干兴赣"十六字方针，深入实施工业强省战略，推进信息技术在制造业各领域的应用、渗透和融合，提升制造业发展的质量和效益，加快制造业转型升级，现提出总体要求、重点任务和保障措施	赣府厅发〔2015〕36 号
14	关于印发《江西省小微企业创业园创业风险补偿引导基金管理办法（试行）》的通知	江西省财政厅、江西省工业和信息化委员	为转变财政资金支持方式，提高省本级中小企业发展专项资金使用效益，促进小微企业向创业园集聚，加快小微企业成长步伐，制定了《江西省小微企业创业园创业风险补偿引导基金管理办法（试行）》	赣财建〔2015〕23 号
15	关于抓紧启动2015 年江西省小微企业创业园创业风险补偿引导基金运行试点工作的通知	江西省工信委、江西省财政厅	为鼓励大众创业、万众创新，解决小微企业资金需求，降低小微企业创业成本，将全面启动小微企业创业园风险补偿引导基金运行试点工作，并将有关事项进行通知：今年基金支持方向、规模和管理机构；抓紧申报推荐试点小微企业创业园；抓紧确定合作银行并开展贷款操作；加强考核快速平稳推进试点工作和其他要求	赣工信企业字〔2015〕206 号
16	关于开展民营企业建立现代企业制度试点暨集中上市辅导活动的通知	江西省工业和信息化委员会	为深入贯彻落实省委深化改革的工作部署，进一步推进民营企业制度创新，支持民营企业进入新三板等多层次资本市场，决定在各地开展试点工作的基础上，精选部分民营企业，开展全省民营企业建立现代企业制度试点暨集中上市辅导活动，发布通知包括指导思想、目标任务、试点企业要求、工作内容和工作要求	赣工信企业字〔2015〕351 号
17	关于进一步落实监管政策提升小微企业金融服务水平的实施意见	江西银监局	为了进一步贯彻党中央、国务院关于金融支持小微企业发展的要求，有效落实小微企业金融服务监管政策，持续改进小微企业金融服务水平，制定七条实施意见：优化信贷投向，切实满足小微企业有效融资需求；坚持创新引领，积极破解小微企业融资中的瓶颈；完善内部机制，增强服务小微企业的内生动力；健全专营机制，推动小微企业金融服务专业化；加强风险管控，切实降低小微企业融资成本；搭建服务平台，构建服务小微企业的良好外部环境；完善考核督导，确保各项监管政策落地	赣银监发〔2015〕7 号

序号	文件名称	发文机关	文件内容摘要	文件文号
18	印发《关于加强和改进非公有制经济领域宣传思想工作的意见》的通知	中共江西省委统战部、中共江西省委宣传部、中共江西省非公有制经济组织工作委员会、江西省工商联	为深入贯彻落实党的十八届三中、四中全会，全国宣传思想工作会议和习近平总书记系列重要讲话，及省委《关于加强新形势下意识形态和宣传思想工作的意见》精神，提出六条意见：高度重视非公有制经济领域宣传思想工作；加强和改进非公有制经济人士思想政治工作；培育企业家精神，建设现代企业文化；着力营造促进非公有制经济持续健康发展的良好舆论环境；鼓励、支持和引导民间资本参与先进文化建设；建立健全非公有制经济领域宣传思想工作体制机制	赣统字〔2015〕27号
19	关于在全省非公有制经济组织中开展"平安企业"建设工作的意见	江西省社会治安综合治理委员会办公室江西省工商业联合会、中共江西省非公有制经济组织工作委员会	为实现非公有制经济持续健康发展、非公有制经济人士及全体职工健康成长提供强有力的保障和支撑。就在全省非公有制经济组织中开展"平安企业"建设工作提出指导思想、工作内容和工作要求	赣市综治办〔2015〕2号
20	关于印发《全国工商联十一届四次执委会议江西省产业和资本合作（上海）推介会工作方案》的通知	江西省发展改革委	为深入贯彻中央和省委、省政府关于全面扩大开放、促进经济更好更快发展的决策部署，于9月25日在上海召开"江西省产业和资本合作（上海）推介会"。为做好这项工作，特制定本方案，具体包括活动安排、责任分工、宣传工作、相关要求和其他事项	赣发改外资〔2015〕973号

（三）江西设区市有关民营经济发展的政策措施列表

表2－3为江西设区市2015年推进民营经济发展的政策措施的整理和归纳。

表2－3　江西设区市推进民营经济发展的政策措施列表

序号	文件名称	发文机关	文件内容摘要	文件文号
1	关于开展政府和社会资本合作的实施意见	萍乡市人民政府	为深入贯彻落实党的十八届三中全会精神，充分发挥市场在资源配置中的决定性作用和更好地发挥政府作用，引导政府和社会资本合作（PPP），结合本省实际，提出八条意见：工作目标；主要原则；适用范围及操作模式；操作流程；回报机制；退出机制；政策保障；工作机制	萍府发〔2015〕15号
2	关于稳增长促发展的实施意见	萍乡市人民政府	为积极有效应对经济发展形势，促进全市经济持续平稳健康发展，结合本市实际，提出三十二条实施意见	萍府发〔2015〕9号

序号	文件名称	发文机关	文件内容摘要	文件文号
3	关于促进健康服务业发展的实施意见	鹰潭市人民政府	为推动鹰潭市健康服务业加快发展，结合本市实际，提出了总体要求、主要任务和政策措施	鹰府发〔2015〕21 号
4	关于全面深化投融资体制改革的意见	鹰潭市人民政府	为加快形成投资主体自主决策、政府调控有力有效、融资方式丰富多元、市场环境公平开放的投融资体制机制，增强我市投融资的内生动力和长远后劲，结合鹰潭市实际，提出十条意见：总体要求；落实企业投资主体地位；严格规范政府投资管理；推进投资管理流程改革；充分激发民间投资活力；规范发展中介服务市场；规范拓展政府融资渠道；大力发展市场直接融资；增强地方金融服务能力；加强改善宏观调控	鹰府发〔2015〕9 号
5	关于鼓励和引导社会资本进入社会事业领域的实施意见	鹰潭市人民政府	为使市场在资源配置中起决定性作用和更好发挥政府作用，推进社会事业改革创新，大力引导社会资本进入社会事业领域，结合本市实际，提出以下四条实施意见：鼓励和引导社会资本投资社会事业领域的基本原则和工作目标；明确鼓励和引导社会资本投资社会事业的重点领域；构建鼓励和引导社会资本投资社会事业的政策支撑体系；营造社会资本投资社会事业的良好环境	鹰府字〔2015〕12 号
6	关于创新重点领域投融资机制鼓励社会投资实施细则的通知	宜春市人民政府	充分发挥社会资本，特别是民间投资的积极作用，促进重点领域建设，增加公共产品有效供给。现结合本市实际，制定五条实施细则，包括总体要求；积极引导社会资本投资重点领域；创新重点领域融资机制；大力推广政府和社会资本合作（PPP）；充分发挥政府投资引导带动作用	宜府发〔2015〕29 号
7	关于进一步深化价格管理改革的通知	宜春市人民政府	为完善主要由市场决定价格的机制，就本市深化价格管理改革有关事项发布通知，包括提高思想认识，切实把深化价格管理改革摆在重要位置；坚持市场导向，稳步推进价格管理改革两个方面	宜府发〔2015〕5 号
8	关于做好民营企业 500 强对接招商工作的通知	吉安市政府办公室	为进一步扩大对外开放，深化与中国民营企业 500 强的产业对接合作，着力提高招商引资质量和水平，确保今年"招大引强""民企入吉"实现新突破，就做好民营企业 500 强对接招商工作的有关事项发布通知，包括大力实施招大引强；强化招商针对性；加强对接情况调度	吉府办字〔2015〕129 号
9	关于公布市政府及市政府办公厅规范性文件清理结果的通知	上饶市人民政府办公厅	为维护社会主义法制统一，推进中国特色社会主义法律体系建设，根据《江西省行政机关规范性文件制定程序规定》，2014 年下半年以来，上饶市对截至 2014 年 12 月 31 日现行有效的规范性文件进行了全面清理，清理结果已经 2015 年 1 月 23 日市政府第 39 次常务会议审议同意，其中，继续有效 44 件，重新公布 85 件，宣布失效及废止 73 件，修订 8 件	饶府厅字〔2015〕7 号
10	关于衔接国务院、省政府取消和调整一批行政审批项目的通知	上饶市人民政府	为进一步深化行政审批改革，加快政府职能转变，优化发展环境，根据《江西省人民政府关于衔接国务院取消和调整一批行政审批项目的决定》（赣府发〔2015〕23 号）、《江西省人民政府关于下放一批行政权力事项的通知》（赣府发〔2015〕44 号）要求，市政府决定，上饶市取消相对应的行政审批项目 2 项（含 1 项子项）；市本级承接国务院下放的行政审批项目 3 项（含 2 项子项），承接省政府下放的审批事项 5 项（子项）；县级政府承接省政府下放的审批事项 2 项（子项）。同时，为进一步推动简政放权，市本级决定下放 8 项行政审批事项（子项）	饶府发〔2015〕29 号

序号	文件名称	发文机关	文件内容摘要	文件文号
11	关于印发《上饶市推行"三单一网"工作方案》的通知	上饶市人民政府办公厅	为深入贯彻党的十八大和十八届三中、四中全会以及省委十三届八次、九次全会精神，加快推行我市政府权力清单、责任清单、市场准入负面清单和政务服务网工作，根据《中共中央关于全面深化改革若干重大问题的决定》（中发〔2013〕12号）、《中共江西省委贯彻落实〈中共中央关于全面深化改革若干重大问题的决定〉的实施意见》（赣发〔2013〕18号）文件要求和省政府工作部署，结合上饶市实际，制定此工作方案	饶府厅字〔2015〕21号
12	关于促进健康服务业发展实施意见的通知	南昌市人民政府	为加快我市医疗服务、健康管理、健康保险及相关服务等为主要内容的健康服务业发展，满足人民群众不断增长的健康服务需求，根据《国务院关于促进健康服务业发展的若干意见》（国发〔2013〕40号）和《江西省人民政府关于促进健康服务业发展的实施意见》（赣府发〔2014〕40号）精神，结合南昌市实际，提出实施意见，包括：统一思想认识，明确目标任务；立足当前实际，抓好重点领域工作；细化政策措施，确保落到实处	洪府发〔2015〕51号
13	关于衔接江西省人民政府关于下放一批行政权力事项的通知	南昌市人民政府	为进一步深化行政审批制度改革，加快政府职能转变，根据《江西省人民政府关于下放一批行政权力事项的通知》（赣府发〔2015〕44号）的要求，市政府决定，对此省省政府决定下放的7项行政权力事项，南昌市市本级承接5项，县（区）承接2项	洪府发〔2015〕46号
14	关于印发《南昌市小微企业创业创新基地城市示范三年行动计划（2015～2017年）》的通知	南昌市人民政府	为贯彻落实党中央、国务院关于打造"大众创业、万众创新"新引擎的战略部署，加快推进小微企业创业创新基地城市示范（简称"两创示范"）工作，推动南昌市小微企业快速健康蓬勃发展，根据国家五部局"两创示范"工作推进会的要求，结合我市区域经济、产业特色等实际情况，制定此工作方案	洪府发〔2015〕42号
15	关于取消非行政许可审批类别的通知	南昌市人民政府	根据《江西省人民政府关于取消非行政许可审批事项的通知》（赣府发〔2015〕38号）要求，经研究论证，市政府决定，在前期大幅减少部门非行政许可审批事项的基础上，再取消14项非行政许可审批事项，将11项非行政许可审批事项调整为政府内部管理事项，将34项非行政许可审批事项调整为行政确认、备案等其他权种事项。今后不再保留"非行政许可审批"这一审批类别	洪府发〔2015〕41号
16	关于衔接江西省人民政府取消和调整一批行政审批项目的通知	南昌市人民政府	为进一步深化行政审批制度改革，加快政府职能转变，优化发展环境，根据《江西省人民政府关于衔接国务院取消和调整一批行政审批项目的通知》（赣府发〔2015〕23号）要求，市政府决定，对此省省政府决定取消的行政审批项目等事项，南昌市各级各部门相对应的审核、初审项目一律取消，市本级相对应取消1项行政审批项目	洪府发〔2015〕21号

序号	文件名称	发文机关	文件内容摘要	文件文号
17	关于稳增长促发展的若干政策措施的通知	南昌市人民政府	为贯彻落实中共中央、国务院和省委、省政府关于做好当前经济工作的各项决策部署，积极有效应对错综复杂的经济形势和不断加大的下行压力，促进全市经济持续平稳健康发展，结合南昌市实际，制定政策措施，包括优化投资营商环境；扩大开放全力招商引资；扩大开放全力招商引资；促进房地产市场健康发展；鼓励大众创业、万众创新；强化督察确保落实	洪府发〔2015〕14号
18	关于印发《南昌市推广政府与社会资本合作（PPP）模式的实施意见（试行）》的通知	南昌市人民政府	为鼓励和引导社会资本投资，深入推进我市投融资体制和财税体制改革创新，进一步激活和释放经济发展的内生动力，不断拓宽打造核心增长极战略和实施大投入、大建设、大发展路径的融资渠道，根据《国务院关于创新重点领域投融资机制鼓励社会资本的指导意见》（国发〔2014〕60号）、《国家发改委关于开展政府和社会资本合作的指导意见》（发改投资〔2014〕2724号）、《财政部关于印发政府和社会资本合作操作指南（试行）通知》（财金〔2014〕113号）等文件精神，结合南昌市实际，就政府和社会资本合作提出实施意见，包括推广运用PPP的重要意义；推广运用PPP的主要原则；PPP的运用范围及准入条件	洪府发〔2015〕2号
19	关于开展政府和社会资本合作的实施意见	九江市人民政府	为鼓励和引导社会投资，根据国务院《关于创新重点领域投融资体制鼓励社会投资的指导意见》（国发〔2014〕60号）、国家发展改革委《关于开展政府和社会资本合作的指导意见》（发改投资〔2014〕2724号）、财政部《关于推广运用政府和社会资本合作模式有关问题的通知》（财金〔2014〕76号）以及省政府《关于开展政府和社会资本合作的实施意见》（赣府发〔2015〕25号）等文件精神，结合九江市实际，提出此实施意见	九府发〔2015〕9号
20	关于衔接国务院、省政府取消和下放一批行政审批项目的通知	九江市人民政府	为进一步深化行政审批制度改革，加快政府职能转变，优化经济社会发展环境，根据《国务院关于取消和调整一批行政审批项目等事项的决定》（国发〔2015〕11号）和《江西省人民政府关于衔接国务院取消和调整一批行政审批项目的通知》（赣府发〔2015〕23号）要求，市政府研究决定，对此次国务院、省政府决定取消的行政审批项目等事项，九江市各级各部门相对应的审核、初审工作一律停止实施，市本级相对应取消2项行政审批项目；对此次省政府决定下放的行政审批项目，九江市市本级承接3项	九府发〔2015〕7号
21	关于印发《全国工商联十一届四次执委会议暨全国知名民营企业助推江西发展升级大会九江市招商工作方案》的通知	九江市人民政府办公厅	全国工商联十一届四次执委会议暨全国知名民营企业助推江西发展升级大会将于2015年12月在江西南昌召开，这是民企入赣助推江西发展升级的难得契机，为此，省政府对各设区市提出目标要求。为了保证本市全面完成目标要求，特制定本工作方案，包括工作思路与目标任务；组织机构；主要招商活动安排；客商资源分配；工作安排与分工；工作要求及进度安排	九府厅字〔2015〕28号

续表

序号	文件名称	发文机关	文件内容摘要	文件文号
22	转发《江西省人民政府关于大力推进大众创业、万众创新若干政策措施的实施意见》的通知	抚州市人民政府	为进一步优化创业创新环境，激发全社会创新创业活力，将省政府印发《关于大力推进大众创业、万众创新若干政策措施的实施意见》（赣府发〔2015〕36号）转发，请认真抓好贯彻落实	抚府字〔2015〕19号
23	转发《江西省人民政府关于印发促进经济平稳健康发展的若干措施》的通知	抚州市人民政府	根据市政府主要领导指示，将《江西省人民政府关于印发促进经济平稳健康发展的若干措施的通知》（赣府发〔2015〕24号）转发，请认真抓好贯彻落实	抚府字〔2015〕18号
24	关于印发《抚州市本级政府和社会资本合作（PPP）模式实施办法（试行）》的通知	抚州市人民政府	《抚州市本级政府和社会资本合作（PPP）模式实施办法（试行）》已经市政府第47次常务会议研究通过，请认真贯彻执行	抚府发〔2015〕11号
25	关于衔接上级政府取消和调整一批行政审批项目的通知	抚州市人民政府	为进一步深化行政审批制度改革，加快政府职能转变，优化发展环境，根据《国务院关于取消和调整一批行政审批项目等事项的决定》（国发〔2015〕11号）、《江西省人民政府关于衔接国务院取消和调整一批行政审批项目的通知》（赣府发〔2015〕23号）要求，市政府决定，对此次国务院、省政府决定取消的行政审批项目，我市各级各部门相对应的审核、初审项目一律取消，市本级相对应取消3项行政审批项目；对应此次国务院、省政府决定下放的行政审批项目，抚州市市本级承接3项	抚府发〔2015〕10号
26	关于规范市政府部门行政审批行为改进行政审批有关工作的通知	抚州市人民政府	为进一步深化行政审批制度改革，根据《江西省人民政府关于规范省政府部门行政审批行为改进行政审批有关工作的通知》（赣府发〔2015〕18号）要求，结合抚州市实际，就有关工作通知，包括总体要求；规范行政审批行为；改进行政审批工作；强化监督问责；加强组织领导	抚府发〔2015〕6号
27	关于取消和调整一批行政审批项目的通知	赣州市人民政府	为进一步深化行政审批制度改革，加快政府职能转变，优化发展环境，根据《江西省人民政府关于取消非行政许可审批事项的通知》（赣府发〔2015〕38号）、《江西省人民政府关于下放一批行政权力事项的通知》（赣府发〔2015〕44号）精神，及上级有关部门相关规范性文件规定，市政府决定，取消和调整一批行政审批项目。对此次上级下放的行政审批项目，市直有关部门要做好承接；对决定转变管理方式的项目，市直有关部门对应项目一并转变；对决定取消的项目，各地各部门对应的初审和审批工作一律停止实施	赣市府发〔2015〕36号
28	关于转发《赣州市就业和社会保障工作稳增长帮扶企业发展的若干意见》的通知	赣州市人民政府办公厅	为认真贯彻落实党中央、国务院关于稳增长的一系列决策部署，进一步减轻企业负担，帮助企业渡过难关，结合赣州市实际，就帮扶企业发展提出意见，包括给予企业社保补贴；给予重点企业培训补贴；给予企业创业担保贷款贴息补助；组织开展校企对接、校企合作；给予企业就业创业服务补贴和见习补贴；发挥失业保险支持企业稳定岗位作用等	赣市府办发〔2015〕56号

续表

序号	文件名称	发文机关	文件内容摘要	文件文号
29	关于印发《促进投资增长的若干政策措施》的通知	赣州市人民政府办公厅	深入贯彻落实国务院、省政府促进投资增长系列决策部署，进一步发挥投资拉动经济增长作用，结合赣州实际，就促进投资制定措施，包括深化投资管理体制改革；促进工业投资；支持战略性新兴产业项目建设；加大工业生产项目招商引资力度；加快推广运用 PPP 模式；加强考核奖惩等	赣市府办发〔2015〕54 号
30	关于印发《关于加强金融支持经济发展的若干措施》的通知	赣州市人民政府办公厅	为进一步发挥金融对经济发展的支持和服务作用，促进经济稳定健康发展，制定措施，包括加大金融资金投入；引进培育金融机构；创新融资服务；优化金融生态环境；强化保障措施	赣市府办发〔2015〕55 号
31	关于进一步做好新形势下就业创业工作的实施意见	赣州市人民政府	为贯彻国务院《关于进一步做好新形势下就业创业工作的意见》（国发〔2015〕23 号）及省政府《关于推进大众创业、万众创新若干政策指施的实施意见》（赣府发〔2015〕36 号），以稳定就业促进我市经济社会平稳健康发展，以创新创业催生赣南苏区振兴发展新动力，结合赣州市实际提出实施意见，包括大力实施就业优先战略；积极推进大众创新创业；鼓励大学生多渠道就业创业；做好农村劳动力等重点群体就业工作；加强就业创业服务和职业培训；强化保障措施	赣市府发〔2015〕27 号
32	关于印发《2015 年推进简政放权放管结合转变政府职能工作方案》的通知	赣州市人民政府	为贯彻落实国务院、省政府推进简政放权放管结合职能转变电视电话会议和《国务院 2015 年推进简政放权放管结合转变政府职能工作方案的通知》（国发〔2015〕29 号）、《江西省人民政府关于印发2015 年推进简政放权放管结合转变政府职能工作方案的通知》（赣府字〔2015〕52 号）精神，深入推进我市简政放权放管结合转变政府职能工作，在放权上求实效，在监管上求创新，在服务上求提升，加快建设法治政府、创新政府、廉洁政府和服务型政府，促进经济社会持续平稳健康发展。结合赣州市改革实际，制定此工作方案	赣市府字〔2015〕178 号
33	关于印发《促进经济平稳健康发展若干政策措施》的通知	赣州市人民政府	贯彻落实《江西省人民政府关于印发促进经济平稳健康发展的若干措施的通知》（赣府发〔2015〕24 号）精神，积极有效应对经济下行压力，促进全市经济平稳健康发展，结合我市工作实际，特制定政策措施，包括帮扶实体经济发展；积极扩大投资规模；大力促进转型升级；激发创新创业活力	赣市府发〔2015〕22 号
34	关于开展政府和社会资本合作的实施意见	赣州市人民政府	为鼓励和引导社会资本投资，拓宽城镇化建设融资渠道，提高公共产品供给能力和效率，促进政府职能加快转变，根据国家、省有关政策，就我市开展政府和社会资本合作（PPP），制定意见，包括政府和社会资本合作的重要意义、指导思想及主要原则；政府和社会资本合作的项目范围、实施主体及模式；政府和社会资本合作项目的实施流程；政府和社会资本合作的回报机制与支持政策；政府和社会资本合作的保障措施	赣市府发〔2015〕24 号

序号	文件名称	发文机关	文件内容摘要	文件文号
35	关于衔接省政府取消和调整一批行政审批项目等事项的通知	赣州市人民政府	为进一步深化行政审批制度改革，加快政府职能转变，优化发展环境，根据《江西省人民政府关于衔接国务院取消和调整一批行政审批项目的通知》（赣府发〔2015〕23 号）要求，市政府决定，对此次省政府决定取消的行政审批项目，各地、各部门对应的审核、初审项目一律取消；对此次省政府决定下放的行政审批项目，市直有关部门承接 2 项	赣市府发〔2015〕20 号
36	关于发展众创空间推进大众创新创业的实施意见	赣州市人民政府	为深入实施创新驱动发展战略，适应和引领经济发展新常态，打造经济发展新引擎，按照"放开、减负、解难、引导"的总体要求和面向人人、创新与创业相结合、线上与线下相结合、孵化与投资相结合的基本理念，大力发展众创空间，形成大众创业、万众创新的生动局面，根据中共中央、国务院《关于深化体制机制改革加快实施创新驱动发展战略的若干意见》（中发〔2015〕8 号）和国务院办公厅《关于发展众创空间推进大众创新创业的指导意见》（国办发〔2015〕9 号）的有关精神，结合赣州市实际，提出实施意见，包括加快构建众创空间；培育创新创业主体；降低创新创业成本；强化创新创业服务	赣市府发〔2015〕19 号
37	关于进一步加强招商引资工作的意见	新余市人民政府	为积极应对招商引资新形势、新要求，适应新常态，抢抓新一轮产业转移机遇，全面提高招商引资的质量和水平，进一步强化招商引资对经济社会的支撑作用，加快和谐富裕文明新余建设，经市政府研究同意，提出五条意见：主动作为，加快适应招商引资新常态；创新方式，提升招商引资水平；拓宽领域，推动全方位招商引资；健全体系，强化招商引资保障；营造安商氛围，打造招商引资佳地	余府发〔2015〕8 号
38	关于规范市政府部门行政审批行为改进行政审批有关工作的通知	新余市人民政府	为进一步深化行政审批制度改革，根据《江西省人民政府关于规范省政府部门行政审批行为改进行政审批有关工作的通知》（赣府发〔2015〕18 号）要求，结合我市实际，通知有关工作，包括总体要求，规范行政审批行为；改进行政审批工作；强化监督问责；加强组织领导	余府发〔2015〕26 号
39	关于印发《新余市推进简政放权放管结合转变政府职能工作方案》的通知	新余市人民政府	根据《江西省人民政府关于印发 2015 年推进简政放权放管结合转变政府职能工作方案的通知》（赣府字〔2015〕52 号）和全国推进简政放权放管结合职能转变工作电视电话会议精神，按照市委、市政府部署，为把简政放权放管结合和转变政府职能的改革向纵深推进，继续在重要领域和关键环节取得新突破，促进全市经济社会持续平稳健康发展，结合新余市实际，制定本方案，包括总体目标；主要任务；工作要求	余府发〔2015〕19 号
40	关于开展政府和社会资本合作的意见	新余市人民政府	为深入贯彻落实党的十八届三中全会精神，使市场在资源配置中起决定性作用和更好发挥政府作用，鼓励和引导社会投资，经市八届政府第 88 次常务会议研究同意，就我市开展政府和社会资本合作提出意见，包括总体思路；基本要求；实施流程；政策保障；工作机制	余府发〔2015〕10 号

序号	文件名称	发文机关	文件内容摘要	文件文号
41	关于推进政府向社会力量购买服务的实施意见	景德镇市人民政府办公室	推行政府向社会力量购买服务,是全面深化改革,加快转变政府职能的重要举措。为认真贯彻落实国务院和省政府关于推进政府向社会力量购买服务工作的文件精神,切实做好景德镇市政府向社会力量购买服务(以下简称政府购买服务)工作,现提出意见,包括切实提高对政府购买服务重要性的认识;准确把握政府购买服务的基本要求;稳步推进政府购买服务试点;不断加强政府购买服务的组织领导	景府办发〔2015〕38 号
42	关于规范市政府部门行政审批行为改进行政审批有关工作的通知	景德镇市人民政府办公室	为进一步深化行政审批制度改革,根据《国务院关于规范国务院部门行政审批行为改进行政审批有关工作的通知》(国发〔2015〕6号)和《江西省人民政府关于规范省政府部门行政审批行为改进行政审批有关工作的通知》(赣府发〔2015〕18 号)要求,结合景德镇市实际,通知有关工作,包括总体要求;规范行政审批行为;改进行政审批工作;强化监督问责;加强组织领导	景府办字〔2015〕114 号
43	关于取消非行政许可审批类别的通知	景德镇市人民政府	根据《国务院关于清理国务院部门非行政许可审批事项的通知》(国发〔2014〕16 号)、《国务院关于取消非行政许可审批事项的决定》(国发〔2015〕27 号)和《江西省人民政府关于取消非行政许可审批类别的通知》(赣府发〔2015〕38 号)要求,经研究论证,市政府决定,在前期大幅减少部门非行政许可审批事项的基础上,再取消 1 项非行政许可审批事项,将 7 项非行政许可审批事项调整为政府内部管理事项,将 25 项非行政许可审批事项调整为行政确认、备案等其他权种事项。今后不再保留"非行政许可审批"这一审批类别	景府发〔2015〕9 号
44	关于大力推进大众创业、万众创新若干政策措施的实施意见	景德镇市人民政府	为进一步优化创业创新环境,激发全社会创业创新活力,以创业带动就业、以创新促进发展,根据《国务院关于大力推进大众创业、万众创新若干政策措施的意见》(国发〔2015〕32 号)和《江西省人民政府关于大力推进大众创业、万众创新若干政策措施的实施意见》(赣府发〔2015〕36 号)精神,结合景德镇市实际,提出实施意见,包括降低准入门槛;激发主体活力;加大资金扶持;提升服务水平	景府发〔2015〕10 号

三、部分政策法规文本收录

(一) 江西省人民政府关于促进市场公平竞争维护市场正常秩序的实施意见

根据《国务院关于促进市场公平竞争维护市场正常秩序的若干意见》(国发〔2014〕20号)精神,结合我省实际,提出以下实施意见。

1. 总体要求

（1）指导思想。

以邓小平理论、"三个代表"重要思想、科学发展观为指导，深入学习贯彻党中央、国务院和省委、省政府各项决策部署，围绕使市场在资源配置中起决定性作用和更好发挥政府作用，着力解决市场体系不完善、政府干预过多和监管不到位问题，坚持放管并重，实行宽进严管，激发市场主体活力，平等保护各类市场主体合法权益，维护公平竞争的市场秩序，促进我省经济社会持续健康发展。

（2）基本原则。

简政放权。充分发挥市场在资源配置中的决定性作用和更好发挥政府作用，把该放的权力放开放到位，降低准入门槛，促进就业创业。让市场"法无禁止即可为"，让政府"法无授权不可为"。

依法监管。更好发挥政府作用，坚持运用法治思维和法治方式履行市场监管职能，加强事中事后监管，推进市场监管制度化、规范化、程序化，建设法治化市场环境。

公正透明。各类市场主体权利平等、机会平等、规则平等，政府监管标准公开、程序公开、结果公开，保障市场主体和社会公众的知情权、参与权、监督权。

权责一致。科学划分各级政府及其部门市场监管职责，建立健全监管制度，落实市场主体行为规范责任、部门市场监管责任和属地政府领导责任，做到"法定职责必须为"。

社会共治。充分发挥法律法规的规范作用、行业组织的自律作用、舆论和社会公众的监督作用，实现社会共同治理，推动市场主体自我约束、诚信经营。

（3）目标任务。

立足于促进企业自主经营、公平竞争，消费者自由选择、自主消费，商品和要素自由流动、平等交换，建设统一开放、竞争有序、诚信守法、监管有力的现代市场体系，加快形成权责明确、公平公正、透明高效、法治保障的市场监管格局。到2020年与全国同步建成体制比较成熟、制度更加定型的市场监管体系。

2. 放宽市场准入

（4）推进市场准入制度改革。

1）在国务院制定出台的市场准入负面清单基础上，科学制定江西省市场准入负面清单，以清单方式明确列出禁止和限制投资经营的行业、领域、业务等，清单以外的，各类市场主体皆可依法平等进入。清单中需报国家审批的，按规定程序报国务院批准。（牵头单位：省发改委、省商务厅；参加单位：省工商局）

2）改革企业投资项目核准制，最大限度缩小企业投资项目核准范围。除省内跨地区、跨重点流域（主要河流）或需要省统筹平衡资源等建设条件，以及国家明确规定由省级核准的项目外，核准权限一律下放到市县。凡是已取消和下放的核准事项，不得恢复和上收。完善企业投资项目备案制，实行属地管理原则，简化项目备案手续，推行网上在线备案。根据国家部署，探索对外商投资实行准入前国民待遇加负面清单的管理模式。（牵头单位：省发改委、省商务厅）

3）改革工商登记制度。推进工商注册制度便利化，大力减少前置审批，由先证后照改为先照后证。（牵头单位：省工商局）

4）积极探索实行工商营业执照、组织机构代码证和税务登记证"三证合一"登记制度。（牵头单位：省工商局、省质量技术监督局、省国税局、省地税局；参加单位：县级以

上地方各级政府）

5）按照国家规定完善节能节地节水、环境、技术、安全等技术或行业领域市场准入地方标准。（牵头单位：省发改委、省商务厅；参加单位：省工信委、省水利厅、省国土资源厅、省环保厅、省质量技术监督局、省安监局）

（5）大力减少行政审批事项。

6）除国家明文规定以外，凡是企业投资项目，一律由企业依法依规自主决策，政府不再审批；对市场机制能有效调节的经济活动，一律取消审批；对有法定依据确需保留的行政审批事项，一律列入政府目录清单管理。（牵头单位：省发改委、省编办、省政府法制办）

7）清理非行政许可审批事项和临时性行政许可事项。省政府各部门在起草规章时，不得新设行政许可或其他具有行政审批性质的事项。确需就控制危险、配置有限公共资源和提供特定信誉、身份、证明的事项设定临时性的行政许可，必须加强合法性、必要性和合理性审查论证，并须依照法定程序设定。（牵头单位：省编办、省政府法制办）

8）清理资质资格许可和认定项目，依法制定省本级资质资格认定项目取消下放转移目录，并向社会公布。（牵头单位：省人社厅、省监察厅）

9）清理现有行政审批前置环节的技术审查、评估、鉴证、咨询等有偿中介服务事项，能取消的尽快予以取消；确需保留的，依法规范时限和收费，并向社会公布。（牵头单位：省发改委、省财政厅）

10）放开竞争性环节价格。（牵头单位：省发改委）

11）建立健全政务中心，集中办理行政审批，实行一个部门一个窗口对外，一级地方政府"一站式"服务，减少环节，提高效率。（牵头单位：省政府办公厅、省发改委；参加单位：县级以上地方各级政府）

12）探索推进省、市、县行政审批和公共服务事项网上"并联式"审批和网上服务。建设全省统一的集信息公开、网上申报、网上办理、便民服务、电子监察于一体的网上审批系统和网上行政服务大厅。（牵头单位：省发改委）

13）对省政府各部门保留的行政审批等事项进行流程再造，精简申报材料，减少审批环节，压缩审批时限，提高审批效率。（牵头单位：省政府法制办；参加单位：各行政许可实施机关）

（6）禁止变相审批。

14）严禁违法设定行政许可、增加行政许可条件和程序；严禁以备案、登记、注册、年检、监制、认定、认证、审定、指定、配号、换证等形式或者以非行政许可审批名义变相设定行政许可；严禁借实施行政审批变相收费或者违法设定收费项目；严禁将属于行政审批的事项转为中介服务事项，搞变相审批、有偿服务；严禁以加强事中事后监管为名，变相恢复、上收已取消和下放的行政审批项目。（责任单位：省编办、省发改委、省财政厅、省政府法制办）

（7）打破地区封锁和行业垄断。

15）全面清理涉及市场准入、经营行为规范的规章制度，废除妨碍统一市场和公平竞争的规定和做法，纠正违反法律法规实行优惠政策招商的行为，纠正违反法律法规对外地产品或者服务设定歧视性准入条件及收费项目、规定歧视性价格及购买指定的产品、服务等行为。（牵头单位：省发改委、省财政厅、省商务厅；参加单位：省政府法制办、省工信委、省工商局）

16）进一步放开社会投资领域，凡法律法规未明确禁止准入的行业和领域，依法平等向社会资本开放。引入竞争机制，鼓励、引导和支持社会资本通过各种合法方式进入基础设施、市政公用、社会事业等领域，支持通过政府和社会资本合作（PPP）模式、政府购买公共服务等方式投资公共服务设施建设和运营。推动产权（股权）交易平台的建立和完善，支持各种资本互相参股控股、合资合作。（牵头单位：省发改委；参加单位：省工信委、省科技厅、省财政厅、省商务厅、省工商局、省政府金融办、省住房城乡建设厅）

（8）健全市场退出机制。

17）对于违反法律法规禁止性规定和达不到节能环保、安全生产、食品药品、工程质量等强制性标准的市场主体，依法予以取缔，吊销相关证照。（责任单位：各相关市场监管部门按职责分工分别负责）

18）严格执行上市公司退市制度，执行企业破产制度，优化破产重整、和解、托管、清算等规则和程序，强化债务人的破产清算义务，依法依规推行竞争性选任破产管理人的办法，探索对资产数额不大、经营地域不广或者特定小微企业实行简易破产程序。（牵头单位：江西证监局、省政府法制办；参加单位：省政府金融办）

19）简化和完善企业注销流程，按国家工商总局部署，试行对个体工商户、未开业企业以及无债权债务企业实行简易注销程序。（牵头单位：省工商局）

20）严格执行金融、食品药品、安全生产、新闻出版、交通运输、建筑工程以及儿童老年用品等领域违法人员从业禁止规定。（责任单位：人行南昌中心支行、江西银监局、江西证监局、江西保监局、省食品药品监管局、省安监局、省新闻出版广电局、省质量技术监督局、省交通运输厅、省住房城乡建设厅等部门按职责分工分别负责）

3. 强化市场行为监管

（9）强化生产经营者主体责任。

21）严格执行消费环节经营者首问和赔偿先付制度、企业产品和服务标准自我声明公开和监督制度、消费品生产经营企业产品安全事故强制报告制度、缺陷产品强制召回制度、生态环境损害责任制度。（责任单位：省工商局、省质量技术监督局、省食品药品监管局、省环保厅、省林业厅、省政府法制办按职责分工分别负责）

22）依法依规扩大食品药品、生态环境、安全生产等领域的责任保险试点范围，形成风险分担的社会救济机制和专业组织评估、监控风险的市场监督机制。（牵头单位：江西保监局；参加单位：省食品药品监管局、省环保厅、省安监局）

（10）严格监管措施。

23）市场监管部门依据国家强制性标准严格监管执法，督促市场主体严格执行各类国家强制性标准。（责任单位：各相关市场监管部门按职责分工分别负责）

24）完善安全生产地方性标准，重点建立非煤矿山、危险化学品、烟花爆竹、冶金等工贸行业事故隐患排查地方性标准。（牵头单位：省安监局、省质量技术监督局）

25）创新工程质量安全监督管理机制，推动建筑施工安全专项治理，强化施工安全监管，构建统一开放、竞争有序、诚信守法、监管有力的全省建筑市场体系。（牵头单位：省住房城乡建设厅）

26）加强部门预算执行审计、领导干部经济责任审计，实事求是地作出审计评价、结论和决定，强化对权力运行的监督制约。（牵头单位：省审计厅）

（11）严厉惩处垄断行为和不正当竞争行为。

27）依法严肃查处损害竞争、损害消费者权益以及妨碍创新和技术进步的垄断协议、滥用市场支配地位行为；加大经营者集中反垄断审查力度，有效防范通过并购获取垄断地位并损害市场竞争的行为；严格执行自然垄断行业监管办法，强化垄断环节监管。完善市场价格监管体系，建立健全市场价格监督长效机制。（牵头单位：省商务厅、省发改委、省工商局）

28）依法严厉查处仿冒名牌、虚假宣传、价格欺诈、商业贿赂、违法有奖销售、商业诋毁、销售无合法进口证明商品以及通过互联网销售假冒伪劣商品和侵犯商标专用权等不正当竞争和违法违规行为。加强广告监管，开展互联网重点领域广告和电视购物专项整治活动。（牵头单位：省商务厅、省发改委、省工商局）

29）依法保护各类知识产权，鼓励技术创新，加大打击侵犯知识产权等违法违规行为力度。健全完善专利保护、鼓励科技创新和科技成果产业化的规章制度。（牵头单位：省科技厅）

30）针对人民群众反映强烈、严重扰乱食品药品市场秩序的突出问题，集中力量开展专项整治，狠抓执法打假，对食品药品违法违规行为重典治乱、重拳打击。（牵头单位：省食品药品监管局；参加单位：省公安厅、省农业厅、省工商局、省质量技术监督局）

31）依法严厉打击影响群众生产生活的犯罪，妨碍创新驱动发展的犯罪，利用互联网实施的经济犯罪，跨区域跨境跨国的商业诈骗贿赂以及侵犯商业秘密等扰乱市场经济秩序的犯罪。（牵头单位：省公安厅）

（12）强化风险管理。

32）加强对市场行为的风险监测分析，加快建立对高危行业、重点工程、重要商品及生产资料、重点领域的风险评估指标体系、风险监测预警和跟踪制度、风险管理防控联动机制。依据风险程度，加强对发生事故概率高、损失重大的环节和领域的监管，防范区域性、行业性和系统性风险。（责任单位：各相关市场监管部门按职责分工分别负责）

33）严格执行区域产品质量和生产安全风险警示制度，建立产品质量安全风险监控工作机制，完善特种设备安全使用管理风险评价体系，定期公布全省安全生产形势。（牵头单位：省质量技术监督局、省工商局、省安监局）

34）防范人身险满期给付和退保风险。（牵头单位：江西保监局）

35）积极配合证监会做好风险监测系统建设。（牵头单位：江西证监局）

36）加强食品药品安全风险监测。研究制定食品药品安全应急管理规划，完善食品药品突发事件应急预案。研究制定食品药品突发事件调查处理办法，建立食品药品重大信息直报制度。（牵头单位：省食品药品监管局）

（13）广泛运用科技手段实施监管。

37）扎实推进市场主体监管及公众服务系统项目建设，推进工商部门综合业务系统全程电子化建设。（牵头单位：省工商局）

38）建立江西省事故隐患排查治理自查自报信息系统、安全生产动态监管系统、安全监管移动执法系统。（牵头单位：省安监局）

39）做好全省食品药品监管信息化建设的统筹规划和顶层设计，加快建立食品药品监管信息平台。（牵头单位：省食品药品监管局）

40）健全完善南昌海关风险指挥中心、视频监控系统，对海关监管场所、通关查验工作实现即时监控、调阅录像、下达指令、移动执法等。（牵头单位：南昌海关）

41）推动建立全省重要产品流通追溯体系建设联席会议制度，利用物联网建设重要产品追溯体系，形成"来源可查、去向可追、责任可究"的信息链条。（牵头单位：省商务厅）

42）完善认定电子签名法律效力的机制，推广电子签名在电子政务、电子商务中的运用。（牵头单位：省工信委、省政府法制办）

4. 夯实监管信用基础

（14）推进市场主体信用信息平台建设。

43）认真贯彻执行《江西省社会信用体系建设规划（2014～2020年）》，完善市场主体信用信息记录，依托各行业部门现有信息系统及电子政务网络设备等资源，依法建立信用信息档案和交换共享机制。建设"信用江西"网站，逐步建成包括金融、工商登记、税收缴纳、社保缴费、交通违章、统计等所有信用信息类别、覆盖全部信用主体的统一公共信用信息网络平台。贯彻执行全国统一的社会信用代码制度，完善信用信息征集、存储、共享与应用等环节的制度，推动地方、行业信用信息系统建设及互联互通，构建市场主体信用信息公示系统，强化对市场主体的信用监管。（牵头单位：省发改委、人行南昌中心支行；参加单位：省商务厅、省工商局、省国税局、省地税局、省人社厅、省公安厅、省统计局、省质量技术监督局、省工信委、省农业厅、南昌海关、江西保监局、江西出入境检验检疫局）

44）完善金融信用信息基础数据库，建立数据质量保障机制，扩大信用报告的覆盖范围，为金融机构、政府相关部门、企业和个人提供多样化的征信产品和服务。支持担保机构等新型金融组织依法查询被担保人信息，办理反担保物抵质押登记。（牵头单位：人行南昌中心支行；参加单位：省政府金融办）

45）加快推进全省工程建设企业、注册人员、工程项目数据库建设，推进建筑市场监管信息化与诚信体系建设。（牵头单位：省住房城乡建设厅）

46）建立健全覆盖生产、流通、消费全过程的食品药品安全信用信息平台和动态数据库，实现对所有持证食品、药品生产经营企业和使用单位的信用监管。（牵头单位：省食品药品监管局）

47）加快构建质量信用体系，搭建质量信用信息平台，推动行业质量信用建设，逐步建立质量信用评价体系，实施质量信用分类监管。（牵头单位：省质量技术监督局）

（15）积极促进信用信息的社会运用。

48）在保护涉及公共安全、商业秘密和个人隐私等信息的基础上，依法公开在行政管理中掌握的信用信息。拓宽信用信息查询渠道，为公众查询市场主体基础信用信息和违法违规信息提供便捷高效的服务。依法规范信用服务市场，培育和发展社会信用服务机构，严格执行个人信息和隐私保护的法律制度，加强对信用服务机构和人员的监督管理。（牵头单位：省发改委、人行南昌中心支行；参加单位：省政府金融办）

（16）推进守信激励和失信惩戒机制建设。

49）将市场主体的信用信息作为实施行政管理的重要参考。根据市场主体信用状况实行分类分级、动态监管，加快建立完善企业信用信息公示系统，建立健全经营异常名录制度，对违背市场竞争原则和侵犯消费者、劳动者合法权益的市场主体建立"黑名单"制度。（牵头单位：省工商局；参加单位：各相关市场监管部门）

50）对守信主体予以支持和激励，对失信主体在经营、投融资、取得政府供应土地、进出口、出入境、注册新公司、工程招投标、政府采购、获得荣誉、安全许可、生产许可、从业任职资格、资质审核等方面依法予以限制或者禁止，对严重违法失信主体实行市场禁入制度。（责任单位：各相关市场监管部门按职责分工分别负责）

5. 改进市场监管执法

（17）严格依法履行职责。

51）履行职责。没有法律、法规、规章依据，市场监管部门不得作出影响市场主体权益或增加其义务的决定；市场监管部门参与民事活动，要依法行使权利、履行义务、承担责任。（责任单位：各相关市场监管部门按职责分工分别负责）

（18）规范市场执法行为。

52）建立科学监管的规则和方法，完善以随机抽查为重点的日常监督检查制度，优化细化执法工作流程，确保程序正义，切实解决不执法、乱执法、执法扰民等问题。（责任单位：省工商局、省质量技术监督局、省安监局、省食品药品监管局、省环保厅等部门按职责分工分别负责）

53）完善行政执法程序和制度建设，健全市场监管部门内部案件调查与行政处罚决定相对分离制度，规范执法行为，落实行政执法责任制。建立行政执法自由裁量基准制度，细化、量化行政裁量权，公开裁量范围、种类和幅度，严格限定和合理规范裁量权的行使。行政执法过程中，要尊重公民合法权益，不得粗暴对待当事人，不得侵害其人格尊严，积极推行行政指导、行政合同、行政奖励及行政和解，维护当事人的合法权益。（责任单位：各相关市场监管部门按职责分工分别负责）

54）推进监管执法职能与技术检验检测职能相对分离，技术检验检测机构不再承担执法职能。（牵头单位：省编办、省质量技术监督局）

（19）公开市场监管执法信息。

55）推行地方政府及其市场监管部门权力清单、责任清单、负面清单"三单"制度，依法公开权力运行流程。公示行政审批事项目录，公开审批依据、程序、申报条件等。（牵头单位：省政府办公厅、省编办、省政府法制办）

56）依法公开监测、抽检和监管执法的依据、内容、标准、程序和结果。除法律法规另有规定外，市场监管部门适用一般程序作出行政处罚决定或者处罚决定变更之日起20个工作日内，公开执法案件主体信息、案由、处罚依据及处罚结果，提高执法透明度和公信力。建立健全信息公开内部审核机制、档案管理等制度。（责任单位：各相关市场监管部门按职责分工分别负责）

（20）强化执法考核和行政问责。

57）加强执法评议考核，督促和约束各级政府及其市场监管部门切实履行职责。（牵头单位：省政府法制办；参加单位：县级以上地方各级政府）

58）综合运用监察、审计、行政复议等方式，加强对行政机关不作为、乱作为、以罚代管等违法违规行为的监督。市场监管部门及其工作人员不履行或不正确履行职责、监管不力造成不良影响或损失的，要依法依纪进行问责。对市场监管部门及其工作人员未按强制性标准严格监管执法造成损失的，要依法追究责任；对市场监管部门没有及时发现、制止而引发系统性风险的，对各地政府长期不能制止而引发区域性风险的，要依法追究有关行政监管部门直至政府行政首长的责任。因过错导致监管不到位造成食品药品安全、生态环境安全、生产安全等领域事故的，要倒查追责，做到有案必查，有错必纠，有责必追。不顾生态环境

盲目决策，造成严重后果的领导干部，要终身追究责任。（牵头单位：省监察厅、省审计厅、省政府法制办）

6. 改革监管执法体制

（21）解决多头执法。

59）研究制定深化行政执法体制改革意见。推进城市管理、文化等领域跨部门、跨行业综合执法，相对集中执法权。实行综合执法，减少行政执法层级，建立权责统一、权威高效的行政执法体制。禁止未取得执法资格的人员从事行政执法工作。完善行政执法程序，加强对行政执法的监督。推进市、县政府行政复议委员会试点工作。（牵头单位：省政府法制办、省编办；参加单位：省直各行政执法部门）

60）结合市县政府职能转变和机构改革，整合规范市场监管执法主体。市场监管部门直接承担执法职责，原则上不另设具有独立法人资格的执法队伍。一个部门设有多支执法队伍的，业务相近的应当整合为一支队伍；不同部门下设的职责任务相近或相似的执法队伍，逐步整合为一支队伍。清理取消没有法律法规依据、违反机构编制管理规定的执法队伍。（牵头单位：省编办）

（22）消除多层重复执法。

61）加强食品药品、安全生产、环境保护、劳动保障等重点领域基层执法力量。由基层监管的事项，省级市场监管部门主要行使市场执法监督指导、协调跨区域执法和重大案件查处职责，原则上不设具有独立法人资格的执法队伍。设区的市，市级部门承担执法职责并设立执法队伍的，区本级不设执法队伍；区级部门承担执法职责并设立执法队伍的，市本级不设执法队伍。加快县级政府市场监管体制改革，探索综合设置市场监管机构，原则上不另设执法队伍。乡镇政府（街道）在没有市场执法权的领域，发现市场违法违规行为应及时向上级报告。经济发达、城镇化水平较高的乡镇，根据需要和条件可通过法定程序行使部分市场执法权。（牵头单位：省编办）

（23）规范和完善监管执法协作配合机制。

62）完善市场监管部门间各司其职、各负其责、相互配合、齐抓共管的工作机制。严格执行部门间监管执法信息共享标准，打破"信息孤岛"，实现信息资源开放共享、互联互通。（牵头单位：省商务厅）

63）建立健全跨部门、跨区域执法协作联动机制。（责任单位：各相关市场监管部门按职责分工分别负责）

64）充分发挥省查处取缔无证无照经营联席会议机制的作用，按照"谁主管、谁审批、谁取缔"的原则，明确第一责任部门的责任，坚持分工合作，形成监管合力。对未经依法许可的生产经营行为，要及时依法查处，直至吊销营业执照。（牵头单位：省工商局；参加单位：负责市场准入许可的部门）

（24）做好市场监管执法与司法的衔接。

65）完善案件移送标准和程序，细化并严格执行执法协作相关规定。市场监管部门须履行人民法院的生效裁定和判决。对当事人不履行行政决定的，市场监管部门依法强制执行或者向人民法院申请强制执行。（责任单位：各相关市场监管部门按职责分工分别负责）

66）建立市场监管部门、公安机关、检察机关间案情通报机制。市场监管部门发现违法行为涉嫌犯罪的，应当依法移送公安机关并抄送同级检察机关，不得以罚代刑。公安机关作出立案决定的，应当书面通知移送案件的市场监管部门，不立案或者撤销案件决定的，应当书面说明理由，同时通报同级检察机关。公安机关发现违法行为，认为不需要追究刑事责任但依法应当作出行政处理的，要及时将案件移送市场监管部门。（牵头单位：省公安厅；参加单位：各相关市场监管部门）

7. 健全社会监督机制

（25）发挥行业协会商会的自律作用。

67）推动行业协会商会诚信自身建设，建立健全行业经营自律规范、自律公约和职业道德准则，规范会员行为。鼓励行业协会商会制定发布产品和服务标准，参与制定行业规划和政策法规。支持有关组织依法提起公益诉讼，进行专业调解。加强行业协会商会自身建设，增强参与市场监管的能力。限期实现行政机关与行业协会商会在人员、财务资产、职能、办公场所等方面真正脱钩。探索一业多会，引入竞争机制。（牵头单位：省民政厅、省发改委、省工商局）

68）加快转移适合由行业协会商会承担的职能，同时加强管理，引导其依法开展活动。（牵头单位：省民政厅、省编办）

69）充分发挥会计师事务所、税务师事务所、资产评估机构等社会中介机构的作用，加强和完善信息披露和信息传递机制，健全和落实执业机构退出机制。（牵头单位：省财政厅、省国税局、省地税局）

（26）发挥市场专业化服务组织的监督作用。

70）支持会计师事务所、税务师事务所、律师事务所、资产评估机构等依法对企业财务、纳税情况、资本验资、交易行为等真实性合法性进行鉴证，依法对上市公司信息披露进行核查把关。（牵头单位：省财政厅）

71）推进检验检测认证机构与政府脱钩、转制为企业或社会组织的改革，推进检验检测认证机构整合，有序放开检验检测认证市场，促进第三方检验检测认证机构发展。（牵头单位：省编办、省质量技术监督局）

72）推进公证管理体制改革。（牵头单位：省司法厅）

73）加快发展市场中介组织，推进从事行政审批前置中介服务的市场中介组织在人、财、物等方面与行政机关或者挂靠事业单位脱钩改制。建立健全市场专业化服务机构监管制度。（牵头单位：省发改委、省财政厅）

（27）发挥公众和舆论的监督作用。

74）健全公众参与监督的激励机制，完善有奖举报制度，依法为举报人保密。对群众举报投诉、新闻媒体反映的问题，市场监管部门要认真调查核实，及时依法作出处理，并向社会公布处理结果。（责任单位：各相关市场监管部门按职责分工分别负责）

75）发挥消费者组织调处消费纠纷的作用，提升维权成效。及时向消费者定期或不定期发布消费警示和消费提示，引导广大消费者科学、合理、健康、文明消费。（牵头单位：省工商局）

76）落实领导干部接待群众来访制度，健全信访举报工作机制，畅通信访渠道。（牵头单位：省信访局）

77）整合优化各职能部门的投诉举报平台功能，逐步建设统一便民高效的消费投诉、经济违法行为举报和行政效能投诉平台，实现统一接听、按责转办、限时办结，统一督办、统一考核。（牵头单位：省政府法制办、省公安厅、省工商局、省人社厅；参加单位：县级以上地方各级政府）

78）强化舆论监督，曝光典型案件，震慑违法犯罪行为，提高公众认知和防范能力。新闻媒体要严守职业道德，把握正确导向，重视社会效果。严惩以有偿新闻恶意中伤生产经营者、欺骗消费者的行为。（牵头单位：省新闻出版广电局）

8. 完善监管执法保障

（28）及时完善相关规范。

79）根据市场监管实际需要和市场变化情况，及时修订完善市场监管规章制度。及时调整相关审批事项，做好审批改备案的衔接工作。建立规范性文件、监管措施的定期评估机制，及时开展评估与清理工作。梳理取消和下放行政审批项目、加强后续监管措施涉及的法规、规章和规范性文件，提出修改、废止建议。研究技术标准、信用信息和信用报告、备案报告等政府管理方式的适用规则。完善市场监管规范性文件合法性审查机制，健全规章和规范性文件备案审查制度。（责任单位：省政府法制办、各相关市场监管部门按职责分工分别负责）

（29）健全法律责任制度。

80）对生态环境、安全生产、劳动保障等领域现行法律制度中罚款等法律责任的规定进行调查摸底，为探索按日计罚等法律责任形式提出意见建议。按照国家规定扩大市场监管法律制度中惩罚性赔偿的适用范围，依法大幅度提高赔偿倍数。强化专业化服务组织的连带责任。健全行政补偿和赔偿制度，当发生市场监管部门及其工作人员行使职权损害相对人合法权益时，须履行补偿或赔偿责任。（责任单位：省政府法制办、各相关市场监管部门按职责分工分别负责）

（30）加强执法队伍建设。

81）在财政供养人员总量不增加的前提下，盘活存量、优化结构，完善待遇、选拔任用等激励保障制度，推动执法力量向基层和一线倾斜。加强执法人员专业培训和业务考核，提高执法人员综合素质和能力水平。（牵头单位：省财政厅、省人社厅、省编办）

82）全面落实财政保障执法经费制度，市场监管工作经费和能力建设经费全部纳入各级财政预算予以保障，确保监管执法人员工资足额发放。严格执行"收支两条线"制度，严禁下达罚款任务，严禁收费罚没收入按比例返还等与部门利益挂钩或者变相挂钩。（牵头单位：省财政厅）

9. 加强思想组织领导

（31）统一思想，提高认识。

各地各部门要充分认识完善市场监管体系工作是转变政府职能的重大举措，是简政放权、优化营商环境、激发市场主体活力的重大举措，是加快社会诚信体系建设、依法维护市场秩序的重大举措，切实把思想统一到党中央、国务院的重大部署上来，认真落实省委、省政府提出的各项措施和要求。各级政府要建立健全市场监管体系建设的领导和协调机制，明确部门分工任务，加强统筹协调、督促落实。各地各部门要按照职责分工，结合本地本部门实际，研究出台具体方案和实施办法，细化实化监管措施，落实和强化监管责任。加强新闻宣传和舆论引导，确保市场运行平稳有序。

（32）做好衔接，突出重点。

各地各部门在实施相关制度改革中，要坚持依法行政，依法改革，及时正确处理好改革前后衔接中遇到的问题，及时清理涉及市场主体准入与监管方面不符合国家要求的规定。要把人民群众反映强烈、关系人民群众身体健康和生命财产安全、对经济社会发展可能造成大的危害的问题放在突出位置，着力加强对重点区域、重点领域、重点环节和重点产品的监管，切实解决食品药品、生态环境、安全生产、金融服务、网络信息、电子商务、房地产等领域扰乱市场秩序、侵害消费者合法权益的问题。

（33）统筹推进，加强督察。

强化政府在制度建设、规划和政策制定及监管等方面的职责。各地各部门要强化责任、明确分工，加强配合、主动作为，抓好落实、搞好督察，确保改革顺利推进。要加强对本意见落实工作的监督检查，推动市场监管体系建设，促进市场公平竞争，维护市场正常秩序。各相关部门要积极配合，提供支持，加强信息共享和信息交流，强化执法联动协作机制，构建社会协同共治机制，确保改革顺利实施。省政府办公厅负责对本意见落实工作的统筹协调、跟踪了解、督促检查，确保各项任务和措施落实到位。

（赣府发〔2015〕1 号，2015 年 1 月 14 日）

（二）江西省人民政府关于创新重点领域投融资机制鼓励社会投资的实施意见

为贯彻落实《国务院关于创新重点领域投融资机制鼓励社会投资的指导意见》（国发〔2014〕60 号），充分发挥社会资本特别是民间资本的积极作用，结合我省实际，现提出如下实施意见。

1. 总体要求

（1）指导思想。全面贯彻落实党的十八大和十八届三中、四中全会以及省委十三届九次、十次全会精神，使市场在资源配置中起决定性作用和更好发挥政府作用，打破行业垄断和市场壁垒，切实降低准入门槛，建立公平开放透明的市场规则，营造权利平等、机会平等、规则平等的投资环境，进一步鼓励社会投资特别是民间投资，盘活存量、用好增量，调结构、补短板，服务全省生产力布局，促进重点领域建设，增加公共产品有效供给。

（2）基本原则。

——坚持"非禁即入、平等准入"原则，实行统一市场准入，创造平等投资机会。

——坚持"分类指导、积极探索"原则，创新投资运营机制，扩大社会资本投资途径。

——坚持"市场化、多元化"原则，创新融资方式，拓宽融资渠道。

——坚持"有所为、有所不为"原则，优化政府投资使用方向和方式，发挥引导带动作用。

——坚持"放管结合、底线思维"原则，完善价格形成机制，发挥价格杠杆作用。

2. 鼓励社会资本进入重点领域

（3）生态环保领域。在严格保护森林资源的前提下，鼓励社会资本积极参与生态建设和保护，支持符合条件的农民合作社、家庭农场（林场）、专业大户、林业企业等新型经营主体投资生态建设项目。对社会资本利用荒山荒地进行植树造林的，在保障生态效益、符合土地用途管制要求的前提下，鼓励发展林下经济、森林旅游等生态产业。鼓励各地以市场为导向，择优选择社会投资主体与合作模式，加快推进工业污水处理设施建设和生活垃圾、秸秆、畜禽粪便等废弃物资源化综合利用。积极引入社会资本，继续加大对全省重要水源地的保护力度。

（4）农业和水利工程领域。采取投资补助等方式，支持农民合作社、家庭农场、专业大户、农业企业、农业用水合作组织等新型经营主体投资建设农田水利、农村水环境治理、水土保持治理、农村自来水、农村水电等设施。允许财政补助形成的小型农田水利和水土保持工程资产由农业用水合作组织持有和管护。鼓励社会资本投资建设重大水利工程，对具有一定收益的节水供水重大水利工程，引导社会资本以特许经营、参股控股等多种形式参与建设运营。

（5）市政基础设施领域。鼓励社会资本通过特许经营、投资补助、政府购买服务等多种方式，投资城镇供水、燃气、污水垃圾处理、建筑垃圾资源化利用和处理、城市综合管廊、公园配套服务、公共交通、停车场、城市道路桥梁隧道等市政基础设施项目。

（6）交通基础设施领域。向地方政府和社会资本放开城际铁路、市域（郊）铁路、资源开发性铁路和支线铁路的所有权、经营权。鼓励按照"多式衔接、立体开发、功能融合、节约集约"的原则，对城市轨道交通站点周边、车辆段上盖进行土地综合开发，吸引社会资本参与轨道交通建设。鼓励社会资本参与公路和公共交通场站建设，以城市综合体等形式投资建设客运（公交）枢纽场站。鼓励社会资本投资建设港口、航电枢纽、内河航运设施等。积极吸引社会资本参与盈利状况较好的干线机场、通用机场以及机场配套服务设施等投资建设。

（7）能源基础设施领域。鼓励和吸引社会资本投资建设常规水电站、抽水蓄能电站、风光电、生物质能、背压式热电联产机组、跨区输电通道、区域主干电网完善工程、大中城市配电网工程、分布式电源系统、分布式能源微网系统、储能装置和电动汽车充换电设施等电力电网项目，进入清洁高效煤电项目建设、燃煤电厂节能减排升级改造领域。支持民营企业、地方国有企业建设或控股建设城市配气管网和储气设施、原油和成品油商业储备库、天然气加气站，参股建设省级油气管网、地下储气库。鼓励社会资本参与铁路运煤干线、煤炭储配体系、炼化项目建设。在确保具备核电控股资质主体承担核安全责任的前提下，引入社会资本参与核电项目投资，鼓励民间资本进入核电设备研制和核电服务领域。向社会资本放开煤炭资源勘探、页岩气资源勘探开发利用。

（8）信息基础设施领域。执行国家新修订的电信业务分类目录。积极争取宽带接入网业务开放试点，研究出台我省具体实施办法，鼓励和引导民间资本投资宽带接入网络（包括有线电视网）建设和业务运营。扶持民营企业开展移动通信转售业务，开拓新的增值服务。支持民间资本进入"三网融合"、"宽带中国"、通信普遍服务、智慧城市、信息惠民、云计算、物联网应用等领域，并享受相关政策。推动省铁塔股份有限公司向混合所有制发展，鼓励民间资本参股。支持民间资本参与国家民用空间基础设施建设，开展商业遥感卫星、地面卫星导航领域的研制和应用。

（9）社会事业领域。鼓励社会资本以多元主体、多种方式进入教育、医疗、养老、体育健身、文化等领域。落实旅游市场准入政策，促进各类旅游要素和市场向社会资本全面放开。各地在编制城市总体规划、控制性详细规划以及有关专项规划时，要统筹规划、科学布局各类公共服务设施，调整、新增社会事业服务项目要优先考虑鼓励社会资本进入。社会资本进入社会事业领域涉及公共资源的项目实行竞争性配置，各地要建立健全社会资本进入社会事业领域的招投标机制。各级政府和有关部门要认真落实《江西省人民政府关于鼓励社会资本进入社会事业领域的意见》（赣府发〔2014〕39号），进一步清理和修订不利于社会资本进入社会事业领域的政策性规定，研究制订具体办法，明确鼓励社会资本进入社会事业领域的具体措施。

（10）保障性安居工程领域。探索"政府主导、市场运作、因地制宜、良性循环"的模式，鼓励社会资本投资建设运营公共租赁住房，参与城市、国有工矿、林区、垦区等各类棚户区改造，加快建立政府主导和社会参与相结合的保障性安居工程投资建设管理机制。

3. 创新重点领域建设运营和投融资模式

（11）推动环境污染治理市场化。健全统一规范、竞争有序、监管有力的第三方治理市场，吸引和扩大社会资本投入，推动建立排污者付费、第三方治理的治污新机制。在电力、钢铁等重点行业和土壤重金属、开发区（工业园区）污染治理等领域，大力推行环境污染第三方治理，通过委托治理、托管运营等服务方式，由排污企业付费购买专业环境服务公司的治污减排服务。稳妥推进政府向社会购买环境监测服务。建立重点行业第三方治污企业推荐制度。

（12）改革市政基础设施建设运营模式。拓展社会资本进入市政基础设施领域的途径和方式，鼓励打破以项目为单位的分散运营模式，实行规模化经营，降低建设和运营成本，提高投资效益。推进市县、乡镇和村级污水收集处理、垃圾处理项目按行业"打包"投资和运营，鼓励实行城乡供水一体化、厂网一体投资和运营。政府可采用委托经营或转让—经营—转让（TOT）等方式，将已经建成的市政基础设施项目转交给社会资本运营管理。推动市政基础设施建设运营事业单位向独立核算、自主经营的企业化管理转变。

（13）完善公路投融资模式。构建政府主导、分级负责、多元筹资的公路投融资模式，完善收费公路政策，鼓励采用政府和社会资本合作（PPP）模式积极引入社会资本，多渠道筹措公路建设和维护资金。逐步建立高速公路与普通公路统筹发展机制，促进普通公路持续健康发展。

（14）拓展社会资本进入社会事业领域方式。通过独资、合资、合作、联营、参股、租赁等途径，采取特许经营、公建民营、民办公助等方式，鼓励社会资本参与教育、医疗、养老、体育健身、文化设施建设。采取股权转让、项目融资、合作开发经营等多种方式，鼓励社会资本投资建设旅游项目。允许社会资本参与政府投资的社会事业项目建设、运营，鼓励将政府投资举办的养老机构特别是新建机构，在明晰产权的基础上，通过公开招投标交由社会力量运营。各级政府逐步扩大教育、医疗、养老、体育健身、文化等政府购买服务范围，各类经营主体平等参与，凡适合社会资本承担的，都可以通过委托、承包、采购等方式交给社会资本承担。允许政府举办的社会事业单位依法以设施设备等作价与社会资本以股份制形式发展社会事业，股份制社会事业机构允许员工持股，形成资本所有者和劳动者利益共同体。将符合条件的各类医疗机构纳入医疗保险定点范围。

（15）创新保障性安居工程建设运营模式。鼓励社会资本依法依规直接投资或参股建设并持有、运营公共租赁住房；接受政府委托代建公共租赁住房，建成后由政府按合同约定回购；在商品住房项目中以市场化运作方式配套建设公共租赁住房，按合同约定无偿移交给政府，或由政府以约定的价格回购。鼓励符合条件的企业利用自用土地建设或配套建设公共租赁住房。支持社会资本通过直接投资、间接投资、参股、委托代建等多种方式参与棚户区改造。

4. 深化重点领域体制机制改革

（16）深化林业管理体制改革。认真总结国有林场改革试点工作，进一步完善国有林场经营机制，健全国有森林资源管理体系，为鼓励、引导社会资本参与国有林场森林资源培育、公益林管护等生态建设和保护创造条件。深化集体林权制度改革，2015 年选择部分县

（市）开展林地流转试点，引导社会资本参与林地健康有序流转，发展适度规模经营。鼓励荒山荒地造林和退耕还林林地林权依法流转。依法落实减免林权流转税费，有效降低流转成本。

（17）开展排污权交易试点和碳排放权交易。依托江西联合股权交易中心建立全省排污权交易平台，在造纸、印染行业的排放单位开展化学需氧量、氨氮排污权有偿使用和交易试点，在火电、钢铁、水泥行业的排放单位开展二氧化硫、氮氧化物排污权有偿使用和交易试点。按照《国家发展改革委财政部环境保护部关于调整排污费征收标准等有关问题的通知》（发改价格〔2014〕2008 号）要求，调整主要污染物排污费征收标准，实行差别化排污收费政策。依托省产权交易所建立省碳排放权交易平台，鼓励社会投资者参与碳交易和林业碳汇。支持新余市、赣州市开展区域碳排放权交易活动。通过金融市场发现价格的功能，调整不同经济主体利益，有效促进环保和节能减排。

（18）加快推进水权制度改革。开展水资源使用权确权登记，加快建立归属清晰、权责明确、监管有效的水资源资产产权制度。完善取水许可制度，确认取用水户的水资源使用权，研究探索政府有偿出让水资源使用权。培育和规范水权交易市场，开展水权交易试点，探索多种形式的水权交易流转方式，鼓励和引导地区间、用水户间的水权交易。在保障灌溉面积、灌溉保证率和农民利益的前提下，建立健全工农业用水水权转让机制。通过一系列水权制度改革，吸引社会资本参与水资源开发利用和节约保护，鼓励社会资本通过参与节水供水重大水利工程投资建设等方式优先获得新增水资源使用权。

（19）开展新型城镇化基础设施建设试点改革。按照新型城镇化发展要求，支持有条件的县城和重点镇发展为中小城市，引导社会资本参与市政、养老医疗、教育文化等基础设施建设，增强吸纳农业转移人口的能力。抓好鹰潭、樟树国家新型城镇化综合试点，加快推进深化县城基础设施投融资体制改革，鼓励和引导社会资本进入。选择若干具有产业基础、特色资源、区位优势的县城和重点镇开展省级层面试点，支持建立多元化可持续的城镇化投融资机制，在政府资产负债表编制、地方债发行管理制度、市政公用产品和服务价格形成机制等方面积极探索。

（20）加快铁路投融资体制改革。扩大省铁路产业基金规模，加大省属大型企业对基金的增信力度和基金引导资本的支持力度，落实基金股权回购，给予基金投资人市场化、稳定合理的收益保证，增强基金对社会资本的吸引力。充分利用铁路土地综合开发政策，以开发收益支持铁路发展。建立铁路公益性、政策性运输补贴制度安排，为社会资本进入铁路创造条件。利用政府和社会资本合作（PPP）、特许经营、政府补助等多种方式吸引社会资本，多渠道筹措铁路建设和维护资金。按照市场化方向，不断完善铁路运价形成机制，吸引社会资本进入，保障投资者投资收益。

（21）加快社会事业公立机构分类改革。积极稳妥推进医疗、养老、文化、旅游、体育等领域符合条件的事业单位改制，鼓励社会资本以控股方式参与政府举办的社会事业单位改制重组。支持机关、企事业单位将所属的度假村、培训中心、招待所、疗养院等转型为养老机构。加快推进教育、医疗、养老、体育健身、文化等领域的行业协会与行政机构脱钩。

5. 完善重点领域价格形成机制

（22）完善水利工程水价形成机制。积极推进农业水价综合改革，对同时兼有防洪、排涝、改善生态等公益性功能的灌排工程，合理核算水价成本，建立终端水价形成机制，水价难以补偿供水成本的，由政府给予适当补助。推行两部制水利工程水价和丰枯季节水价，建立水利工程公益性供水由政府补偿、经营性供水由市场决定的定价机制，价格调整不到位时，各地政府可根据实际情况安排财政性资金，对运营单位进行合理补偿，为社会资本参与水资源开发利用和保护创造条件。

（23）完善市政基础设施价格机制。加快改进市政基础设施价格形成、调整和补偿机制，使经营者能够获得合理收益。实行上下游价格调整联动机制，价格调整不到位时，各地政府可根据实际情况安排财政性资金对企业运营进行合理补偿。

（24）理顺能源价格机制。进一步推进天然气价格形成机制改革，2015 年实现存量气和增量气价格并轨。在国家放开非居民用天然气气源价格之后，研究制定我省非居民用天然气价格政策。制定和完善天然气管道运输价格政策，气源和出厂价格由市场决定。按照合理成本加合理利润的原则，适时调整煤层气发电、余热余压发电上网标杆电价。推进天然气分布式能源冷、热、电价格市场化。贯彻落实国家可再生能源发电价格和燃煤发电机组环保电价政策，配合国家研究建立流域梯级效益补偿机制。

（25）改进社会事业价格管理政策。社会资本举办的养老机构用电、用水、用气，按居民生活类价格执行，其他社会事业机构用电、用水、用气，与政府举办的社会事业单位同价。除公立医疗、养老机构提供的基本服务按照政府规定的价格政策执行外，其他医疗、养老服务实行经营者自主定价。民办学校收费实行自主定价。

6. 落实重点领域优惠政策

（26）保障农业、水利工程投资合理收益。社会资本投资建设或运营管理农田水利、水土保持设施和节水供水重大水利工程的，与国有、集体投资项目同等政策待遇，可以依法获取供水水费等经营收益；承担公益性任务的，政府可对工程建设投资、维修养护和管护经费等给予适当补助，并落实优惠政策。社会资本投资建设或运营管理农田水利设施、重大水利工程等，可依法继承、转让、转租、抵押其相关权益；征收、征用或占用的，要按照国家有关规定给予补偿或者赔偿。进一步拓宽水利工程的抵（质）押物范围和还款来源，允许以水利、水电、供排水资产及其相关收益权作为还款来源和合法抵押担保物。

（27）落实社会事业建设运营税费政策。切实落实《国家税务总局关于进一步贯彻落实税收政策促进民间投资健康发展的意见》（国税发〔2012〕53 号）等鼓励社会资本举办发展社会事业的税收优惠政策。在不违反国家规定的前提下，社会资本举办的非营利性社会事业机构免征有关行政事业性收费，社会资本举办的营利性社会事业机构减半征收有关行政事业性收费。

（28）完善社会资本参与保障性安居工程建设优惠政策。社会资本投资建设面向社会供应的公共租赁住房项目，可以规划建设一定比例的配套商业服务设施。社会资本投资建设的公共租赁住房项目，允许各地通过投资补助、贷款贴息等方式予以支持；面向社会供应的，各地可按规定对符合条件的承租家庭进行租赁补贴。社会资本参与公共租赁住房建设和棚户区改造的，允许在政府核定的保障性安居工程建设投资额度内，通过发行企业债券进行项目融资，并在开发、建设及运营管理中，享受国家和省关于保障性安居工程建设的税费优惠政策。

7. 推进政府和社会资本合作（PPP）

（29）推广政府和社会资本合作模式。研究出台开展政府和社会资本合作的实施意见，在政府负有提供责任又适宜市场化运作的公共服务、资源环境、生态建设、基础设施等领域，积极推广 PPP 模式，规范选择项目合作伙伴，引入社会资本，增强公共产品供给能力。

鼓励通过 PPP 方式盘活存量资源，变现资金用于重点领域建设。政府和社会资本合作各方结合国家发展改革委发布的《政府和社会资本合作项目通用合同指南（2014 年版)》（发改投资〔2014〕2724 号）和财政部发布的《PPP 项目合同指南（试行)》（财金〔2014〕156号）要求，签署合作合同，规范合作关系，保障各方权益。

（30）建立推进政府和社会资本合作联动机制。按照部门联动、分工明确、协同推进的要求，发改、财政部门会同国土资源、住建、环保、金融等有关部门建立推进政府和社会资本合作工作联动机制，统筹做好政策制定、业务指导、项目储备和遴选、建立项目库、项目评估和发布、价格管理、综合金融服务、绩效评价等工作。行业主管部门在各自职责范围内做好对本领域 PPP 项目的指导联系工作，参与项目过程管理，依法履行监督管理职责。各部门之间要主动沟通、密切合作，切实形成加快推进政府和社会资本合作工作的合力。

（31）健全风险防范、监督和退出机制。政府和社会投资者应充分论证 PPP 项目的政策风险、商业风险、环境风险和法律风险，完善合同设计，健全纠纷解决和风险防范机制。建立独立、透明、可问责、专业化的 PPP 项目监管体系，形成由政府监管部门、投资者、社会公众、专家、媒体等共同参与的监督机制。政府要与投资者明确 PPP 项目的退出路径，健全退出机制，项目合作结束后，政府应组织做好接管工作，妥善处理投资回收、资产处理等事宜。

8. 充分发挥政府投资引导带动作用

（32）优化政府投资使用方向。政府投资主要投向增加公共服务产品供给能力的公益性、基础性建设和加强薄弱环节建设的补短板、调结构建设。对鼓励社会资本参与的公共服务、资源环境、生态建设、基础设施等重点领域，政府投资可根据实际情况给予支持，充分发挥政府投资"四两拨千斤"的引导带动作用。

（33）改进政府投资使用方式。在同等条件下，政府投资优先支持引入社会资本的项目，根据不同项目情况，通过投资补助、基金注资、担保补贴、贷款贴息等方式，大力支持社会资本参与重点领域建设。根据国家政策出台情况，制订出台省政府投资支持社会投资项目的管理办法，规范政府投资安排行为。

9. 创新融资方式拓宽融资渠道

（34）探索创新信贷服务。支持开展排污权、收费权、碳排放权、林权、特许经营权、商标、专利、政府采购订单、应收账款、购买服务协议预期收益、土地承包经营权和知识产权质押贷款等担保创新类贷款业务。支持金融机构对由社会资本举办的社会事业机构以出让方式获得的土地使用权、产权清晰的房产进行抵押贷款。探索利用工程供水、供气、发电、污水垃圾处理等预期收益质押贷款，允许利用相关收益作为还款来源。

（35）完善"三农"金融服务和推动农业金融改革。落实财税支持涉农金融机构有关政策，促进涉农信贷、保险业务发展。探索采取信用担保和贴息、业务奖励、风险补偿、费用补贴、投资基金、农业保险等方式，增强农民合作社、家庭农场（林场）、专业大户、农林业企业的贷款融资能力和风险抵御能力。

（36）发挥政策性金融机构积极作用。加大重点领域项目政银企对接力度，支持国开行江西省分行、农发行江西省分行等政策性金融机构发挥其政策导向功能，提升金融服务水平，积极争取信贷规模，加大对重点领域建设的融资力度，为生态环保、农林水利、市政基础设施、交通能源信息、社会事业、保障性安居工程等项目建设提供长期稳定、成本低的资金支持。

（37）鼓励发展投资基金。大力发展股权投资基金和创业投资基金，支持社会资本采取私募等方式发起设立公共服务、生态环保、基础设施、区域开发、战略性新兴产业、先进制造业等领域的产业投资基金。转变包括预算内基建投资在内的财政性资金使用方式，可以通过设立政府引导基金、认购私募基金份额等方式，支持重点领域项目建设拓宽投入渠道。

（38）支持开展股权和债券融资。大力发展债券投资计划、股权投资计划、资产支持计划等融资工具，延长投资期限，引导社保资金、保险资金等用于收益稳定、回收期长的基础设施和基础产业项目。加快推进"险资入赣"，大力引导保险资金通过股权、债券、基金等方式，为重点领域项目建设提供中长期资金支持。支持重点领域建设项目采用企业债券、项目收益债券、公司债券、中期票据、信托、资产支持证券等融资工具开展项目直接融资。推动收益稳定的铁路、公路、机场、轨道交通等交通项目建设企业应收账款证券化。按照国家要求，规范各级政府举债融资行为，依法依规发行债券，用于重点领域建设。

创新重点领域投融资机制鼓励社会投资，是推进经济结构战略性调整、加强薄弱环节建设、促进经济持续健康发展的重要举措。各地各部门要高度重视，提高认识，加强组织领导，形成推动重点领域投融资机制创新的联动机制。各市、县（区）政府要结合本地实际，抓紧制定具体实施细则或行动计划，确保各项措施落到实处。省政府各有关部门要按照重点政策措施落实分工方案，对口制定或落实相关配套政策措施文件，加快重点领域建设。省发改委要会同省政府有关部门加强对本实施意见落实情况的督促检查，重大问题及时向省政府报告。

（赣府发〔2015〕20 号，2015 年 4 月 20 日）

（三）江西省人民政府关于开展政府和社会资本合作的实施意见

为深入贯彻落实党的十八届三中全会精神，鼓励和引导社会投资，现就开展政府和社会资本合作（PPP）提出如下实施意见。

1. 总体思路

（1）重要意义。政府和社会资本合作，是政府为增强公共产品和服务供给能力，与社会资本建立的利益共享、风险分担及长期合作关系。开展政府和社会资本合作，有利于加快转变政府职能，提升政府管理效率，充分发挥市场配置资源的决定性作用；有利于进一步创新投融资机制，充分发挥社会资本特别是民间资本的积极作用，推动各类资本相互融合、优势互补；有利于打破行业垄断和市场壁垒，建立公平开放透明的市场规则，从项目源头上引入公平竞争机制；有利于增强公共产品供给能力，提升公共服务水平，促进调结构、补短板、惠民生。

（2）遵循原则。

——坚持合理定位、有序推进。政府要牢固树立平等意识和合作观念，做好政策制定、规划设计、市场监督和指导服务，从公共产品的直接"提供者"转变为社会资本的"合作者"、PPP 项目的"监管者"。推进 PPP 项目实施，各级政府既要积极推进，又要稳健而行，根据当地实际，制定可行措施，确保节奏、力度与政府财力和管理能力相匹配。

——坚持利益共享、风险共担。按照对等原则，合理界定政府和社会资本之间的利益与风险。政府和社会资本按合同分享项目收益，既要充分调动社会资本的积极性，又要防止不合理让利或利益输送。政府主要承担法律、政策调整和最低需求风险，不得承担 PPP 项目建设运营的兜底责任，社会资本主要承担项目设计、建设、财务、运营等商业风险，自然灾害等不可抗力风险按合同约定由双方共同承担。

——坚持诚信合作、公开透明。政府和社会资本要牢固树立法治意识、信用意识和契约意识，PPP 项目合同一经生效必须严格履约，违约必须承担相应责任。政府要确保 PPP 项目实施政策透明、决策科学、过程公开（因国家法律法规或安全保密要求另有规定的除外），项目法人招标、资产或股权转让和出售等均应做到交易规范、程序合法。

2. 准确把握政府和社会资本合作的基本要求

（3）确定适用范围。PPP 模式主要适用于政府负有提供责任并适宜市场化运作的公共服务和基础设施等领域。全省范围内的城市道路桥梁隧道、供电供水燃气、城市综合管廊、污水垃圾处理等市政设施，公路、水运、铁路、机场、城市轨道等交通设施，医疗、旅游、文化、体育、养老、教育培训、保障性安居工程等公共服务设施，粮食仓储、水利、生态建设、资源环境、新型城镇化试点等项目，均可推行 PPP 模式。新建项目应优先考虑采用 PPP 模式建设。存量项目鼓励采用 PPP 模式交由社会资本运营。

（4）明确实施主体。政府应授权行业管理部门、本级政府所属的投融资平台和国有控股企业以及其他相关机构等，作为代表政府的实施机构，在授权范围内负责与社会资本合作实施 PPP 项目。社会资本包括民营企业、外资企业、中央企业及其子公司、非本级政府所属的投融资平台和国有控股企业等，不包括本级政府所属的投融资平台和国有控股企业。

（5）适用操作模式。对具有明确的收费基础且经营收费能完全覆盖投资成本的经营性项目，可通过政府授予特许经营权，采用 BOT（建设—运营—移交）、BOT + EPC（设计施工总承包基础上的 BOT）、BOOT（建设—拥有—运营—移交）、TOT（移交—运营—移交）等模式推进。对经营收费不足以覆盖投资成本、需政府补贴的准经营性项目，可通过政府授予特许经营权附加部分补贴或直接投资参股等措施，采用 BOT、BOO（建设—拥有—运营）、TOT、TOO（移交—拥有—运营）等模式推进。对缺乏"使用者付费"基础、主要依靠"政府付费"回收投资成本的非经营性项目，可通过政府购买服务，采用 BOO、委托运营等市场化模式推进。

（6）厘清边界条件。对具备完全市场化条件的项目推进 PPP 模式，应放开市场，实行市场化定价。对不具备完全市场化条件的项目推进 PPP 模式，存在调价空间的要逐步调整价格，调价不能一步到位的可实行政府购买服务、明确补贴标准。对没有收益或收益较低的项目推进 PPP 模式，政府可以配置相应资源。对收益较高的项目推进 PPP 模式，要约定社会资本的合理收益。

3. 规范政府和社会资本合作项目的实施和管理流程

（7）项目发起推出。PPP 项目可以由政府发起或社会资本发起，以政府发起为主。政府发起的 PPP 项目，由政府授权的实施机构作为发起人，根据当地经济社会发展需要，研究策划或选定 PPP 项目，按照 PPP 模式进行培育开发，并报送发展改革、财政部门纳入 PPP 项目储备库。社会资本发起的 PPP 项目，由社会资本向发展改革部门提出申请，发展改革部门商财政部门和行业管理部门后报政府确定，并纳入 PPP 项目储备库。

（8）制定投融资方案。PPP 项目投融资方案由实施机构研究提出，主要包括项目基本情况、经济指标、涉及原则、技术或服务要求和标准、投资人应当具备的条件、约定条款及期限和范围、招标或要约条件、投资人收益率和价格测算、回报来源和支付方式、监管方式和条件、政府配套设施和服务承诺等内容。投融资方案可以在项目可行性研究报告或项目申请报告中一并制定，也可以单独制定。

（9）项目审批审查。由各级发展改革、财政部门会同住房城乡建设、国土资源、环保、水利等行业主管部门建立联审机制，对拟实行 PPP 模式建设的项目，按照项目隶属关系，进行联合审批审查。发展改革部门负责项目可行性研究报告或项目申请报告的审批、核准或备案。财政部门负责对项目的 PPP 投融资方案开展"物有所值"评价工作，并根据项目全生命周期内的财政支出、政府债务等因素，对政府付费或财政补贴的项目开展财政承受能力论证。住房城乡建设、国土资源、环保、水利等部门分别对口负责项目规划选址、用地预审、环评审批、水资源论证等工作。

（10）选择合作伙伴。PPP 项目可行性研究报告或项目申请报告、投融资方案通过联审后，由实施机构按照《招标投标法》《政府采购法》等有关法律法规，优先采用公开招标方式择优选择具有相应管理经验、专业能力、融资实力以及信用状况良好的社会资本作为合作伙伴。对市场化条件尚不成熟或因客观条件限制难以通过公开招标方式选定的，可以采用邀请招标、竞争性谈判、竞争性磋商等方式，但须在投融资方案中说明理由、提供相应依据。

（11）签订项目合同。实施机构与选定的社会资本合作伙伴在依法依规、平等协商的基础上形成 PPP 项目合同文本，按规定公示后签署，确定各方权利和义务。PPP 合同应明确服务标准、价格管理、回报方式、风险分担、信息披露、违约处罚、政府接管、评估论证等内容。具体可参考国家发展改革委发布的《政府和社会资本合作项目通用合同指南》（发改投资〔2014〕2724 号）、财政部发布的《PPP 项目合同指南（试行）》（财金〔2014〕156号），根据本地及项目实际，细化完善合同文本，确保合同内容全面、规范、有效。

（12）项目建设运营。各方按照合同约定，确保项目及时开工建设和工程质量，做好项目融资、建设、运营和维护工作。项目运行期间，依约提供安全、优质、高效、便利的公共服务，并定期对项目设施进行检修和保养，保证设施正常运行。

（13）合作绩效评价。发展改革部门、财政部门会同相关职能部门，建立政府、服务对象、中介机构共同参与的 PPP 项目综合性评价体系，对项目绩效目标实现程度、运营管理、资金使用、公共服务质量、公众满意度等进行评价。评价结果应当依法对外公开，接受社会监督，并作为价费标准、财政补贴、合作期限等调整和完善 PPP 模式制度体系的参考依据。引入第三方评审机制，适时开展项目合作中期评估，重点分析项目运行状况及合同的适应性和合理性，评估风险，制定应对措施。

（14）项目合同终止。政府和社会资本合作期满后，要按照合同约定的移交形式、移交内容和移交标准，做好移交资产的评估、性能测试及资金补偿，办理法律过户和管理权移交手续。政府和社会资本合作过程中，如遇不可抗力或违约事件导致项目提前终止时，项目实施机构要制定退出方案报政府审批。政府授权的机构要及时做好接管，保障项目设施正常运行，确保公共利益不受损害。违约方应承担合同约定的责任，包括消除影响、支付违约金、赔偿损失等。要依托各类产权、股权交易市场，为社会资本提供多元化、规范化、市场化的退出渠道。

4. 建立完善政府和社会资本合作的合理收益机制

（15）合理确定投资收益。政府要体现公共利益最大化的要求，兼顾经济效益和社会效益，健全定价调价、资源配置、财政补贴、损益分担等机制，根据项目类型和特点，采用"使用者付费""资源配置""政府付费"等方式，合理确定社会资本参与 PPP 项目建设运营的投资收益。合理收益率原则上以银行贷款同期基准利率作为基数，并考虑项目建设运营周期长短适当上浮。

（16）健全定价调价机制。凡不属于政府定价目录的产品和服务，由项目法人自主定价、自负盈亏。凡属于政府定价目录内的产品和服务，政府在确定政府定价或政府指导价时，应统筹考虑社会资本的合理回报、社会承受能力等因素。价格主管部门既要加强价格行为监管，防止项目法人随意提价损害公共利益，又要按照补偿成本、合理收益、节约资源、社会可承受的原则，加强投资成本和服务成本监测，健全价格动态调整机制，保障社会资本合理收益。

（17）优化资源配置机制。对通过调整价格后经营收入不能覆盖社会资本合理收益或没有经营收入的 PPP 项目，政府应优化资源配置，依法依规配置土地、物业、广告等经营资源，为保障社会资本合理收益、吸引社会投资创造条件。

（18）完善财政补贴机制。对通过调整价格、优化资源配置，经营收入仍不能覆盖社会资本合理收益的 PPP 项目，不足部分可由政府给予财政补贴。补贴标准以项目运营绩效评价结果为依据，综合考虑产品或服务价格、投资成本、运营费用、合理收益率等因素合理确定，补贴标准及计算依据在项目合同中予以明确。PPP 项目财政补贴由财政部门分类纳入同级政府预算，按规定报批准后执行。

（19）实行损益分担机制。对通过调整价格、优化资源配置，经营收入能覆盖社会资本合理收益的 PPP 项目，超出社会资本合理收益部分应由政府与社会资本合理分享。探索对因公共利益等原因不能及时调整价格的 PPP 项目，通过综合考虑投资成本、运营费用和预期用户流量等因素，设定能覆盖社会资本合理收益的"影子价格"，实行亏损共担、溢价共享。对执行价格低于"影子价格"造成的亏损，政府和社会资本按照合同约定合理分摊；对执行价格超出"影子价格"产生的收益，政府与社会资本应合理分享。

5. 切实强化政府和社会资本合作的政策保障

（20）加强政府投资引导。优化政府投资方向，通过投资补助、担保补贴、贷款贴息等多种方式，优先支持 PPP 项目。省预算内基建投资、省级财政专项资金、市县各类政府投资的安排使用，要加大对 PPP 示范项目的扶持力度。完善专项转移支付资金分配机制，将政府与社会资本合作绩效作为重要的参考因素，并向 PPP 项目倾斜。

（21）设立投资引导基金。引导相关企业或私募基金发起设立专项用于 PPP 项目的基金，吸引银行、保险等金融机构及其他社会资本参与，通过市场化运作支持 PPP 项目建设，降低项目运营风险，增加项目融资信誉，为 PPP 项目提供持续的投融资服务。鼓励各类创业投资、产业投资等股权投资基金参与 PPP 项目投资、建设，拓展政府和社会资本合作投融资渠道。

（22）完善融资机制。鼓励金融机构创新信贷业务，支持开展排污权、收费权、特许经营权、购买服务协议等质押担保贷款业务，支持金融机构对由社会资本举办的社会事业机构，利用出让方式获得的土地、产权清晰的房产进行抵押贷款。探索利用工程供水、供气、发电、污水垃圾处理等预期收益质押贷款，允许利用相关收益作为还款来源。充分发挥政策性金融作用，为 PPP 项目提供规划、融资和财务等咨询服务，并采取中长期贷款、银团贷款和委托贷款等方式提供稳定的资金来源。支持 PPP 项目开展股权和债券融资，探索利用应收账款证券化融资。各级政府出资建立的融资性担保机构在同等条件下要优先为 PPP 项目提供贷款担保服务。

（23）落实税收优惠政策。切实落实《国家税务总局关于进一步贯彻落实税收政策促进民间投资健康发展的意见》（国税发〔2012〕53号）等鼓励社会资本进入基础设施、市政公用事业、保障性住房建设和社会事业的税收优惠政策。对企业从事《公共基础设施项目企业所得税优惠目录》规定的港口码头、机场、铁路、公路、城市公共交通、电力、水利等公共基础设施项目的投资经营所得，自该项目取得第一笔生产经营收入所属纳税年度起，第一年至第三年免征企业所得税，第四年至第六年减半征收企业所得税。对托儿所、幼儿园、养老院、残疾人福利机构提供的育养服务，医院、诊所和其他医疗机构提供的医疗服务，有关文化场馆举办文化活动的门票收入，按规定免征营业税。对水利设施用地、保障性住房建设用地，按规定免征城镇土地使用税。

6. 着力形成推进政府和社会资本合作的工作合力

（24）加强组织领导。各地、各有关部门要切实加强组织领导，进一步明确责任分工，细化工作举措，抓好工作落实。发改、财政部门负责协调、推进PPP工作，履行政策制定、业务指导、项目储备和遴选、建立项目库、项目评估和发布等职责。住房城乡建设、国土资源、环保、水利等部门对口负责协调PPP项目建设和前期工作，并加快相关审批。鼓励金融机构提供财务顾问、融资顾问、银团贷款等综合金融服务，全程参与PPP项目的策划、融资、建设和运营。行业主管部门在各自职责范围内做好本领域PPP项目的筛选和发起工作，参与项目过程管理，依法履行监督管理职责。

（25）做好示范推进。各地应积极探索政府和社会资本合作的各种模式，加快推进一批PPP示范项目。示范项目优先选择需求长期稳定、投资规模较大、市场化程度较高、收费定价机制透明、有稳定现金流，如城市道路桥梁隧道、供电供水燃气、城市综合管廊、污水垃圾处理、高速公路、铁路、城市轨道、医疗、养老、棚户区改造、旅游基础设施等项目，引入社会资本参与建设、经营、管理。

（26）推进信用建设。按照诚信践诺的要求，加强全社会信用体系建设，保障政府和社会资本合作顺利推进。政府要保持政策的连续性和稳定性，坚持依法行政，防止不当干预和地方保护，及时兑现各类承诺和合同约定。社会资本要守信自律，提高诚信经营意识。

（27）注重宣传引导。各地各部门要广泛宣传政府和社会资本合作的重大意义，做好政策解读，总结典型案例，回应社会关切，强化舆论引导，增进政府、社会与市场主体共识，建立规范的合作机制，营造良好的合作氛围，充分发挥政府、市场和社会资本的合力作用。

（赣府发〔2015〕25号，2015年5月16日）

（四）江西省人民政府关于大力推进大众创业、万众创新若干政策措施的实施意见

为进一步优化创业创新环境，激发全社会创业创新活力，以创业带动就业、以创新促进发展，根据《国务院关于大力推进大众创业、万众创新若干政策措施的意见》（国发〔2015〕32号）精神，结合江西实际，现提出以下实施意见。

1. 降低准入门槛

（1）营造宽松便捷的准入环境。加大简政放权、放管结合、优化服务等改革力度，消除对市场主体不合理的束缚和羁绊。落实注册资本登记制度改革，放宽新注册企业场所登记条件限制，试行电子商务秘书企业登记注册。推动"一址多照""集群注册"等住所登记改革，分行业、分业态释放住所资源。加快实施工商营业执照、组织机构代码证和税务登记证"三证合一""一照一码"，简化工作流程。允许创业者依法将家庭住所、租借房、临时商业用房等作为创业经营场所。建设"创业咨询一点通"服务平台。依托企业信用信息公示系统建立小微企业名录，增强创业企业信息透明度。（省工商局牵头，省发改委、省人社厅、省审改办、省国税局、省地税局等有关部门配合）

（2）维护公平竞争市场秩序。进一步转变政府职能，增加公共产品和服务供给，为创业者提供更多机会。逐步清理并废除妨碍创业发展的制度和规定，打破地方保护主义。建立统一透明、有序规范的市场环境。依法反垄断和反不正当竞争，消除不利于创业创新发展的垄断协议和滥用市场支配地位以及其他不正当竞争行为。把创业主体信用与市场准入、享受优惠政策挂钩。（省工商局、省发改委牵头，人行南昌中心支行、省国税局、省地税局等有关部门配合）

（3）推动个体工商户转型为企业。对个体工商户转型为企业的，在不违反法律法规的前提下，简化有关办理手续。对转型后企业参加失业保险符合条件的，按规定给予稳岗补贴。对转型后企业在政策性担保贷款上给予倾斜支持。加强创业培训辅导，提高初创企业活跃度。（省工商局牵头，省地税局、省人社厅、省财政厅、省政府金融办等有关部门配合）

（4）减免有关行政事业性收费、服务性收费。进一步规范全省涉企行政事业性收费项目并制定目录，不在目录内的行政事业性收费项目一律不得收取。落实创业负担举报反馈机制。对初创企业免收登记类、证照类、管理类行政事业性收费。事业单位服务性收费，以及依法开展的各类行政审批前置性、强制性评估、检测、论证等专业服务性收费，对初创企业可按不高于物价主管部门核定标准的 50% 收取。（省财政厅牵头，省发改委等有关部门配合）

2. 激发主体活力

（5）提高科研技术人员创业创新积极性。完善高校、科研院所等事业单位专业技术人员在职创业、离岗创业有关政策。对离岗创业的，经原单位同意，可在 3 年内保留人事关系，与原单位其他在岗人员同等享有参加职称评聘、岗位等级晋升和社会保险等方面的权利。原单位应当根据专业技术人员创业实际情况，与其签订或变更聘用合同，明确权利义务。（省人社厅牵头，省教育厅、省科技厅配合）

（6）允许国有企事业单位职工停职创业。国有企业和事业单位（参照公务员法管理的事业单位除外）职工经单位批准，可停职领办创办企业。3 年内不再领办创办企业的职工允许回原单位工作，3 年期满后继续领办创办企业的职工按辞职规定办理。经单位批准辞职的职工，按规定参加社会保险，缴纳社会保险费，享受社会保险待遇。加快推进社会保障制度改革，破除人才自由流动制度障碍，实现党政机关、企事业单位、社会各方面人才顺畅流动。（省人社厅牵头）

（7）建立科学的职业资格体系。再取消一批职业资格许可和认定事项，落实国家职业资格目录清单制度，完善职业资格监管措施，让广大劳动者更好施展才能，推动形成创业创新蓬勃局面。（省人社厅牵头，省卫生计生委、省教育厅、省财政厅、省住房城乡建设厅等有关部门配合）

（8）引领大学生为主的青年创业创新。实施大学生创业引领计划，力争每年引领万名大学生创业。将求职补贴调整为求职创业补贴，对象范围扩展到已获得国家助学贷款的毕业年度高校毕业生，一次性求职补贴标准由每人 800 元提高到 1000 元。对符合条件的大学生（在校及毕业 5 年内）给予一次性创业补贴，补贴标准由 2000 元提高到 5000 元。对已进行就业创业登记并参加社会保险的自主创业大学生，可按灵活就业人员待遇给予社会保险补贴。建立健全弹性学制管理办法，支持大学生保留学籍休学创业。（省人社厅、省教育厅牵头，省财政厅、团省委、省妇联配合）

（9）鼓励农村劳动力创业创新。支持农民工返乡创业，发展农民合作社、家庭农场等新型农业经营主体，落实税收减免和普遍免费政策。支持各地依托现有各类园区，整合创建 100 个农民工返乡创业园，强化财政扶持和金融服务。支持各地发展农产品加工、休闲农业、乡村旅游、农村服务业等劳动密集型产业项目，促进农村产业融合。支持农民网上创业，积极组织创新创业农民与企业、小康村、市场和园区对接，创建农村科技致富示范基地，推进农村青年创业富民行动。开发家庭服务、手工制品、来料加工等适合妇女创业就业特点的项目，激发妇女创业创新积极性。（省农业厅牵头、省人社厅、省科技厅、团省委、省妇联配合）

（10）吸引海外高层次人才和赣商回乡创业创新。实施高端外国专家项目，吸引高端海外人才来赣创业创新，有计划、有重点地引进 100 名能够突破关键技术、发展高新产业、带动新兴学科的战略科学家和领军人才、杰出人才、青年拔尖人才，推动我省创新升级。启动海外医疗科研人才引进计划，支持各级医疗卫生单位及科研机构引进海外医疗科研人才并予以资助。开展引才引智创业创新基地建设试点。实施赣商回乡创业工程，加大对赣商回乡创业的财政、税收、融资服务、用地保障、科技创新、人才支撑等政策扶持力度。（省人社厅牵头，省工信委、省教育厅、省卫生计生委、省商务厅等有关部门配合）

（11）鼓励电子商务创业就业。经工商登记注册的网络商户从业人员，同等享受各项就业创业扶持政策；未进行工商登记注册的网络商户从业人员，可认定为灵活就业人员，享受灵活就业人员扶持政策，其中通过网上交易平台实名制认证、稳定经营 3 个月以上且信誉良好的网络商户从业人员，可按规定享受创业担保贷款及贴息政策。（省人社厅牵头，省财政厅、省商务厅、省教育厅配合）

3. 加大资金扶持

（12）加大财政资金支持和统筹力度。各级财政要根据创业创新需要，统筹安排各类支持小微企业和创业创新的资金，加大对创业创新支持力度，强化资金预算执行和监管，加强资金使用绩效评价。支持有条件的地方政府设立创业基金，扶持创业创新发展。在确保公平竞争的前提下，鼓励对众创空间等孵化机构的办公用房、用水、用能、网络等软硬件设施给予适当优惠，减轻创业者负担。（省财政厅牵头，省发改委、省工信委、省科技厅、省人社厅配合）

（13）发挥政府采购支持作用。落实促进中小企业发展的政府采购政策，加强对采购单位的政策指导和监督检查，督促采购单位改进计划编制和项目预留管理，增强政策对小微企业发展的支持效果。加大创新产品和服务的采购力度，把政府采购与支持创业发展紧密结合起来。（省财政厅牵头）

（14）创新融资模式。实施新兴产业"双创"三年行动计划，建立一批新兴产业"双创"示范基地，引导社会资金支持大众创业。建立国有创业投资机构激励约束机制、监督管理机制。按照"政府引导、市场化运作、专业化管理"原则，统筹安排省中小企业发展专项资金和战略性新兴产业投资引导资金，加快设立工业创业投资引导基金，促进风险投资、创业投资、天使投资等投资创业创新企业发展，加大对初创企业支持力度。充分发挥资本市场作用，引导和鼓励创业创新企业在主板、中小板、创业板、"新三板"和江西联合股权交易中心上市（挂牌）融资。加大宣传推广和辅导力度，帮助具有持续盈利能力、主营业务突出、规范运作、成长性好的创业创新企业在境内外资本市场首发上市、在"新三板"挂牌；推动创业创新企业通过发行各类债券、资产支持证券（票据）、吸收私募投资基金等方式融资。（省发改委、省政府金融办牵头，省财政厅、省工信委、省国资委、人行南昌中心支行等有关部门配合）

（15）完善融资政策。强化财政资金杠杆作用，运用"财园信贷通""财政惠农信贷通"等融资模式，强化对创业创新企业、新型农业经营主体的信贷扶持。通过省级小微企业创业园创业风险补偿引导基金，择优筛选部分小微创业园启动小微企业创业风险补偿金试点，引导金融机构为入园小微企业、科技创新型企业提供流动资金贷款。建立完善金融机构、企业和担保公司等多方参与、科学合理的风险分担机制。（省财政厅牵头，省政府金融办、省工信委、省科技厅、人行南昌中心支行等有关部门配合）

（16）加强创业担保贷款扶持。将小额担保贷款调整为创业担保贷款，个体创业担保贷款最高额度为10万元；对符合二次扶持条件的个人，贷款最高限额30万元；对合伙经营和组织起来创业的，贷款最高限额50万元；对劳动密集型小企业（促进就业基地）等，贷款最高限额400万元。各市、县（区）财政要按规定落实对劳动密集型小企业25%、对促进就业基地75%的地方配套贴息资金。降低创业担保贷款反担保门槛，对创业项目前景好，但自筹资金不足且不能提供反担保的，通过诚信度评估后，可采取信用担保或互联互保方式进行反担保，给予创业担保贷款扶持。（省人社厅牵头，人行南昌中心支行、省财政厅配合）

（17）落实促进就业创业税收优惠政策。将企业吸纳就业税收优惠的人员范围由失业一年以上人员调整为失业半年以上人员。高校毕业生、登记失业人员等重点群体创办个体工商户、个人独资企业的，可按国家规定享受税收最高上浮限额减免等政策。落实国家有关推广中关村国家自主创新示范区税收试点政策，包括职工教育经费税前扣除政策、企业转增股本分期缴纳个人所得税政策、股权奖励分期缴纳个人所得税政策。对符合条件的创业投资企业采取股权投资方式投资未上市的中小高新技术企业2年以上的，可以按照其投资额的70%在股权持有满2年的当年抵扣该创业投资企业的应纳税所得额，当年不足抵扣的，可在以后纳税年度结转抵扣。对企业为开发新技术、新产品、新工艺发生的研究开发费，未形成无形资产计入当期损益的，在按照规定据实扣除的基础上，按照研究开发费用的50%加计扣除；形成无形资产的，按照无形资产成本的150%摊销。（省财政厅牵头，省国税局、省地税局、省人社厅、省科技厅等有关部门配合）

（18）提高创业费用补贴标准。对入驻创业孵化基地的企业、个人，在创业孵化基地3年内发生的物管费、卫生费、房租费、水电费等给予补贴，补贴标准由原来不超过50%提高到60%，所需资金由就业资金统筹安排。（省人社厅牵头，省教育厅、省财政厅配合）

（19）资助优秀创业项目。鼓励举办各种类型创业创新大赛，主办单位可对获奖项目给予一定的资助。各地可推荐评选一批优秀创业项目，建立项目库，并给予重点扶持，所需资金由就业资金统筹安排。对获得国家和省有关部门、单位联合组织的创业大赛奖项并在江西登记注册经营的创业项目，给予一定额度的资助，其中获得国家级大赛奖项的，每个项目给予10万~20万元；获得省级大赛前三名的，每个项目给予5万~10万元。对创业大赛评选出的优秀创业项目，给予创业担保贷款重点支持，鼓励各种创投基金给予扶持。（省人社厅、省教育厅牵头，省财政厅、省科技厅、团省委配合）

4. 提升服务水平

（20）培育众创空间。以行业领军企业、创业投资机构、社会组织等为主力，以开发区、大学科技园、科技企业孵化器、高新技术产业化基地、高校、科研院所和知名电商为载体，培育一批众创空间。鼓励各类创新主体在高新技术和战略性新兴产业等领域，集成人才、技术、资本、市场等各种要素，兴办创新与创业相结合、线上与线下相结合、孵化与投资相结合的孵化机构。打造60个以高校为主的包括"创业咖啡""创新工场""创新创业实验室"在内的各种形式众创空间，鼓励所在高校提供不少于100平方米工作场所。对省级科技企业孵化器等优秀众创空间给予100万元支持，所需资金从省企业技术创新基地（平台和载体）建设工程专项资金中统筹安排。（省科技厅、省教育厅牵头，省财政厅、省工信委配合）

（21）创新服务模式。加快发展"互联网＋"创业网络体系，建设一批小微企业创业创新基地。加强政府数据开放共享，鼓励和引导大型互联网企业和基础电信企业向创业者开放计算、存储和数据资源。积极推广众包、用户参与设计、云设计等新型研发组织模式和创业创新模式。大力发展企业管理、财务咨询、人力资源、法律顾问、现代物流等第三方专业服务。（省发改委牵头，省工信委、省科技厅等有关部门配合）

（22）整合众创资源。鼓励省级以上科技创新服务平台、高校科研机构、省级以上重点实验室、工程技术研究中心、分析测试中心、省部属科研院所、省级企业研究院等各类创新平台和载体向创客开放，共享科技资源，使用资源费用可减半收取。支持社会资金购买的大型科学仪器设备以合理收费方式，向创客企业提供服务。认定培育一批省级小微企业创业园和公共服务示范平台，不断提升服务能力和水平。（省科技厅、省工信委牵头，省教育厅、省人社厅等有关部门配合）

（23）促进技术成果转移转化。完善成果发布机制，建设成果转化项目库，积极推动网上成果对接常态化，培育扶持一批科技成果转移示范机构，推动高校、科研院所科技成果向创客企业转移转化。加大对创新型企业专利申请扶持力度，在申请费用减免、专利资助方面给予倾斜，开辟绿色通道，简化办理程序。专利技术成果转化根据《江西省战略性新兴产业专利技术研发引导与产业化示范专项资金项目和资金管理暂行办法》给予资助。加快知识产权（专利）孵化平台建设，力争3年内基本覆盖所有设区市。加强创新型企业聚集区维权援助能力建设。（省科技厅、省教育厅牵头，省财政厅等有关部门配合）

（24）推进创业创新教育。在普通高等学校、职业学校、技工院校全面推进创业创新教育，把创业创新课程纳入国民教育体系和学分制管理。优化教育师资结构，吸纳有实践经验的创业者、职业经理人和其他专业人员加入师资队伍。推进创业创新教育示范学校建设，鼓励有条件的学校充分依托现有资源建设创业型学院。（省教育厅牵头，省人社厅配合）

（25）加大创业培训力度。对具有创业要求和培训愿望、具备一定创业条件的城乡各类劳动者，参加创业培训可按规定申请创业培训补贴，补贴标准为每人1000～1600元。组建创业导师志愿团队，建立创业导师（专家）库，对创业者分类、分阶段进行指导；开展创业创新系列宣讲、咨询服务活动。培训一批农民创业创新辅导员。省里每年评选100名有发展潜力和带头示范作用的初创企业经营者，并按每人1万元的标准资助其参加高层次进修学习或交流考察，所需资金由就业资金统筹安排。（省人社厅牵头，省农业厅、省教育厅、省财政厅、省工信委、省科技厅、团省委、省妇联等有关部门配合）

（26）加快创业孵化基地建设。鼓励各地、各部门和社会力量新建或利用各种场地资源改造建设创业孵化基地，搭建促进创业的公共服务平台，有条件的地方可探索采取政府和社会资本合作（PPP）模式共同投资建设。全面推动高校建立大学生创业孵化基地，对符合条件的大学生项目享受创业优惠政策。省直有关单位每年评估 10 个左右省级创业创新带动就业示范基地，每个给予 100 万元的一次性奖补；对达到国家级示范性基地建设标准的，每个给予 200 万元的一次性奖补，所需资金由就业资金统筹安排。（省人社厅、省教育厅牵头，省财政厅、省科技厅、省农业厅、团省委配合）

（27）夯实公共就业创业服务基础。健全公共就业创业服务经费保障机制，将县级以上公共就业创业服务机构和基层公共就业创业服务平台经费纳入同级财政预算。将职业介绍补贴和扶持公共就业服务补助合并调整为就业创业服务补贴。创新服务供给模式，向社会力量购买基本就业创业服务成果，形成多元参与、公平竞争格局，提高服务质量和效率。发布创业政策，集中办理创业事项，为创业者提供"一站式"创业服务。（省人社厅牵头，省科技厅、省财政厅等有关部门配合）

（28）营造创业创新良好氛围。支持举办创业训练营、创业创新大赛、创新成果和创业项目展示推介等活动，搭建创业者交流平台，培育创业文化，营造鼓励创业、宽容失败的良好社会氛围。发挥广播、电视、报刊、网络、微信、微博等各类媒介作用，采取多形式、多渠道，加大对大众创业、万众创新的新闻宣传和舆论引导，树立一批创业创新典型人物，让大众创业、万众创新蔚然成风。积极开展创业型城市创建活动，对政策落实好、创业环境优、工作成效显著的，按规定予以奖励。（省人社厅牵头，省教育厅、省科技厅、省财政厅等有关部门配合）

各地、各有关部门要加强组织领导，建立健全经济发展、创业创新与扩大就业的联动协调机制，结合本地区、本部门实际，抓紧制定具体操作办法，明确任务分工、落实工作责任、强化督促检查、加强舆论引导，推动本实施意见确定的各项政策措施落实到位，不断拓展大众创业、万众创新的空间，汇聚经济社会发展新动能，促进全省经济加快发展、转型升级。省政府对贯彻落实情况将开展督察，对工作不力的追究有关人员责任。

（赣府发〔2015〕36 号，2015 年 7 月 18 日）

（五）江西银监局关于进一步落实监管政策提升小微企业金融服务水平的实施意见

为了进一步贯彻党中央、国务院关于金融支持小微企业发展的要求，有效落实小微企业金融服务监管政策，持续改进小微企业金融服务水平，现结合《中国银监会关于进一步落实小微企业金融服务监管政策的通知》（银监发〔2015〕38 号）精神，制定如下实施意见，请遵照执行。

1. 优化信贷投向，切实满足小微企业有效融资需求

（1）确保实现"三个不低于"目标。辖内各商业银行和农村合作金融机构，要立足市场定位，加强对小微企业的信贷投放，确保全年实现小微企业贷款增速、户数、申贷获得率"三个不低于"目标。要严格落实年初制定的小微信贷计划，推动信贷资源向小微倾斜，小

微信贷规模只能增、不能减。辖内各政策性银行虽不作硬性考核，但也要站在讲政治、顾大局的高度，切实履行社会责任，持续加大对小微企业的支持力度。各银监分局要高度重视，加强小微企业金融服务工作的监测、引导、督察、评价，确保所在设区市全年实现"三个不低于"目标。

（2）加强信贷精细化管理。辖内法人银行机构在制定行业信贷政策时要力求精细化，加强行业研究，细分具体行业，针对不同行业、不同地区制定差异化的信贷政策。辖内银行分支机构在对小微企业开展授信评估时，不得笼统以行业限制为由，"一刀切"拒绝小微客户准入，避免信贷管理简单化、粗放化。辖内各银行业金融机构要坚持服务实体经济的本质要求，对于暂时遇到困难，但符合产业政策、有市场、有订单的企业要继续支持其合理的融资需求，不得随意抽贷、停贷、压贷。

（3）拓宽信贷资金来源。鼓励实现"三个不低于"目标的法人银行业金融机构发行小微企业专项金融债，并在行政审批上给予优先受理和审核。对于已经获准发行小微企业专项金融债的银行业金融机构，应对募集资金实施专户管理，确保全部用于发放小微企业贷款。

2. 坚持创新引领，积极破解小微企业融资中的瓶颈

（4）积极扩大无还本续贷范围。辖内各银行业金融机构要按照《关于完善和创新小微企业贷款服务提高小微企业金融服务水平的通知》（银监发〔2014〕36号，以下简称"36号文"）要求，加快无还本续贷相关配套制度、流程和系统的完善工作，认真落实小微企业流动资金贷款无还本续贷政策，不得人为抬高续贷门槛、增加续贷审批环节。应比照"36号文"有关规定，扩大自主续贷范围。辖内各银行业金融机构应就落实监管政策、创新贷款还款方式、完善内部配套制度等方面，制定具体办法，并于2015年8月20日前书面报送至对口监管部门，同时抄送股份处。

（5）缩短贷款办理时间。辖内各银行业金融机构应建立符合小微企业信贷特点的独立评审体系，下放小微企业授信审批权限，简化审批流程、提高审批效率，确保授信审批的时效性。认真履行"一次性告知"义务，严格执行"公开承诺制""限时办结制"，在授信材料齐全且符合要求的情况下，自受理到办结，原则上不得超过7个工作日，续贷业务原则上不得超过5个工作日。

（6）推进贷款抵质押方式的转变。辖内各银行业金融机构应不断扩大抵押资产范围，积极探索存货、应收账款、股权、林权等适合小微企业的抵质押方式，逐步由有形财产抵押向知识产权、商誉、排污权等无形资产领域拓展。积极探索担保贷款、信用贷款方式，由偏重于抵押贷款向抵押、信用、质押、保证等多种形式并重转变。

（7）创新流动资金贷款还款方式。辖内各银行业金融机构要根据小微企业生产经营特点，科学、合理、灵活确定小微企业贷款期限，贷款期限可由银企双方协定，避免由银行机构单方面确定贷款期限造成与生产经营周期不匹配增加小微企业资金压力。在风险可控前提下，创新符合小微企业特点的金融产品和还款方式，加大推广运用小微企业循环贷款、年审制贷款及续贷贷款等产品的力度。从2015年7月开始，江西银监局将对小微企业循环贷、年审制贷及无还本续贷贷款等业务的办理情况实施按季监测，辖内各银行业金融机构应于每季末20天内将上述三类业务的办理情况报送至对口监管部门，同时抄送股份处。各银监分局要按季对所辖法人机构上述三类业务办理情况的监测，并于每季末20天内将上述三类业务的办理情况报送至股份处。辖内各银行业金融机构办理小微企业循环贷、年审制贷及续贷

贷款等业务的情况，将作为年度小微企业金融服务工作考核评价的重要内容。

3. 完善内部机制，增强服务小微企业的内生动力

（8）提高不良贷款容忍度。辖内各银行业金融机构要适度提高小微企业贷款不良容忍度，对小微企业不良率高出各项贷款不良率年度目标2个百分点以内（含）的，不得作为内部对小微企业业务主办部门考核评价的扣分因素。辖内法人机构要建立独立的小微企业信贷管理系统和考核评价体系，实施单独考核，按照风险覆盖的原则适当调高风险容忍度，并对不同地区的分支机构设置差异化的小微企业不良贷款容忍度目标。辖内各银行分支机构应根据总行下发的不良贷款控制目标，对不同地区确定不同的不良贷款容忍度。辖内各银行业金融机构应就内部小微企业不良贷款容忍度目标和考核制定具体制度办法，并于2015年8月20日前书面报告对口监管部门，同时抄送股份处。

（9）改进授信业务问责机制。辖内各银行业金融机构要建立健全科学、细化、可操作的尽职免责制度，确保落到实处。当年小微企业贷款实际不良率未超出上级行设置目标的，对经办小微企业贷款产生不良的从业人员，在无违反相关法律法规和规章制度行为的前提下，应免除其合规责任。

4. 健全专营机制，推动小微企业金融服务专业化

（10）加强机构和队伍建设。辖内各银行业金融机构要按照"管理集中化、考核独立化、队伍专业化、产品多元化、作业流程化、经营协同化"的要求，切实加强小微企业专营机构建设，努力提高小微企业专营机构的独立性和专业性。鼓励辖内银行业金融机构设立小微专业支行、特色支行，并给予信贷规模、授信权限、绩效考核等倾斜，有效发挥专业支行、特色支行的作用。引导辖内各商业银行尤其是中小银行和村镇银行向县域、乡镇等金融服务薄弱区域和小微企业集中区域延伸网点和业务，加大金融支持力度。鼓励和引导民间资本进入银行业，丰富和完善银行业金融机构体系，为小微企业提供更有针对性、更便利的金融服务。加大小微专营队伍建设，要求辖内各商业银行和农村合作金融机构专职从事小微信贷业务人员占全部信贷业务人员的比例应高于上年同期水平。

5. 加强风险管控，切实降低小微企业融资成本

（11）提高风险管控水平。辖内各银行业金融机构要加强风险防控能力建设，加强对小微企业信贷人员的专业培训，提升其风险识别、判断和控制能力。完善风险处置机制，加强与政府部门、司法机关和同业机构的沟通协调，用好、用足财税部门有关小微不良贷款核销和税前扣除政策，加大对小微企业不良贷款的处置和核销力度。

（12）规范服务收费和经营行为。辖内各银行业金融机构要进一步规范对小微企业的服务收费，严格执行小微企业"两禁两限"要求，及时清理收费项目，对诚实守信、经营稳健的优质小微企业减费让利，切实降低小微企业融资成本。对于已授信的小微客户，应当按照合同约定数额，足额发放贷款，严禁在发放贷款时附加不合理条件。严禁克扣放款数额、强制开银行承兑汇票、以贷返存、捆绑销售等行为，严禁将理财和同业业务作为银行信贷的"异化产品"，变相增加融资链条，抬高融资成本。各级银监部门要加强对辖内小微企业服务收费和经营行为的监督检查，对乱收费或其他违规经营行为，一经查实，要严肃追究相关银行机构和责任人的责任。

（13）防止利益输送增加融资成本。辖内各银行业金融机构要及时完善履职回避制度，对于管理层及信贷条线从业人员的近亲属开办或投资入股典当行、小额贷款公司、担保公司、P2P网贷公司等民间融资机构或在此类机构担任高管职务的，要按履职回避的原则，限

期调离所在岗位。要立即开展全面排查,发现有不符合履职回避要求以及存在与上述机构利益勾结的情形,要立即整改。2015年11月底前将修订后的履职回避制度和排查整改报告书面报送至对口监管部门,同时抄送股份处。

6. 搭建服务平台,构建服务小微企业的良好外部环境

(14)搭建信息服务平台。各级银监部门要加强与政府相关职能部门的沟通与协作,建立并落实小微企业金融服务联席会议机制,配合当地工信委、财政、工商、行政服务中心等部门,搭建信息交流服务平台,加强信息交流与共享。

(15)探索建立金融服务共同体。各级银监部门要推动辖内银行业金融机构与政府、企业、征信服务机构合作,构建利益共赢、风险共担的小微企业金融服务共同体,解决担保难、融资难问题。

7. 完善考核督导,确保各项监管政策落地

(16)建立督导长效机制。各级银监部门要强化监测考核,按月监测辖内小微企业金融服务情况,对未实现小微企业贷款"三个不低于"目标或对小微企业金融支持政策落实不力的银行业金融机构,要重点开展督察。要对辖内各银行业金融机构尽职免责办法制定与执行、无还本续贷政策的落实、服务收费政策执行情况等加大监督检查力度,确保各项监管政策落到实处。要坚持正向激励的监管导向,在市场准入、小微企业专项金融债发行、不良贷款容忍度等方面落实差异化监管政策。

（赣银监发〔2015〕7号,2015年7月22日）

（六）江西省社会治安综合治理委员会办公室江西省工商业联合会中共江西省非公有制经济组织工作委员会关于在全省非公有制经济组织中开展"平安企业"建设工作的意见

为贯彻落实《中共江西省委、江西省人民政府关于大力促进非公有制经济更好更快发展的意见》（赣发〔2013〕14号）、《中央综治委非公有制经济组织和社会组织专项组2015年工作打算》（非公组办〔2015〕1号）文件精神,在全省非公有制企业中开展"平安企业"建设工作,引导非公有制经济组织增强大局意识、法治意识,不断提高企业安全生产、守法经营的能力和水平。为实现非公有制经济持续健康发展、非公有制经济人士及全体职工健康成长提供强有力保障和支撑。现就在全省非公有制经济组织中开展"平安企业"建设工作提出如下意见。

1. 指导思想

以党的十八大和十八届三中、四中全会精神为指导,深入学习贯彻习近平总书记系列重要讲话精神,落实深化平安中国建设会议和省委十三届十次全会的部署,按照深化平安中国建设的总要求。充分发挥非公有制经济党组织的政治引领和政治核心作用,动员非公有制经济组织中的党员争当"平安企业"建设的先锋模范,团结带领非公经济组织全体职工切实做好维护稳定、维护治安的各项工作。

2. 工作目标

在全省非公有制企业中建立健全非公有制经济组织党建工作领导体制和工作机制。推动非公有制企业开展"平安企业"创建活动。把非公有制企业履行安全生产、职工合法权益保障等社会责任情况纳入平安企业创建的重要内容。在非公有制经济人士中深入开展以守法

诚信为重点的理想信念教育实践活动，促进非公有制经济组织更加重诚信、讲道德、循法治、守契约，帮助其增强法治意识，提高依法依规经营和防范法律风险能力。

3. 工作内容

（1）开展安全生产活动。开展以企业履行安全生产为主要内容的平安企业创建活动。建立健全各项安全生产制度，加强企业安全生产标准化，推动加强企业安全生产专项治理，落实各种安全措施，切实防范和遏制环境污染、职业病、传染病、职业中毒等重大公共安全事故发生。

（2）创建和谐劳动关系。建立健全集体协商机制、劳动争议调解组织，及时排查企业内部的劳资争议，构建和谐劳动关系；建立企业劳动争议信息互通工作机制；建立预防和减少劳动争议，特别是维护好职工合法权益保障、解决好拖欠职工工资、预防严重影响社会稳定的突发性群体性事件发生。

（3）开展守法诚信教育。组织开展以守法诚信为重点的理想信念教育实践活动，引导企业出资人和员工牢固树立守法诚信意识，提高企业诚信立业、依法治企、守法经营、创新发展的能力和水平，维护企业职工合法权益，为"平安企业"创建夯实法治之基。

（4）落实治安防范措施。密切关注、定期分析企业治安情况，加强治安防控力量，完善重点部位的物防技防设施；建立健全内部安全保卫制度，在企业中落实国家安全人民防线信息员，增强企业安全防范能力，维护社会政治稳定、经济安全；做好区域治安联防、协防工作，形成各种治安防控力量相衔接的治安防控网络。

（5）预防违法犯罪现象。按照"谁用工、谁负责"的原则，加强对企业员工特别是外来务工人员的教育、服务和管理，落实企业内吸毒及违法犯罪人员的帮教措施，积极预防和处理违法犯罪现象。

（6）推进非公党建工作。把"平安企业"建设作为非公党建工作重要任务和推动非公党建工作的重要渠道，在全省非公有制企业中实现党的组织、党的工作全覆盖。建立健全党组织与决策层定期磋商沟通、党组织和经营决策层联席会议、重大情况通报等制度，努力提升非公经济组织党建工作的实效性。

4. 工作要求

（1）加强领导，强化举措。省工商联、省非公党工委成立综治领导小组；各有关单位要相应成立综治领导小组。各级工商联、非公党工委要高度重视这项工作，把"平安企业"建设工作作为目标管理责任制考核内容，为非公有制企业可持续发展营造良好的社会治安环境和投资环境。

（2）明确任务，落实责任。各级工商联、非公党工委要把"平安企业"建设工作纳入日常议事日程，切实将"平安企业"建设工作落到实处，推动非公有制企业平安建设工作与企业安全生产同步实施，与开展"连心、强基、模范"三大工程和守法诚信理想信念教育同步推进。企业要发挥非公经济组织优势，争当全省"平安企业"建设中的标杆，要按照"谁经营、谁负责"的原则，落实企业法人、主要出资人平安建设责任制，要明确企业法人代表为企业社会治安综合治理工作的第一责任人，对企业的平安建设工作负总责；按照"属地管理"的原则，落实非公有制企业平安建设目标管理责任制；按照"服务企业发展"的要求，落实平安建设成员单位的职责。

（3）创新管理，建立机制。各级工商联、非公党工委要指导企业建立健全具有企业特点的平安建设工作体制，并根据需要建立保卫、安全生产、集体协商、劳动争议调解等专项配套组织，以及专职保安队、安全生产员、治安巡防队、消防队等群防群治队伍；在安全生产、劳动关系调解、守法诚信教育、治安防控、重大公共安全事故、预防群体性事件的发生、创建平安企业等方面形成联防、联治、联谊的平安建设工作格局。

（赣市综治办〔2015〕2 号，2015 年 6 月 17 日）

第三章　民营经济统计资料

一、概述

本章除"资本市场利用"部分外，其他部分根据《江西统计年鉴2016》编撰而成。《江西统计年鉴2016》系统收录了全省和11个设区市2015年经济、社会各方面的统计数据，改革开放以来和其他历史重要年份的全省主要统计数据，以及全国各省市部分主要指标数据，是一部全面反映江西省经济和社会发展情况的资料性年刊；"资本市场利用"部分主要根据上市民营企业在中国证监会指定信息披露网站巨潮资讯网发布的2015年年度报告整理而来。

本章内容分为8部分，分别是概述、就业人员和职工工资、固定资产投资、工业、建筑业、国内贸易和旅游、房地产开发及资本市场利用。为方便读者使用，各篇前设有"简要说明"，对本篇的主要内容、资料来源、统计范围、统计方法等予以简要概述，篇末附有《主要统计指标解释》。

行业相关数据由综合资料及国民经济核算资料两部分组成。综合资料通过对民营经济各产业部门主要统计指标及其速度、结构、比例和效益等的加工计算来反映民营经发展的总体情况。国民经济核算资料包括民营经济不同产业部门生产总值及其有关资料。不同产业部门生产总值根据产业部门特点、不同支出构成的特点和资料来源情况而分别采取不同方法计算。所有数据既有民营经济总计，也有全社会总合计。

根据第一次第三产业普查结果，《江西统计年鉴2016》对1992年以前全省地区生产总值的历史数据做了调整；2005年根据全国第一次经济普查结果，对1993~2004年的全省地区生产总值历史数据做了调整，本章的数据为调整后数据。凡与本章资料有出入的，均以本章数据为准。分设区市的国民经济核算数据由各设区市统计局提供，由于采取分级核算，各设区市数据相加不等于全省总计。

本章所使用的度量衡单位，均采用国际统一标准计量单位；部分数据合计数或相对数由于单位取舍不同而产生的计算误差，均未作机械调整。

符号使用说明：年鉴各表中的"空格"表示该项统计指标数据不足本表最小单位数、数据不详或无该项数据；#表示其中的主要项；＊表示2015年新修正后的数据。

二、就业人员和职工工资

（一）资料说明

1. 主要内容

本部分资料反映全省民营经济的劳动就业方面基本情况，包括 11 个设区市民营经济的主要劳动统计数据，如就业人员、职工工资总额、职工平均工资等情况。

2. 统计范围

《劳动统计报表制度》的调查范围为城镇辖区内独立核算法人单位（不包括乡镇企业和个体工商户），自 1998 年起部分指标有所变动，职工人数为在岗职工；劳动力资源、全社会就业人员统计范围为城镇和乡村 16 岁以上人口，2002 年及以后全社会就业人员、城镇和乡村就业人员的总计资料根据人口和劳动力调查资料推算，因此分地区、分类型、分行业的资料相加不等于总计；私营和个体工商户统计范围为全社会。

3. 资料来源

本部分资料取自《江西统计年鉴 2016》"第三章就业人员和职工工资"，主要包括：①就业基本情况及分组资料、职工工资总额等资料，是省统计局人口和就业处根据《劳动统计报表制度》《人口变动情况抽样调查制度》《劳动力调查制度》等资料加工整理；②个体劳动者根据省工商行政管理局报表整理。

4. 统计调查方法

《江西统计年鉴 2016》表明，本部分采用了以下统计调查方法：劳动统计采用全面调查方法，由各级统计部门和各直报单位逐级上报；劳动力调查采用抽样调查方法；培训、就业统计及个体工商统计利用行政登记资料加工汇总。

表 3 - 1　民营经济社会就业人员数（年末数）　　　　　　　单位：万人

类别	2014 年	2015 年
全社会总合计	**2603. 30**	**2615. 78**
民营经济总计	978. 53	1078. 24
城镇	652. 56	730. 57
#股份合作	2. 31	2. 21
联营	0. 22	0. 22
有限责任公司	165. 24	175. 48
股份有限公司	34. 25	35. 52
私营和个体	450. 54 *	517. 14
乡村	325. 97	347. 67
#私营和个体	325. 97	347. 67

注：就业人员总计是根据人口变动抽样调查资料推算；＊表示 2015 年新修正后的数据。

表 3－2　各地区城镇个体劳动者数（年末数）　　　　单位：万人

地区	2014 年	2015 年
全省	232.48	255.62
南昌市	38.65	43.62
景德镇市	10.60	11.16
萍乡市	12.82	14.29
九江市	28.38	25.16
新余市	10.57	11.32
鹰潭市	6.10	7.11
赣州市	41.23	48.36
吉安市	19.06	21.37
宜春市	27.27	30.04
抚州市	20.70	23.71
上饶市	17.10	19.48

表 3－3　城镇私营单位就业人员年末人数、工资（2015 年）

类别	就业人员人数（人）	就业人员平均工资（元）
总计	3140653	33329
按国民经济行业分		
农、林、牧、渔业	61868	24648
采矿业	118434	37184
制造业	1655976	33646
电力、热力、燃气及水生产和供应业	14793	31757
建筑业	502502	35466
批发和零售业	297578	29100
交通运输、仓储和邮政业	102166	36495
住宿和餐饮业	61717	26427
信息传输、软件和信息技术服务业	23016	29601
金融业	7666	35344
房地产业	62227	39270
租赁和商务服务业	83498	32755
科学研究和技术服务业	16082	33972
水利、环境和公共设施	8500	36658
管理业		
居民服务、修理和其他服务业	39696	27975
教育	46388	29544
卫生和社会工作	16424	39099
文化、体育和娱乐业	21891	28038
公共管理、社会保障和社会组织	231	18736

续表

类别	就业人员人数（人）	就业人员平均工资（元）
按地区分		
南昌市	455964	37297
景德镇市	105202	35035
萍乡市	356789	31462
九江市	300013	35208
新余市	92169	33248
鹰潭市	63301	34666
赣州市	700332	34019
吉安市	307304	26755
宜春市	354412	31468
抚州市	66547	31152
上饶市	338620	34547

资料来源：根据城镇私营抽样调查资料整理。

（二）主要统计指标解释

1. 就业人员

就业人员指从事一定社会劳动并取得劳动报酬或经营收入的人员。包括：①在岗职工；②再就业的离退休人员；③私营业主；④个体户主；⑤私营企业和个体就业人员；⑥乡镇企业就业人员；⑦农村就业人员；⑧其他就业人员。

2. 私营企业就业人员

私营企业就业人员指在工商管理部门注册登记的私营企业就业人员，包括私营企业投资者和雇工。

3. 个体就业人员

个体就业人员指在工商管理部门注册登记，经批准从事个体工商经营的就业人员，包括个体户主和在个体工商户劳动的家庭帮工和雇工。

4. 单位就业人员劳动报酬

单位就业人员劳动报酬指各单位在一定时期内直接支付给本单位全部就业人员的劳动报酬总额。包括在岗职工工资总额和本单位其他从业人员劳动报酬两部分。

5. 在岗职工平均工资

在岗职工平均工资指在企业、事业、机关单位的在岗职工在一定时期内平均每人所得的货币工资额。

其计算公式如下：

$$在岗职工平均工资 = \frac{报告期实际支付的全部在岗职工工资总额}{报告期全部在岗职工平均人数}$$

6. 在岗职工工资总额

在岗职工工资总额指各单位在一定时期内直接支付给本单位全部在岗职工的劳动报酬总额。包括：计时工资（含计时标准工资）、计件工资、计件超额工资、奖金、津贴和补贴、加班加点工资、特殊情况下支付的工资等。

7. 津贴和补贴

津贴和补贴包括：①补偿职工特殊额外劳动消耗的津贴及岗位性津贴；②保健性津贴；③技术性津贴；④年功性津贴；⑤地区津贴；⑥其他津贴包括伙食补贴、上下班交通补贴、洗理卫生费、书报费等以及为保证职工工资不受物价上涨或变动影响而支付的各种补贴，如副食价格补贴（含肉类等价格补贴），粮、油、蔬菜等价格补贴，煤价补贴，房贴，水电贴，房改补贴等。

三、固定资产投资

（一）资料说明

1. 主要内容

本部分资料通过对一定时期包括民营经济在内的全社会建造和购置固定资产活动的数量描述，反映报告期内固定资产投资的规模和速度、固定资产投资的结构和比例关系、固定资产投资的资金来源及固定资产投资的效果等。

2. 统计范围

全社会固定资产投资统计的范围包括：建设项目固定资产投资、房地产开发投资、农村农户固定资产投资。

3. 资料来源

本部分资料取自《江西统计年鉴 2016》"第四章固定资产投资"，其中农户固定资产投资资料来自国家统计局江西调查总队；除此以外的固定资产投资统计资料均来自省统计局固定资产投资统计处统计调查。

4. 统计调查方法

除农户固定资产投资统计采用抽样调查方法外，其他均为全面统计报表。

表 3 - 4　民营经济全社会固定资产投资（按登记注册类型分）　单位：万元

指　标	2014 年	2015 年
全社会固定资产投资	**150792554**	**173881278**
民营经济固定资产投资	**115248972**	**135300416**
股份合作	507229	313245
联营	713766	660304
有限责任公司	39581973	48740695
股份有限公司	5497125	4594229
私营	58211181	68913296
其他内资	5393303	7347394
个体经营	5344395	4731253

注：①全社会固定资产投资 = 固定资产投资 + 农村农户投资。固定资产投资包括建设项目投资和房地产开发投资，后同。②全社会固定资产投资按登记注册类型可分为国有、集体、个体、联营、股份制、外商、港澳台商、其他等。本表在《江西统计年鉴 2016》"全社会固定资产投资"总表基础上删除国有、集体、港澳台投资、外商投资等项后形成，后同。

表 3 – 5　民营经济全社会固定资产投资构成（按登记注册类型分）　　　单位：%

指标	2014 年	2015 年
股份合作	0.3	0.2
联营	0.5	0.4
有限责任公司	26.2	28.0
股份有限公司	3.6	2.7
私营	38.6	39.6
其他内资	3.6	4.2
个体经营	3.5	2.7

表 3 – 6　民营经济固定资产投资（按登记注册类型分）　　　单位：万元

指标	2014 年	2015 年
固定资产投资	**146463081**	**169938969**
民营经济固定资产投资	**110919499**	**131358107**
股份合作	507229	313245
联营	713766	660304
有限责任公司	39581973	48740695
股份有限公司	5497125	4594229
私营	58211181	68913296
其他内资	5393303	7347394
个体经营	1014922	788944

注：固定资产投资统计范围为计划投资 500 万元及以上建设项目固定资产投资和房地产开发投资。后同。

表 3 – 7　民营经济固定资产投资构成（按登记注册类型分）　　　单位：%

指标	2014 年	2015 年
股份合作	0.3	0.2
联营	0.5	0.4
有限责任公司	27.0	28.7
股份有限公司	3.8	2.7
私营	39.7	40.6
其他内资	3.7	4.3
个体经营	0.7	0.4

表3-8　按行业和登记注册类型分固定资产投资（2015年）

单位：万元

行业	全社会总合计	民营经济合计	股份合作	联营	有限责任公司	股份有限公司	私营	其他内资	个体经营
总计	169938969	131358107	313245	660304	48740695	4594229	68913296	7347394	788944
农、林、牧、渔业	4690580	3768260	47805	6250	398436	111851	2408366	687018	108534
农业	2491689	2000371	19800		183528	63738	1217172	484892	31241
林业	655706	451818	2360	1900	4507	14101	380138	22619	26193
畜牧业	1015431	966738	23845		151099	25992	633362	83990	48450
渔业	125283	113889		2150	28828	5820	51367	23074	2650
农、林、牧、渔服务业	402471	235444	1800	2200	30474	2200	126327	72443	
采矿业	2455044	2231107	103106	5643	341158	71471	1581171	87310	144354
#煤炭开采和洗选业	292099	275650			12875	8800	221275	32700	
黑色金属矿采选业	426487	426487			147026	35511	198680		45270
有色金属矿采选业	478761	283209			57560	1100	224549		
非金属矿采选业	1184667	1174867		5643	107328	23980	903952	34880	99084
制造业	80995747	77147139		139834	24648289	2047940	46364330	3443053	400587
农副食品加工业	4097580	4027986			1213053	76363	2533018	205552	
食品制造业	1909701	1889371			786377	16161	1009951	74202	2680
酒、饮料和精制茶制造业	1118907	1108582		134200	261006	26036	657063	30177	100
烟草制品业	66875	16895			5970		9625	1300	
纺织业	2734027	2674167			859680	60436	1671684	82367	
纺织服装、服饰业	4531244	4451767			1943101	102086	2279349	113731	13500
皮革、毛皮、羽毛及其制品和制鞋业	2212728	2144447			785330	7160	1260043	73414	18500
木材加工及木、竹、藤、棕、草制品业	1553247	1516920			590567	13568	809060	64844	38881
家具制造业	1430745	1305290			375540	15202	770629	139732	4187
造纸及纸制品业	1748168	1731520	1771		645542	70291	941615	24511	47790

续表

行　业	全社会总合计	民营经济合计	股份合作	联营	有限责任公司	股份有限公司	私营	其他内资	个体经营
印刷和记录媒介复制业	1454395	1375656	9800	3546	547613	8000	672468	108069	26160
文教、美工、体育和娱乐用品制造业	1196320	1115687			408441	4300	634626	51520	16800
石油加工、炼焦加工业	168002	133185			41618	3000	88567		
化学原料及化学制品制造业	7064435	6774600			1201958	113770	5149400	217704	91768
医药制造业	3372283	3316601			975670	93617	2141722	105592	
化学纤维制造业	493388	493388			145095	2740	345553		
橡胶和塑料制品业	2432046	2410281	4300		774806	54367	1412354	154974	9480
非金属矿物制品业	9378825	9212907	42996		2797782	231925	5376350	666838	97016
黑色金属冶炼及压延加工业	555648	540444			256811	2345	270386	10902	
有色金属冶炼及压延加工业	4054707	3852190			723806	141187	2836549	150648	
金属制品业	3499602	3421714	3116		1143154	120061	2001033	136150	18200
通用设备制造业	4139287	3958324	14840		1344233	182409	2274516	142326	
专用设备制造业	3554959	3360509	4933		1352632	46838	1753307	202274	525
汽车制造业	3525310	3069277	21350	2088	1074249	193180	1644692	135806	
铁路、船舶、航空航天和其他运输设备制造业	1415138	782754			348705	100800	314404	18845	
电气机械和器材制造业	6352869	5821922			1685888	144605	3705200	286229	
计算机、通信和其他电子设备制造业	4379004	4116178			1445858	177316	2322187	155817	15000
仪器仪表及制造业	908241	901141			362690	9965	517568	10918	
其他制造业	787525	781225			215150	13542	477234	73211	
废弃资源综合利用业	785264	766934			309559	16670	439705	1000	
金属制品、机械和设备修理业	75277	75277			26405		44472	4400	

续表

行　　业	全社会总计	民营经济合计	股份合作	联营	有限责任公司	股份有限公司	私营	其他内资	个体经营
电力、热力、燃气及水生产和供应业	**5732341**	**2996634**	**19598**	**48534**	**1663960**	**65726**	**983930**	**214886**	
电力、热力的生产和供应业	3700965	2122139	19598	48534	1252019	3700	660320	137968	
燃气生产和供应业	480308	345089			160581	32522	145486	6500	
水的生产和供应业	1551068	529406			251360	29504	178124	70418	
建筑业	**1307245**	**997536**	**3860**	**28853**	**409729**	**25734**	**421161**	**108199**	
房屋建筑业	347944	298679		4890	68075	22493	183531	19690	
土木工程建筑业	508455	268372		11586	163622	3240	71719	18205	
建筑安装业	102549	102549			49615		22395	30539	
建筑装饰业和其他建筑业	348297	327936	3860	12377	128417	1	143516	39765	
批发和零售业	**9715767**	**8939984**	**4278**	**6801**	**3558245**	**722276**	**4026358**	**632224**	**14080**
批发业	5882937	5342162	4278	2800	2765089	129675	1956092	488506	
零售业	3832830	3597822		4001	773156	592601	2070266	143718	14080
交通运输、仓储和邮政业	**8179541**	**3177960**	**4278**	**90088**	**1758481**	**87971**	**1097528**	**132661**	**6953**
铁路运输业	47197	9138					9138		
道路运输业	6160467	1965708	4278	81288	1422675	9992	409822	37653	
水上运输业	179304	117835			107080	3905	6850		
航空运输业	16973	0							
管道运输业	190	190			190				
装卸搬运和其他运输服务业	734879	312733			73970	10200	163465	65098	
仓储业	923859	658614		8800	152096	63874	397591	29300	6953
邮政业	116672	113742			2470		110662	610	
住宿和餐饮业	**2931070**	**2478829**	**2800**		**463859**	**163172**	**1733880**	**63410**	**51708**
住宿业	1900195	1450884			376084	150702	871015	33240	19843

续表

行　　业	全社会总合计	民营经济合计	股份合作	联营	有限责任公司	股份有限公司	私营	其他内资	个体经营
餐饮业	1030875	1027945	2800		87775	12470	862865	30170	31865
信息传输、软件和信息技术服务业	**1254320**	**1175439**	**8000**		**691481**	**21772**	**349370**	**104816**	
电信、广播电视和卫星传输服务	82299	36766			14844		19012	2910	
互联网和相关服务	175259	152259	8000		59243	18552	44964	29500	
软件和信息技术服务业	996762	986414			617394	3220	285394	72406	
金融业	**410675**	**269265**	**21365**		**65318**	**23707**	**150375**	**8500**	
货币金融服务	163543	98008	21365		17868	15997	38278	4500	
资本市场服务	120595	120595			25648	7710	83237	4000	
保险业	15045	15045			7525		7520		
其他金融活动	111492	35617			14277		21340		
房地产业	**20965192**	**16241171**	**22163**	**205804**	**9314254**	**633190**	**5375508**	**657814**	**32438**
租赁和商务服务业	**3300198**	**2864057**		**33771**	**1540644**	**91277**	**1010215**	**178131**	**10019**
租赁业	270256	268874			87520	14286	136297	30771	
商务服务业	3029942	2595183		33771	1453124	76991	873918	147360	10019
科学研究和技术服务业	**959924**	**780248**			**309855**	**42285**	**334816**	**90342**	**2950**
研究与试验发展	184298	79542			16873		54069	8600	
专业技术服务业	438478	414902			195838	31285	135767	49062	2950
科技推广和应用服务业	337148	285804			97144	11000	144980	32680	
水利、环境和公共设施管理业	**16910715**	**3727419**	**67784**	**80975**	**2191635**	**255734**	**770992**	**353299**	**7000**
水利管理业	1245427	90851			3598		577567	29686	
生态保护和环境治理业	582368	137885			66707	20946	48149	2083	
公共设施管理业	15082920	3498683	67784	80975	2121330	234788	665276	321530	7000

续表

行　　业	全社会总计	民营经济合计	股份合作	联营	有限责任公司	股份有限公司	私营	其他内资	个体经营
居民服务、修理和其他服务业	**1216388**	**1074854**			**382118**	**12393**	**595734**	**81959**	**2650**
居民服务业	395316	331410			122681	4013	193416	10800	500
机动车、电子产品和日用产品修理业	582224	533705			233023	7380	263893	27259	2150
其他服务业	238848	209739			26414	1000	138425	43900	
教育	**2435646**	**704939**	**1200**	**1000**	**150597**	**4007**	**405562**	**141717**	**856**
卫生和社会工作	**1597145**	**529938**	**9860**	**100**	**211312**	**49668**	**143242**	**113541**	**2215**
卫生	1009050	261236	9860	100	66669	7700	93172	91380	2215
社会工作	588095	268702			144643	41968	50070	22161	
文化、体育和娱乐业	**2613260**	**2037148**	**700**	**4251**	**655208**	**145805**	**1118978**	**107606**	**4600**
新闻和出版业	14495	14495					14495		
广播、电视、电影和影视录音制作业	108245	76421			23894		36467	16060	
文化艺术业	1210582	913694	700		210953	50921	628370	22750	
体育	284061	164189			100084		62605		1500
娱乐业	995877	868349		4251	320277	94884	377041	68796	3100
公共管理、社会保障和社会组织	**2268171**	**216180**	**726**	**8400**	**6116**	**18250**	**41780**	**140908**	
#中国共产党机关	14495	0							
国家机构	2068819	170799	726	3100	1180	18250	41780	105763	
社会保障	46722	10072						10072	
群众团体、社会团体和其他成员组织	86304	35309		5300	4936			25073	
基层群众自治组织	66326	0							

表 3 – 9　　各地区按登记注册类型分的固定资产投资（2015 年）　　　　单位：万元

地区	合计	内资	股份合作	联营	有限责任公司	股份有限公司	私营	其他内资	个体经营
全省	**169938969**	**131358107**	**313245**	**660304**	**48740695**	**4594229**	**68913296**	**7347394**	**788944**
南昌市	40000719	32764605	97278	96155	19108576	776590	10659900	1986578	39528
景德镇市	6908760	5872746			2119251	169993	3221673	357501	4328
萍乡市	10267407	8826195	22496	1000	1692015	130938	6138240	645754	195752
九江市	21199205	18493348	57589	22721	7558799	124728	10296941	399055	33515
新余市	8225962	5678438	61421	70161	1956244	435338	2676944	296153	182177
鹰潭市	5315555	3584344	8598		970239	76490	2079778	449239	
赣州市	18922071	11060951	1920	223592	5004114	286865	5159075	297201	88184
吉安市	14869517	10768002	7500	137317	1084561	639600	8487548	407576	3900
宜春市	15881419	13510436	42367	10590	3331601	227426	8171622	1575587	151243
抚州市	10996711	8141005	8445	4251	2928258	492966	4452799	197579	56707
上饶市	15602263	12658037	5631	94517	2987037	1233295	7568776	735171	33610
不分地区	1749380								

（二）主要统计指标解释

1. 全社会固定资产投资

全社会固定资产投资是以货币形式表现的在一定时期内全社会建造和购置固定资产的工作量以及与此有关的费用的总称。该指标是反映固定资产投资规模、结构和发展速度的综合性指标，又是观察工程进度和考核投资效果的重要依据。全社会固定资产投资按登记注册类型可分为国有、集体、个体、联营、股份制、外商、港澳台商、其他等。按统计方式可分为建设项目固定资产投资和房地产开发投资（全面统计）、农村农户固定资产投资（抽样调查）。建设项目投资在不同时期有不同的统计起点。1995~1996 年，项目投资统计的起点为计划总投资 5 万元及以上；自 1997 年起，项目投资统计的起点由 5 万元提高到 50 万元及以上；自 2011 年起，项目投资的统计起点由 50 万元提高至 500 万元及以上。为便于比较，2010 年调整为 500 万元以上起点数。

2. 固定资产投资

固定资产投资指各种登记注册类型的企业、事业、行政单位及个体户进行的建设项目投资、房地产开发投资。

3. 房地产开发投资

房地产开发投资指各种登记注册类型的房地产开发公司、商品房建设公司及其他房地产开发法人单位和附属于其他法人单位实际从事房地产开发或经营活动的单位统一开发的包括统代建、拆迁还建的住宅、厂房、仓库、饭店、宾馆、度假村、写字楼、办公楼等房屋建筑物和配套的服务设施，土地开发工程（如道路、给水、排水、供电、供热、通信、平整场地等基础设施工程）的投资；不包括单纯的土地交易活动。

四、工　业

（一）资料说明

1. 主要内容

本部分资料反映全省规模以上民营经济在工业经济方面的基本情况，包括 11 个设区市民营经济的主要工业经济统计数据：①规模以上工业企业单位数和总产值，以及按企业登记注册类型、轻重工业、企业规模、工业行业大类和按地区分组的主要经济指标和经济效益指标；②规模以上私营工业企业主要经济指标和经济效益指标；③规模以上主要工业产品产量。

2. 统计范围

工业统计调查范围为全省境内民营经济的全部工业企业。1997 年以前，工业的统计范围按隶属关系划分，分为乡及乡以上独立核算工业企业和非独立核算生产单位、村办工业、城镇合作工业、农村合作工业、城镇个体工业、农村个体工业六大部分（1984 年以前村办工业不在工业统计范围内）。

1998 年及以后年份，工业统计调查范围由按隶属关系划分改变为按企业规模划分，分为全部国有及年主营业务收入在 500 万元以上非国有工业企业和年主营业务收入在 500 万元以下非国有工业企业两部分。2011 年，规模以上工业划分标准提高到年主营业务收入 2000 万元及以上。本节资料中的统计范围为年主营业务收入在 2000 万元以上工业企业。

本部分资料中工业行业分类按 2011 年《国民经济行业分类标准》划分；企业大中小微型划分按 2011 年《统计上大中小型企业划分办法（暂行)》标准执行。

3. 资料来源和统计调查方法

本部分资料取自《江西统计年鉴 2016》"第十三章工业"，其中工业企业统计数据主要是根据工业统计月度报表中有关信息整理汇总的。

表 3 – 10　规模以上工业企业单位数及工业总产值、增加值（2015 年）

类　　别	企业单位数（家）		工业总产值（万元）	工业增加值	
	总数	#亏损企业		数值（万元）	2015 年比 2014 年增长（%）
全省总计	9226	632	307784908	72688565	9.2
民营经济合计	8236	524	249424071	58680145	
股份合作企业	47	1	878924	222996	– 2.6
联营企业	2		30049	7208	– 14.5
有限责任公司	3147	258	99866218	23971230	8.6
股份有限公司	269	37	19459003	4505044	11.1
私营企业	4751	226	128979656	29921646	11.1
其他内资类型	20	2	210221	52021	11.1

注：本表在《江西统计年鉴 2016》"规模以上工业企业单位数及工业总产值"以及"规模以上工业企业增加值"两表合并的基础上删除国有、集体、港澳台投资、外商投资等项后形成。

表 3 – 11　各地区规模以上工业企业单位数（2015 年）　　　　　　单位：家

分类	全省	南昌市	景德镇市	萍乡市	九江市	新余市	鹰潭市	赣州市	吉安市	宜春市	抚州市	上饶市
全省总计	9226	1227	320	652	1259	353	235	1188	1095	1097	903	897
民营企业合计	8236	1053	284	614	1139	318	219	935	979	1007	845	843
股份合作企业	47	9	2	25	1					3	4	3
联营企业	2			1							1	
有限责任公司	3147	586	157	109	482	111	123	310	221	322	439	287
股份有限公司	269	55	5	38	34	1	8	29	18	34	20	27
私营企业	4751	402	120	440	621	206	88	595	736	645	380	518
其他内资类型	20	1		1	1			1	4	3	1	8

表 3-12 各地区规模以上工业企业总产值（2015 年）

单位：万元

分 类	全省	南昌市	景德镇市	萍乡市	九江市	新余市	鹰潭市	赣州市	吉安市	宜春市	抚州市	上饶市
全省总计	307784908	54473291	10976166	16773808	48751142	14775622	20828904	31677458	29795813	35819102	15645654	28267949
民营经济合计	249424071	34910523	10068112	15817433	41828606	11530851	13858900	24058332	24289037	31389177	14736723	22824297
股份合作企业	878924	156138	6520	622359	4838					22467	33883	32720
联营企业	30049										30049	
有限责任公司	99866218	18432634	6605892	4153287	13497530	6102416	7178027	8698343	5252226	10384263	7498988	7950528
股份有限公司	19459003	4990336	690679	1383312	6651120	134205	649542	1567802	1020227	1203053	482287	686441
私营企业	128979656	11329360	2765021	9652527	21674422	5294230	6031331	13790532	17968736	19767391	6688497	14017611
其他内资类型	210221	2055		5948	696		1655		47848	12003	3019	136997

表 3-13 规模以上工业企业主要经济指标（2015 年）

单位：万元

项目	主营业务收入	主营业务税金及附加	主营业务成本	营业费用	资产合计	流动资产	#产成品	负债合计	所有者权益合计	利润总额
全省总计	324594081	3761951	285911286	5513344	189715620	79390445	7787569	94007411	95708209	324594081
民营经济合计	251167370	3340665	219890716	4295906	139575544	54929780	6097104	66861579	72713965	251167370
股份合作企业	873468	7286	737475	8797	382430	75597	6667	91473	290957	873468
联营企业	30040	228	25055	657	12866	4122	877	3795	9071	30040
有限责任公司	100809786	1572070	88474972	1787472	68281764	27457495	2613023	35948245	32333519	100809786
股份有限公司	20351316	834657	17344845	340241	15802701	6783039	762061	8790519	7012182	20351316
私营企业	128893398	924227	113127573	2154706	54963359	20559860	2711231	21950995	33012364	128893398
其他内资类型	209362	2197	180796	4033	132424	49667	3245	76552	55872	209362

表3-14 规模以上股份制工业企业经济指标

指 标	2000 年	2005 年	2010 年	2014 年	2015 年
企业单位数（家）	199	972	2178	2901	3416
#亏损企业数（家）	46	199	133	204	295
资产总计（万元）	4344536	13787559	30827281	67349417	84084465
流动资产合计（万元）	1711422	5440497	12239744	29124958	34240534
负债总计（万元）	2869565	9321612	19761575	38099824	44738764
所有者权益（万元）	1416631	4424947	11065706	29249593	39345701
主营业务收入（万元）	2058324	11225035	46255501	113009204	121161102
#主营业务税金及附加（万元）	16177	124353	664802	1938379	2406727
营业费用（万元）	94606	293763	757286	1937530	2127712
利润总额（万元）	70249	281401	2024469	7066922	7439290
利润和税金总额（万元）	216345	850327	4043659	12930673	13993847
全部从业人员年平均人数（人）	215719	346472	532875	879313	949943
工业总产值（万元）	2126128	11348631	45522156	110602360	119325221
工业增加值（万元）	648393	3056479	10086142	26001668	28476274
总资产贡献率（%）	7.13	7.62	15.48	24.03	19.72
资本保值增值率（%）	141.23	100.48	114.65	118.19	124.93
资产负债率（%）	66.05	67.61	64.10	56.57	53.21
流动资产周转率（次）	1.25	2.12	4.13	4.52	3.82
成本费用利润率（%）	3.52	2.62	4.75	6.81	6.65
全员劳动生产率（元/人）	30057	88217	251328	312570	312148
产品销售率（%）	97.75	98.90	99.20	98.98	99.00
工业经济效益综合指数（%）	99.44	135.03	279.43	345.78	330.94

表3-15 规模以上私营工业企业经济指标

指 标	2000 年	2005 年	2010 年	2014 年	2015 年
企业单位数（家）	252	2079	4349	4318	4751
#亏损企业数（家）	38	291	109	159	226
资产总计（万元）	280103	4618283	19097127	43278476	54963359

续表

指　标	2000 年	2005 年	2010 年	2014 年	2015 年
流动资产合计（万元）	135471	2136102	7601357	17778090	20559860
负债总计（万元）	176173	2378298	8834351	17892432	21950995
所有者权益（万元）	103930	2239923	10262776	25386044	33012364
主营业务收入（万元）	333975	7176739	53384652	120190173	128893398
#主营业务税金及附加（万元）	4011	82945	377494	841436	924227
营业费用（万元）	19971	250797	1030121	2008968	2154706
利润总额（万元）	5450	289789	3624354	9162492	9796112
利润和税金总额（万元）	21757	647106	5721671	14323275	15186015
全部从业人员年平均人数（人）	33823	315183	757930	955581	990348
工业总产值（万元）	355569	7500600	53492060	119470756	128979656
工业增加值（万元）	101405	2368465	11579822	26949174	29921646
总资产贡献率（％）	9.90	15.21	36.38	39.66	33.74
资本保值增值率（％）	197.87	175.04	126.25	126.22	126.78
资产负债率（％）	62.90	51.50	46.26	41.28	39.94
流动资产周转率（次）	2.47	3.56	8.34	7.66	7.05
成本费用利润率（％）	1.70	4.37	7.67	8.30	8.28
全员劳动生产率（元/人）	29981	75146	207636	311352	323638
产品销售率（％）	96.70	97.73	99.12	99.01	99.01
工业经济效益综合指数（％）	118.07	174.17	347.34	411.95	402.34

（二）主要统计指标解释

1. 股份合作企业

股份合作企业指以合作制为基础，由企业职工共同出资入股，吸收一定比例的社会资产投资组建，实行自主经营，自负盈亏，共同劳动，民主管理，按劳分配与按股分红相结合的一种集体经济组织。

2. 联营企业

联营企业指两个及两个以上相同或不同所有制性质的企业法人或事业单位法人，按自愿、平等、互利的原则，共同投资组成的经济组织。

3. 有限责任公司

有限责任公司指根据《中华人民共和国公司登记管理条例》规定登记注册，由两个以上，50 个以下的股东共同出资，每个股东以其所认缴的出资额对公司承担有限责任，公司以其全部资产对其债务承担责任的经济组织。

有限责任公司包括国有独资公司以及其他有限责任公司。

4. 股份有限公司

股份有限公司指根据《中华人民共和国企业法人登记管理条例》规定登记注册，其全部注册资本由等额股份构成并通过发行股票筹集资本，股东以其认购的股份对公司承担有限责任，公司以其全部资产对其债务承担责任的经济组织。

5. 私营企业

私营企业指由自然人投资设立或由自然人控股，以雇佣劳动为基础的营利性经济组织。包括按照《公司法》《合伙企业法》《私营企业暂行条例》规定登记注册的私营有限责任公司、私营股份有限公司、私营合伙企业和私营独资企业。

6. 工业总产值

（1）定义。工业总产值是以货币形式表现的，工业企业在一定时期内生产的工业最终产品或提供工业性劳务活动的总价值量。它反映一定时间内工业生产的总规模和总水平。

（2）计算原则。

1）工业生产的原则：凡是企业在报告期生产的经检验合格的产品，不管是否在报告期销售，均包括在内。

2）最终产品的原则：凡是计入工业总产值的产品，必须是本企业生产的经检验合格的，不需要再进行任何加工的最终产品。如果企业有中间产品（半成品）对外销售，则对外销售的中间产品应视为企业的最终产品。

3）工厂法原则：工业总产值是以工业企业作为基本计算（核算）单位，即按企业的最终产品计算工业总产值。按这种方法计算的工业总产值，不允许同一产品价值在企业内部重复计算，不能把企业内部各个车间（分厂）生产的成果相加，但允许企业间的重复计算。

（3）内容及计算方法。

1995 年全国工业普查对工业总产值（原规定）的内容及计算原则和方法做了某些修订，修订后的工业总产值（新规定）包括三项内容：即本期生产成品价值、对外加工费收入、在制品半成品期末期初差额价值。

1）本期生产成品价值：企业本期生产，并在报告期内不再进行加工，经检验、包装入库的全部工业成品（半成品）价值合计，包括企业生产的自制设备及提供给本企业在建工程、其他非工业部门和福利部门等单位使用的成品价值。本期生产成品价值为按自备原材料生产的产品的数量乘以本期不含增值税（销项税额）的产品实际销售平均单价计算；会计核算中按成本价格转账的自制设备和自产自用的成品，按成本价格计算生产成品价值。生产成品价值中不包括用订货者来料加工的成品（半成品）价值。

2）对外加工费收入：企业在报告期内完成的对外承接的工业品加工（包括用订货者来料加工产品）的加工费收入和对外工业修理作业所取得的加工费收入。对外加工费收入按不含增值税（销项税额）的价格计算，可根据会计"产品销售收入"科目的有关资料取得。

对于本企业对内非工业部门提供的加工修理、设备安装的劳务收入，如果企业会计核算基础较好，能取得这部分资料，而且这部分价值所占比重较大，应包括在对外加工费收入中。

3）在制品半成品期末期初差额价值：企业报告期在制品期末减期初的差额价值，本指标一般可以从会计核算资料中取得。如果会计产品成本核算中不计算半成品、在制品的成本，则总产值中也不包括这部分价值，反之则包括。

（4）工业总产值统计范围变化和计算方法修订情况。

1984 年以前工业总产值不包括村办工业，村办工业总产值划归农业。1984 年以后工业总产值包括村办工业。

1995 年工业普查对工业总产值计算方法做了修订，即从 1995 年始按新修订（新规定）方法计算工业总产值。新规定与原规定的区别如下：

1）全价与加工费的计算原则不同：新规定为凡自备原材料，不论其生产繁简程度如何，一律按全价计算工业总产值；凡来料加工，允许按加工费计算工业总产值。原规定则视生产加工的繁简程度不同，规定哪些行业按全价，哪些行业按加工费计算工业总产值。

2）自制半成品、在产品期末期初差额价值的计算原则不同：新规定要求，凡会计产品成本核算时计算了成本的差额价值，总产值中就应包括，否则可不包括；原规定则按生产周期 6 个月的界限区分，凡生产周期 6 个月以上的企业，总产值计算中应包括这部分差额价值，否则可不包括。

3）计算价格不同：新规定按不含增值税（销项税额）的价格计算；原规定则按含增值税（销项税额）的价格计算。

7. 工业增加值

工业增加值指工业企业在报告期内以货币表现的工业生产活动的最终成果。

工业增加值有两种计算方法：一是生产法，即工业总产出减去工业中间投入加上应交增值税；二是收入法，即从收入的角度出发，根据生产要素在生产过程中应得到的收入份额计算，具体构成项目有固定资产折旧、劳动者报酬、生产税净额、营业盈余，这种方法也称要素分配法。本年鉴中的工业增加值是以生产法计算的。

生产法工业增加值的计算公式如下：

工业增加值 = 工业总产出 − 工业中间投入 + 应交增值税

（1）工业总产出：工业企业在一定时期内工业生产活动的总成果。工业总产出包括：成品生产价值，对外加工费收入，自制半成品、在产品期末期初差额价值。1995 年后用新规定计算的工业总产值代替。

（2）工业中间投入：工业企业在工业生产活动中消耗的外购物质产品和对外支付的服务费用。服务费用包括支付给物质生产部门（工业、农业、批发零售贸易业、建筑业、运输邮电业）的服务费用和支付给非物质生产部门（如保险、金融、文化教育、科学研究、医疗卫生、行政管理等）的服务费用。工业中间投入的确定须遵循以下原则：必须从外部购入的，并已计入工业总产出的产品和服务价值；必须是本期投入生产，并一次性消耗掉（包括本期摊销的低值易耗品等）的产品和服务价值。

工业中间投入包括直接材料费用、制造费用中的工业中间投入、管理费用中的工业中间投入、销售费用中的工业中间投入和利息支出五部分。

8. 资产总计

资产总计指企业拥有或控制的能以货币计量的经济资源，包括各种财产、债权和其他权利。资产按流动性分为流动资产、长期投资、固定资产、无形资产、递延资产和其他资产。该指标根据资产负债表中"资产总计"项目的期末数增列。

9. 流动资产

流动资产指企业可以在一年内或者超过一年的一个生产周期内变现或者耗用的资产，包括现金及各种存款、短期投资，应收及预付款项、存货等。

10. 流动资产平均余额

流动资产平均余额指企业在报告期内全部流动资产的平均余额。

11. 固定资产原价

固定资产原价指企业在建造、购置、安装、改建、扩建、技术改造某项固定资产时所支出的全部货币总额。它一般包括买价、包装费、运杂费和安装费等。

12. 固定资产净值年平均余额

固定资产净值年平均余额指固定资产净值在报告期内余额的平均数。其计算公式如下：

$$固定资产净值年平均余额 = \frac{1 \sim 12 \text{月各月月初、月末固定资产净值之和}}{24}$$

该指标根据资产负债表中"固定资产原价""累计折旧"指标的期初、期末数计算填列。

固定资产净值指固定资产原价减去历年已提折旧额后的净额。其计算公式如下：

固定资产净值 = 固定资产原价 - 累计折旧

13. 负债合计

负债合计指企业所承担的能以货币计量，将以资产或劳务偿付的债务，偿还形式包括货币、资产或提供劳务。负债一般按偿还期长短分为流动负债和长期负债。根据资产负债表中"负债合计"的年末数填列。

14. 所有者权益

所有者权益指企业投资人对企业净资产的所有权。企业净资产等于企业全部资产减去全部负债后的余额，包括企业投资人对企业的最初投入的实际到位的资产及资本公积金、盈余公积金和未分配利润。所有者权益合计数小于零，表示企业资不抵债。

15. 主营业务收入

主营业务收入指企业销售产品和提供劳务等主要经营业务取得的收入。

16. 主营业务成本

主营业务成本指企业销售产品和提供劳务等主要经营业务过程中的实际成本。

17. 主营业务税金及附加

主营业务税金及附加指企业销售产品和提供劳务等主要经营业务应负担的城市维护建设税、消费税、资源税和教育费附加。

18. 利润总额

利润总额指企业生产经营活动的最终成果，是企业在一定时期内实现的盈亏相抵后的利润总额（亏损以"-"号表示），它等于营业利润加上补贴收入加上投资收益加上营业外净收入再加上以前年度损益调整。

19. 本年应交增值税

本年应交增值税指企业在报告期内应缴纳的增值税额。它等于本年销项税额加上出口退税加上进项税额转出数减去本年进项税额。小规模纳税企业直接按全年计税销售额乘以征收率计算取得。

20. 从业人员平均人数

从业人员平均人数是指报告期内每天拥有的从业人员人数。其计算公式如下：

$$季平均人数 = \frac{季内各月平均人数之和}{3}$$

$$月平均人数 = \frac{报告月内每天实有人数之和}{报告月日历日数}$$

$$年平均人数 = \frac{年内各月平均人数之和}{12}$$

21. 工业增加值率

工业增加值率指在一定时期内工业增加值占同期工业总产值的比重，反映降低中间消耗的经济效益。其计算公式如下：

$$工业增加值率 = 工业增加值（现价）/工业总产值（现价）×100\%$$

22. 总资产贡献率

总资产贡献率反映企业全部资产的获利能力，是企业经营业绩和管理水平的集中体现，是评价和考核企业盈利能力的核心指标。其计算公式如下：

$$总资产贡献率 = \frac{利润总额 + 税金总额 + 利息支出}{平均资产总额} ×100\%$$

式中，税金总额为产品销售税金及附加与应交增值税之和；平均资产总额为期初期末资产之和的算术平均值。

23. 资产负债率

资产负债率指标既反映企业经营风险的大小，也反映企业利用债权人提供的资金从事经营活动的能力。其计算公式如下：

$$资产负债率 = \frac{负债总额}{资产总额} ×100\%$$

资产与负债均为报告期期末数。

24. 流动资产周转次数

流动资产周转次数指一定时期内流动资产完成的周转次数，反映投入工业企业流动资金的周转速度。其计算公式如下：

$$流动资产周转次数 = \frac{产品销售收入}{全部流动资产平均余额}$$

式中，全部流动资产平均余额为期初和期末的流动资产之和的算术平均值。

25. 成本费用利润率

成本费用利润率反映企业投入的生产成本及费用的经济效益，同时也反映企业降低成本所取得的经济效益。其计算公式如下：

$$成本费用利润率 = \frac{利润总额}{成本费用总额} ×100\%$$

式中，成本费用总额为产品销售成本、销售费用、管理费用、财务费用之和。

26. 产品销售率

产品销售率指标反映工业产品已实现销售的程度，是分析工业产销衔接情况，研究工业产品满足社会需求的指标。其计算公式如下：

$$产品销售率 = \frac{工业销售产值}{工业总产值（现价）} \times 100\%$$

27. 全员劳动生产率

全员劳动生产率指根据产品的价值量指标计算的平均每一就业人员在单位时间内的产品生产量，是考核企业经济活动的重要指标，也是企业生产技术水平、经营管理水平、职工技术熟练程度和劳动积极性的综合表现。目前，我国的全员劳动生产率是将工业企业的增加值除以同一时期全部就业人员的平均人数来计算的。其计算公式如下：

$$全员劳动生产率 = \frac{工业增加值}{全部从业人员平均人数}$$

28. 资本保值增值率

资本保值增值率指标反映企业净资产的变动状况，是企业发展能力的集中体现。其计算公式如下：

$$资本保值增值率 = \frac{报告期期末所有者权益}{上年同期期末所有者权益} \times 100\%$$

29. 工业经济效益综合指数

工业经济效益综合指数是综合衡量地区工业经济效益总体水平的一种特殊相对数，是反映一定时期工业经济运行质量的主要指标。工业经济效益综合指数由总资产贡献率、资本保值增值率、资产负债率、流动资产周转率、成本费用利润率、全员劳动生产率和产品销售率的实际数值分别除以该项指标的全国标准值，并乘以各自的权数，加总后除以总权数求得。该指标可从静态水平和动态趋势上较为全面地反映各地区工业经济效益的变化情况，并可在一定程度上消除地区对比的不可比因素。

五、建筑业

（一）资料说明

1. 主要内容

本部分资料反映全省民营经济建筑业概况和发展情况。包括建筑业企业基本情况和生产经营情况。主要指标有企业个数、从业人员数、建筑业总产值、房屋建筑面积、自有机械设备、资产负债、损益及分配、劳动生产率等。

2. 统计范围

具有建筑业资质的独立核算建筑业企业。

3. 资料来源

本部分建筑业企业统计数据是根据国家统计局制定的《建筑业统计报表制度》收集资料，整理汇总的。

4. 统计调查方法

本部分资料取自《江西统计年鉴2016》"第十四章建筑业"，它们是由各级统计部门采取全面调查的方法布置、收集而成。

表 3-16 按登记注册类型分的建筑业企业主要经济指标 (2015 年)

指　标	全省合计	民营经济合计	股份合作企业	联营企业	有限责任公司	股份有限公司	私营企业	其他企业
企业数（家）	1817	1567	10		721	117	714	5
建筑业合同情况（万元）								
签订的合同额	81309249	69811914	243596		40700908	8393521	20450039	23850
上年结转合同额	34845152	29084376	77444		17686786	4017578	7298519	4049
本年新签合同额	46464098	40727537	166151		23014122	4375943	13151520	19801
承包工程完成情况（万元）								
直接从建设单位承揽工程完成的产值	45187737	38736244	140613		21338813	4371215	12864652	20951
自行完成施工产值	44525933	38251148	140513		21191194	4342909	12555581	20951
分包出去工程的产值	661803	485097	100		147620	28306	309071	
从建设单位以外承揽工程完成的产值	1498987	1440450	50		432906	37298	970196	
建筑业总产值（万元）	46024920	39691597	140563		21624100	4380207	13525776	20951
#装饰装修产值	3325397	3100997	10397		1444019	118541	1507999	20041
在外省完成的产值	15274400	13808667	118		7472328	2118346	4217875	
建筑工程产值	39671083	33932726	138109		18581839	3951320	11242108	19350
安装工程产值	3313600	2864415	1604		1519515	186605	1155781	910
其他产值	3040237	2894455	850		1522746	242281	1127887	691
竣工产值（万元）	30139659	26520959	113460		14334972	2701924	9354406	16197
房屋建筑施工及竣工面积（万平方米）								
房屋建筑施工面积	28895.36	24650.63	143.57		14257.89	2230.64	8018.53	
#本年新开工面积	14187.28	12103.76	54.27		6029.10	1229.40	4790.99	
实行投标承包面积	18713.68	15208.02	125.99		9302.11	1706.50	4073.42	
房屋建筑竣工面积	14255.60	12367.69	47.25		6371.73	1120.27	4828.44	
住宅房屋	9097.43	7758.09	28.77		3930.92	859.94	2938.46	

续表

指 标	全省合计	民营经济合计	股份合作企业	联营企业	有限责任公司	股份有限公司	私营企业	其他企业
商业及服务用房屋	1126.87	979.44	0.35		609.23	41.83	328.03	
商厦房屋（批发和零售用房）	437.98	406.93	0.30		286.53	23.26	96.84	
宾馆用房屋（住宿用房）	105.82	97.06			51.42	3.15	42.49	
餐饮用房屋（餐饮用房）	73.77	68.93	0.05		60.83	0.06	7.99	
商务会展用房屋	26.97	20.86			18.68	0.01	2.17	
其他商业及服务用房屋（居民服务业用房）	482.33	385.67			191.77	15.36	178.54	
办公用房屋	1001.46	937.31	4.71		511.80	49.97	370.83	
科研、教育、医疗用房屋	690.69	607.25	0.14		315.30	49.94	241.87	
科学研究用房屋	40.35	35.89			18.35	0.04	17.50	
教育用房屋	535.97	470.80			225.48	40.34	204.98	
医疗用房屋（卫生医疗用房）	114.37	100.57	0.14		71.48	9.56	19.39	
文化、体育、娱乐用房屋	213.94	211.62			51.96	18.63	141.03	
厂房及建筑物	1683.37	1512.40	13.28		806.84	53.91	638.37	
厂房	964.06	854.06	6.87		511.71	26.25	309.23	
仓库	137.03	127.28			39.55	1.94	85.79	
其他未列明的房屋建筑物	304.80	234.27			106.12	44.10	84.05	
竣工房屋价值（万元）	**18761866**	**16241274**	**62320**		**8599459**	**1592142**	**5987353**	
住宅房屋	12142768	10301567	35472		5313036	1232782	3720277	
商业及服务用房屋（批发和零售用房）	1711680	1519722	413		1023725	46171	449413	
商厦房屋（住宿用房）	609935	580584	378		410278	24475	145453	
宾馆用房屋（住宿用房）	157288	136720			70444	5137	61139	
餐饮用房屋（餐饮用房）	128940	122529	35		101802	68	20624	
商务会展用房屋	55767	40619			32662	18	7939	

续表

指标	全省合计	民营经济合计	股份合作企业	联营企业	有限责任公司	股份有限公司	私营企业	其他企业
其他商业及服务用房屋（居民服务业用房）	759750	639270			408538	16474	214258	
办公用房屋	1412417	1332472	6127		739531	87164	499650	
科研、教育、医疗用房屋	864011	773156	117		404688	82402	285949	
科学研究用房屋	42247	37514			20702	46	16766	
教育用房屋	642955	572538			253686	71130	247722	
医疗用房屋（卫生医疗用房）	178808	163105	117		130300	11226	21462	
文化、体育、娱乐用房屋	252777	251228			82032	21330	147866	
厂房及建筑物	1878158	1633860	20191		894978	60116	658575	
厂房	1067038	938370	8181		571096	39005	320088	
仓库	171557	162502			52664	2231	107607	
其他未列明的房屋建筑物	328498	266767			88804	59947	118016	
年末自有机械设备								
净值（万元）	1177950	1028792	3610		567481	84878	371651	1172
总台数（台）	216144	181313	998		80365	13948	85699	303
总功率（万千瓦）	525.87	478.86	2.46		266.50	36.62	172.34	0.94
劳动人员情况（万人）								
计算劳动生产率的平均人数	165.83	145.78	0.53		66.83	12.45	65.84	0.13
期末从业人数	142.31	123.33	0.62		62.74	12.53	47.31	0.13
#工程技术人员	17.01	14.85	0.05		7.23	1.47	6.08	0.02
年末资产负债（万元）								
流动资产合计	20883807	17115197	65914		10439079	2039032	4550892	20280
#存货	4429179	3889874	34039		2244920	348375	1257528	5012
固定资产合计	3233898	2727944	11672		1486452	234339	994086	1395

续表

指标	全省合计	民营经济合计	股份合作企业	联营企业	有限责任公司	股份有限公司	私营企业	其他企业
固定资产原值	3716576	3191766	14987		1714520	335367	1122364	4528
累计折旧	1281791	1094988	4056		585753	144608	357251	3320
#本年折旧	220742	196825	221		98444	25711	71998	451
在建工程	513651	396983	45		268376	9092	119470	
资产合计	27000442	22136431	81684		13328290	2493253	6210351	22853
流动负债合计	13666385	10697742	58731		7223827	1565787	1841505	7892
#应付账款	3771546	3044937	3418		1765924	887511	383759	4325
非流动负债合计	1227625	874374	135		725802	65787	82650	
负债合计	15698191	12170764	61146		8267851	1648012	2185863	7892
所有者权益合计	11295458	9959310	20538		5057055	845241	4021514	14962
#实收资本	6800900	5941896	17451		3103022	582793	2226421	12209
国家资本	1233107	786094	3191		606177	165904	10822	
集体资本	392858	126410	3210		67875	5088	50237	
法人资本	1452989	1368210	1391		716578	73392	575849	1000
个人资本	3689133	3660573	9659		1711991	338410	1589304	11209
港澳台资本	5003	460			350		110	
外商资本	27810	150			50		100	
损益及分配（万元）								
营业收入	41961330	36396801	66144		20244244	4204995	11856053	25365
工程结算收入	40750181	35658169	61820		19673461	4140866	11757455	24567
营业成本	37308654	32308996	53638		18085121	3862698	10285937	21602
工程结算成本	35789101	31260955	50051		17417206	3794147	9978533	21018
营业税金及附加	1601645	1395726	3441		755559	139636	496236	854

续表

指标	全省合计	民营经济合计	股份合作企业	联营企业	有限责任公司	股份有限公司	私营企业	其他企业
工程结算税金及附加	1534227	1336826	3221		725365	136384	471040	816
其他业务利润	29635	25104			16145	1462	7303	194
销售费用	212610	201124	764		76695	9230	114146	289
管理费用	1025423	871229	2424		494391	80515	293035	864
#税金	81215	67617	193		30188	3287	33897	52
财务费用	240406	185051	339		123034	1397	59985	296
#利息收入	17508	12765	66		6968	2904	2827	
#利息支出	176438	134524	246		78119	15899	40054	206
营业利润	1627572	1454363	5526		708559	109864	628929	1485
营业外收入	23580	17306			9233	2205	5868	
#补贴收入	5223	4204			2972	672	560	
营业外支出	22839	18394	1		9666	1220	7425	82
利润总额	1629911	1454237	5524		710270	110296	626744	1403
#应交所得税	388687	353231	629		170658	23921	157573	450
工资、福利费（万元）								
应付职工薪酬	4770539	3920476	8170		2231463	296336	1381133	3374
其他								
劳动生产率（按总产值计算）（元/人）	277548	263276			323580	351798	205425	162033
利税总额（万元）	3245352	2858680	8938		1465824	249967	1131680	2271
产值利润率（%）	3.5	3.9			3.3	2.5	4.6	6.7
产值利税率（%）	7.1	6.4			6.8	5.7	8.4	10.8
资产负债率（%）	58.1	74.9			62.0	66.1	35.2	34.5
房屋建筑面积竣工率（%）	49.3	32.9			44.7	50.2	60.2	

（二）主要统计指标解释

1. 建筑业统计单位

建筑业统计单位指从事房屋、构筑物建造和设备安装活动的法人企业。建筑业法人企业应同时具备的条件是：①依法成立，有自己的名称、组织机构和场所，能够承担民事责任；②独立拥有和使用资产，承担负债，有权与其他单位签订合同；③独立核算盈亏，能够编制资产负债表。

2. 建筑业总产值

建筑业总产值是以货币形式表现的建筑业企业在一定时期内生产的建筑业产品和提供的服务的总和。建筑业总产值包括：

（1）建筑工程产值：列入建筑工程预算内的各种工程价值。

（2）安装工程产值：设备安装工程价值，不包括被安装设备本身的价值。

（3）其他产值：建筑业总产值中除建筑工程、安装工程以外的产值。包括房屋构筑物修理产值、非标准设备制造产值、总包企业向分包企业收取的管理费以及不能明确划分的施工活动所完成的产值。

1）房屋构筑物修理产值：房屋和构筑物修理所完成的产值，但不包括被修理房屋、构筑物本身价值和生产设备的修理产值。

2）非标准设备制造产值：加工制造没有定型的非标准生产设备的加工费和原材料价值（如化工厂、炼油厂用的各种罐、槽，矿井生产统一使用的各种漏斗、三角槽、阀门等）以及附属加工厂为本企业承建工程制作的非标准设备的价值。

3. 建筑业增加值

建筑业增加值指建筑业企业在报告期内以货币形式表现的建筑业生产经营活动的最终成果。

从 2004 年第一次全国经济普查开始，建筑业现价增加值按生产法和分配法（收入法）两种方法计算，以收入法的计算结果为准，即从收入的角度出发，根据生产要素在生产过程中应得的收入份额计算。具体计算方法：经济普查年度建筑业增加值按照《经济普查年度 GDP 核算方案》计算，非经济普查年度建筑业增加值按照《非经济普查年度 GDP 核算方案》计算。

4. 房屋建筑施工面积

房屋建筑施工面积指在报告期内施工的全部房屋建筑面积，包括本期新开工的房屋面积、上期施工跨入本期继续施工的房屋面积、上期停缓建在本期恢复施工的房屋面积、本期竣工的房屋面积及本期施工后又停缓建的房屋面积。

5. 房屋建筑竣工面积

房屋建筑竣工面积指在报告期内房屋建筑按照设计要求全部完工，达到了住人和使用条件，经验收鉴定合格，正式移交使用单位的房屋建筑面积。

6. 自有机械设备年末总台数

自有机械设备年末总台数指归本企业所有，属于本企业固定资产的生产性机械设备年末总台数。包括施工机械、生产设备、运输设备以及其他设备。

7. 自有机械设备年末总功率

自有机械设备年末总功率指本企业自有施工机械、生产设备、运输设备以及其他设备等列为在册固定资产的生产性机械设备年末总功率，按设定能力或查定能力计算。包括机械本身的动力和为该机械服务的单独动力设备，如电动机等。计算单位用千瓦，动力换算可按 1 马力 = 0.735 千瓦折合成千瓦数。电焊机、变压器、锅炉不计算动力。

8. 工程结算收入

工程结算收入指企业承包工程实现的工程价款结算收入，以及向发包单位收取的除工程价款以外的按规定列作营业收入的各种款项，如临时设施费、劳动保险费、施工机械调迁费等以及向发包单位收取的各种索赔款。

9. 工程结算利润

工程结算利润指已结算工程实现的利润，如亏损以 "－" 号表示。其计算公式如下：

工程结算利润 = 工程结算收入 － 工程结算成本 － 工程结算税金及附加

六、国内贸易和旅游

（一）资料说明

1. 主要内容

本部分资料主要反映全省民营经济国内贸易基本情况、零售市场的发展和批发和零售业商品流转情况、住宿和餐饮业经营情况以及主要财务状况；旅游的历年概况等。包括：社会消费品零售总额及其分组指标；城乡个体私营批发零售贸易、住宿餐饮业基本情况；限额以上批发和零售业、住宿和餐饮业基本情况、商品流转和经营情况、财务状况；亿元商品交易市场成交情况；旅游统计资料等。

2. 统计范围

从事批发和零售业、住宿和餐饮业的民营法人企业、产业活动单位和个体户，以及年成交额在亿元以上的商品交易市场。

根据国家统计局对社会消费品零售总额指标调整的要求，本年鉴对社会消费品零售总额进行了调整，即 1993 年以后社会消费品零售总额指标不包括农业生产资料；1997 年以后社会消费品零售总额指标不包括居民购买住房；2003 年以后社会消费品零售总额指标不包括有各种经济类型的制造业法人企业、产业活动单位和个体工业，直接售给城乡居民（包括本企业职工）和社会集团的商品以及农民在田间地头出售的农产品。

限额以上批发和零售业、住宿和餐饮业统计限额标准：批发业，年主营业务收入 2000 万元及以上；零售业，年主营业务收入 500 万元及以上；住宿业、餐饮业，年主营业务收入 200 万元及以上。

国际旅游和国内旅游资料。

3. 资料来源

本部分资料取自《江西统计年鉴 2016》"第十六章国内贸易和旅游"，其中国内贸易部分是江西省统计局贸易外经处根据国家统计局制定的《批发和零售业、住宿和餐饮业统计报表制度》进行收集和加工整理而得；城乡个体私营批发零售贸易、住宿餐饮业基本情况资料由省工商局提供；旅游资料来自省旅游局。

4. 统计调查方法

《江西统计年鉴 2016》表明，限额以上批发和零售业、住宿和餐饮业法人企业资料和限额以下批发和零售业、住宿和餐饮企业及个体户的资料采用全面调查和抽样调查的方法取得；国际、国内旅游收入和旅游人数等指标采取抽样调查方法取得。

表 3 - 17　限额以上批发零售贸易法人企业商品购进、销售、库存总额（2015 年）

单位：万元

指标	购进总额	#进口	销售总额	批发	#出口	零售	年末库存总额
总计（含所有注册类型）	31831623	476691	38751019	18666598	742490	20084646	3807159
批发业	17104370	255284	22245213	17046935	723887	5198278	2157544
有限责任公司	9611550	145697	10812335	9390019	328293	1422316	851453
国有独资公司	572078		599785	269964		329821	18331
其他有限责任公司	9039472	145697	10212550	9120055	328293	1092495	833122
股份有限公司	1518625		3637713	515697		3122017	785602
私营企业	2107969	32772	2385297	2035827	132612	349470	130702
#私营有限责任公司	1921194	32772	2161025	1836079	124961	324946	123793
私营股份有限公司	105899		140917	116685	7650	24232	4178
其他企业	6814		11461	11461	4649		8
零售业	14727252	221408	16505806	1619663	18603	14886368	1649615
有限责任公司	7258515	179345	8204571	854820	8847	7349976	776686
国有独资公司	34121		59443	3354		56089	7769
其他有限责任公司	7224394	179345	8145128	851467	8847	7293886	768917
股份有限公司	1533523	1352	1633119	188361		1444758	252944
私营企业	4773112	40497	5316581	504902	435	4811679	525699
私营独资企业	519852		549887	232132		317755	37951
私营合伙企业	23473		24477	287		24190	3004
私营有限责任公司	3993392	40497	4480455	263716	435	4216739	466918
私营股份有限公司	236395		261763	8768		252995	17826
其他内资企业	35123		36294	1896		34398	3078

表 3 - 18　限额以上批发零售贸易法人企业主要财务指标 I（2015 年）　　单位：万元

类别	资产合计	流动资产合计	固定资产原价	负债合计	所有者权益合计	主营业务收入	主营业务成本
总计（含所有注册类型）	28463962	22169383	4183492	16672561	11791401	35541324	31420110
批发业	18171147	14520005	2273213	8672496	9498651	20534603	18032493
有限责任公司	13118919	10780726	1344157	6000656	7118263	10057040	9195645
国有独资公司	389219	338155	34381	346177	43042	545248	522142
其他有限责任公司	12729700	10442571	1309776	5654479	7075221	9511792	8673503
股份有限公司	1787860	1071741	312845	1211919	575941	3157544	2937458
私营企业	946203	786670	116027	664442	281761	2281142	2080584
#私营独资企业	7271	7178	104	5952	1319	22558	21444

续表

类别	资产合计	流动资产合计	固定资产原价	负债合计	所有者权益合计	主营业务收入	主营业务成本
私营有限责任公司	886708	744386	104504	617421	269287	2062862	1876088
零售业	10292815	7649378	1910279	8000065	2292750	15006721	13387617
股份合作企业	4983	3422	1473	1074	3909	33051	27353
有限责任公司	6160350	4988510	911440	5168986	991364	7506976	6689207
国有独资公司	19692	17987	1906	8393	11299	58094	53486
其他有限责任公司	6140658	4970523	909534	5160593	980065	7448883	6635721
股份有限公司	1224357	655164	353116	721455	502901	1357485	1191336
私营企业	2391275	1692363	488074	1690117	701158	4939266	4440877
私营独资企业	291290	216374	10312	242381	48909	475934	448698
私营合伙企业	10184	3062	3920	3286	6898	25078	20284
私营有限责任公司	1938583	1365957	430157	1356947	581636	4190910	3771435
私营股份有限公司	151218	106969	43684	87504	63715	247345	200460
其他内资企业	20798	14606	5350	13897	6901	34767	30060

表3-19　限额以上批发零售贸易法人企业主要财务指标Ⅱ（2015年）　　单位：万元

类别	主营业务税金及附加	其他业务利润	营业利润	利润总额	本年应交增值税	利税总额
总计	620341	242821	1116143	1316402	714651	2651395
批发业	462706	102147	835325	921604	443689	1827999
有限责任公司	32267	14631	208940	238932	148811	420010
国有独资公司	672	604	8001	10415	5929	17015
其他有限责任公司	31596	14028	200939	228517	142882	402995
股份有限公司	4378	-1021	31793	38347	35980	78705
私营企业	19672	2968	49940	43711	40141	103524
#私营独资企业	15		199	200	124	339
私营有限责任公司	18186	2936	45977	41690	30650	90526
零售业	157635	140674	280817	394798	270962	823396
股份合作企业	214	16	3385	585	46	845
有限责任公司	37689	63604	80912	229358	125959	393005
国有独资公司	89	56	1839	1946	2405	4440
其他有限责任公司	37600	63548	79073	227411	123554	388566
股份有限公司	81551	20581	56841	48707	27017	157275
私营企业	32893	27992	131529	104981	104220	242094
私营独资企业	1018	787	4636	4047	3855	8920
私营合伙企业	642	8	1457	256	283	1181
私营有限责任公司	26184	27030	97634	90899	97176	214259
私营股份有限公司	5050	167	27802	9778	2905	17733
其他内资企业	472	7	241	1322	497	2291

表 3-20　限额以上餐饮法人企业主要财务指标（2015 年）　　　　单位：万元

类别	资产合计	流动资产合计	固定资产原价	负债合计	所有者权益合计	主营业务收入	主营业务成本	主营业务税金及附加	其他业务利润	营业利润	利润总额	利税总额
总计（含所有注册类型）	731170	197311	248870	283263	374684	825232	512817	43094	5951	-20611	-37764	5330
民营经济合计	630573	168464	195943	213434	353069	739396	469837	38207	4909	-22835	-40274	-2069
股份合作企业	3934	3513	834	4616	-682	2143	1025	84		58	15	98
有限责任公司	230337	91525	79312	106845	74428	123947	62390	6062	3328	-310	-2732	3330
其他有限责任公司	226548	89706	79294	104838	72647	123398	62115	6048	3328	-409	-2806	3242
股份有限公司	20818	4544	5123	3039	13129	9368	5634	524	4	211	205	728
私营企业	372938	67236	108952	98806	263776	600193	398181	31314	1577	-23130	-38060	-6746
私营独资企业	13056	6421	7129	5911	6885	23297	14787	784		1478	803	1588
私营合伙企业	3662	745	2533	480	2873	4766	2542	302	14	629	552	854
私营有限责任公司	341144	50266	93297	88716	242822	564271	376021	29881	1513	-26328	-40278	-10397
私营股份有限公司	15076	9804	5993	3699	11197	7858	4831	346	51	1090	863	1209
其他内资企业	2546	1646	1722	128	2418	3745	2607	223		336	298	521

表 3-21　限额以上住宿法人企业主要财务指标（2015 年）　　　　单位：万元

类别	资产合计	流动资产合计	固定资产原价	负债合计	所有者权益合计	主营业务收入	主营业务成本	主营业务税金及附加	其他业务利润	营业利润	利润总额	利税总额
总计（含所有注册类型）	2876001	930202	1437377	1239203	1063773	1419805	769275	73866	14613	-56679	-70540	3326
民营经济合计	1784884	642645	871339	818703	498558	488482	214689	24686	8057	-31026	-30315	-5629

续表

类别	资产合计	流动资产合计	固定资产原价	负债合计	所有者权益合计	主营业务收入	主营业务成本	主营业务税金及附加	其他业务利润	营业利润	利润总额	利税总额
股份合作企业	2849	447	3301	2597	252	3464	1142	174		740	740	914
有限责任公司	1113461	419666	483334	494670	292366	274413	108340	14024	4883	−24663	−24911	−10888
其他有限责任公司	986482	384017	452044	425272	245646	254837	101643	13199	4829	−23497	−23711	−10512
股份有限公司	136969	32492	97708	102045	29127	34883	18702	1748	530	−4726	−2129	−381
私营企业	520169	185929	281371	211844	173050	167691	81729	8354	2644	−3354	−4730	3625
私营独资企业	9748	5928	4619	4507	4930	7707	4921	329	55	737	488	817
私营合伙企业	5864	1528	3828	1374	4242	4659	2444	140	96	907	636	776
私营有限责任公司	476115	171140	249034	199254	150361	139822	66973	7314	2493	−7518	−8391	−1078
私营股份有限公司	28442	7334	23890	6710	13517	15503	7392	571		2521	2538	3110
其他内资企业	11436	4111	5625	7547	3763	8031	4776	386		977	715	1101

表 3 – 22　限额以上住宿业经营情况（2015 年）

类别	法人企业数（家）	从业人数（人）	营业额（万元）	#客房收入（万元）	#餐费收入（万元）	#商品销售收入（万元）
总计（含所有注册类型）	**438**	**41345**	**597444**	**302371**	**243988**	**16985**
民营经济合计	**359**	**33131**	**489401**	**246602**	**202023**	**14239**
股份合作企业	2	35	3464	1522	1605	222
有限责任公司	156	18071	271602	132422	112983	8383
其他有限责任公司	147	16658	252012	123129	103473	8135
股份有限公司	28	2309	36386	17954	15884	1211
私营企业	163	12182	169699	89929	68493	4086
私营独资企业	12	677	7633	3547	2737	132
私营合伙企业	7	349	5301	2488	2655	70
私营有限责任公司	134	10400	141253	77249	54870	3250
私营股份有限公司	10	756	15512	6646	8232	635
其他内资企业	10	534	8250	4775	3058	337

表 3-23 限额以上餐饮法人企业经营情况（2015 年）

类别	法人企业数（家）	从业人数（人）	营业额（万元）	#客房收入（万元）	#餐费收入（万元）	#商品销售收入（万元）
总计（含所有注册类型）	**294**	**22542**	**641952**	**44471**	**573424**	**21407**
民营经济合计	**272**	**18535**	**555839**	**39235**	**494183**	**19799**
股份合作企业	3	175	2116		1676	440
有限责任公司	112	9166	122315	16289	97416	7623
其他有限责任公司	111	9091	121518	15892	97036	7623
股份有限公司	9	945	8903	1438	5905	1129
私营企业	144	8117	418760	21100	385916	10545
私营独资企业	25	872	23347	2357	19228	1181
私营合伙企业	7	392	4783	438	4184	152
私营有限责任公司	105	6392	382772	17465	356431	8268
私营股份有限公司	7	461	7858	841	6073	944
其他内资企业	4	132	3745	408	3270	62

（二）主要统计指标解释

1. 批发业

批发业指批发商向批发、零售单位及其他企事业、机关单位批量销售生活用品和生产资料的活动，以及从事进出口贸易和贸易经纪与代理的活动。批发商可以对所批发的货物拥有所有权，并以本单位、公司的名义进行交易活动，也可以不拥有货物的所有权，而以中介身份做代理销售商，还包括各类商品批发市场中固定摊位的批发活动。

2. 零售业

零售业指百货商店、超级市场、专门零售商店、品牌专卖店、售货摊等主要面向最终消费者（如居民等）的销售活动。包括以互联网、邮政、电话、售货机等方式的销售活动，还包括在同一地点，后面加工生产，前面销售的店铺（如前店后厂的面包房）。不包括：谷物、种子、饲料、牲畜、矿产品、生产用原料、化工原料、农用化工产品、机械设备（乘用车、计算机及通信设备等除外）等生产资料的销售（列入批发业）；非零售单位附带的零售活动，如汽车修理单位销售汽车零件（列入单位主业所对应的行业类别中）；商业零售单位所在商厦的物业管理（列入物业管理）；商业零售单位所在的商品市场、商业大厦的市场管理活动（列入市场管理）。

3. 批发和零售业商品购进、销售、库存额

批发和零售业商品购进、销售、库存额指各种登记注册类型的批发和零售业企业（单位）以本企业（单位）为总体的，从国内、国外市场购进的商品总量，销售和出口的商品总量，库存的商品总量等情况。该指标可以反映商品流转过程中商品的购进、销售、库存之间的比例关系和存在的问题。

4. 商品购进额

商品购进额指从本企业以外的单位和个人购进（包括从国外直接进口）作为转卖或加工后转卖的商品金额（含增值税）。商品购进包括：①从工农业生产者、批发和零售业企业、住宿和餐饮业企业、出版社或报社的出版发行部门和其他服务业企业购进的商品；②从机关团体、事业单位购进的商品；③从海关、市场管理部门购进的缉私和没收的商品；④从居民收购的废旧商品等。不包括：①企业为本单位自身经营用，不是作为转卖而购进的商品，如材料物资、包装物、低值易耗品、办公用品等；②未通过买卖行为而收入的商品，如接受其他部门移交的商品、借入的商品、收入代其他单位保管的商品、其他单位赠送的样品、加工回收的成品等；③经本单位介绍，由买卖双方直接结算，本单位只收取手续费的业务；④销售退回和买方拒付货款的商品；⑤商品溢余。

5. 商品销售额

商品销售额指对本单位以外的单位和个人出售的商品金额（包括售给本单位消费用的商品，含增值税）。商品销售包括：①售给城乡居民和社会集团消费用的商品；②售给农业、工业、建筑业、运输邮电业、服务业、公用事业等国民经济各行业用于生产、经营用的商品，包括售予批发和零售业作为转卖或加工后转卖的商品；③对国（境）外直接出口的商品。不包括：①未通过买卖行为付出的商品，如随机构变动移交给其他企业单位的商品、借出的商品、归还受其他单位委托代保管的商品、付出的加工原料和赠送给其他单位的样品等；②经本单位介绍，由买卖双方直接结算，本单位只收取手续费的业务；③购货退回的商品；④商品损耗和损失；⑤出售本单位自用的废旧物资。

6. 商品库存额

商品库存额指报告期末各种登记注册类型的批发和零售业企业（单位）已取得所有权的商品。它反映批发和零售业企业（单位）的商品库存情况和对市场商品供应的保证程度。商品库存包括：①存放在批发和零售业经营单位（如门市部、批发站、采购站、经营处）的仓库、货场、货柜和货架中的商品；②挑选、整理、包装中的商品；③已记入购进而尚未运到本单位的商品，即发货单或银行承兑凭证已到而货未到的商品；④寄放他处的商品，如因购货方拒绝付款而暂时存在购货方的商品；⑤委托其他单位代销（未作销售或调出）尚未售出的商品；⑥代其他单位购进尚未交付的商品。不包括：①所有权不属于本单位的商品；②委托外单位加工的商品；③外贸企业代理其他单位从国外进口尚未付给订货单位的商品；④代国家物资储备部门保管的商品等。

7. 住宿业

住宿业指有偿为顾客提供临时住宿的服务活动。不包括提供长期住宿场所的活动，如出租房屋、公寓等（列入房地产开发经营）。

8. 餐饮业

餐饮业指在一定场所，对食物进行现场烹饪、调制，并出售给顾客主要供现场消费的服务活动。

9. 营业额

营业额指住宿和餐饮业单位在经营活动中因提供服务或销售商品等取得的收入。包括客房收入、餐费收入、商品销售额和其他收入。其中，客房收入指住宿和餐饮业单位在经营活动中因提供住宿服务取得的收入。餐费收入指住宿和餐饮业单位因为顾客提供就餐服务取得的收入，包括经烹饪、调制加工后出售的各种食品，如主食、炒菜、凉拌菜等的收入。

七、房地产开发

（一）资料说明

1. 主要内容

全省民营经济房地产开发建设方面的基本情况，包括11个设区市的主要房地产统计数据。如房地产开发投资额、房屋施工面积、房屋竣工面积、商品房销售面积、商品房销售额、房地产开发投资资金来源等。

2. 统计范围

房地产开发投资统计的统计范围为各种民营经济的房地产开发公司、商品房建设公司及其他房地产开发单位统一开发的包括统代建、拆迁还建的住宅、厂房、仓库、饭店、宾馆、度假村、写字楼、办公楼等房屋建筑物和配套的服务设施、土地开发工程，如道路、给水、排水、供电、供热、通信、平整场地等基础设施工程。包括实际从事房地产开发或经营活动的附营房地产开发单位。

3. 资料来源

本部分资料取自《江西统计年鉴2016》"第十八章房地产开发"，它们是根据国家统计局制定的《房地产开发投资统计报表制度》收集资料，由省统计局固定资产投资处整理汇总。

4. 统计调查方法

由各级统计部门采取全面调查方法，执行企业一套表，由企业网上直报。

表 3-24　房地产开发与经营主要指标

指标	2000 年	2005 年	2010 年	2014 年	2015 年
全省企业数（家）	539	1824	2141	2077	2187
全省房地产开发投资（万元）	423705	3010982	7068222	13224909	15200985
民营经济房地产开发投资（万元）	137164	2362430	5956535	12361384	14309057
股份合作	16395	49932	31746	5565	21623
联营	627	4280	10683		
有限责任公司	29918	1053487	3037481	7068110	8750866
股份有限公司	16114	333554	779993	696300	585573
私营	73810	854028	2033226	4575744	4927575
其他内资	300	67149	63406	15665	23420

表 3 – 25　按登记注册类型分的房地产开发投资（2015 年）　　　　单位：万元

指标	全省合计	联营	股份有限公司	私营及个体投资	其他内资
投资总额	15200985		585573	4927575	23420
按构成分					
建筑工程	10448626		436393	3414543	15198
安装工程	1821665		49197	589412	271
设备工器具购置	231538		7238	85139	
其他费用	2699156		92745	838481	7951
按工程用途分					
住宅	11130924		440666	3580397	20293
#90 平方米及以下住房	2672260		140044	650604	1580
别墅、高档公寓	333958		5937	90770	
办公楼	521100		42720	82849	126
商业营业用房	2393860		59806	932519	323
其　他	1155101		42381	331810	2678
本年资金来源合计	28781844		942208	8658248	31875
上年末结余资金	7768546		173758	2125374	1513
本年资金来源小计	21013298		768450	6532874	30362
国内贷款	2308154		63890	579932	8800
#银行贷款	2063823		53294	512624	8800
非银行金融机构贷款	244331		10596	67308	
利用外资	61412				
#外商直接投资	61412				
自筹资金	7307833		274511	2358375	9341
#自有资金	2639608		167951	832896	6741
其他资金来源	11335899		430049	3594567	12221
#定金及预付款	5852983		192204	1783926	5232
个人按揭贷款	4479961		127074	1587678	5678

表 3 – 26　各地区房地产开发和经营指标（2015 年）

指标	全省	南昌市	景德镇市	萍乡市	九江市	新余市	鹰潭市	赣州市	吉安市	宜春市	抚州市	上饶市
全省企业数（家）	2187	528	76	78	226	93	65	358	153	215	172	223
全省投资额（万元）	15200985	4853714	274370	454646	1329104	263328	577610	2743545	820018	1490782	1100013	1293855
民营经济投资额（万元）	5536568	5536568	884308	116184	210004	416749	147564	390929	1071010	375934	780310	420166
私营及个体（万元）	4927575	4927575	734703	72484	179476	405121	114021	329739	1052886	340830	733413	348830
联营												
股份有限公司（万元）	585573	585573	133176	43700	30528	11628	33543	61190	11383	35104	46897	71086
其他内资（万元）	23420	23420	16429						6741			250

（二）主要统计指标解释

1. 房地产业

房地产业是指从事房地产开发、建设、经营、租赁及维修等活动的经济部门。按照国民经济行业划分的规定，房地产业包括房地产开发与经营、房地产管理和房地产经纪与代理业三部分内容。

2. 房地产开发业

房地产开发业是房地产业的一个重要组成部分，是指进行商品房屋建设和土地开发及经营活动的企业和单位。

3. 房地产开发投资额

房地产开发投资额是以货币形式表现的房地产开发企业（单位）在一定时期内进行房屋建设及土地开发所完成的工作量及有关费用的总称。

4. 建筑工程

建筑工程指各种房屋、建筑物的建造工程，又称建筑工作量。这部分投资额必须兴工动料，通过施工活动才能实现。

5. 安装工程

安装工程指各种设备、装置的安装工程，又称安装工作量。

6. 设备、工器具购置

设备、工器具购置指工业企业生产的产品转化为固定资产的购置活动，包括建设单位或企事业单位购置或自制的，达到固定资产标准的设备、工具、器具的价值。

7. 商品住宅

商品住宅指房地产开发企业（单位）建设并出售、出租给使用者，仅供居住用的房屋。

8. 别墅、高档公寓

别墅、高档公寓指建筑造价和销售价格明显高于一般商品住宅的商品住宅。别墅一般指地处郊区，独立成栋的商品住宅；高档公寓一般指地处市内高尚社区，高层或多层的商品住宅。别墅、高档公寓的确定标准：一是经有房地产投资计划审批权的主管部门审批建设的别墅、高档公寓开发项目；二是销售价格高于当地同等地段商品住宅平均销售价格一倍以上的别墅、公寓开发项目。该指标可以分析房地产投资结构，反映高收入家庭商品住宅的供求平衡情况。

9. 办公楼

办公楼指企业、事业、机关、团体、学校、医院等单位使用的各类办公用房（又称写字楼）。

10. 本年资金来源合计

本年资金来源合计指房地产开发企业（单位）在本年内收到的可用于房地产开发和经营的各种资金来源数之和，包括上年末结余资金，本年度内拨入、借入或以各种方式筹集的资金。

11. 上年末结余资金

上年末结余资金指上年资金来源中没有形成投资额而结余的资金。包括尚未用到工程上去的材料价值、未开始安装的需要安装设备价值及结存的现金和银行存款等。可根据有关财务数字填报。上年末结余资金不能出现负数，即不能把上年应付工程、材料款作为上年末结余资金的负数来处理。

12. 本年资金来源小计

本年资金来源小计指房地产开发企业（单位）实际拨入的，用于房地产开发的各种货币资金。包括国内贷款、利用外资、自筹资金和其他资金。

13. 国内贷款

国内贷款指报告期房地产开发企业（单位）向银行及非银行金融机构借入的用于房地产开发与经营的各种国内借款，包括银行利用自有资金及吸收的存款发放的贷款、上级主管部门拨入的国内贷款、国家专项贷款（包括煤代油贷款、劳改煤矿专项贷款等），地方财政专项资金安排的贷款、国内储备贷款、周转贷款等。

14. 银行贷款

银行贷款指向各商业银行、政策性银行借入的用于房地产开发与经营的各项贷款。

15. 利用外资

利用外资指报告期收到的用于房地产开发与经营的境外资金（包括外国及港澳台地区），包括外商直接投资、对外借款（外国政府贷款、国际金融组织贷款、出口信贷、外国银行商业贷款、对外发行债券和股票）及外商其他投资（包括补偿贸易和加工装配由外商提供的设备价款、国际租赁）。不包括我国自有外汇资金（包括国家外汇、地方外汇、留成外汇、调剂外汇和中国银行自有资金发行的外汇贷款等）。各类外资按报告期的外汇牌价（中间价）折成人民币"万元"计算。

16. 自筹资金

自筹资金指各地区、各部门及企事业单位筹集用于房地产开发与经营的预算外资金。

17. 其他资金来源

其他资金来源指在报告期收到的除以上各种资金之外其他用于房地产开发与经营的资

金。包括国家预算内资金、债券、社会集资、个人资金、无偿捐赠的资金及用征地迁移补偿费、移民费等进行房地产开发的资金。

八、资本市场利用

（一）主要内容

全省民营企业上市公司生产经营的基本情况，包括行业分布、区域分布、总资产、负债、使用者权益、总收入、净利润等。

（二）统计范围

江西辖区内在上海证券交易所、深圳证券交易所的主板、中小板、创业板的上市民营企业，不包括境外上市公司和新三板上市企业。

（三）资料来源

根据上市民营企业在中国证监会指定信息披露网站巨潮资讯网发布的2015年年度报告整理而来。2015年江西省上市公司新增3家，新增企业全部为民营企业；总数达35家，其中民营企业17家，占比为48.57%。

表3-27　江西省民营上市公司所处行业与区域分布

序号	证券代码	证券简称	上市板	行业	区域	备注
1	000650.SZ	仁和药业	主板	医药生物	宜春市	
2	000829.SZ	天音控股	主板	商业贸易	赣州市	
3	002157.SZ	正邦科技	中小板	农林牧渔	南昌市	
4	002176.SZ	江特电机	中小板	电气设备	宜春市	
5	002378.SZ	章源钨业	中小板	有色金属	赣州市	
6	002460.SZ	赣锋锂业	中小板	有色金属	新余市	
7	002591.SZ	恒大高新	中小板	化工	南昌市	
8	002695.SZ	煌上煌	中小板	食品饮料	南昌市	
9	300066.SZ	三川股份	创业板	仪器仪表制造业	鹰潭市	
10	300095.SZ	华伍股份	创业板	机械设备	宜春市	
11	300294.SZ	博雅生物	创业板	医药生物	抚州市	
12	600363.SH	联创光电	主板	电子	南昌市	
13	600507.SH	方大特钢	主板	钢铁	南昌市	
14	600590.SH	泰豪科技	主板	电气设备	南昌市	
15	002748.SZ	世龙实业	中小板	化学原料和化学制品制造业	景德镇市	2015年新增
16	300453.SZ	三鑫医疗	创业板	专用设备制造业	南昌市	2015年新增
17	300497.SZ	富祥股份	创业板	医药制造业	景德镇市	2015年新增

表 3 - 28　江西省民营上市公司合并资产负债表

序号	证券代码	证券简称	总资产			所有者权益合计			负债合计		
			2015 年（元）	2014 年（元）	增减（%）	2015 年（元）	2014 年（元）	增减（%）	2015 年（元）	2014 年（元）	增减（%）
1	000650.SZ	仁和药业	3156270749.52	2597104303.80	21.5	2600859641.34	2162045530.26	20.3	555411108.18	435058773.54	27.7
2	000829.SZ	天音控股	11190147564.28	10941822372.11	2.3	2305969390.18	2662263771.90	-13.4	8884178174.10	8279558600.21	7.3
3	002157.SZ	正邦科技	9763515971.75	7311955720.80	33.5	3551732621.27	2421347381.13	46.7	6211783350.48	4890608339.67	27.0
4	002176.SZ	江特电机	6784127513.75	2292295867.77	196.0	2982424913.60	2005180223.52	48.0	3801702600.15	287115644.25	1224.1
5	002378.SZ	章源钨业	3125473756.31	3165123144.44	-1.3	1905687851.82	2066608339.67	-7.8	1219785904.49	1098514804.77	11.0
6	002460.SZ	赣锋锂业	2527552379.63	1954451783.93	29.3	1883185337.44	1387778661.21	35.7	644367042.19	566673122.72	13.7
7	002591.SZ	恒大高新	928472518.22	929888751.50	-0.2	754687134.05	773867651.80	-2.5	173785384.17	156021099.70	11.4
8	002695.SZ	煌上煌	1828016861.50	1599989157.05	14.3	1548453705.79	1481906777.13	4.5	279563155.71	118082379.92	136.8
9	300066.SZ	三川股份	1601568851.19	1416047803.96	13.1	1455860108.86	1226216167.20	18.7	145708742.33	189831636.76	-23.2
10	300095.SZ	华伍股份	1193839084.04	1133333298.25	5.3	862086260.06	864683843.57	-0.3	331752823.98	268649454.68	23.5
11	300294.SZ	博雅生物	2182155551.87	1017831687.41	115.0	1908107639.05	923928810.47	106.5	280107912.82	93902876.94	198.3
12	600363.SH	联创光电	3581016733.19	3207700859.73	11.6	2120199442.22	1982621777.50	6.9	1460817290.97	1225079082.23	19.2
13	600507.SH	方大特钢	9305728898.23	9287453287.63	0.2	2268265504.97	3203186134.17	-29.2	7037463393.26	6084267153.46	15.7
14	600590.SH	泰豪科技	7157698223.97	5821522582.85	23.0	3235692622.28	2263906225.55	42.9	3922005601.69	3557616357.30	10.2
15	002748.SZ	世龙实业	1064109405.45	870637377.02	22.2	946412670.02	523378208.88	80.8	117696735.43	347259168.14	-66.1
16	300453.SZ	三鑫医疗	592278145.69	381369988.87	55.3	531874538.90	250272180.94	112.5	60403606.79	131097807.93	-53.9
17	300497.SZ	富祥股份	1009658555.36	632348214.71	59.7	596213659.69	283262718.71	110.5	413444895.67	349085496.00	18.4
合计			66976907763.95	54560876201.83	22.8	31457713041.54	26482454403.61	18.8	35539977722.41	28078421798.22	26.6

表 3 – 29　江西省民营上市公司合并利润表

序号	证券代码	证券简称	营业总收入			净利润		
			2015 年（元）	2014 年（元）	增减（%）	2015 年（元）	2014 年（元）	增减（%）
1	000650. SZ	仁和药业	2523842663. 82	2253212435. 55	12. 0	435588747. 60	323853637. 77	34. 5
2	000829. SZ	天音控股	43030139021. 84	34596856949. 75	24. 4	− 374044338. 58	− 361800034. 87	3. 4
3	002157. SZ	正邦科技	16416267218. 40	16483547772. 92	− 0. 4	335896603. 94	40166292. 04	736. 3
4	002176. SZ	江特电机	892846984. 41	793299115. 59	12. 5	34207683. 36	43766836. 02	− 21. 8
5	002378. SZ	章源钨业	1343837350. 22	2038829463. 73	− 34. 1	− 152705825. 63	65116740. 56	− 334. 5
6	002460. SZ	赣锋锂业	1353924754. 93	869480146. 97	55. 7	124797397. 45	84399576. 03	47. 9
7	002591. SZ	恒大高新	185142770. 19	248793122. 98	− 25. 6	− 68045710. 56	5392833. 22	− 1361. 8
8	002695. SZ	煌上煌	1151074787. 93	983980418. 35	17. 0	64834630. 33	98629108. 77	− 34. 3
9	300066. SZ	三川股份	647047212. 87	697933365. 07	− 7. 3	146164161. 66	143993967. 38	1. 5
10	300095. SZ	华伍股份	566014288. 05	677903252. 73	− 16. 5	57274597. 50	46432716. 52	23. 3
11	300294. SZ	博雅生物	543182670. 87	437792952. 80	24. 1	167045137. 19	115204125. 19	45. 0
12	600363. SH	联创光电	2497279949. 14	1957049506. 94	27. 6	150753430. 60	145443521. 24	3. 7
13	600507. SH	方大特钢	8148290650. 39	11509303447. 76	− 29. 2	114684003. 21	598678676. 32	− 80. 8
14	600590. SH	泰豪科技	3488096410. 81	2920709571. 22	19. 4	100856975. 22	58178899. 76	73. 4
15	002748. SZ	世龙实业	874853676. 55	1047887996. 03	− 16. 5	36922249. 93	82071969. 03	55. 0
16	300453. SZ	三鑫医疗	311848211. 72	322204633. 17	− 3. 2	51876399. 02	50157753. 36	3. 4
17	300497. SZ	富祥股份	579743065. 00	510727122. 13	13. 5	93601767. 59	53441241. 96	75. 1
合计			84553431687. 14	78176476954. 21	8. 2	1319707909. 83	1547978141. 20	− 14. 0

第四章　民营经济科技创新

一、概述

2015 年江西省全面实施创新驱动发展战略，以科技体制改革为动力，以协同创新为抓手，科技创新取得了显著成效。企业是科技和经济紧密结合的重要力量，对新技术、新产品、新市场最为敏感。江西省着力构建以企业为主体、市场为导向、产学研相结合的技术创新体系，完善企业技术成果转化的风险投资体系，推动企业发展由要素驱动型向创新驱动型转变；引导企业加大科技投入，鼓励企业利用社会各类资本，加快形成多元化、多层次的重大科技项目融资渠道；支持和鼓励骨干企业建设重点实验室、工程技术研究中心等研发机构，建立各类企业技术创新联盟。加快建设以企业为主体的技术创新体系，增强各类创新主体的动力和活力，加快形成协同高效的创新格局。发挥市场对技术研发方向、路线选择和各类创新资源配置的导向作用，引导各类创新要素向企业集聚，促进企业真正成为技术创新决策、研发投入、科研组织和成果转化的主体。

《江西省省级企业技术中心管理办法（2015）》指出，鼓励和支持有条件的企业建立企业技术中心，对技术创新能力较强、创新业绩突出、具有重要示范和导向作用的企业技术中心，由省政府相关主管部门予以认定，旨在推动企业成为研究开发投入、技术创新活动和创新成果应用的主体，不断提升企业自主创新能力、资源整合能力和市场竞争能力。

2015 年，江西民营企业没有新增国家级企业技术中心和国家工程技术中心，新增国家地方联合工程研究中心（工程实验室）1 家；新增国家重点实验室 1 个；新设立博士后科研工作站 15 个；新增江西省重点实验室 2 个；新增江西省工程技术研究中心 35 个；新增江西省省级企业技术中心 38 家；新增高新技术企业 339 家。

二、科技创新机构与高新技术企业名录

（一）江西省国家级科技创新载体

1. 国家级企业技术中心

国家认定企业技术中心是由国家发改委牵头，科技部、财政部、海关总署、税务总局共同负责国家认定企业技术中心的认定工作，每年依据国家产业政策、国家进口税收税式支出的总体原则及年度方案组织 1 次认定工作，旨在确立企业技术创新和科技投入的主体地位，

对国民经济主要产业中技术创新能力较强、创新业绩显著、具有重要示范作用的企业技术中心，国家予以认定并给予相应的优惠政策，以鼓励和引导企业不断提高自主创新能力。获得国家认定企业技术中心的企业，可享受到国家相关减免税优惠政策，并可申请办理海关减免税备案、审批等。2015年江西省没有新增国家级企业技术中心，但在全省现有的12家国家级企业技术中心，其中民营企业有4家，占比33.3%（见表4-1）。

表4-1　江西省民营企业国家级企业技术中心名单

序号	企业名称	批准时间
1	江西正邦科技股份有限公司技术中心	2014年
2	崇义章源钨业股份有限公司技术中心	2013年
3	江西三川水表股份有限公司技术中心	2013年
4	泰豪科技股份有限公司企业技术中心	2005年

2. 国家工程技术中心

截至2015年底，包括分中心在内全国有359个国家工程技术中心（含建设中），而江西省总共有8家，其中依托单位为高校、科研院所的有5家；依托单位为企业的有3家，这里面有1家民营企业（见表4-2）。

表4-2　江西省民营企业国家工程技术中心

序号	工程中心	依托单位	建设时间	验收时间
1	国家光伏工程技术研究中心	江西赛维LDK太阳能高科技有限公司	2009年	2013年

3. 国家地方联合工程研究中心（工程实验室）

国家地方联合工程研究中心（工程实验室）是国家创新平台的重要组成部分，是国家支持中西部地区提升自主创新能力的重要手段。根据相关规定，国家地方联合工程研究中心（工程实验室）要围绕所在区域的产业特色和优势，着力解决产业发展中的关键技术与装备等瓶颈问题，促进产业技术进步和结构调整，支撑和推动地方经济社会持续健康发展。

国家发改委批复2015年度国家地方联合工程研究中心（工程实验室），江西省有3家获批。分别是依托南昌航空大学的无损检测与光电传感技术及应用国家地方联合工程实验室（江西）；依托南昌工程学院的鄱阳湖流域水工程安全与资源高效利用国家地方联合工程实验室（江西）；依托晶能光电（江西）有限公司的硅衬底氮化镓电子器件制造技术国家地方联合工程研究中心（江西）。至此，江西省已拥有国家地方联合工程研究中心（工程实验室）14家，其中来自民营企业的有7家（见表4-3）。

表4-3　江西省民营企业国家地方联合工程研究中心

序号	名称	依托单位	建设地	批准时间
1	硅衬底氮化镓电子器件制造技术国家地方联合工程研究中心	晶能光电（江西）有限公司	南昌	2015年
2	药用真菌技术国家地方联合工程研究中心	江西百神药业股份有限公司	宜春	2014年
3	昆虫病毒生物农药开发国家地方联合工程研究中心	江西省新龙生物科技有限公司	宜春	2014年

续表

序号	名称	依托单位	建设地	批准时间
4	手性化学药物制造技术国家工程研究中心	江西施美制药有限公司	抚州	2014 年
5	锂基新材料国家地方联合工程研究中心	江西赣锋锂业股份有限公司	新余	2013 年
6	复合材料锂电池制造技术国家地方联合工程研究中心	江西省福斯特新能源有限公司	宜春	2013 年
7	真菌源生物农药国家地方联合工程研究中心	江西天人生态股份有限公司	吉安	2011 年

4. 国家重点实验室

2015 年 11 月，科技部公布了第三批批准建设的企业国家重点实验室名单，其中江西省有创新药物与高效节能降耗制药设备国家重点实验室和创新天然药物与中药注射剂国家重点实验室 2 家获批，实现了江西省企业国家重点实验室建设零的突破，标志着江西省科技创新体系建设和企业技术创新升级工作取得显著成效。

创新药物与高效节能降耗制药设备国家重点实验室由江西江中制药（集团）有限责任公司与江西本草天工科技有限责任公司共同组建，主要对制约中药现代化科技产业发展中的关键共性技术问题以及中药、化学药、天然药、保健食品等创新品种开发进行研究。创新天然药物与中药注射剂国家重点实验室由江西青峰药业有限公司组建，除在赣州建立研发机构外，还分别在北京、上海、杭州和昆明等地建立了药物研究中心和临床医学研究中心，专注于创新化学药物、创新大分子生物药、创新天然药物与化学仿制药研究与产业化（见表4 – 4）。

表4 – 4　江西省民营企业国家重点实验室

序号	实验室名称	依托单位	建设地	批准时间
1	创新天然药物与中药注射剂国家重点实验室	江西青峰药业有限公司	赣州	2015 年

5. 博士后科研工作站

博士后科研工作站是科研和技术创新的重要平台。2015 年江西省 28 家单位获准设立博士后科研工作站，江西省的博士后工作得到了长足的进步，博士后站总数达到 117 个。新增设站数列全国第六、中部六省第一，这也是江西省新增设站数最多的一次。28 家新设立的博士后科研工作站中，有 21 家来自企业，其中来自民营企业的有 15 家（见表4 – 5）。

表4 – 5　2015 年新增民营企业博士后科研工作站

序号	企业名称
1	江西博微新技术有限公司
2	中恒建设集团有限公司
3	九江萍钢钢铁有限公司
4	江西蓝翔重工有限公司
5	江西华电电力有限责任公司
6	江西恩达麻世纪科技股份有限公司
7	虔东稀土集团股份有限公司

续表

序号	企业名称
8	崇义章源钨业股份有限公司
9	江西省福斯特新能源有限公司
10	江西同和药业股份有限公司
11	江西耐普矿机新材料股份有限公司
12	博硕科技（江西）有限公司
13	江西新瑞丰生化有限公司
14	普正药业股份有限公司
15	江西博雅生物制药股份有限公司

（二）江西省重点实验室和工程技术研究中心

为全面推进创新驱动发展战略，加强江西省科技创新体系建设，增强自主创新和科技持续创新能力，促进科技成果转化与推广，根据专家可行性论证结果，省科技厅将江西省猪饲料重点实验室等18个重点实验室列入2015年江西省重点实验室组建计划，江西省飞行训练与人效工程技术研究中心等45个工程技术研究中心列入2015年江西省工程技术研究中心组建计划。

1. 江西省重点实验室

江西省重点实验室评定主要从研究水平与贡献、队伍建设与人才培养、开放交流与运行管理等方面进行。在18个江西省重点实验室中，有4个来自企业，其中来自民营企业有2个（见表4-6）。

表4-6 2015年民营企业江西省重点实验室

序号	名称	依托单位	主管部门
1	江西省猪饲料重点实验室	双胞胎（集团）股份有限公司	南昌市科技局
2	江西省血液制品重点实验室	江西博雅生物制药股份有限公司	抚州市科技局

2. 江西省工程技术研究中心

江西省工程技术研究中心主要评估内容包括：研究开发能力与水平、队伍建设与人才培养、效益与影响、对外开放与运行管理等。在45个工程技术研究中心中，其中依托单位为企业的有40个，而民营企业有35个（见表4-7）。

表4-7 2015年民营企业江西省工程技术研究中心

序号	名称	依托单位	主管部门
1	江西省熔盐储能材料工程技术研究中心	江西金利达钾业有限责任公司	宜春市科技局
2	江西省玻璃纤维及制品工程技术研究中心	江西长江玻璃纤维有限公司	九江市科技局
3	江西省有色金属再生利用工程技术研究中心	江西自立环保科技有限公司	抚州市科技局

续表

序号	名称	依托单位	主管部门
4	江西省黄蜡石工程技术研究中心	江西省天久地矿建设工程研究院、鹰潭市铜锣湾旅游文化商业投资有限公司	鹰潭市科技局
5	江西省铜二次资源综合利用工程技术研究中心	江西新金叶实业有限公司	上饶市科技局
6	江西省汽车尾气净化器及催化剂工程技术研究中心	江西宝安新材料科技有限公司	萍乡市科技局
7	江西省通信用塑料光纤工程技术研究中心	江西大圣塑料光纤有限公司	吉安市科技局
8	江西省锂离子电池负极材料工程技术研究中心	江西正拓新能源科技有限公司	宜春市科技局
9	江西省柔性线路板工程技术研究中心	江西鑫力华数码科技有限公司	吉安市科技局
10	江西省 LED – COB 照明组件工程技术研究中心	江西量一光电科技有限公司	吉安市科技局
11	江西省松香树脂工程技术研究中心	江西福达香料化工有限公司	吉安市科技局
12	江西省 LED 封装材料工程技术研究中心	共青城超群科技股份有限公司	共青城市科技工贸和信息化委员会
13	江西省微型摄像模组工程技术研究中心	江西盛泰光学有限公司	新余市科技局
14	江西省吉州窑陶瓷工艺工程技术研究中心	吉安宝泥房陶瓷文化有限公司	吉安市科技局
15	江西省铜基复合线材工程技术研究中心	鹰潭市众鑫成铜业有限公司	鹰潭市科技局
16	江西省锂资源综合利用工程技术研究中心	江西合纵锂业科技有限公司	宜春市科技局
17	江西省钨钢合金工程技术研究中心	江西耀升钨业股份有限公司	赣州市科技局
18	江西省半导体照明光组件工程技术研究中心	江西奥其斯科技有限公司	宜春市科技局
19	江西省墙地砖坯釉装饰工程技术研究中心	江西和美陶瓷有限公司	丰城市科技局
20	江西省有色金属废渣综合利用工程技术研究中心	江西一元再生资源有限公司	上饶市科技局
21	江西省特种铜材工程技术研究中心	江西鸥迪铜业有限公司	上饶市科技局
22	江西省果蔬采后处理工程技术研究中心	江西绿萌科技控股有限公司	赣州市科技局
23	江西省集成化节能起重机工程技术研究中心	江西工埠机械有限责任公司	宜春市科技局
24	江西省工程机械数字液压系统工程技术研究中心	江西省萍乡市方圆实业有限公司	萍乡市科技局
25	江西省矿物加工装备工程技术研究中心	南昌矿山机械有限公司	南昌市科技局
26	江西省畜禽副产物综合利用工程技术研究中心	南昌宝迪农业科技有限公司	南昌市科技局
27	江西省复合肥料工程技术研究中心	江西六国化工有限责任公司	鹰潭市科技局
28	江西省智能配电设备工程技术研究中心	江西明正变电设备有限公司	抚州市科技局
29	江西省干细胞工程技术研究中心	江西汉氏联合干细胞科技有限公司	上饶市科技局
30	江西省果蔬加工工程技术研究中心	江西金源农业开发有限公司	宜春市科技局
31	江西省香精香料工程技术研究中心	江西华宇香料化工有限公司	抚州市科技局
32	江西省涡轮增压器核心零部件工程技术研究中心	萍乡市德博科技发展有限公司	萍乡市科技局
33	江西省印刷机械工程技术研究中心	江西中景集团有限公司	景德镇市科技局
34	江西省药用辅料工程技术研究中心	江西阿尔法高科药业有限公司	萍乡市科技局
35	江西省微藻养殖与深加工工程技术研究中心	江西三达新大泽生物工程有限公司	瑞金市科技局

（三）江西省省级企业技术中心

技术中心是企业遵循科技与市场发展规律，根据自身发展需要组建的高层次、高水平的研究开发机构，是企业技术创新体系的核心，是企业提高自主创新能力、实现技术进步和持续发展的主要依托。江西省鼓励和支持有条件的企业建立企业技术中心，对技术创新能力较强、创新业绩突出、具有重要示范和导向作用的企业技术中心，由省工信委、省财政厅、省国税局、省地税局予以认定，旨在推动企业成为研究开发投入、技术创新活动和创新成果应用的主体，不断提升企业自主创新能力、资源整合能力和市场竞争能力。

根据《江西省省级企业技术中心管理办法》（赣经贸技术发〔2007〕15 号），经企业申请、专家综合评审，江西省工信委、省财政厅、省国税局、省地税局共同确定格特拉克（江西）传动系统有限公司等 47 家企业技术中心为江西省第 17 批省级企业技术中心，其中民营企业 38 家（见表 4－8）。

表 4－8　2015 年民营企业江西省省级企业技术中心（第 17 批）

序号	企业名称
1	江西浩然生物医药有限公司
2	江西阳光乳业股份有限公司
3	江西人之初营养科技股份有限公司
4	江西省丰和营造集团有限公司
5	江西仙客来生物科技有限公司
6	江西英特科胜动保科技有限公司
7	九江银星船股份有限公司
8	江西华东船业有限公司
9	九江翔升造船有限公司
10	萍乡市黄冠化工有限公司
11	萍乡市中天化工有限公司
12	江西省分宜驱动桥有限公司
13	江西盛泰光学有限公司
14	江西沃格光电科技有限公司
15	江西耐乐铜业有限公司
16	红旗集团江西铜业公司
17	江西广信铜业有限公司
18	赣州八维生物科技有限公司
19	信丰县包钢新利稀土有限责任公司
20	赣州经纬科技股份有限公司
21	江西康意服装有限责任公司
22	赣州海盛钨钼集团有限公司
23	江西格林美资源循环有限公司
24	江西省春丝食品有限公司

序号	企业名称
25	江西卓尔金属设备集团有限公司
26	江西樟树市福铃内燃机配件有限公司
27	江西正拓新能源科技有限公司
28	江西科伦医疗器械制造有限公司
29	婺源县聚芳永茶业有限公司
30	江西耐普矿机新材料股份有限公司
31	江西鸥迪铜业有限公司
32	江西大圣塑料光纤有限公司
33	红板（江西）有限公司
34	江西生物制品研究所
35	江西普正制药有限公司
36	江西伊发电力科技有限公司
37	江西肯特实业有限公司
38	江西荣成机械制造有限公司

（四）江西省高新技术企业

高新技术企业是指在《国家重点支持的高新技术领域》内，持续进行研究开发与技术成果转化，形成企业核心自主知识产权，并以此为基础开展经营活动，在中国境内（不包括港、澳、台地区）注册一年以上的居民企业。它是知识密集、技术密集的经济实体。

1. 新认定的民营高新技术企业

根据国家科技部、国家财政部、国家税务总局《关于印发〈高新技术企业认定管理办法〉的通知》（国科发火〔2008〕172 号）、《关于印发〈高新技术企业认定管理工作指引〉的通知》（国科发火〔2008〕362 号）文件规定，根据全国高企认定工作办公室的复函，2015 年，全国高企认定工作办公室认定 359 家企业为高新技术企业。至此，江西省有效期内的高新技术企业总数已突破千家，达 1095 家。其中，2015 年高新技术企业增长数量位列前三名的地区分别是：南昌地区（净增 63 家）、赣州地区（净增 42 家）和宜春地区（净增 38 家）；其中民营企业 339 家，占比 94.4%（见表 4 – 9）。

表 4 – 9　江西省 2015 年认定的民营高新技术企业

序号	企业名称	所属地区
1	江西东来大通电器有限公司	丰城市
2	江西和美陶瓷有限公司	丰城市
3	江西唯美陶瓷有限公司	丰城市
4	江西浙丰管业有限公司	丰城市
5	江西龙源科盛科技环保有限公司	丰城市
6	江西华伍制动器股份有限公司	丰城市

续表

序号	企业名称	所属地区
7	江西成必信生物科技有限公司	丰城市
8	江西金比电子有限公司	抚州市
9	江西东华金科实业有限公司	抚州市
10	江西森科实业股份有限公司	抚州市
11	江西高信有机化工有限公司	抚州市
12	江西华宇科技有限公司	抚州市
13	中阳德欣科技有限公司	抚州市
14	江西南田彩印包装有限公司	抚州市
15	金溪斯普瑞药业有限公司	抚州市
16	江西亨成实业有限公司	抚州市
17	江西华友机械有限公司	抚州市
18	抚州市银圣王洁具有限公司	抚州市
19	江西锐特实业有限公司	抚州市
20	江西精百世液压机械有限公司	抚州市
21	江西金品铜业科技有限公司	抚州市
22	江西盈川实业有限公司	抚州市
23	江西科伦药业有限公司	抚州市
24	江西省方科炭业有限公司	抚州市
25	朝阳聚声泰（信丰）科技有限公司	赣州市
26	赣州市金电电子设备有限公司	赣州市
27	寻乌县爱馨泰电子商贸有限公司	赣州市
28	赣州圣尼特遮阳科技股份有限公司	赣州市
29	江西磁姆新材料科技有限公司	赣州市
30	明高电路版（赣州）有限公司	赣州市
31	江西省灵通实业有限公司	赣州市
32	江西憶源多媒体科技有限公司	赣州市
33	全南三扬电子有限公司	赣州市
34	科迪科技（赣州）电子有限公司	赣州市
35	赣州鑫冠电子科技有限公司	赣州市
36	格棱电子科技（赣州）有限公司	赣州市
37	江西赣州森科电子科技有限公司	赣州市
38	江西胜华光电科技有限公司	赣州市
39	旭光（赣州）电子有限公司	赣州市
40	赣州帝晶光电科技有限公司	赣州市
41	江西华源新材料股份有限公司	赣州市
42	大余县萤通工贸有限公司	赣州市
43	上犹县龙泰塑料制品有限公司	赣州市

序号	企业名称	所属地区
44	赣州通洲塑胶机械有限公司	赣州市
45	江西中盛高新材料有限公司	赣州市
46	立昌科技（赣州）有限公司	赣州市
47	龙南县格林庭园用品有限公司	赣州市
48	江西绿萌科技控股有限公司	赣州市
49	江西省保升装卸设备有限公司	赣州市
50	江西石成金矿山机械制造有限公司	赣州市
51	江西摩力斯厨房设备工程有限公司	赣州市
52	金信诺光纤光缆（赣州）有限公司	赣州市
53	石城宝鑫选矿设备有限责任公司	赣州市
54	赣州禾盈通用零部件有限公司	赣州市
55	赣州川汇气体设备制造有限公司	赣州市
56	石城县华辉选矿设备制造有限公司	赣州市
57	大余县伟良钨业有限公司	赣州市
58	江西省鑫盛钨业有限公司	赣州市
59	赣州博晶科技有限公司	赣州市
60	龙南县垍然科技有限公司	赣州市
61	赣州白塔金属材料有限公司	赣州市
62	赣州市钜磁科技有限公司	赣州市
63	赣州虔东稀土集团股份有限公司	赣州市
64	江西省首诺铜业有限公司	赣州市
65	赣州齐畅新材料有限公司	赣州市
66	寻乌县恒源科技开发有限公司	赣州市
67	宁都鑫友农产品发展有限公司	赣州市
68	赣州市全标生物科技有限公司	赣州市
69	江西青峰药业有限公司	赣州市
70	江西省亚华电子材料有限公司	共青城市
71	吉安市满坤科技有限公司	吉安市
72	胜美达电机（吉安）有限公司	吉安市
73	江西省平波电子有限公司	吉安市
74	吉安市天利电声有限责任公司	吉安市
75	江西晶昶能科技有限公司	吉安市
76	吉安航盛机电科技有限公司	吉安市
77	万安椿林焱电子有限公司	吉安市
78	万安索雅纳科技有限公司	吉安市
79	井冈山电器有限公司	吉安市
80	江西立时科技有限公司	吉安市

序号	企业名称	所属地区
81	安福烨翔精密电子有限公司	吉安市
82	江西泽发光电有限公司	吉安市
83	吉安同瑞生物科技有限公司	吉安市
84	江西宇能制药有限公司	吉安市
85	江西北辰德天然生物科技有限公司	吉安市
86	吉安谊盛电子材料有限公司	吉安市
87	江西科越科技有限公司	吉安市
88	江西兴泰化工有限公司	吉安市
89	江西仪能新能源微电网协同创新有限公司	吉安市
90	江西嘉寓门窗幕墙有限公司	吉安市
91	江西联创电缆科技有限公司	吉安市
92	江西长泽汽车零部件科技有限公司	吉安市
93	江西松尚暖通科技有限公司	吉安市
94	吉安县鑫泰科技有限公司	吉安市
95	吉安力莱新能源科技有限公司	吉安市
96	永丰县祥盛有色金属有限公司	吉安市
97	江西九洁负氧离子科技有限公司	吉安市
98	江西金安林产实业有限公司	吉安市
99	遂川县洪林木业有限公司	吉安市
100	吉安市御美丽健康产业股份有限公司	吉安市
101	吉安市新琪安科技有限公司	吉安市
102	吉安荣威生物科技有限公司	吉安市
103	江西燕京啤酒有限责任公司	吉安市
104	江西生物制品研究所	吉安市
105	江西益佰年药业股份有限公司	吉安市
106	江西景光电子有限公司	景德镇市
107	景德镇景华特种陶瓷有限公司	景德镇市
108	江西世龙实业股份有限公司	景德镇市
109	乐平市瑞盛制药有限公司	景德镇市
110	江西省信航航空科技有限公司	景德镇市
111	景德镇市中天水晶科技有限公司	景德镇市
112	江西景源电器有限公司	景德镇市
113	江西创元汽车零部件有限公司	景德镇市
114	江西永源节能环保科技股份有限公司	景德镇市
115	江西智微亚科技有限公司	九江市
116	江西沃可视发展有限公司	九江市
117	九江妙士酷实业有限公司	九江市

序号	企业名称	所属地区
118	江西通达电器有限公司	九江市
119	星子嘉陶无机材料有限公司	九江市
120	九江福莱克斯有限公司	九江市
121	江西仁明医药化工有限公司	九江市
122	江西科苑生物药业有限公司	九江市
123	九江富达实业有限公司	九江市
124	九江中星医药化工有限公司	九江市
125	江西格雷斯科技股份有限公司	九江市
126	江西蓝谷新能源科技有限公司	九江市
127	江西金阳管业有限公司	九江市
128	九江鑫城纺织有限公司	九江市
129	江西安天高新材料有限公司	九江市
130	铭铉（江西）医疗净化科技有限公司	九江市
131	江西汇尔油泵油嘴有限公司	九江市
132	江西省宏旺农业装备有限公司	九江市
133	奥盛（九江）新材料有限公司	九江市
134	九江市钒宇新材料有限公司	九江市
135	江西科为薄膜新型材料有限公司	九江市
136	江西隆福矿业有限公司	九江市
137	江西昂泰制药有限公司	九江市
138	江西联星显示创新体有限公司	南昌高新区
139	江西联创致光科技有限公司	南昌高新区
140	南昌市科陆智能电网科技有限公司	南昌高新区
141	南昌华梦达航空科技发展有限公司	南昌高新区
142	方大新材料（江西）有限公司	南昌高新区
143	江西日月明铁道设备开发有限公司	南昌高新区
144	江西雅丽泰建材股份有限公司	南昌高新区
145	江西武大扬帆科技有限公司	南昌高新区
146	江西航天鄱湖云科技有限公司	南昌高新区
147	江西高创保安服务技术有限公司	南昌高新区
148	南昌市千润科技有限公司	南昌高新区
149	江西南铁科技有限责任公司	南昌高新区
150	江西天健医疗科技有限公司	南昌高新区
151	江西掌中无限网络科技有限公司	南昌高新区
152	江西华达电子电脑有限公司	南昌高新区
153	江西新和技术有限公司	南昌高新区
154	江西中投科信科技有限公司	南昌高新区

序号	企业名称	所属地区
155	中兴长天信息技术（南昌）有限公司	南昌高新区
156	江西新世纪民星动物保健品有限公司	南昌高新区
157	江西瑞济生物工程技术有限公司	南昌高新区
158	南昌弘益药业有限公司	南昌高新区
159	南昌市豪准电子有限公司	南昌市
160	江西惜能照明有限公司	南昌市
161	江西通华智电科技有限公司	南昌市
162	南昌友星电子电器有限公司	南昌市
163	江西省兆驰光电有限公司	南昌市
164	江西通服科技有限公司	南昌市
165	江西鹏旭信息科技有限公司	南昌市
166	江西益生宜居低碳环保材料有限公司	南昌市
167	江西易用科技有限公司	南昌市
168	江西特纳江玻实业发展有限公司	南昌市
169	江西中泰来混凝土管桩有限公司	南昌市
170	江西省浩风建筑设计院有限公司	南昌市
171	昌建建设集团有限公司	南昌市
172	江西基业科技有限公司	南昌市
173	中恒建设集团有限公司	南昌市
174	中建城开建设集团有限公司	南昌市
175	江西中恒岩土工程技术有限公司	南昌市
176	江西隆莱生物制药有限公司	南昌市
177	南昌来捷尔新材料技术有限公司	南昌市
178	江西建邦新型建材有限公司	南昌市
179	江西省汇得能生态科技发展有限公司	南昌市
180	江西森田电力设备有限公司	南昌市
181	南昌市聚泰矿山机械制造有限公司	南昌市
182	江西京冶科技有限责任公司	南昌市
183	江西晟威汽车零部件有限公司	南昌市
184	江西太平洋电缆集团有限公司	南昌市
185	康达电梯有限公司	南昌市
186	江西车联网络有限公司	南昌市
187	江西省国发机械设备制造有限公司	南昌市
188	南昌意达机械配件有限公司	南昌市
189	江西星天星科技有限公司	南昌市
190	江西豪安能源科技有限公司	南昌市
191	江西金鑫发铝业有限公司	南昌市

续表

序号	企业名称	所属地区
192	江西东胜铝业有限公司	南昌市
193	江西金世纪特种焊接材料有限公司	南昌市
194	江西电信信息产业有限公司	南昌市
195	江西赣路交通设计研究有限公司	南昌市
196	江西北软科技系统工程有限公司	南昌市
197	中麦通信网络有限公司	南昌市
198	中至科技集团有限公司	南昌市
199	南昌航辉科技有限公司	南昌市
200	江西环彩三维科技有限公司	南昌市
201	江西省锦峰软件科技有限公司	南昌市
202	江西时励数码科技有限公司	南昌市
203	江西赣通通信集团有限公司	南昌市
204	江西奇达网络科技有限公司	南昌市
205	江西阳光乳业股份有限公司	南昌市
206	江西省高正生物科技集团有限公司	南昌市
207	江西格兰斯医疗器械有限公司	南昌市
208	江西制药有限责任公司	南昌市
209	江西三鑫医疗科技股份有限公司	南昌市
210	江西精致科技有限公司	南昌市
211	江西南昌制药有限公司	南昌市
212	江西联益电子科技有限公司	南城县
213	江西豪普高科涂层织物有限公司	南城县
214	江西新森岱塑木科技有限公司	南城县
215	江西阿颖金山药食品集团有限公司	南城县
216	江西百神昌诺药业有限公司	南城县
217	江西赣亮医药原料有限公司	南城县
218	萍乡市安发冶化环保填料有限公司	萍乡市
219	萍乡市普天高科实业有限公司	萍乡市
220	江西佰科建筑节能材料有限公司	萍乡市
221	萍乡百斯特电瓷有限公司	萍乡市
222	江西禾尔斯环保科技有限公司	萍乡市
223	江西优锂新材股份有限公司	萍乡市
224	江西省萍乡市联友建材有限公司	萍乡市
225	江西冠能光电材料有限公司	萍乡市
226	萍乡宝海饲料添加剂有限公司	萍乡市
227	萍乡射雕科技有限公司	萍乡市
228	江西申山能源科技有限公司	鄱阳县

序号	企业名称	所属地区
229	瑞金欣宸科技有限公司	瑞金市
230	江西华强金源电气有限公司	瑞金市
231	江西省五星食品有限公司	瑞金市
232	江西联创（万年）电子有限公司	上饶市
233	江西众光照明科技有限公司	上饶市
234	江西派力德照明有限公司	上饶市
235	江西大地走红伞业有限公司	上饶市
236	江西恒隆实业有限公司	上饶市
237	江西纳宇纳米新材料有限公司	上饶市
238	江西省德兴市百勤异 VC 钠有限公司	上饶市
239	江西昌硕户外休闲用品有限公司	上饶市
240	江西神力医药化工有限公司	上饶市
241	江西天昊汽车部件有限公司	上饶市
242	江西天马钢管有限公司	上饶市
243	江西省中镁装备有限公司	上饶市
244	江西寸金实业有限公司	上饶市
245	江西华立金属制品有限公司	上饶市
246	江西一元再生资源有限公司	上饶市
247	江西三和金业有限公司	上饶市
248	上饶市华晟环保技术有限公司	上饶市
249	江西兴安种业有限公司	上饶市
250	江西省江天农业科技有限公司	上饶市
251	江西艾佳生物科技有限公司	上饶市
252	江西佰仕信息产业有限公司	上饶市
253	江西三清山绿色食品有限责任公司	上饶市
254	新余兴邦信息产业有限公司	新余市
255	江西卓照光电科技有限公司	新余市
256	江西长林鑫源通信科技有限公司	新余市
257	新余绿洲橡塑有限公司	新余市
258	华腾地毯（新余）产业园有限公司	新余市
259	江西荣盛生物医药有限公司	新余市
260	江西众加利称重设备系统有限公司	新余市
261	江西泰达长林特种设备有限责任公司	新余市
262	江西剑安消防设备有限责任公司	新余市
263	新余市莱安建材科技有限公司	新余市
264	新余英泰能科技有限公司	新余市
265	江西华电电力有限责任公司	新余市

序号	企业名称	所属地区
266	江西赣锋锂业股份有限公司	新余市
267	江西赛维 LDK 太阳能高科技有限公司	新余市
268	赛维 LDK 太阳能高科技（新余）有限公司	新余市
269	江西赛维 LDK 光伏硅科技有限公司	新余市
270	江西海宸光电科技有限公司	新余市
271	江西恩克新材料股份有限公司	新余市
272	新余双胞胎饲料有限公司	新余市
273	江西青春康源制药有限公司	新余市
274	宜春市炬尔电子有限公司	宜春市
275	江西冠达环保科技有限公司	宜春市
276	江西康铭盛光电科技有限公司	宜春市
277	江西鼎峰电子科技有限公司	宜春市
278	高安天孚光电技术有限公司	宜春市
279	江西亚中电子科技有限公司	宜春市
280	江西盛富莱定向反光材料有限公司	宜春市
281	江西紫宸科技有限公司	宜春市
282	奉新国光电气有限公司	宜春市
283	江西威臣陶瓷有限公司	宜春市
284	江西鼎丰玻璃有限公司	宜春市
285	江西全球化工股份有限公司	宜春市
286	宜春金晖化工股份有限公司	宜春市
287	樟树市狮王生物科技有限公司	宜春市
288	江西华士药业有限公司	宜春市
289	江西致远环保技术有限公司	宜春市
290	江西大宇医药原料有限公司	宜春市
291	万载县建坤化工有限公司	宜春市
292	江西睿锋环保有限公司	宜春市
293	江西三龙电力勘察设计有限公司	宜春市
294	江西省鸿兴能源有限公司	宜春市
295	江西高安超鹰齿轮制造有限公司	宜春市
296	江西天丰建设集团塑钢科技有限公司	宜春市
297	江西省东龙实业股份有限公司	宜春市
298	宜春万申制药机械有限公司	宜春市
299	江西欣盛泰实业有限公司	宜春市
300	江西卓尔金属设备集团有限公司	宜春市
301	江西广迪智能钢艺集团有限公司	宜春市
302	江西创一精密机械有限公司	宜春市

序号	企业名称	所属地区
303	江西万申机械有限责任公司	宜春市
304	宜春赣锋锂业有限公司	宜春市
305	宜春德源欣茂铝业有限公司	宜春市
306	江西景泰钽业有限公司	宜春市
307	江西井竹实业有限公司	宜春市
308	江西康达竹制品集团有限公司	宜春市
309	江西深信饲料有限公司	宜春市
310	江西新龙生物科技股份有限公司	宜春市
311	江西百禾药业有限公司	宜春市
312	江西金农生物科技有限公司	宜春市
313	江西百神药业股份有限公司	宜春市
314	江西德上制药有限公司	宜春市
315	江西药都樟树制药有限公司	宜春市
316	江西康宝医药生物科技有限公司	宜春市
317	江西侨明医疗器械有限公司	宜春市
318	鹰潭阳光照明有限公司	鹰潭市
319	鹰潭盛景实业有限公司	鹰潭市
320	鹰潭中投科技有限公司	鹰潭市
321	江西鸿景复合材料有限公司	鹰潭市
322	江西力田维康科技有限公司	鹰潭市
323	江西力环弹簧有限公司	鹰潭市
324	江西凯顺科技有限公司	鹰潭市
325	鹰潭百盈光电科技有限公司	鹰潭市
326	江西同心铜业有限公司	鹰潭市
327	鹰潭瑞兴铜业有限公司	鹰潭市
328	江西弘珽金属制品有限公司	鹰潭市
329	鹰潭江南铜业有限公司	鹰潭市
330	江西伟强铜业科技有限公司	鹰潭市
331	江西三川铜业有限公司	鹰潭市
332	贵溪华泰铜业有限公司	鹰潭市
333	贵溪永辉铜业有限公司	鹰潭市
334	江西泰瑞铜业有限公司	鹰潭市
335	贵溪金砖铜业有限公司	鹰潭市
336	贵溪红石金属有限公司	鹰潭市
337	贵溪三元金属有限公司	鹰潭市
338	红旗集团江西铜业有限公司	鹰潭市
339	江西远东药业有限公司	鹰潭市

2. 通过复审的民营高新技术企业

根据《高新技术企业认定管理办法》(国科发火〔2008〕172号)、《高新技术企业认定管理工作指引》(国科发火〔2008〕362号)和《关于高新技术企业更名和复审等有关事项的通知》(国科火字〔2011〕123号)有关规定,经企业申请、江西省高新技术企业认定管理工作领导小组办公室组织专家评审等程序,2015年两批通过复审为高新技术企业,第一批有56家,其中民营企业44家;第二批有40家,其中民营企业33家(见表4-10和表4-11)。

表4-10 江西省2015年第一批通过复审的民营高新技术企业

序号	企业名称	所属地区
1	江西明正变电设备有限公司	抚州市
2	江西万泰铝业有限公司	抚州市
3	江西丰临医用器械有限公司	抚州市
4	江西赣电电气有限公司	抚州市
5	赣州科睿特软件技术有限公司	赣州市
6	江西悦安超细金属有限公司	赣州市
7	赣州发电设备成套制造有限公司	赣州市
8	江西九华药业有限公司	赣州市
9	江西威科油脂化学有限公司	吉安市
10	江西鑫力华数码科技有限公司	吉安市
11	江西广源化工有限责任公司	吉安市
12	景德镇宏柏化学科技有限公司	景德镇市
13	九江恒通自动控制器有限公司	九江市
14	九江诺贝尔陶瓷有限公司	九江市
15	江西白莲钢质制品有限公司	九江市
16	江西中德生物工程有限公司	南昌高新区
17	江西济民可信金水宝制药有限公司	南昌高新区
18	江西缴费通信息技术有限公司	南昌高新区
19	江西奈尔斯西蒙斯赫根赛特中机有限公司	南昌高新区
20	江西赣达牧业有限公司	南昌市
21	江西杭萧钢构有限公司	南昌市
22	南昌欧菲光科技有限公司	南昌市
23	江西金太阳教育研究有限公司	南昌市
24	格特拉克(江西)传动系统有限公司	南昌市
25	江西飞尚科技有限公司	南昌市
26	江西远成汽车技术股份有限公司	南昌市
27	江西应陶康顺实业有限公司	萍乡市
28	江西省安源万向实业有限公司	萍乡市
29	江西鑫通机械制造有限公司	萍乡市

序号	企业名称	所属地区
30	江西华兴保鲜剂有限公司	上饶市
31	江西国燕高新材料科技有限公司	新余市
32	江西东鹏新材料有限责任公司	新余市
33	江西恩达麻世纪科技股份有限公司	新余市
34	新余市银龙机电科技有限公司	新余市
35	明冠新材料股份有限公司	宜春市
36	六和电子（江西）有限公司	宜春市
37	江西中天机械有限公司	宜春市
38	江西好帮手电子科技有限公司	宜春市
39	江西斯米克陶瓷有限公司	宜春市
40	江西大华云通玻纤有限公司	宜春市
41	江西飞宇竹业集团有限公司	宜春市
42	江西诚志生物工程有限公司	鹰潭市
43	鹰潭华宝香精香料有限公司	鹰潭市
44	鹰潭市东方钟表元件有限公司	鹰潭市

表 4-11　江西省 2015 年第二批通过复审的民营高新技术企业

序号	企业名称	所属地区
1	江西布兰森热传输新材有限公司	丰城市
2	江西格林美资源循环有限公司	丰城市
3	江西省川盛科技股份有限公司	抚州市
4	赣州逸豪优美科实业有限公司	赣州市
5	赣州力赛科新技术有限公司	赣州市
6	赣州经纬科技股份有限公司	赣州市
7	赣州金环浇铸设备有限公司	赣州市
8	安福县海能实业股份有限公司	吉安市
9	吉安市木林森电子科技有限公司	吉安市
10	江西金枫玉石有限公司	九江市
11	江西挪宝电器有限公司	九江市
12	九江力山环保科技有限公司	九江市
13	九江天赐高新材料有限公司	九江市
14	江西省智成测控技术研究所有限责任公司	南昌高新区
15	江西方兴科技有限公司	南昌高新区
16	巴士在线科技有限公司	南昌高新区
17	江西益康医疗器械集团有限公司	南昌市
18	南昌立健药业有限公司	南昌市
19	江西夏氏春秋环境投资有限公司	南昌市

续表

序号	企业名称	所属地区
20	江西惠昌电力有限公司	南昌市
21	江西人民输变电有限公司	南昌市
22	江西亿晟电气有限责任公司	南昌市
23	江西雄鹰铝业股份有限公司	南昌市
24	上海威敌生化（南昌）有限公司	南昌市
25	萍乡庞泰实业有限公司	萍乡市
26	江西佑美制药有限公司	上饶市
27	江西同欣机械制造有限公司	上饶市
28	上饶市天佳新型材料有限公司	上饶市
29	江西远洋保险设备实业集团有限公司	宜春市
30	江西起重机械总厂	宜春市
31	江西飞达电气设备有限公司	宜春市
32	江西金泰新能源有限公司	鹰潭市
33	鹰潭市亨得利金属材料有限公司	鹰潭市

3. 通过更名的高新技术企业

根据《高新技术企业认定管理办法》（国科发火〔2008〕172 号）和《关于高新技术企业更名和复审等有关事项的通知》（国科火字〔2011〕123 号）有关规定，经企业申请、江西省高新技术企业认定管理工作领导小组办公室组织专家评审等程序，2015 年两批通过更名的高新技术企业，第一批有 8 家，全部来自民营企业；第二批有 10 家，其中民营企业 9 家（见表 4-12 和表 4-13）。

表 4-12　江西省 2015 年第一批通过更名的民营高新技术企业

序号	原企业名称	更名企业名称	高企证书编号	变更类型	所属地区
1	九江市环球科技开发有限公司	九江环球科技股份有限公司	GR201436000029	简单更名	九江市
2	江西禾益化工有限公司	江西禾益化工股份有限公司	GF201436000019	简单更名	九江市
3	奥盛（九江）钢线钢缆有限公司	奥盛（九江）新材料有限公司	GF201236000031	简单更名	九江市
4	江西盛祥电子材料有限公司	江西盛祥电子材料股份有限公司	GR201436000096	简单更名	九江市
5	黎川县川盛实业有限公司	江西省川盛科技股份有限公司	GR201236000069	简单更名	抚州市
6	赣州经纬汽车零部件有限公司	赣州经纬科技股份有限公司	GR201236000109	简单更名	赣州市
7	南昌市草珊瑚科技产业有限公司	江西人之初营养科技股份有限公司	GF201336000027	简单更名	南昌市
8	江西兴邦光电有限公司	江西兴邦光电股份有限公司	GR201436000196	简单更名	赣州市

表4-13 江西省2015年第二批通过更名的民营高新技术企业

序号	原企业名称	更名企业名称	高企证书编号	变更类型	所属地区
1	江西雄鹰乳业有限公司	江西人之初乳品营养有限公司	GR201336000131	简单更名	南昌市
2	南昌市鼎欣科技开发有限公司	南昌市鼎欣科技股份有限公司	GF201436000063	简单更名	南昌市
3	南昌市浩然生物医药有限公司	江西浩然生物医药有限公司	GF201436000013	简单更名	南昌高新区
4	南昌康富电机技术有限公司	南昌康富科技股份有限公司	GF201436000012	简单更名	南昌高新区
5	江西贝融新型建材股份有限公司	江西贝融循环材料股份有限公司	GR201436000109	简单更名	鹰潭高新区
6	江西艾芬达卫浴有限公司	江西艾芬达暖通科技股份有限公司	GR201336000229	简单更名	上饶市
7	宜春市金洋稀有金属有限公司	宜春金洋新材料股份有限公司	GR201336000062	简单更名	宜春市
8	江西春光包装材料有限公司	江西春光药品包装材料股份有限公司	GR201336000008	简单更名	丰城市
9	江西同和药业有限责任公司	江西同和药业股份有限公司	GF201436000046	简单更名	宜春市

三、国家级科技创新平台及其成就

2015年，江西民营企业在获批"国字号"科技创新平台方面，取得了一些突破，新增国家地方联合工程研究中心（工程实验室）1家：硅衬底氮化镓电子器件制造技术国家地方联合工程研究中心（江西），其依托单位为晶能光电（江西）有限公司；新增国家重点实验室1个：创新天然药物与中药注射剂国家重点实验室，它是由江西青峰药业有限公司组建。创新天然药物与中药注射剂国家重点实验室和由江西江中制药（集团）有限责任公司与江西本草天工科技有限责任公司共同组建创新药物与高效节能降耗制药设备国家重点实验室实现了江西省在企业国家重点实验室建设零的突破。

（一）晶能光电（江西）有限公司：硅衬底氮化镓电子器件制造技术国家地方联合工程研究中心（江西）

硅衬底LED技术在南昌大学诞生，晶能光电投巨资持续研发并产业化，并经晶和照明等众多企业应用推广，已经从实验室走向市场。硅衬底LED项目脱颖而出，成为2015年度唯一一个国家技术发明一等奖，这是国家层面对该技术创新和应用的高度肯定。据介绍，国家技术发明一等奖判定标准为：属国内外首创的重大技术发明或创新，技术经济指标达到了同类技术领先水平，且推动相关领域技术进步且已产生显著的经济或者社会效益。

在半导体照明领域存在三条LED技术路线，分别是蓝宝石衬底、碳化硅衬底和硅衬底LED技术路线。其中，前两条技术路线分别是以日本和美国为主发展起来的，蓝宝石衬底技术的三位主要发明人获得了2014年度诺贝尔物理学奖；碳化硅衬底LED技术的发明人获得了2003年美国总统技术发明奖。

晶能光电（江西）有限公司拥有的硅衬底氮化镓基LED材料与器件技术突破了GaN-On-Si的技术难点，是一项改写半导体照明历史的颠覆性新技术，形成了蓝宝石、碳化硅、硅衬底半导体照明技术方案三足鼎立的局面。

硅衬底具有良好的导热性，且具有原材料成本低廉，晶圆尺寸大等优点。在硅衬底上制备氮化镓基 LED 一直是业界梦寐以求的事情。然而由于硅和氮化镓这两种材料巨大的晶格失配和热失配导致的外延膜龟裂、晶体质量差以及衬底不透明导致的出光效率低等问题长期未能解决，致使业界普遍认为，在硅衬底上制备高光效氮化镓基 LED 是不可能的。

以南昌大学江风益教授为首的研发团队率先攻克这些世界性难题，在南昌大学实验室研发出具有原创知识产权的硅衬底 LED 技术。2006 年，该技术获得金沙江等知名创投的 A 轮投资，由江风益教授和王敏博士联合创立晶能光电，专注于硅衬底 LED 技术的产业化。历经 10 年艰苦，后又陆续获得新加坡淡马锡牵头的 B 轮融资、国际金融公司（IFC）牵头的 C 轮融资以及亚太资源牵头的 D 轮融资支持；又在金沙江等投资人的共同努力下，引进赵汉民博士、孙钱博士等多名优秀海归共同奋斗，晶能光电率先于全球成功实现硅衬底 LED 技术大规模产业化。

2014 年 8 月美国能源部《固态照明研究与发展制造蓝图告》（Manufacturing Roadmap: Solid – State Lighting Research and Development）中明确写道："晶能光电是硅衬底 LED 技术的最早实践者，并在 2012 年 6 月开始量产硅衬底氮化镓 LED 裸芯。"2011 年晶能光电被麻省理工学院《科技创业》杂志评为"2011 年世界最具创新力公司 50 强"。2010～2012 年晶能光电连续 3 年被全球清洁技术集团和英国《卫报》共同评为"全球清洁技术 100 强企业"。硅衬底 LED 技术研发达到 160Lm/W，荣获 2012 年国家信息产业重大技术发明奖。2012 年在全球率先实现硅衬底大功率 LED 芯片的大规模量产，入选国际半导体照明联盟（ISA）的"全球半导体照明 2012 年度新闻"事件。这是国际上对晶能光电在硅衬底 LED 技术和产业化方面领跑的肯定。

晶能光电是我国 LED 产业自主创新的典型代表，率先在全球实现硅衬底 LED 技术的产业化，用 10 年时间将一项实验室技术发展成为全球第三条蓝光 LED 技术路线，形成全球硅衬底 LED 专利布局，改变了全球半导体照明技术格局，成为全球硅衬底 LED 技术的领导者。作为全球硅衬底 LED 技术的领导者，晶能光电用短短 10 年时间将一项实验室技术发展成为全球第三条蓝光 LED 技术路线，完成全球硅衬底 LED 专利布局。目前，围绕该项目已申请专利 330 多项，已授权专利 147 项，其中授权国际专利 47 项。这些专利将是构建中国 LED 产业知识产权池的基石，对我国的 LED 产业格局和产业安全将产生重大的影响。

据晶能光电孙钱博士介绍，硅衬底 LED 技术仍有巨大的发展空间，可望获得大尺寸外延片，以便结合集成电路 6 寸和 8 寸的装备以及成熟的产线组织和管理经验，进行大规模自动化制造，从而提高生产效率，使 LED 产品综合成本进一步大幅度降低，这或将影响全球 LED 行业，改变竞争格局。

目前，晶能光电量产的硅衬底大功率 LED 发光效率已经超过 160Lm/W，在同类产品中可与欧美日国际大厂水平相媲美，成功打破了国际大厂对高端大功率 LED 的垄断。凭借可靠性好、指向性好、高品质出光、性价比好等特点，硅衬底 LED 在大功率照明领域已有广泛的应用，在某些高端市场如车灯照明、移动照明等已经占据较大的份额；手机闪光灯已成功进入中兴、华为、联想等国内一线手机品牌，晶能光电现已成为国内出货量最大的公司。晶能光电专注于生产可广泛应用在通用照明、显示屏、LCD 背光和工业领域的 LED 芯片产品，其主要以下两大技术为依托：

TS 系列产品采用的是透明蓝宝石衬底外延生长和横向 ITO 芯片设计技术，该 TS 产品系列包括从小到 7×8mi 大到 45×45mil 之一的 1023 芯片可获得 135Lm/W 的白光输出。TS 系列产品采用世界一流水平的 EPI 外延设计，先进的芯片设计和制程。拥有卓越的设计结构，保证了产品的低漏电和高 ESD 性能。

TF 系列产品拥有硅衬底的外延生长技术和垂直薄膜芯片设计技术。这种垂直结构设计的产品表现出更好的散热效应、更好的出光效率并能承受极高的电流密度，是适用于通用照明领域所需的高功率芯片的理想选择。

基于硅衬底的 GaN 外延技术，有望在未来引入硅在 IC 工业中的自动化生产体系和成本管控体系来大幅度削减 LED 芯片的生产成本。如增加硅衬底的尺寸到 6 英寸、8 英寸或更大的尺寸进行外延生长，则有望较快地降低大部分外延生产成本。晶能光电是拥有硅衬底 GaN 外延生长和芯片加工技术的世界级领跑者，是全球第一家量产高功率、高性能的硅衬底 LED 芯片公司。

2015 年 5 月，香港交易所确认全球最大的低碳综合清洁能源发电解决方案供应商——顺风国际清洁能源以每股 41.5592 港元（约 5.36 美元）收购晶能光电 59% 已发行股本，对价总额为 20.4 亿港元（约 2.63 亿美元）。晶能光电通过换股方式登陆香港股市，实现资本市场战略运作的第一步，根据双方约定，晶能光电将在市值 30 亿美元时独立上市。

"晶能光电突破性的硅衬底 LED 技术代表了高效节能、低成本的新一代照明产品。通过与顺风国际及其低碳城市清洁能源解决方案合作，推动晶能光电的技术及产品整合至新兴照明市场，我们期盼着长期的伙伴关系。"晶能光电董事长伍伸俊先生说。

历经 10 年发展，晶能光电已经探索出一条以技术引进资本，以资本撬动产业的发展模式，通过产业链上、中、下游垂直布局，已形成拥有 12 家企业的硅衬底 LED 产业集群雏形，辐射带动效应明显。晶能光电是拥有硅衬底 GaN 外延生长和芯片加工技术的世界级领跑者，是全球第一家量产高功率、高性能的硅衬底 LED 芯片公司。作为新起之秀的 LED 研究、开发和生产公司，晶能光电已经拥有 200 多个国际国内专利，覆盖了 LED 外延生长和芯片加工的全部领域，所生产的产品具有完全的自主知识产权和专利体系保护。

（二）江西青峰药业有限公司：创新天然药物与中药注射剂国家重点实验室

江西青峰药业有限公司为青峰医药集团旗下的药品生产子公司之一，公司位于赣州市沙河工业园内，占地 800 亩，总资产 21.16 亿元，现有员工 1000 余人，2015 年实现销售收入 40 多亿元，上缴税收 5.5 亿元。公司先后获得"江西医药行业十强企业""高新技术企业""国家创新试点企业""江西省第一批创新型企业"，被江西省工商联合会授予"江西民营企业制造业 100 强第 14 位"，2012 年起进入全国医药企业百强行列，2015 年荣获全国制药工业 50 强等荣誉称号。

青峰药业是一家年轻药企，不过，其领军产品"喜炎平"却有着近 40 年的发展历程。1976 年，喜炎平诞生于赣州市全南县的八一垦殖场。八一垦殖场地处全南县青龙山区，此处峰多林密、高温高湿，许多地方性疾病常常侵扰当地群众，发病高峰时达到人口数的 10%。当时，有许多来参加开发建设山区的军人、知青、筑路工人等在此驻扎，有人因病夺去年轻的生命。为抵抗疾病侵袭，场领导动员青年医务工作者参与探索，在职工医院成立科研小组和制剂室，获取了一些中草药的初制方法，喜炎平的前身就此诞生。

喜炎平是由穿心莲内脂单方提取，具有清热解毒、抗炎、提高机体细胞免疫的功能，且对手足口病、H1N1 流感等呼吸系统感染有较强疗效。水溶性穿心莲总内脂磺化工艺的成功，开创了江西省中药制剂的技术先河。1978 年 9 月，喜炎平获得江西省科技成果奖，并获得批准文号。不过，20 世纪 80 年代初，很多医疗用药依靠计划供应。随着西医的盛行，中药注射剂销售渐渐不佳，慢慢被市场淡化。到了90年代初，喜炎平已基本处于停产状态。90年代中期，国家卫生部与药监会逐渐取消地方标准，以卫生部的部颁标准对药品进行审批。八一垦殖场的第二代传人将喜炎平通过再注册，从地标升入国标，并通过了卫生部的部颁标准，载入国家药典。2001年，喜炎平跟随国企改制，成为青峰药业旗下产品，自此进入发展时期。随后，在"限抗"与大力发展中药的国策下，喜炎平获得更大成长空间。因安全性高、疗效好、副作用小等特征，喜炎平以原子分裂的发展速度连年翻番，在2011~2013年达到顶峰。伴随体量与基数增大，喜炎平随后进入年20%的平稳增长。2015年，青峰药业销售额达38亿元，喜炎平就占35亿元，成为江西全省单品种销量最大的一个产品，也是全国呼吸系统类用药单品的第一名，占据近30%的市场份额。

除了当家产品喜炎平，青峰药业近年来还陆续研制生产化学类药。其中治疗乙肝药品恩替卡韦占据国内市场较大份额。从疗效上讲，还没有能够替代恩替卡韦的有效治疗药物。2015年，恩替卡韦市场销售额达3亿元左右，以后来者的勇猛之势成为青峰药业的另一拳头产品。

青峰药业的掌门人是唐春山，1992年毕业于上海同济大学。2001年，唐春山投资收购原八一垦殖场下属国营企业青峰制药厂。当时，青峰制药厂在5位创始人的努力经营下，刚刚从濒临破产的绝境之中走出来。青峰制药厂是从八一垦殖场医院诞生并剥离出来的，从诞生之日起，青峰就一直没有离开过自主研发，这其中包含了喜炎平注射液。据参与研发的陈治强讲述："在研制初始阶段，我和赖比颐、梁宝忠、崔源泉等进行动物试验，又与老一辈创始人一起在自己身上做肌肉注射试验，当时的心情真是充满忐忑又充满期待。"

2001年，青峰制药厂因缺少GMP认证面临关停风险，因受困于资金，八一垦殖场欲将其改制为民企。当时，唐春山看好生物医药行业，投资收购青峰制药厂，将其更名为青峰药业有限公司。随后，青峰药业由全南县迁址章贡区（原赣州市）。

唐春山给予员工极大的鼓励与补助，包括解决普通职工住房问题，这在改制后的民营企业中是鲜见的。此外，青峰的5位创始人继续留任，成为核心人物一直伴随企业成长至今，这其中还有一位女性创始人退休后继续返聘留任。在十几年的发展过程中，5位创始人就像青峰药业的定海神针，青峰员工回忆，在GMP认证期间，5位创始人手把手教员工机上操作，进行精细化管理，做出巨大贡献。青峰一直坚持保留原班人马，30年工龄以上的员工达到企业总数的近20%。可以说，青峰药业能取得今天的成绩，与唐春山倡导人文关怀和员工的忠诚度密不可分。

青峰药业现已发展成为一家跨地区、产学研、科工贸于一体的新型医药企业集团，公司始终坚持以科技为先导的发展理念，确立了研发驱动、产品创新的发展战略，以博士后工作站、国家重点实验室建设为契机，先后在赣州、北京、上海、杭州、深圳和昆明等地建设青峰药物研究基地，拥有10家全资子公司、2家控股公司和1家参股公司，现有员工2000余名。组建了以海归博士牵头、硕士为骨干组成的全方位、多层次科技创新研发团队，以小分子化学创新药、大分子生物药、天然药物及特色制剂为研发的主攻方向，在研新品种40余个，其中一类新药4个，化学三类新药30个，中药五类新药3个，中药六类3个，拥有数十项国家发明专利，先后承担了国家"十二五重大新药创制"科技重大专项3个，国家"科技企业创新基金"项目3个，国家发改委、工信部"高技术产业化"项目3个。

青峰药业本着质量第一的经营理念，对照国际标准建设具有国内一流技术水平的药品生产设备、检测设备等硬件设施和软件体系，公司旗下的江西青峰药业有限公司和江西山香药业有限公司两个生产基地，可生产注射剂、片剂、硬胶囊剂、颗粒剂、口服液、散剂、原料药七大剂型，其中关键生产设备、检验设备等均达到国内领先水平，目前已形成了小容量注射剂 2 亿支、片剂 20 亿片、颗粒剂 1 亿袋、胶囊剂 1 亿粒、原料药 10 吨共 6 大系列 100 多个品规的生产能力，所有剂型均通过了 2010 年新版的 GMP 认证。

青峰药业本着"关爱生命、呵护健康、以人为本、诚信经营"的理念，公司始终把人才战略视为企业的核心竞争力，大力营造适合人才成长的工作环境，以构建国家重点实验室、博士后工作站为契机引进高素质人才，现中高级技术人员占比超过了 30%，关键性岗位人员的从业经验在 10 年以上，人才队伍的建设有力地保障了药品质量的稳步提升。江西青峰药业有限公司的杨小玲入选 2015 年国家百千万人才工程人员名单，并被授予"有突出贡献中青年专家"荣誉称号。国家百千万人才工程是我国高端人才选拔培养的品牌工程，旨在重点选拔培养瞄准世界科技前沿，能引领和支撑国家重大科技、关键领域并实现跨越式发展的高层次中青年领军人才。该工程 1995 年底正式启动，2013 年起纳入"国家高层次人才特殊支持计划"（万人计划）统筹实施，现每年评选一次，每次选拔 400 人左右。杨小玲作为江西青峰药业有限公司研发副总裁，长期致力于创新药研发与产业化，成功开展了多个具有自主知识产权、具有国际领先水平的研究课题，特别是乙肝治疗药物恩替卡韦的研发，取得合成工艺技术的重大突破，荣获 2012 年江西省科技进步二等奖。他对喜炎平注射液的研究与开发，对解决中药注射液安全性关键技术问题，具有很强的支撑和引领作用。他还承担了国家"十二五重大新药创制"科技重大专项《中药大品种喜炎平注射液产业关键技术创新》课题，在实现喜炎平注射液科技成果转化中作出了突出贡献。近 5 年，喜炎平注射液实现销售收入 130 亿元，利税 30 亿元，为我国医药行业产业结构优化和升级起到示范作用。

青峰药业的当家产品喜炎平是中药制剂，因此它的成长与中药的发展密不可分。在国内，中药曾是一个不能在餐桌上谈起的话题，国人对中药的褒贬常常会把一桌美食变得硝烟弥漫。"中药无用论曾一度困扰着中药企业的发展，青峰也同样经历过痛苦的过程。"青峰药业有关负责人说，"直到目前，一些三甲医院也拒绝使用中药制剂，如最具实力的南昌大学第一附属医院。这是国人对中药的偏见，事实上西药的副作用远远大于中药，众所周知的化学消炎药青霉素就是一个最好的例证。"

青峰药业的成长伴随着国人对中药认可的起伏变化，在这个磨砺蜕变的过程中，青峰人一直没有放弃对产品品质的追求。十几年来，喜炎平在北京佑安医院、复旦大学儿科医院、江西省儿童医院、北京儿童医院等多地开展数项 RCT 试验，对产品进行不断改良与创新。

对于外界普遍认为喜炎平因限抗而得以极速成长的观点，以老一辈创始人为代表的青峰人极不认同。"在同类型产品上，炎琥宁、穿琥宁均为中药消炎制剂，但市场占有份额却远低于喜炎平。喜炎平单方制剂特征与提取工艺，给予了极高的安全性与疗效，准确地说'品质好'才是喜炎平获得成功的最大因素。"

历经磨炼的青峰药业，对产品原料有着极高的要求。为了从源头把控产品质量，青峰在广东湛江拥有几千亩的中药种植基地，该基地采用与地方农户合作的形式，主要种植喜炎平的原料药穿心莲。此外，青峰药业投入 5 亿元，建设占地 377 亩、年产 5 吨原料药及 3000 吨中药提取项目基地，填补了江西省高端特色原料药生产的空白。

除了对产品质量的追求，青峰人最擅长的莫过于对新药的研发。近几年来，青峰药业每年用于新药研发的投入占销售收入的 5% 以上，先后在杭州、北京、上海、云南、江苏等拥有研发中心。在研新品种 50 余个，其中一类新药 8 个，三类新药 30 个。拥有 60 多项国家发明专利，先后承担了国家"十二五重大新药创制"科技重大专项 4 项，国家"科技企业创新基金"项目 3 项，国家发改委、工信部"高技术产业化"项目 3 项。

2015 年 11 月，江西青峰药业有限公司申报的创新天然药物与中药注射剂国家重点实验室是经科技部批准建设的第三批企业国家重点实验室，是江西省首次获批组建的两个企业国家重点实验室之一。该实验室将建设开展应用研究和行业竞争共性技术研究，树立新药研发标杆与聚集效应，建立新药国家标准，聚集和培养优秀人才，引领和带动行业技术进步。

创新天然药物与中药注射剂国家重点实验室总面积达 11000 平方米，实验室仪器设备资产达 5060 万元，仪器设备共 452 台（套）。实验室引进了多名博士研究生、学科带头人等高端人才，初步形成了一支竞争实力较强的研发团队。截至目前，青峰药业研发固定资产投入达 4 亿元，年研发经费占总销售额的 10%。实验室依托江西青峰药业有限公司，坐落于赣州市章贡经开区沙河产业园。

第五章 工商联与商会组织

一、江西省工商联

（一）简介

江西省工商联正式成立于 1952 年 11 月，为了对外工作需要，与国际接轨，经省委批准，1994 年增挂"江西省总商会"会牌。2012 年 7 月 17～19 日召开第十次会员代表大会，顺利完成换届，现有省工商联主席（省总商会会长）1 人，党组书记 1 人，专职副主席 3 人，省工商联兼职副主席 22 人，省总商会兼职副会长 19 人，省工商联（省总商会）秘书长 1 人。省工商联十届执委会常委 99 人，执委 150 人。省工商联机关共设办公室、经济联络处、会员工作处、社会服务处和宣传调研处 5 个处室。根据《关于成立中共江西省非公有制经济组织工作委员会的批复》（赣组字〔2010〕84 号）文件，成立中共江西省非公有制经济组织工作委员会，设在省工商联，具体负责全省非公有制组织的建设工作。

全省各级工商联组织坚持代表性和广泛性相结合的原则，加大会员发展力度，优化会员发展结构。企业会员比重上升，结构更趋合理，与江西省非公有制经济迅速发展相协调。

（二）领导班子

表 5-1 江西省工商联领导班子成员

职务	姓名
省工商联主席	雷元江
省委统战部副部长、省工商联党组书记、第一副主席、省非公党工委书记	刘金炎
省工商联巡视员	于也明
省工商联党组成员、副主席、省非公党工委副书记	洪跃平
省工商联副主席	谭文英
省工商联党组成员、副主席	刘星平
省工商联党组成员、秘书长	叶元斌
省工商联党组成员	朱玙

职务	姓名
省工商联兼职副主席	张果喜、王再兴、温显来、熊贤忠、彭小峰、徐桂芬（女）、王雪冬、叶青、张华荣、王翔、林印孙、查加智、陈苏、廖昶、郑元豹、朱留洪、张黎明、邱小林、陈东旭、罗邦平、钟崇武、徐建新
省总商会兼职副会长	陈年代、于果、王华林、王志军、张文木、邱文奎、陈志胜、陈康平、易斌、南金乐、曹国洪、章新明、黄泽兰、黄祖渊、龚斌、游建平、程长仁（女）、詹慧珍（女）、管飞

二、各设区市工商联

（一）南昌市工商联

1. 简介

南昌市工商业联合会成立于 1952 年 9 月，内设 5 个职能处（室）及 1 个机关支部，分别是办公室、经济联络处、会员组织处、宣传教育处、维权服务处、机关党支部。

工商联是中国共产党领导的以非公有制企业和非公有制经济人士为主体的人民团体和商会组织，是党和政府联系非公有制经济人士的桥梁纽带，是政府管理和服务非公有制经济的助手，在我国经济、政治、文化、社会生活中有着重要影响，在促进非公有制经济健康发展、引导非公有制经济人士健康成长中具有不可替代的作用。基本特征是统战性、经济性、民间性有机统一。

南昌市工商业联合会（总商会）面向工商界，以非公有制企业和非公有制经济人士为主体，工作对象主要包括私营企业、非公有制经济成分控股的有限责任公司和股份有限公司、港澳投资企业等，私营企业出资人、个体工商户、在内地投资的港澳工商界人士、原工商业者等。

南昌市工商业联合会（总商会）会员分为企业会员、团体会员、个人会员三种，其中以企业会员为主。凡承认工商联章程，愿意履行会员义务，经本人申请，市工商联审查同意，均可成为会员。

南昌市工商业联合会（总商会）自成立以来，充分发挥工商联统战性、经济性、民间性优势和桥梁纽带、助手作用，始终坚持服务大局、服务会员、服务社会，团结和带领广大会员，积极履行参政议政职能，倾力维护会员合法权益，大力加强会员与政府之间、会员与社会之间、会员与会员之间的沟通联系，真心实意为会员排忧解难，为促进非公有制经济健康发展和非公有制经济人士健康成长作出了积极贡献。

商会组织已形成覆盖全市的组织网络，涉及农林牧渔、高新技术、电子通信、机电制造、生物医药、纺织服装、精细化工、建筑装修、房地产开发、家具、商贸服务、食品饮料、餐饮娱乐等 50 多个行业。南昌市工商联（总商会）与国内 108 家工商联（总商会）、境外 12 家工商社团组织建立了友好商会关系。

2. 领导班子

表5-2　南昌市工商联领导班子成员

职务	姓名
市工商联主席、市总商会会长	熊志刚
市委统战部副部长，市工商联党组副书记、副主席，市总商会副会长	熊冬燕
市工商联党组成员	潘凌、吴卫华
市工商联副主席、市总商会副会长	潘凌、付苏臣、吴卫华
市工商联副调研员	周芸、王平
市工商联副县级领导干部	李传秀
市总商会副会长	潘凌、付苏臣、吴卫华
市工商联秘书长	李维
市工商联兼职副主席	谭立志、吴惠、胡汛、周永红、游建平、褚浚、裴德荣、张文木、许庆华、万春龙、方永棣、邹好红、刘建泉、张国华、高忠明
市总商会兼职副会长	万江涛、叶修记、朱清源、李一华、邹敏、林静霞、梁耀科、胡幼春、龚友良

（二）九江市工商联

1. 简介

九江市工商联于1951年12月正式成立，1994年4月经市委批准增挂九江市总商会牌子，实行两块牌子一套人马。2010年12月，经市委批准成立了九江市非公有制经济组织党工委，设在市工商联，现在是"三块牌子，一套人马"。目前九江市工商联的基本情况如下：

（1）班子情况：市工商联党组书记1人、主席1人、调研员3人，其他驻会领导班子成员5人，企业家兼职副主席（副会长）34人，常委会103人，执委会212人。

（2）机关情况：机关内设机构3个（办公室、会员管理对外宣传科、经济科），非公党工委内设机构两个（综合科、组织部）。机关办有一刊一网一报（即《商赢》杂志、九江市工商联网和《九江商会》工作简报）。

（3）基层组织、会员及友好商会：全市现有县（市、区、山）工商联组织14个（除九江经济开发区、八里湖新区和庐山西海风景名胜区），直属商会10个（福建、浙江、广东、安徽、江苏、上海、湖南、抚州、南昌、浮吊水运及广告业商会）。

2. 领导班子

表5-3　九江市工商联领导班子成员

职务	姓名
市工商联主席	陈世勇
市委统战部副部长、市工商联党组书记、市非公经济组织党工委书记	吴杨柳

职务	姓名
市工商联调研员	姚贻笃、刘华、张晓年
市工商联党组成员、秘书长	郭毅
市工商联党组成员、副调研员	欧阳克
市工商联党组成员、秘书长	郭毅
市工商联党组成员、市委统战部三科科长	胡晓峰
市工商联副主席	王华林、朱留洪、严永敏、冯小平、毛再昌、马庆友、刘荣梅、许斌、林方长、陈琪、吴金龙、潘新华、毛求、黄智华、陈林、王志勋、淦垒、李平球、王志军、赵为、叶恕兵、汪琦
市总商会副会长	匡省平、毛泳萍、齐自国、王洪伟、皇甫鸣、芦邦社、吴尊评、孟庆尚、潘希勇、潘炳生、张才金、楼柏木、倪晓峰、汪海洋、李鸿生、廖光辉、肖忠凌

（三）景德镇市工商联

1. 简介

景德镇市工商业联合会（以下简称景德镇市工商联）是中国共产党领导的具有统一战线性质的人民团体和民间商会，是党和政府联系非公有制经济人士的桥梁纽带，是政府管理非公有制经济的助手。

景德镇市工商联的前身是浮梁商会，1952 年，景德镇市人民政府根据国家改组、改造旧商会精神及工商界要求，同意新成立景德镇市工商业联合会。1952 年 5 月 18 日召开市首届工商业会员代表大会，正式成立景德镇市工商业联合会，下辖制瓷及其他同业公会 11 个，商业同业公会 12 个，摊贩公会 1 个，会员共计 8377 户。它是以私营工商业者为主体，国营企业和合作社、公私合营企业等各类工商业者参加的，中国共产党进行统一战线工作的一个重要人民团体。

50 年代，工商联在引导私营工商业者搞好生产经营、代表私营工商业者合法权益，团结他们遵守政府的政策法令，特别是团结、教育广大私营工商业者接受社会主义改造等方面，发挥了重要作用。社会主义改造基本完成以后，工商联的主要工作是组织，推动工商业者进行学习和自我教育，为社会主义建设服务。"文化大革命"期间，工商联被迫停止了活动。

中共十一届三中全会以后，工商联得到恢复和发展。1981 年 10 月 19 日，中共市委（景党发〔1981〕149 号）文件批示，成立景德镇市工商联临时领导小组。经过一年多的筹备，1982 年 10 月 19 日至 21 日，召开第七次会员代表大会，全面恢复了工作活动。根据全国工商联第四届会员大会提出的"坚定不移跟党走，尽心竭力为四化"的工作方针，开展了以经济建设为中心、以服务为宗旨的各项活动，围绕市委、市政府的工作中心，积极参加了国家事务和经济决策的协商等，为改革开放和社会主义现代化建设作出了新的贡献。

2．领导班子

表 5 - 4　景德镇市工商联领导班子成员

职务	姓名
市工商联主席	史晓莲
市委统战部副部长、市工商联党组书记、市非公党工委书记	吕际平
市工商联党组成员、副主席	朱新潮、徐光华
市工商联副调研员	卢国卿
市工商联兼职副主席	叶青、陈武平、洪永文、向元华、包建华、欧阳琦、苏元阳、王林森、汤凯、付碧林
市工商联兼职副会长	林浩飞、李正兵、过小明、徐长生、胡慧萍

（四）萍乡市工商联

1．简介

1942 年萍乡县组建商会联合会，作为各集镇商会的联络机构，1949 年 12 月 22 日，萍乡县城区工商业联合会筹备委员会成立，接着各集镇也成立相应机构，接管当地旧同业公会。1953 年萍乡县工商业联合会首届代表大会召开，正式成立了萍乡县工商业联合会。1961 年，随着县改市，萍乡县工商业联合会相应改称萍乡市工商业联合会。

随着我国经济体制改革的不断深入，非公有制经济的不断发展壮大，1991 年，中央下发了《中共中央批转中央统战部〈关于工商联若干问题的请示〉的通知》，即中发〔1991〕15 号文件，明确工商联是统一战线性质的人民团体和民间商会，是党和政府联系非公有制经济的桥梁和纽带，是政府管理非公有制经济的助手。市工商联认真贯彻"团结、帮助、引导、教育"的方针，积极引导广大会员参政议政，建言献策，大力开展"爱国、敬业、诚信、守法"和"致富思源，富而思进"教育活动；努力推动企业党组织建设和企业文化建设；积极推进光彩事业，引导广大会员自觉地把企业自身发展与国家的富强、人民的富裕有机结合起来，把遵循市场法规与发扬社会主义道德结合起来，努力培养一支拥护党的领导、走中国特色社会主义道路的非公有制经济代表人士队伍。近年来，萍乡市非公有制经济得到较快发展，一大批非公有制经济代表人士健康成长，他们发展实业，奉献社会，为加快萍乡的经济发展作出了重要贡献。民营经济已经成为萍乡经济社会发展的重要力量，已经成为税收增长的主体、投资的主体、就业再就业的主体，并呈现出由资源型、污染型向技术型、环保型转变，实现了由数量向质量、由传统向科技、由速度向效益的重要转变，是推动萍乡工业化、城市化、农业产业化的生力军。

2．领导班子

表 5 - 5　萍乡市工商联领导班子成员

职务	姓名
市工商联主席	胡芳
市工商联党组书记	何文斌

职务	姓名
市工商联党组成员、副主席	张明、周坚理、陈航、谭达林
市工商联兼职副主席	张黎明、吴文萍、秦斌武、刘电益、罗接发、董国伟、刘小兴、颜晓、汤怀博、李群芳、侯王雯、刘芦萍、周善平、陈招明、卢文俊、陈林、贺会友、李凯
市总商会副会长	金绪宜、王定敏、邓绍和、张婉玲、赖长萍、易少夫、王敬辉、余建民

（五）新余市工商联

1. 简介

新余市工商业联合会（总商会）是由新余市工商界人士组成的人民团体和民间商会，是党和政府联系非公有制经济人士的桥梁和纽带，是政府管理非公有制经济的助手，是人民政协的组成单位之一。

新余市工商业联合会成立于 1962 年 9 月 25 日，在"文化大革命"中，工商联组织停止活动。1985 年 11 月 8 日，恢复工商联。新余市总商会于 1994 年 9 月 13 日挂牌，与工商联一套机构两块牌子。目前，全市共有会员 1673 名，其中企业会员 437 名，个人会员 1112 名，共有基层商会 24 个，其中乡镇商会 17 个，市场商会 3 个，行业商会 3 个，异地商会 1 个。新余市工商联会员中，有省人大代表 1 名，省政协委员 2 名，市人大代表 15 名（其中常委 5 名），市政协委员 47 名（其中常委 6 名）。

2. 领导班子

表 5-6　新余市工商联领导班子成员

职务	姓名
市工商联（总商会）主席、会长	孔祥筛
市委统战部副部长、市工商联党组书记、副主席（副会长）	甘向民
市工商联党组成员、副主席（副会长）	宋海明
市工商联副主席	刘根生
市工商联党组成员	简鹏羽
市工商联秘书长	袁剑青
市工商联副调研员	何义新、敖小勇、李荣

（六）上饶市工商联

1. 简介

1990 年 5 月，江西省工商联上饶地区办事处成立，简称地区工商联。1991 年 5 月，横峰县工商联恢复，全区工商联网络形成。1993 年 8 月，办事处内设副科级办公室。1999 年 8 月 31 日，上饶地区民间商会成立，选举理事 46 人，通过《江西省上饶地区民间商会章程草案》。2000年10月26日，由于上饶撤地设市，成立上饶市工商联筹备组，筹备上饶市工商联的准备工作。2001年11月底，上饶市工商联召开第一次会员代表大会，宣布成立。至2015年底，全市会员总数达12951个，全市已成立行业商会82个。

2. 领导班子

表5-7　上饶市工商联领导班子成员

职务	姓名
市工商联主席、总商会会长	余忠效
市委统战部副部长、市工商联党组书记	徐伟
市工商联副主席（副会长）、党组成员	杨敏
市工商联副主席（副会长）、秘书长、党组成员	汪晓燕
省工商联党组成员、副主席	徐炳东、周忠林

（七）鹰潭市工商联

1. 简介

鹰潭市工商业联合会（以下简称鹰潭市工商联）于1986年3月恢复机构，定编12人，正县级单位，内设办公室、会员科、经济科。1992年3月26日成立中共鹰潭市工商联党组。1993年，经中共鹰潭市委批准，同意冠名鹰潭市总商会。市工商联现有工作人员12名，其中主席1名、党组书记1名、专职副主席1名、秘书长1名、科长3名、工勤人员2名、聘用人员3名。鹰潭市工商联自恢复机构以来，已召开七次会员代表大会，第7次会员代表大会于2015年12月29日召开，目前拥有执委以上人员158名，其中副主席15名、副会长6名、常委55名、执委82名。

鹰潭市工商联会员分为企业会员、团体会员、个人会员，主体是非公有制经济企业。截至2015年底，全市共有会员5650名。

2. 领导班子

表5-8　鹰潭市工商联领导班子成员

职务	姓名
市工商业联合会（总商会）主席、会长	吴泉水
市工商业联合会（总商会）常务副主席、党组书记	张洪堂
市工商联党组成员、秘书长	郑茂潭
市工商业联合会（总商会）党组成员、副主席	姜华锋
市工商联副主席	吴世军、彭保太、张社喜、汪君荣、柯建明、李根、潘陆平、任显初、孙火林、吴建华、祝永进、王建强、李强祖、孙晓风、胡大利
市工商联副会长	梁尹琦、刘和平、王晓帅、陈晓东、杨小龙、刘桂芝

（八）吉安市工商联

1. 简介

吉安市工商联是党和政府联系非公有制经济人士的桥梁和纽带，是政府管理和服务非公有制经济的助手，是市委统一领导下的面向工商界、以非公有制经济企业和非公有制经济人士为主体的人民团体和商会组织，接受市委统战部和上级工商联组织的指导。

吉安市工商联工作高举中国特色社会主义伟大旗帜，以邓小平理论、"三个代表"重要思想和科学发展观为指导，贯彻执行党的路线、方针、政策，树立发展为大、发展为先、企业为上、人民为重、工作唯实的责任意识，牢固树立服务立会、服务兴会、服务强会的理念，坚持科学发展，促进社会和谐，全面履行工商联（商会）职能，为推进全面小康社会建设，构建和谐社会发挥作用，实现吉安又好又快发展作出贡献。

工商联具有统战性、经济性、民间性有机统一的基本特征，以非公有制经济健康发展和非公有制经济人士健康成长为工作主题。充分发挥在非公有制经济人士思想政治工作中的引导作用，在非公有制经济人士参与国家政治生活和社会事务中的重要作用，在政府管理和服务非公有制经济中的助手作用，在行业协会商会改革发展中的促进作用，在构建和谐劳动关系、加强和创新社会管理中的协同作用，是工商联的主要职能。

2. 领导班子

表 5 – 9　吉安市工商联领导班子成员

职务	姓名
市工商联主席	王健利
市工商联副主席	郁丹清、徐年春、朱为杰、郭杰峰、罗邦平、项向军、张建军、陈华贵、孙建中、尹归园、左琦、邓五桂、陈挺、肖军平、胡金根
市工商联秘书长	王发辉

（九）赣州市工商联

1. 简介

赣州市工商联既是中国共产党领导的赣州市工商界组成的人民团体，又是一个商会组织，因而又称赣州市总商会。赣州市工商联是统一战线性质的组织，是中国人民政治协商会议赣州市委员会的组成单位。赣州市工商联的基本任务是引导非公有制经济人士健康成长，促进非公有制经济健康发展。主要职能是发挥组织非公有制经济人士参与政治和社会事务的主渠道作用，开展非公有制经济人士思想政治工作的重要作用，协助政府管理非公有制经济的助手作用，构建和谐劳动关系的协调作用，推动行业协会商会改革发展的积极作用。

赣州市工商联工作内容主要有：参与地方大政方针及政治、经济、社会生活中重要问题的政治协商，发挥民主监督作用，积极参政议政；加强和改进非公有制经济人士思想政治工作，引导会员共建社会主义核心价值体系，积极承担社会责任，当好中国特色社会主义事业建设者；引导企业会员不断推进技术创新、管理创新、文化创新，提高核心竞争力和可持续发展能力，走科学发展道路；密切与会员的联系，反映会员的意见、要求和建议，代表并维护会员的合法权益；支持企业会员开展党建工作和工会建设，积极参与劳动关系协调工作，构建和谐劳动关系；为会员提供培训、融资、科技、法律、信息咨询等服务，帮助解决生产经营中遇到的实际问题；增强与港、澳、台地区和国外工商社团及工商界人士的联系与交往，为对外开放、企业"走出去"服务；按照"统战性、经济性、民间性"相统一的原则，加强自身建设，体现特色，提高履行职责和发挥作用的能力；承办政府和有关部门委托事项等。

2. 领导班子

表5-10　赣州市工商联领导班子成员

职务	姓名
市工商联主席（会长）	唐玉英
市工商联党组书记	谢来福
市工商联副主席（副会长）	夏命通
市工商联副主席	蒋庆金、龚斌、谢朗明、林阿龙、林钦、陈岳林、杨轶群、李世锋、王德文、黄世春、郭华彬、张德荣、李建明、罗镇城、邓卫城、庄席福、邓树生、刘钦辉、赖诚明、朱开椿、许磊、唐向阳、杨品华
市工商联副会长	孙赣华、袁宜海、易辉、萧建华、袁勇、林锦汕、郭晓夏
市工商联秘书长	叶昊
市工商联调研员	夏命通

（十）抚州市工商联

1. 简介

抚州市工商业联合会（总商会）是中国共产党领导的具有统一战线性质的人民团体和民间商会，是党和政府联系非公有制经济人士的桥梁和纽带，是政府管理非公有制经济的助手。

抚州市工商业联合会（总商会）是在原江西省工商联抚州地区办事处的基础上于2001年2月成立的，同时成立了抚州市工商联党组。市工商联与市总商会两块牌子、一个机构。根据抚编发〔2001〕8号文件的规定，抚州市工商联（总商会）为正县级单位，内设办公室、会员科、经济联络科三个正科级机构，人员编制8人，现有机关工作人员9人。自成立以来，现已召开过4次会员代表大会。抚州市工商联（总商会）第四届执委会选举产生主席（会长）1人，常务副主席（副会长）1人，专职副主席2名，企业家兼职副主席（副会长）30人，常委58人，执委114人。截至2015年底，全市有县级工商联组织11个，全市共有外埠商会36家，异地商会17家，行业商会85家，全市工商联共有会员6581名，其中企业会员2960名，团体会员172名，个人会员3449名。

抚州市工商联成立以来，在市委市政府正确领导下，在省工商联和市委统战部的精心指导下，团结带领全体会员和广大非公经济人士，围绕中心，服务大局，认真履职，积极参政议政，反映社情民意，当好党和政府联系非公经济的桥梁和纽带；大力开展民营企业家素质提升工程，举办形式多样的教育培训活动，提高非公经济人士的综合素质；坚持服务立会，积极搭建政企沟通、银企合作、就业供需、法律维权等服务平台，为非公经济人士排忧解难；推进非公经济发展环境监测体系、推进民营企业评价体系和第三方评估体系建设，为营造企业家"最受尊重、不受委屈"的发展环境出真招、谋实效；按照"团结、服务、引导、教育"的方针，加强非公经济人士思想政治工作，引导非公经济人士积极投身光彩事业和社会公益活动，促进了非公经济人士健康成长和非公经济健康发展，为促进抚州经济社会发展发挥积极作用。先后荣获"全省工商联目标考核先进单位""全市目标管理工作先进单位""全市服务企业工作先进单位""全市招商引资先进单位""全市挂点帮扶新农村建设先进单位"等殊荣。

2. 领导班子

表 5－11　抚州市工商联领导班子成员

职务	姓名
市政协副主席、市工商联主席、市总商会会长	蔡青
市委统战部副部长，市工商联党组书记、副主席，市总商会副会长	吴茶香
市工商联党组成员、专职副主席、市总商会副会长	熊瑞环、姚光辉
市工商联正县级干部	樊国栋
市工商联副调研员、秘书长	何建彩
市工商联兼职副主席	廖昕晰、贡建平、陈济庭、饶英跃、陈恩斌、徐金昌、张爱民、李义华、赵庭平、孙峥嵘、魏沐春、唐俊烈、曾金辉、叶标、张建荣、黄帅民、何本根、胡海荣、胡信和、刘敏龙
市总商会兼职副会长	艾志华、倪于平、庄彬春、王华、潘晨辉、王彬、韩远英、陈德勋、孔繁林、林保生

（十一）宜春市工商联

1. 简介

宜春市工商联共有会员 11905 名，其中企业会员 7453 名，团体会员 226 名，个人会员 4226 名，数量居全省首位。第三届执委会规模为 200 多人，其中主席 1 名、党组书记 1 名、专职副主席 3 名、兼职副主席 12 名、兼职副会长 8 名、常委 100 名（含聘任副会长 22 名）、执委 124 名。全市共有乡镇（街道）商会 147 个、行业商会 48 个、异地（外埠）商会 16 个、市场及综合类商会 19 个。

2. 领导班子

表 5－12　宜春市工商联领导班子成员

职务	姓名
市工商联（总商会）主席、会长	杨文龙
市工商联党组书记	刘锋
市工商联专职副主席	陈德、黄正、吴凯萍

职务	姓名
市工商联兼职副主席	廖昶、朱军、林敏、周永生、付志高、姚书文、南金乐、阮建荣、时德田、郑永祥、黄平、许凌
市工商联兼职副会长	易大发、陈军耀、林海兵、林铭祺、钟明远、谌春玲、彭庚生、黎建荣

三、商会组织建设

　　商会组织的作用主要表现在加强和改进非公有制经济人士思想政治工作；参与政治协商，发挥民主监督作用，积极参政议政；协助政府管理和服务非公有制经济；参与协调劳动关系，协同社会管理，促进社会和谐稳定；反映非公有制企业和非公有制经济人士利益诉求，维护其合法权益，引导会员企业加强行业自律，参与经济纠纷的调解、仲裁；为会员企业提供信息、法律等方面的服务，帮助会员企业开拓市场；承担企业标准和经营市场资质的制定和修改，负责企业统计和市场信息的收集、分析、发布，组建行业信息网络，开展行业检查、行业评比活动等方面。2015 年是江西基层商会组织继续发展的一年。各级工商联组织积极稳步推进各类行业组织、乡镇商会、市场商会、异地商会等中小商会的建立，努力扩大工商联基层组织覆盖面，2015 年共成立各类基层商会组织 26 个。

（一）江西省修水县工商联（总商会）厦门商会成立

　　1 月 11 日，江西省修水县工商联（总商会）厦门商会成立大会在厦门成功举行。九江市工商联党组成员、市非公党工委专职副书记陈钢，修水县委副书记罗时荣，修水县人大常委会主任委员胡荣军，修水县政协副主席、工商联主席丁喜春等及在厦门政界、商界、文化界等领域的 200 多位修水籍会员出席会议。会议审议并通过了厦门修水商会章程，选举产生了厦门修水商会第一届理事会成员及会长、常务副会长、副会长。胡荣军为厦门修水商会揭牌。罗时荣代表修水县委、县政府向厦门修水商会的成立表示了祝贺。

（二）广东省临川商会成立

　　1 月 17 日下午，广东省临川商会成立大会在广州举行。区委副书记、区长吴自胜出席并讲话，区人大常委会主任吴勇，区政协主席江瑞庆，区委常委、统战部长聂小乐，区委常委、工业园区党工委书记杜晓良，副区长段院龙，区政协副主席罗亦文，区直有关单位主要负责人以及 150 多位广东临川籍企业家出席大会，广东省临川商会会长黎华山致辞。吴自胜、吴勇、江瑞庆、聂小乐、杜晓良、段院龙、罗亦文分别为商会会长、常务副会长、副会长、顾问、常务理事授牌。会上，聂小乐宣布商会第一届理事会成员名单，段院龙宣读了广东省民政厅关于同意成立广东省江西临川商会的批复。

（三）中山市江西赣州商会成立

　　1 月 18 日，中山市江西赣州商会成立庆典在大信商务会议中心酒店举行。

为共同推动以社会创新促进企业战略的可持续发展，助力中山公益事业和社会管理创新，中山市江西赣州商会在市社工委指导下，发起成立中山赣商企业社会责任联盟，并联合该市其他相关商会团体启动"和美中山·我有责"企业社会责任联盟仪式。同时，该商会还发起成立了"新中山人服务中心"等服务组织，旨在更好地为在中山发展的企业以及外来务工人员提供各种服务。据中山市江西赣州商会会长赖由镁介绍，赣州籍企业家在中山兴办的企业多达 1000 余家，从业人员近 10 万人。目前，中山市江西赣州商会共有会员单位近600 家，涵盖食品、灯饰、通信、电子、IT、互联网、金融、家具、服装、红木、物流、环保、建筑、园林、装饰、印刷等上百个行业。

（四）新余市河北商会成立

1 月 18 日，新余市河北商会举行成立大会暨揭牌仪式。新余市政府副市长贺为华出席成立大会并讲话，市委统战部副部长、市工商联党组书记甘向民出席会议并为市河北商会副会长以上会员单位授牌。江西新一川工贸有限公司董事长齐海峰当选为商会第一届会长。

（五）成都（江西）九江商会成立

1 月 24 日，成都（江西）九江商会在成都市举行成立庆典，成都市工商联主席孙阳，九江市委统战部副主席、市工商联党组书记吴杨柳出席并致辞。

成都市市委统战副部长、市工商联党组书记范晓泽与九江市委统战部副主席、市工商联党组书记吴杨柳，在成都市商会大厦共同签订了《友好商会协议书》，成都市工商联副主席孙光泽、九江市工商联调研员姚贻笃及相关负责人见证了签约过程。

（六）高安市太阳镇商会成立

2 月 5 日，高安市太阳镇商会成立大会暨第一届理事会顺利召开。高安市工商联主席艾双凤，高安市委统战部副部长、工商联党组书记肖光华，太阳镇党委书记艾显锋出席会议，商会全体会员 48 人参加会议。会上，艾双凤致辞并宣读成立批复。会议审议通过了商会章程、选举办法，并选举通过了第一届一次理事会成员，选举产生会长 1 名，常务副会长 4名，副会长 7 名，秘书长 1 名，副秘书长 1 名。江西新阳陶瓷有限公司董事长王毅当选为首任会长。

（七）厦门市景德镇商会成立

4 月 18 日，厦门市景德镇商会第一次会员代表大会暨第一届理、监事就职典礼在厦门市朗豪酒店隆重举行。景德镇市市长颜赣辉，景德镇市委常委、副市长刘文华等出席厦门市景德镇商会成立大会。颜赣辉市长一行还考察了厦门市信达光电科技有限公司、福建省岩田基础工程技术有限公司。

（八）南昌泰和商会成立

4 月 18 日，南昌泰和商会在南昌市举行成立大会。南昌市工商联副主席余登伟和泰和县委书记廖晓军为商会成立揭牌，泰和县人大主任钟用洪，县政协副主席、统战部长尹金荣，县政协副主席、工商联主席肖红，县工业园区管委会主任尹富华等出席成立大会。南昌泰和商会是继广东省江西泰和商会和吉安泰和商会之后泰和县新成立的第三家外埠商会，商会吸收了南昌泰和籍企业、企业家60家（名）。江西联创宏声电子有限公司董事长肖啟宗当选南昌泰和商会会长。

（九）宜春市建筑装饰商会成立

4月30日上午，宜春市建筑装饰商会第一次会员大会暨成立大会在博能宾馆顺利召开。宜春市工商联副主席任红生出席会议并为商会授牌。会议审议通过了商会章程和会费收缴及管理办法，选举产生了第一届理事会成员，包括会长1名、常务副会长8、秘书长1名、理事12名。宜春市艺天装饰工程有限公司董事长甘猛红当选为首任会长。

（十）仙游县江西商会

5月9日，仙游县江西商会在仙游中国工艺博览城正式揭牌成立。成立大会上，经过会员大会协商选举产生了第一届商会理事会，选举奇旺艺术馆董事长吴奇旺为会长。

（十一）铜鼓县商业联合会成立

5月16日，铜鼓县商业联合会正式成立，100余家商贸服务业企业成为铜鼓县商业联合会会员。这标志着铜鼓县商贸服务行业适应市场经济运行，向规模化、组织化迈进。同时这也是江西省首个县级商业联合会。成立铜鼓县商业联合会是认真贯彻落实党的十八届三中全会关于"重点培育和优先发展行业协会商会类等社会组织"的一项重要举措，是铜鼓商贸服务业进入市场化运作、规模化发展、协会化服务的新阶段。铜鼓县商业联合会的成立有助于加强铜鼓商贸服务业企业间的联系，整合资源，抱团发展，打造交流沟通平台，实现合作共赢，并将进一步提升铜鼓商业人和企业人的形象，增强影响力和凝聚力以及对社会的贡献力。

（十二）上海资溪商会成立

5月23日，上海资溪商会第一次会员代表大会暨成立大会在上海中福大酒店举行。资溪县委副书记胡宝钦，县委调研员、县委统战部部长黄文龙等相关人员出席成立大会。会议宣读了上海资溪商会成立批复，选举产生了上海资溪商会第一届理事会会长、常务副会长、副会长、秘书长、常务理事、理事。上海陆道装饰工程有限公司总经理林巍当选首任会长。据了解，上海资溪商会有会员150余人，主要涉及金融、制造、电子信息、文化教育、贸易、餐饮食品、医疗器械等行业和领域。上海资溪商会成功组建，将有利于凝聚在沪创业的资溪籍企业家实现抱团发展，必将对加强进上海和资溪两地经贸文化交流起到积极的促进作用。

（十三）德安县百业联合商会成立

5月26日，德安县百业联合商会成立大会隆重召开。德安县委书记骆效农、县委副书记喻滨等领导出席成立仪式。德安县百业联合商会是由全县个体工商户、民营企业自愿发起成立的联合性民间社会组织，隶属县工商联总商会。商会现有会员100余家，涵盖家居建材、文化传媒、卫生、餐饮等各个行业。该商会为德安创业者们提供了一个共谋发展的平台，秉承"团结、互助、合作、共赢"的理念，大力弘扬德安精神、创新德安品牌、展示德安形象，共谋德安经济长远发展。

（十四）宁波市吉安商会成立

5 月 30 日，宁波市吉安商会成立仪式在宁波伯豪华府大酒店举行。吉安市政府副市长贺喜灿到会祝贺并讲话。吉安市委统战部副部长、工商联党组书记郁丹清、宁波市人大副主任王建康、工商联负责同志、商会代表等共 200 余人参加了成立大会。

（十五）广东省江西丰城商会正式成立

6 月 6 日，广东省江西丰城商会成立庆典在广州天虹宾馆隆重举行。丰城市委书记杨玉平出席。广东省民政厅社会组织管理局副局长徐祖平宣读广东省民政厅同意广东省江西丰城商会成立的批复。庆典还邀请了江西省驻广州办事处主任刘友龙，丰城籍部分在粤知名人士、商会会员，丰城市招商局、工商联等单位负责人，共计 400 余人参加。广东省江西丰城商会是经广东省民政厅批准成立，由在广东投资成立的具有法人资格的各类型工商企业的丰城籍人士，以及在粤工作的丰城精英乡贤自愿参加的联合性社会团体。广东省江西丰城商会成为丰城市经政府部门批准正式注册、正式挂牌成立的第一家省级异地商会，意义非凡。

（十六）北京宜春企业商会成立

6 月 7 日，北京宜春企业商会第一次会员大会暨成立大会在北京世纪金源大酒店举行。全国工商联副主席安七一，宜春市政府副市长王亚联等到会祝贺并致辞；原江西省委书记舒惠国，宜春市委副书记、市长蒋斌，宜春市委常委、纪委书记王宏安，宜春市委常委、宣传部长舒建勋，宜春市商务局局长潘劲松，宜春市工商联主席、仁和集团发展有限公司董事长杨文龙，宜春市工商联党组书记刘锋等领导及商会会员共计 400 余人参加会议。

（十七）宁波都昌商会成立

6 月 27 日，宁波都昌商会成立大会在宁波开元大酒店隆重召开，都昌县委副书记钟有林出席大会并为会长鲍志强、名誉会长詹昌吉授牌，县委常委、副组长郑德俊，县政协副主席王学列，县工商联（总商会）主席刘红，市县及各城市都昌兄弟商会等领导也出席了会议。大会通过了商会章程，选举产生了会长、名誉会长、副会长、秘书长、理事，通过了大会相关决议。据了解，都昌有近 4 万人在宁波就学、经商，商会的顺利运行将会起到桥梁、纽带、团结互助、维权作用，为在宁波创业的都昌商人搭建一个相互交流、共叙乡情的平台，必将成为都昌发展的信息窗，招商引资的推介站，标志着都昌、宁波两地经贸文化交流又上了一个新台阶，意味着都昌籍商人从分散创业走上抱团发展之路。

（十八）南昌婺源商会成立

6 月 28 日，南昌婺源商会成立庆典暨第一次会员代表大会在南昌召开。省政协提案委副主任朱荣辉，南昌市政协副主席、市工商联主席陈斌，上饶市工商联副主席徐炳东以及婺源县领导吴曙、程红亮等出席并讲话。据悉，南昌婺源商会以"崇儒、尚德、诚信、共赢"为宗旨，构建发展平台和纽带，致力于打造全国一流商会。商会积极支持和参与昌婺两地经济发展，心连心、手牵手、紧密团结协作，以实现和谐共融、共赢发展之目标。会议表决通过了商会名誉会长、会长、常务副会长、监事长、副会长、秘书长人选名单。戴品成当选南昌婺源商会第一届会长。

（十九）广西金溪商会在南宁成立

7月1日，广西金溪商会在南宁举行成立大会。金溪县政协主席黄祖光，县委调研员、县委统战部长张文勤，县政府副县长黄晓勇，县政协副主席、工商联主席赖文英等出席会议，南宁市西乡塘区政协主席费勇到会祝贺并致贺词，西乡塘区工商联党工委书记庞小飞应邀参会。大会审议通过了广西金溪商会章程、广西金溪商会第一次会员代表大会选举办法和广西金溪商会财务管理制度，表决通过了广西金溪商会会费标准，选举产生了广西金溪商会第一届理事会。南宁桂赣旺食品原料有限公司董事长余荣生当选广西金溪商会第一届理事会会长。

（二十）西安市永修商会成立

8月6日，西安市永修商会成立暨第一次会员大会在西安市召开。永修县委副书记、县长杜少华，西安市民政局副局长田为勇共同为西安市永修商会揭牌、授牌。永修县委常委、统战部长赵军为中共永修县驻西安市流动党员支部委员会揭牌、授牌。会议由永修县政协副主席、工商联主席曹根蓉主持。会议选举产生了西安市永修商会第一届理事会领导班子，陕西驰昊建筑工程有限公司总经理赵勤当选会长。

（二十一）海口江西新余商会成立

海口江西新余商会于10月18日在海口揭牌成立。海口市民政局民间组织管理局副局长关大炜出席会议并宣读商会成立批文；海口市委常委、统战部部长王云霞，新余市人民政府副市长贺为华，世界华商联合总会主席、世界关公文化协会会长韩健光，世界关公文化协会执行会长刘耀中，新余市商务局党委委员、招商中心主任胡亮以及新余驻全国异地商会代表和海口江西新余商会会员单位代表近300人共同出席成立大会。

（二十二）广东省江西奉新商会成立

广东省江西奉新商会于10月18日正式成立。拜博口腔医疗集团创始人、董事长黎昌仁任商会会长。这标志着在广东省发展的江西企业和江西奉新籍企业家又建立起一个交流互利的大平台。珠海市政协主席钱芳莉，珠海市人大副主任邓群芳，珠海市政协副秘书长陈志忠，江西省宜春市副市长王亚联，江西省奉新县县长甘贤武、副县长黄彩鹏出席大会，来自江西省宜春市招商局、人劳局、赤岸镇的有关负责人，广东省江西奉新商会有关成员等参加了成立大会。广东省江西商会、广东省江西宜春商会相关负责人也出席了大会并致辞。会上宣读了广东省江西奉新商会成立批文和商会领导班子的选举结果，举行了商会成立揭牌仪式和商会领导班子授牌仪式。

（二十三）遂川县家居建材行业商会成立

12月1日，遂川县家居建材行业商会召开成立大会，正式宣告起航，又为商会增添了一支生力军。遂川县委常委、副县长彭世富，县人大常委会副主任兰九香出席会议并讲话，县委统战部、县工商联负责人应邀参加会议。彭世富、兰九香为商会成立揭牌并发表讲话。

（二十四） 修水县工商联（总商会）广东胶粘剂商会成立

12 月 23 日，修水县工商联（总商会）广东胶粘剂商会第一次会员大会在广东佛山召开，标志着修水县又一个外埠商会——广东胶粘剂商会成立。九江市工商联副主席刘华，修水县委常委、统战部长梅勇，修水县政协副主席、县工商联主席丁喜春等出席会议。修水县工商联（总商会）佛山商会代表各兄弟商会致贺词。会议选举产生修水县工商联（总商会）广东胶粘剂商会第一届理事会，徐勋贵当选会长。修水县部分外埠商会和广东省部分相关企业代表到会祝贺。商会 110 余名会员参加会议。

（二十五） 福建省江西鹰潭商会成立

12 月 26 日，福建省江西鹰潭商会在福州举行成立大会，鹰潭籍在闽企业家及全国各地兄弟商会共 200 余人齐聚一堂，共叙乡情、共谋发展。市委常委、统战部长戴春英，市政协副主席、市工商联主席吴泉水出席成立大会。鹰潭籍企业家、福晟集团福建区域董事长何建华当选商会第一届会长。

（二十六） 九江市赣州商会成立

12 月 28 日，九江市赣州商会成立大会暨第一届会员大会召开。市政协副主席、市委统战部部长黄大明出席成立大会。九江市赣州商会是企业和个体工商户自愿发起成立的地方性、联合性、非营利性社会组织，接受市工商业联合会和市社团登记管理机构监督管理。商会的宗旨是团结和推动在九江的赣州籍企业人士，密切企业和政府的联系，维护其合法权益，引导其守法经营，共同开拓九江市场，为政府招商引资搭建桥梁，促进两地经济、文化、社会等方面的交流。

四、江西省工商联直属商会名单

表 5 - 13　江西省工商联直属商会名单

商会名称	会长姓名	会长单位职务
行业商会（29 家）		
省民营企业家协会	熊衍贵	江西普天通控股集团董事长
省民营企业投资商会	郭坚华	江西省统联置业有限公司董事长
省家居建材业商会	龚著钢	江西双德实业集团有限公司董事长
省地产协会	章新明	博泰投资集团有限公司董事长
省女企业家商会	胡恩雪	江西恒大高新技术股份有限公司总经理
省轴承商会	梁九彪	玉山天长集团董事长
省电瓷商会	许康文	萍乡市华鹏电瓷公司董事长
省眼镜商会	朱新财	鹰潭市新财眼镜有限公司董事长
省五金机电商会	章新明	博泰投资集团董事长

续表

商会名称	会长姓名	会长单位职务
省电子商会	熊衍贵	江西普天通控股集团董事长
省中小企业工贸协会	施玉清	江西百德润福投资公司董事长
省零售服务产业商会	梁永强	江西开心人控股股份有限公司董事长
省汽车服务业商会	涂继葵	南昌振扬汽车用品有限公司董事长
省汽摩配商会	陶玖根	南昌地元实业有限公司董事长
省古玩艺术业商会	褚建庚	煌上煌集团总裁
省面包商会	钟启文	绍兴市资溪面包食品有限公司总经理
省庆典行业协会	汪海泳	江西丰硕文化产业发展有限公司董事长
省汽车流通行业协会	黄志纯	江西省进口汽车配件有限公司
省旅游业商会	崔峰	庐山旅游发展股份有限公司董事长
省裤业协会	陈小兵	南昌圣菲翔实业有限公司总经理
省赣商文化企业联合会	杨仲荣	中国联通江西省分公司原副总经理
省旅游运管协会	吴和平	景德镇市江南旅游汽车服务有限公司董事长
省电线电缆行业协会	李光荣	江西省开开电缆有限公司董事长
省物流行业协会	张新辉	江西江南物流发展有限责任公司董事长
南昌大学 EMBA 企业家联合会	朱金国	江西大筑集团董事长
江西赣商联合总会	郑跃文	科瑞集团有限公司董事局主席
省果品流通行业协会	樊保明	江西绿恒实业发展有限公司董事长
省新生代企业家商会	肖志峰	绿滋肴有限公司董事长
省现代农业产业协会	王志军	江西万茂科技董事长
异地商会（15家）		
省福建总商会	韩世忠	东方宏利集团董事长
省江苏商会	徐申	江西双德实业集团有限公司
省安徽商会	李井海	江西省徽商资产管理集团有限公司董事长
省湖南商会	邱文奎	江西众一（矿业）集团有限公司董事长
省广东商会	黄树辉	江西省中资源投资担保有限公司
省河南商会	叶天明	江西九岭酒业有限公司
省上海商会	孙志文	绿地集团南昌房地产事业部
省山东商会	董奇	江西翠林房地产开发有限公司董事长
省泉州商会	刘建泉	江西海西投资有限公司董事长
省贵州商会	陈建中	江西高能投资集团有限公司董事长
省四川商会	汪伦	直方数控动力有限公司董事长
省湖北商会	冯兵	南昌龙贝莱贸易有限公司总经理
省温州商会	方永棣	温州（江西）投资发展有限公司董事长
省杭州商会	宋剑春	宋氏葛业有限公司总经理
省山西商会	董亚威	南昌千里马商贸有限公司董事长
外埠商会（10家）		
江苏省江西商会	张国良	连云港鹰游集团董事长

续表

商会名称	会长姓名	会长单位职务
上海市江西商会	程长仁	上海金銮国际集团董事局主席
山西省江西商会	张小龙	山西金鼎力工工程机械有限公司总经理
湖北省江西商会	徐良喜	武汉欧亚达家居集团有限公司董事长
海南省江西商会	周赣余	中色海南有色金属工业公司副总经理
云南省江西商会	李剑豪	云南爱因森教育投资集团董事长
贵州省江西商会	徐华健	贵州高赛矿业有限公司董事长
重庆市江西商会	罗来安	重庆中瑞鑫安实业有限公司董事长
厦门市江西商会	熊贻德	厦门庐山实业发展有限公司董事长
长三角赣州商会	邹承慧	江苏爱康集团董事长

第六章　县（市）民营经济

一、概述

2015 年江西省县域财力显著增强，财政总收入过 10 亿元的县（市、区）由 22 个增加到 85 个，过 50 亿元的达到 5 个，南昌县率先突破 100 亿元，县域经济呈现多极支撑、多元发展新格局。[①] 同时，根据中郡研究所发布的第十六届全国县域经济与县域基本竞争力百强县，江西省 3 县（市）入榜，其中，南昌县跃居第 38 位，较上年晋升 3 位，这是自 2008 年首次进入全国百强后，该县连续 8 年在百强排名中进位赶超；贵溪市也从上年的第 97 位上升至第 95 位；丰城市则跌出百强，樟树市强势杀入，位列第 98 位。

2015 年，江西省非公有制经济实现增加值 9733.28 亿元，比上年同期增加了 603.96 亿元，同比增长 9.3%，占全省 GDP 的 58.2%。其中，2015 年非公经济增加值第二、第三产业较上年分别实现 9.9 个和 9.5 个百分点增长。2015 年，省非公经济工业实现增加值 4901.34 亿元，同比增长 9.5%，占江西省 GDP 的 70.1%，比 2014 年占比提高了 0.5 个百分点。2015 年江西省非公有制经济上缴税收 1739.49 亿元，同比增长 8.8%，增速较上年回落 5.48 个百分点，占全省税收总额的 70.0%。2015 年，非公有制出口总值达 316.47 亿美元，同比增长 6.9 个百分点，占全省出口总额的 95.1%，占比相较上年增长 2.61 个百分点。[②] 江西省非公经济在全省经济中呈现出"总量六成、税收七成、出口九成"的良好格局。

2015 年，江西省非公经济主体规模和数量也保持稳健增长态势，经济活力进一步激发。江西省私营企业、个体工商户达 206.37 万户，同比增长达 10.28%，全省私营企业、个体工商户 2015 年注册资金总额达 18339.66 亿元，比 2014 年增加 5287.54 亿元，同比增长 40.5%。[③]

根据江西省工商联对上规模民营企业调研结果，民营经济作为全省经济发展中最具活力的增长点，已经成为全省国民经济的重要组成部分，在推动经济增长、增加财政收入、促进就业、改善民生等方面做出了重要贡献。综观江西省各个县（市）的经济发展不难发现：凡是民营经济发展快的地方，县域经济实力就强；凡是民营经济发展慢的地方，县域经济实力就弱。

---

① 鹿心社. 江西省 2016 年政府工作报告［EB/OL］. http：//xxgk. jiangxi. gov. cn/fzgh/zfgzbg/201605/t20160524_1268210. htm.

②③ 江西省促进非公有制经济发展领导小组办公室. 2015 年江西省非公经济运行情况［A］.

（一）发展类型

全省不同县（市）经济发展的途径，大多是通过发展某个方面从而带动县域经济社会全面进步，归纳起来主要有 7 种：工业主导突破型、项目投资拉动型、资源集约开发型、特色产业聚集型、农业产业化经营型、城镇化建设推动型、生态循环经济型。

（二）发展特征

2015 年各县（市）民营经济的发展主要呈现出以下特征：

1. 民营经济整体规模稳步增长

各县（市）民营经济继续加快发展。420 家上规模民营企业营业收入总额为 5317.66 亿元，较上年增长 17.08%，增长幅度较上年增加了 5.2 个百分点。

2. 民营经济以制造业为主导，主要集中于第二产业，第二产业比例较上年有小幅上升

江西省上规模民营企业属于第二产业的有 358 家，占比 85.24%；实现营业收入 4321.08 亿元，营收总额占上规模民营企业的 81.25%；拥有资产总额 3184.23 亿元，资产总额占上规模民营企业的 84.33%。属于第一产业的有 14 家，占企业总数的 3.33%，属于第三产业的有 48 家，占比为 11.43%。

3. 民营经济的发展继续向重工业领域延伸，建筑业和医药制造业表现突出

随着全省工业化进程加快，重工业化成为县域经济不可避免的发展阶段。冶金、化工、太阳能等行业发展较快，民营企业规模逐渐壮大，重工业化特征明显。建筑业和医药制造业在全省支柱产业中比重加大，发展迅速，表现突出。

4. 民营经济渗透领域逐步扩大

江西省民营经济发展环境继续优化，民营经济发展投资呈现多样化。民营企业参与 PPP 项目的数量日益增加，并且积极响应国家部署，参与"一带一路"等国家战略的热情不断高涨。

5. 民营经济科技创新能力增强

调研数据显示，民营企业创新驱动发展的能力进一步增强，不仅加大研发的资金和人力投入，同时更加重视与科研院所、高校的联合、协同创新，强化产学研融合发展。

6. 县域民营经济"走出去"步伐日益加快

随着民营经济的发展和国内市场竞争加剧，部分县（市）民营企业已经开始尝试走出去参加国际竞争。调研数据显示，民营企业海外累计投资额达到 73461 万美元，投资领域从港澳台、东南亚等地区逐步扩展到美洲国家。

7. 县（市）民营经济发展仍然不平衡

民营经济发展较快，规模较大的仍然是传统强县（市）：南昌县、樟树市、贵溪市等。南昌县地区生产总值达到 609.06 亿元，比上年增长 10%；而资溪县地区生产总值 30.87 亿元，比上年增长 8%，差距继续拉大。

本篇重点县（市）的选取既注重民营经济发展长期表现突出的县（市），又兼顾民营经济发展后劲较足的县（市）。首先参考 2015 年江西省民营企业 100 强排名，以各县（市）民营企业数所占比重为参照。2015 年江西民营企业 100 强主要分布在南昌、宜春、上饶、鹰潭 4 个设区市。其中，南昌市以 36 家位居第一，然后是宜春市 22 家，上饶市和鹰潭市均为 12 家。赣州百强企业只有 1 家，而景德镇、萍乡两市没有企业入榜。在此基础上，进一

步参考江西省最佳优化民营经济发展环境县（市）的评选结果，最终选取了南昌县、贵溪市、樟树市、丰城市、进贤县、修水县、万年县、玉山县、安福县进行重点介绍，基本涵盖了江西省民营经济发展较有代表性的地区。

二、南昌县

（一）民营经济发展概述

1. 县（市）情概况

南昌县一直是江西县域经济发展的排头兵。2015 年在不同测评体系的全国县域经济基本竞争力百强县、全国中小城市综合实力百强县、中国新型城镇化质量百强县排名中，全面挺进 50 强。其中全国县域经济基本竞争力百强县排名中，从 2010 年的第 86 位跃升至 2015 年的第 41 位，五年跨越 45 位，进位幅度居全国百强县首位。中国中小城市综合实力百强县排名中，南昌县由 2012 年的第 77 位跃升至 2015 年的第 48 位，年均跨越 10 位。①

2015 年，南昌县顶住经济下行的巨大压力，取得了经济社会跨越发展的显著成绩。实现生产总值 609.1 亿元，按可比价格计算，比上年增长 10%。其中，第一产业实现增加值 49.8 亿元，增长 4.5%；第二产业实现增加值 398.6 亿元，增长 10.5%；第三产业实现增加值 160.7 亿元，增长 10.4%。三次产业结构由上年的 8.6∶65.5∶25.9 调整为 8.2∶65.4∶26.4。2015 年，全县 274 家规上工业企业，实现规上工业总产值 990.4 亿元，实现规上工业增加值 257.6 亿元，同比增长 9.7%。2015 年，全县实现全社会固定资产投资 695.4 亿元，同比增长 17%。其中民间投资较为活跃，全年民间投资实现 592.4 亿元，较上年同期增加 93.4 亿元，同比增长 18.7%，占投资总量的比重为 85.2%，占比较上年提高了 1.2 个百分点。②

2015 年，南昌县非公有制经济规模也实现了整体增长。全县民间投资较为活跃，共完成投资 437.6 亿元，占全部投资的比重达 87.6%；同比增长 27.7%，高出全部投资增速 8.6 个百分点。前三季度增加值实现 263.6 亿元，占 GDP 比重为 66.3%，较上年同期提升 1.5 个百分点；同比增长 11.8%，高出全县 GDP 增速 1.7 个百分点。其中非公有制工业增加值增长 10.5%，高出规上工业增加值增速 0.5 个百分点。③

2015 年，南昌县被评为全省发展非公有制经济先进县（市、区），江西省绿滋肴实业有限公司等 2 家公司、江西飞尚科技有限公司董事长刘文峰等 5 人获得表彰。

2. 工业园区简介

小蓝经开区坚持走新型工业化与城市化相结合的发展之路。2015 年，小蓝经开区工业总产值、主营业务收入双双突破 1000 亿元，分别达 1014.51 亿元、1001.2 亿元，同比分别增长 16.29% 和 12.64%，成为全省 4 个千亿工业园区之一。2015 年小蓝经开区落户企业

---

① 南昌县 2016 年人民政府工作报告 [EB/OL]. http://www.ncx.gov.cn/articles/2016/03/30/281291.shtml.
② 南昌县 2015 年经济运行分析 [EB/OL]. http://www.ncx.gov.cn/articles/2016/03/21/279175.shtml.
③ 南昌县统计局. 经济稳中向好，增速连连攀升 [EB/OL]. http://tj.ncx.gov.cn/articles/2015/11/05/248175.shtml.

710 家，其中投产 512 家，在建 28 家。全年实现工业总产值 1014.51 亿元，增长 16.29%；实现主营业务收入 1001.2 亿元，增长 12.64%；实现利润 74.57 亿元，增长 16.37%。2015 年主营业务收入、上缴税收分别是 2010 年的 3.3 倍和 2.7 倍，主营业务收入位居全省开发区第四位。[①]

（二）发展民营经济的措施

1. 发展民营经济的主要措施[②③]

（1）主动适应"两创"新趋势，不断提升对外开放水平，发展动力持续增强。一是全面取消非行政许可审批事项。"三单一网"建设步伐加速，权力清单、责任清单、负面清单及便民服务目录清单如期晒出，深入推进"扩权强镇"改革试点，委托下放 114 项行政权力。二是围绕"四创"联动，充分发挥"产业基金 + 产业平台 + 高端人才"的叠加效应，推动经济发展由要素驱动向创新驱动转变。设立 2 亿元创业专项基金，打造 11 个创新创业平台。三是出台县区招大引强、工业用房租赁管理等政策措施，引进高科技企业 20 家；新增高新技术企业 17 家。

（2）强化政策宣传。采取灵活多样的形式，使惠企政策宣传常态化、普及化。一是采用传统形式宣传。利用走访、会议、调研等方式，重点宣传《中共江西省委　江西省人民政府关于大力促进非公有制经济更好更快发展的意见》《中共南昌市委南昌市人民政府关于加快民营经济发展的政策措施》、省市稳增长政策、中央省市关于大力推进大众创业万众创新的政策措施等一系列文件精神。二是创新方式宣传。采用信息化手段加强宣传，将相关政策、项目申报、培训讲座等信息通过官方网站、企业联系 QQ 群、微信等发布，对于特别事项通过手机短信、电话点对点发至企业联系人，提升政策宣传的及时性和便捷性。

（3）深入走访调研，积极为企业申报上级政策提供指导和帮助。一是积极做好市小微企业发展环境调研工作。二是配合上级部门开展调研工作。三是开展企业服务专项活动。民营经济发展相关部门深入小蓝经开区和各乡镇企业分类开展走访，宣传政策，了解企业生产经营情况和发展中遇到的问题，并形成走访记录汇总归档。

（4）推进创业创新。一是做好两创示范工作。二是加强公共服务平台建设。壮大县中小企业协会力量，扎实推进辖区中小企业公共服务平台和服务体系建设。三是完善创业基地建设。积极指导武阳中小企业创业园等创业基地建设，推进南昌县创业基地体系逐步完善。

（5）促进民营企业对外宣传，扩大影响。通过推荐企业参加节目录制，杂志访谈，组织企业参加展览、登报登书宣传等方式，扩大南昌县民营企业的对外影响力。

2. 发展民营经济大事记

（1）2015 年 3 月 20 日，南昌县投入 350.9 亿元推进 49 个重大项目建设。南昌县继续坚持以大项目带动大建设、大建设推动大发展，共梳理出 2015 年全县重大重点项目 49 项，其中，县主导推进重大重点项目 42 项，协助推进省（市）重大重点项目 7 项，总投资 350.9 亿元，2015 年计划投资 133.8 亿元。

（2）2015 年 5 月 19 日，南昌县（小蓝经开区）优化投资发展环境评议评价活动现场测

①② 南昌县 2016 年人民政府工作报告［EB/OL］. http：//www.ncx.gov.cn/articles/2016/03/30/281291.shtml.

③ 南昌县工信委 2015 年个私办工作总结［EB/OL］. http：//www.ncx.gov.cn/articles/2015/12/07/256051.shtml.

评会召开。县委书记、小蓝经开区党工委书记郭毅，县委副书记、县长刘闯，小蓝经开区党工委副书记杨斯，县人大常委会主任胡小明等出席会议。主要目的：一方面是增进企业与政府间的沟通，另一方面是督促职能部门作风转变，打造最优的投资发展环境。

（3）小蓝经开区就优化企业发展环境征求企业的意见建议。2015年6月12日，小蓝经开区纪工委书记黄文带领县（区）有关职能部门负责人深入到南昌县的民营企业，就机关效能建设、优化投资发展环境征求意见和建议，帮助企业解决在发展中存在的问题。

（4）2015年7月1日，小蓝经开区荣获"江西十大最具价值投资工业园区"称号。小蓝经开区以其独特的汽车零部件、食品和生物医药三块省级产业招牌以及先进制造业基地的优势，成为全省发展潜力巨大、投资环境优良的园区。

（5）2015年7月9日，南昌县小蓝经开区网格化管理干部，组团式服务企业。小蓝经开区出台《创新社会治理工作实施方案》，努力实现对辖区网格内项目企业的全覆盖、全天候、全过程动态管理和服务，实现公共资源整合化、办事程序规范化、时空信息预警化、服务团队务实化、党员联系常态化的目标。

（6）2015年1~8月，小蓝经开区签约落户亿元以上项目20个。其中内资项目13个，外资项目7个；汽车零部件项目7个，食品饮料项目4个，医药医器项目3个，投资总额194.3亿元，是去年同期的3.6倍。

（7）2015年9月，江西天佳实业有限公司挂牌"新三板"，是南昌县首家"新三板"上市公司。公司于2015年7月15日实现在全国中小企业股份转让系统转让，并于8月28日在北京成功挂牌，成为江西省南昌县首家在"新三板"挂牌的企业。作为全国经济百强县，发展离不开中小企业的贡献。近年来，南昌县积极搭建"证券企对接平台"，帮助中小企业拓展融资渠道。

（8）2015年9月11日，南昌县连续12年荣获全省开放型经济发展综合奖。江西省开放办下发《关于表彰2014年度全省开放型经济先进单位的通报》，南昌县在全省县（市、区）中被授予"2014年度全省开放型经济发展综合奖"，这是该县开放型经济工作连续12年获此殊荣。全省开放型经济发展综合奖，是全面衡量市、县、区各项经济发展指标和综合实力的奖项。

（9）2015年11月10日，南昌县首个电子商务创业孵化基地经县人社局、县财政局批复成立，这标志着南昌县就业创业工作迈上了一个新台阶。该基地位于汇仁大道266号泰豪创意园创意四号楼一楼，以昆腾公司电子商务项目为依托，此项目以独立的法人资格投入资金、场地、师资等，免费为入驻企业及个人提供创业指导、创业培训、事务代理、政策咨询、小额贷款等创业服务。

（10）2015年11月27日，南昌县挺进中小城市综合实力百强县50强。第十一届中国中小城市科学发展评价体系研究成果暨《中国中小城市绿皮书2015》发布。南昌县继上届位居综合实力百强县51位，本届位次再度前移，提升至第48位，前移3位，已迈入全国综合实力百强县50强。同时，南昌县在2015年中国中小城市最具投资潜力百强县市（全国投资潜力百强县市）排名中，雄踞第14位，标志着南昌县县域经济发展潜力巨大，县域经济可持续发展的势头良好。

三、贵溪市

（一）民营经济发展概述

1. 县（市）情概况

截至2015年底，贵溪市民营企业3380户，个体工商户1.55万户，规模以上工业企业84家，销售收入超亿元企业28家。江西民营企业100强企业中，贵溪市的民营企业就有10家，占10%。2015年，全市工业主营业务收入、铜产业主营业务收入双双突破2000亿元，成为全省工业主营业务收入首个突破2000亿元的县市。2015年非公有制经济增加值为119亿元，占GDP总量的34.3%；实现税收9.5亿元，占税收总额的42.7%。民营经济2015年安置就业人员20.6万人，成为县域经济发展的主要拉动力、安排就业的重要渠道。

2. 工业园区简介

江西贵溪工业园区总体规划面积10平方千米，其中工业用地7.3平方千米，商住及配套用地2.7平方千米；基本建成的7.3平方千米工业用地中，企业用地3.1平方千米，道路0.75平方千米，绿化面积1.06平方千米，其他2.39平方千米。鹰雄大道、320国道穿境而过，六纵六横道路四通八达，东西向4.2千米，南北向2.9千米，园区内天然形成黄丹岭公园、吕相岩公园、月亮湾公园并建有一座195亩水面积的青石桥公园，日处理污水4万吨的污水处理厂正在建设当中，自然生态环境和谐。自2002年10月开工建设以来，园区先后被评为省级民营科技园、全省30家重点建设园区之一、省级工业园区、省级铜产业特色园区、省级生态工业园区、省级重点工业园区，下一步将力争跻身国家级工业园区行列。

截至2015年，工业园区已发展为一园三基地布局：铜产业循环经济基地、硫磷化工产业基地、节能照明产业基地。园区实现工业总产值539.96亿元，主营业务收入539.24亿元，利润总额20.29亿元，安置就业人数1.68万人[1]。

（二）发展民营经济的措施

1. 发展民营经济的主要措施[2]

（1）搭建平台，夯实基础管长远。一是建好企业发展平台。平台建设是发展民营经济的基础和保障。目前，贵溪市已形成了以贵溪经济开发区、铜产业循环经济基地、绿色照明基地、精细化工基地、有色冶炼基地等"一区四基地"为主战场的民营经济发展大平台。二是建好产业支撑平台。以"互联网＋"为契机，把发展电子商务作为突破口，通过打造和建设电商孵化园、电商产业园、农村淘宝等产业支撑平台，不断创新企业发展模式，深入推动互联网与实体经济的深度融合，落实电商产业发展扶持资金2000万元。三是建好企业融资平台。2015年以来，充分发挥金融、商务、市场监管局等部门"银企融资对接平台"功能。成立工业控股公司、中小企业担保公司，搭建财园信贷通、应急转贷基金等投融资平

---

① 贵溪经济开发区. 2015年1～12月份主要经济指标［EB/OL］. http：//wssp. guixi. gov. cn/Item/25959. aspx.
② 《贵溪市五措并举 优化民营经济发展环境》。

台，为民营企业融资 2.74 亿元，发放小额贷款 4.1 亿元，有效解决了民营企业融资难、资金短缺的问题。

（2）强化保障，多方联动助发展。一是强化组织领导。建立了市领导挂点联系民营企业工作制度，每名市领导分层分类、分行业分领域与民营企业建立了沟通联络机制，定期深入民营企业走访座谈，面对面听取意见建议，现场协调解决民营经济发展中遇到的困难和问题。实行优化民营经济发展环境"一把手"负责制，在全市上下形成领导高位推动、部门联动的工作合力。二是强化政策扶持。出台了《关于大力促进非公经济更好更快发展的实施意见》《贵溪市扶持企业发展奖励办法》《关于大力发展开放型经济的意见》《贵溪市招商引资奖励办法》等一系列促进民营经济发展的政策文件。加快了"三单一网"建设步伐，建成"中介超市"和网上审批系统，实现行政审批过程阳光操作和网上审批、收费一体化。实行全程代理制、一站式服务和延时、预约、上门三大服务，开辟重大项目服务绿色通道。制定了政府部门行政权力清单，明确规定了来贵投资企业所实行的优惠政策。三是强化舆论宣传。充分利用报纸、电视、网络等宣传媒体，大力宣传贵溪市优化民营经济发展环境的重大意义和根本目的，及时报道宣传取得的成果、先进典型和经验，营造了良好的舆论氛围。大力提高民营企业人士的政治地位，建立了市四套领导与民营企业家联系交友制度，扩大民营企业人士在人大、政协的比例，提高民营企业人士参政、议政的积极性。

（3）优化服务，千方百计提后劲。一是推进企业技术创新。指导、帮助美的贵雅公司等建立省级技术中心。抓好重大技改项目建设，积极组织企业申报各级各类技术创新项目。大力推进高新产品的开发，进一步健全企业技术创新平台建设，用高科技、高水平的产品为企业发展增添活力。二是加强培训促进就业。充分发挥相关部门的职能作用，积极开展培训，每年培训员工上千人次，全面提升民营经济人才综合素质，为民营企业输送大量的熟练技工。为提高民营企业市场竞争力，促进企业信息互动，组织民营企业参加智慧园区公众平台信息互动培训，方便各企业了解市场最新动态，增进各企业间信息流动。三是健全经费保障机制。每年将促进民营经济发展工作经费列入财政预算统筹安排，并逐年加大经费投入力度。在支持民营经济产业升级、市场融资、技术创新、园区建设和人才引进等方面强化资金保障。四是发挥桥梁纽带作用。充分发挥工商联（总商会）的桥梁和纽带作用，在北京、上海、福州、闽南等地成立异地商会。与浙江乐清市、椒江区、上虞市等 25 个工商联（总商会）建立了友好工商联（总商会）关系。在 21 个乡（镇、街道办事处）和市经开区、铜循环经济基地建立了基层商会，吸纳会员 4000 多人，并在基层商会、外埠商会、异地商会中同步建立党组织，实现商会和党组织全覆盖。

（4）壮大总量，扶优扶强增实效。一是招大引强添后劲。坚持把招商引资作为发展民营经济的主抓手。实行"一个项目、一名县级领导、一个责任单位、一名责任人、一套服务班子"的"五个一"工作机制，对投资项目从意向达成到开工投产，全程实行"保姆式"服务。组建 10 支专业招商小分队，以铜精深加工为主导，物流、服务等相关配套产业齐头并进，开展招商引资工作。二是转型升级增实力。突出集群化，打好工业转型攻坚战，坚持工业化与信息化深度融合，实施传统产业改造升级活动，推动产业链从前端向后端、低端向中高端、低附加值向高附加值转变。突出特色化，打好服务业突破攻坚战，大力发展文化旅游产业、金融服务产业和智能物流业等。突出品牌化，打好农业升级攻坚战，坚持园区化推进、品牌化提升、资本化创新。三是党建示范抓带动。近年来，贵溪市以"抓党建、促发展"为目标，党建工作与企业发展深度融合。不断完善工作机制，建立了非公党工委、党建指导员工作例会等制度。

（5）优化环境，激发活力促发展。一是优化政策环境。按照省委省政府的《关于降低企业成本、优化发展环境的若干意见》，对涉企收费进行检查和清理，对涉企行政审批前置服务收费行为进行自查，规范减少涉企收费，减轻企业负担。针对用电、用气、物流、用工等生产要素问题，各有关部门逐个分析研究，出台相关举措，切实降低企业运行成本，保障企业生产经营。二是优化市场环境。鼓励、引导、支持民间资金进入文化教育、医疗卫生、现代物流、养老服务、城市基础设施、金融服务等特色产业领域。制定并实行民营企业进入特许经营领域的具体办法，为其创造公平竞争、平等准入的市场环境，逐步形成了多方位、多行业、多层次发展态势。三是优化人文环境。进一步完善部门形象测评制度，加强机关效能建设。积极开展诚信守法活动，以诚信守法为重点，每年积极开展非公经济人士理想信念教育活动和非公经济人士综合评价工作，引导企业家致富思源、富而思进、回报社会。

2. 发展民营经济大事记

（1）2015年1月23日，贵溪市市政府办公室发布《全面清理市政府部门行政权力推行权责清单制度实施方案》。推行权责清单制度是推进政府治理现代化、加强政府自身建设的一项基础性工作，是进一步厘清政府与市场权责边界、促进简政放权的重要抓手，是推动政府依法全面履行职能、建设服务型政府的内在要求，是规范权力运行、建设法治政府廉洁政府的重要途径。

（2）2015年5月7日，全省促进非公有制经济发展表彰电视电话会议召开。会议强调，要发展非公有制经济在扩投资、促消费、保就业等方面的重要支撑作用，各地各部门要制订贯彻措施，破解制约非公有制经济发展的各种障碍和隐形堡垒，优化非公有制经济发展环境。

（3）2015年6月5日，贵溪市市政府办公室发布《贵溪市关于加快发展电子商务产业扶持办法（试行）》《贵溪市企业自主知识产权奖励办法》《贵溪市名牌产品驰（著）名商标奖励办法》《贵溪市鼓励企业科技创新奖励办法》。

（4）2015年6月23日，贵溪优化环境促工业逆势上扬。近年以来，面对工业经济下行压力加大的挑战，贵溪市不断优化发展环境，一手抓政策扶持，一手抓金融扶持，为企业持续健康发展提供保障，实现了工业经济的逆势上扬。6月17日《江西日报》头版头条报道了该市这一举措和成效。

（5）2015年8月26日，贵溪市再次跻身全国百强县。中郡经济发展研究所在北京发布第十五届全国县域经济与县域基本竞争力百强县名单，贵溪市继2009年后，第二次跻身全国县域经济百强县（市），位列第97位。全国县域经济基本竞争力采用县域经济公开性、综合性、可比性、客观可行性的核心数据进行评价，包括16项指标，是对全国县域经济竞争力和发展状况的大检阅。

（6）2015年9月11日，贵溪市政银企工作座谈会召开。市领导梅峰、汪唤生以及杜立朝、周平等出席会议。梅峰指出政府、银行、企业要加深交流和合作，多一分担当，相互信任、相互支持，进一步营造良好的金融安全环境，切实解决企业"贷款难"和银行"难贷款"的问题，共同推动全市发展、金融事业再上新台阶。

（7）2015年11月6日，贵溪市工商业联合会（总商会）第四次会员代表大会召开。会议审议通过了市工商联（总商会）第三届执行委员会工作报告，选举产生了市工商联（总商会）第四届执行委员会。

（8）2015年11月29日，贵溪市召开贵塘公路沿线"1＋5"重点工作先行示范带建设推进会。市长梅峰主持会议。贵塘公路沿线"1+5"重点工作先行示范带建设项目结合了该市现有产业基础的实际情况和经济发展不均衡原理，统筹推进贵溪市乡村旅游、电子商务、现代农业、公路改造升级以及精准扶贫5项重点工作的建设。该项目是贯彻落实省委十三届十二次全会精神，推动贵溪市产业转型升级的又一重大举措。

（9）2015年12月15日，江西若邦科技股份公司在北京全国中小企业股份转让系统正式挂牌上市，成为贵溪市第一家在"新三板"挂牌上市的企业。成立于2009年，坐落于市经济开发区，公司集研发、生产、销售为一体，专业生产盖带、载带等电子元件包装材料，该公司的挂牌上市标志着公司正式迈入资本市场，为公司进一步做强做大提供了更大的发展平台。

（10）2015年12月19日，市中小企业信用担保股份有限公司隆重开业。该机构是经省政府金融办批准，由市城市建设投资开发公司作为主发起人，联合贵溪三元金属有限公司及7名自然人共同出资2亿元成立的政策性融资担保机构。不仅是目前鹰潭地区规模最大，还是全省100个县（市、区）中规模最大的政策性融资担保机构。

四、樟树市

（一）民营经济发展概述

1. 县（市）情概况

樟树市依托科技创新，引导支持医药、酿酒、机械、保险设备等传统产业突破核心技术，提升装备水平，优化工艺流程，2015年全年完成规模以上工业总产值532.07亿元，同比增长8.4%。药、酒、盐化工、机械五金制造四大支柱产业实现主营业务收入363.3亿元，增长7.5%，占规模以上工业主营业务总收入的68.3%。全市134家规模以上工业企业中，上缴利税超千万元企业19家，超百万元企业131家。3家企业入选省制造业100强，8家企业获评"江西老字号"，11家企业18个产品被评为省名牌产业。[①]

樟树市加强促进现有民营企业扩规、提质、增效，实现了企业和产业从加工型向科技型的转变，提升了民营经济的发展水平。2015年，樟树市共有各类登记在册的市场主体23078个，其中民营企业4581户，个体工商户17215户，农民专业合作社628户，非公经济从业人员达10万人。2015年，全市非公经济发展增加值169.63亿元，增长9.7%；非公经济上缴税收39.64亿元，增长12.81%；非国有固定资产投资232.68亿元，增长19.9%。

2015年，樟树市规模以上工业非公企业发展到132家，其中主营业务收入过亿元企业90家，过10亿元企业7家，过30亿元企业1家；纳税亿元以上企业2家。全市有10家非公经济企业进入全国同行业前十，10家企业列江西省同行业首位，4家企业入选江西省民营企业100强，其中2家企业入选民营企业前20强。[②]

2. 工业园区简介

樟树工业园区成立于2006年6月，迄今已走过10年风雨历程。管委会下辖城北经开

① 樟树市2015年国民经济和社会发展统计公报［EB/OL］．http：//www.zhangshu.gov.cn/zwgk/tjgb/201607/t20160721_345013.html.

② 《樟树市优化民营经济发展环境情况汇报》。

区、盐化工基地和福城医药园三大园区，总规划面积30平方千米，建成区面积16平方千米。已落户企业302家，其中规上企业123家，竣工投产企业185家，主要涵盖医药、化工、食品、金属家具和彩印包装等10多个产业。樟树工业园区是江西省省级重点工业园区，也是江西省产业特色最鲜明、发展态势最强劲的工业园区。2011~2015年，连续5年被评为江西省先进工业园区，并荣获2013~2015年江西工业"三年强攻"突出贡献奖，成为全省少数获此殊荣的省级工业园区。

2015年，园区紧紧围绕全市"12468"总体工作思路，以"提质增效扩容"为主线，积极应对各种挑战，奋力开拓创新，园区呈现良好发展态势。全年实现主营业务收入506.7亿元、工业增加值131.2亿元、税收28.7亿元，分别超任务26.7亿元、23.2亿元和4.7亿元，分别列省级工业园区（共83个）第六名、第三名和第二名，大幅超额完成了年度目标任务，综合实力进入全省五强。①

樟树工业园区具有五个鲜明特点。一是架构"一区三园"。下辖城北经开区、盐化工基地和福城医药园三大园区，呈现"一区三园"的基本构架。三大园区在管委会的统一领导下，既分工负责，又协同配合，形成了一个坚强的战斗集体。二是区位得天独厚。樟树位于江西中部，素有"八省通衢，四会要冲"的美誉，境内有两条铁路、两条高速公路、一条国道、一条水道和三条省道9条大动脉，纵贯东西，连接南北，樟树港为江西三大港口之一，正在建设的昌吉赣高铁客运专线穿境而过，并在此设站。距省会南昌76公里，距昌北机场仅1小时车程。三是设施配套齐全。三大园区均已完成了通水、通路、通电、通信、通气和绿化亮化等基础设施建设；还配套建设了两个污水处理厂和紫阳、瑞阳、金阳三个职工住宅小区。四是产业特色鲜明。①药业闻名遐迩。2015年药业完成产值123.9亿元，增长9.2%，其中，仁和集团上缴税收3亿元，增长47.7%，被评为全国工业品牌培育示范企业、农业产业化国家重点龙头企业、全国工业品牌培育示范企业、2013~2015年全省工业崛起"优强企业"。②酒业香飘万里。四特酒公司上缴利税11.5亿元，增长23.7%，是宜春市首家税收超10亿元企业，已成功跻入全国白酒十强。③盐业异军突起。初步形成了以真空制盐为基础，以两碱化工为支撑，以精细化工和化工新材料为补充和延伸，资源循环利用的产业发展格局。④"金业"突飞猛进。五是发展态势强劲。正在快速推进医药产业孵化创业园、药都医药物流园、金属家具科技园等"新三园"建设，已落户项目160个，其中102个已开工建设，58个已竣工投产，园区呈现出蓬勃向上的发展态势。

（二）发展民营经济的措施

1. 发展民营经济的主要措施

2015年，樟树市主要是立足"四个优化"，认真履行部门工作职责，迎难而上，民营经济继续保持稳定增长。

（1）优化政策环境。坚持把扶持民营企业做大做强作为推动民营经济发展的重要抓手。一是营造公平竞争环境。始终坚持"内商外商一视同仁、国企民企平等竞争"的理念，全面放宽民间资本市场准入条件，拓宽民间投资领域，引导民营经济更多地投向实体经济。二是建立挂点帮扶机制。坚持市领导挂点和现场协调办公机制，做到一个民营企业，一名市领

---

① 樟树市工业园区连续五年被评为省先进工业园区 ［EB/OL］. http：//www.yichun.gov.cn/zwgk/zwdt/xsqdt/201603/t20160301_463185.html.

导挂点，一套班子服务，突出现场帮助企业解决问题，推进了一批民营企业做大做强。三是加大政策扶持力度。市财政专门设立了企业发展基金，对效益好、贡献大的民营企业进行奖励。另外，为促进全民创业，形成政府激励创业、社会支持创业、劳动者勇于创业的良好氛围，进一步完善了扶持创业的优惠政策。

（2）优化发展环境。一是强化产业集群。充分发挥药、酒、盐、金属家具制造四大支柱产业优势，着眼于促进中小企业发展，大力推进企业孵化平台建设，以孵化园来助推民营经济产业链的延伸配套以及产业的扩张集群。二是强化要素保障。为破解民营企业用地难困境，采取项目打包、多途径争取支持等方式，基本保证了项目建设需要。为破解融资难题，坚持每季度举办一次政、银、企三方融资洽谈会，不断优化金融生态，为民营经济发展提供了资金保障。为破解用工难题，通过在职介中心设置企业招聘柜台、开展招聘会等形式缓解企业用工压力。三是强化科技创新。围绕打造"创新型制造业示范区"目标，大力实施"科技兴市、品牌兴企"战略，持续加大对民营经济科技创新、品牌创建和标准体系建设的奖励力度，对科技含量高、发展后劲强的企业，千方百计为其争取科研、技改项目，有效激发了民营经济创新热情，加速了民营经济转型升级。

（3）优化服务环境。始终坚持以"企业的需求就是我们的追求"为目标，把优质、高效、全方位的服务贯穿工作的各个环节。一是打造服务平台。取消了全部非行政审批事项，将160项行政审批事项统一纳入行政服务中心，行政审批事项精简率达65.3%。二是拓宽服务渠道。加快网上审批系统建设，着力实现省、市、县三级连通，打造审批"快车道"。同时，坚持重大产业项目审批"绿色通道"制度，特事特办、急事急办、难事快办、限时办结。三是提升服务质量。每年5月和10月先后两次组织100家年纳税30万元以上企业法人或企业法人代表，对全市64个具有行政管理职能的单位、公共服务部门在工作效率、依法行政、优质服务、公正廉洁等方面进行测评。此外，还走访部分企业征求意见，并在"双优"测评会上发放意见征求表，向企业代表征求优化发展环境方面的意见建议，并督促相关单位基本整改到位。

（4）优化人文环境。通过多形式、多层次、全方位的宣传，努力营造"重商""亲商"的人文环境。一是在政治待遇上，从民营经济从业人员中推选优秀分子担任党代表、人大代表和政协委员，同时市委、市政府每年在全市表彰大会上对民营经济的纳税大户进行表彰，全面提高民营业主的政治地位。二是在宣传引导上，积极组织推介民营企业的典型，在全社会营造"服务民营经济、宣传民营经济"的浓厚氛围，培育树立了一批中国特色社会主义事业建设者典型，不断加大对民营经济先进典型和先进人物的宣传报道，不断全面提高民营业主的社会地位。

2. 发展民营经济大事记

（1）2015年1月，新中国成立65周年江西省65个改革风云单位（人物）榜单揭晓。《江西日报》A4版整版刊发，樟树市金属家具协会榜上有名，且系全宜春市唯一一家行业协会。

（2）2015年5月，樟树市工商联被确认为2015年全国"五好"县级工商联。以规范化建设、系统化推进、制度化保障为抓手，打牢工作基础；彰显组织活力，激发工作动力，樟树市工商联工作得到了全面发展，服务非公经济的能力不断增强。

（3）2015年9月15日，科技支撑，标准引领，品牌带动，樟树"智造"助推工业提质升级。樟树市围绕提升主导产业核心竞争力，引导企业加大科技创新力度、参与国家和行业标准制定、加强品牌建设，有效推动了药、酒、盐、金属家具等特色制造业由一般加工业向高端制造业迈进，实现了"樟树制造"向"樟树智造"的转变。

（4）2015 年 9 月 30 日，促进大众创业万众创新，樟树开辟小微企业发展"快车道"。为扶持落地小微企业健康快速成长，樟树市把扶持小微企业发展作为促进大众创业、万众创新的一项重点工作来抓。2015 年已发放企业贴息贷款 3580 万元，扶持了近 20 家企业，解决了近 2000 人的就业问题。

（5）2015 年 10 月 15 日，"2015 江西（樟树）新兴产业招商引资推介会暨项目签约仪式"在樟树市举行。来自全国各地的 120 余家企业客商、全国工商联医药商会代表 150 余人参加了会议。推介会现场签约亿元以上项目 12 个，签约资金 50.1 亿元。

五、丰城市

（一）民营经济发展概述

1. 县（市）情概况

2015 年，丰城市申报全国第二批循环经济示范城市获得批复，"循环新城"项目跻身国家新型城镇化综合试点支持范围。丰城市循环经济园区被评为第六批国家"城市矿产"示范基地，获省政府批复成为江西省省级工业园区。丰城市成为全省唯一拥有两个省级工业园区的县（市）。

丰城市 2015 年全年完成生产总值 390 亿元，增长 8.8%；财政总收入突破 60 亿元大关，完成 62.3 亿元，增长 10.1%，丰电一期、丰电二期、吉富创业、泰和百盛、丰矿、东鹏陶瓷、丰城烟草 7 家企业税收超亿元；规模以上固定资产投资完成 348 亿元，增长 16%；规模以上工业增加值完成 165 亿元，增长 9%；社会消费品零售总额实现 90 亿元，增长 12%；城镇居民人均可支配收入 26810 元，增长 9%；农村居民人均可支配收入 13228 元，增长 10%。县域经济基本竞争力列全国第 78 位，比上年前移 5 位。[①]

2. 工业园区简介

江西丰城高新技术产业园区隶属省直管县丰城市辖区，前身为江西丰城工业园区，始建于 2001 年，2006 年 3 月经省政府批准为省级开发区，2011 年 12 月经省政府批复更名为江西丰城高新技术产业园区，成为全省县级市中唯一一个省级高新技术产业园区，并被评为"2015 年度全省先进工业园区"。2015 年，丰城高新园区紧盯国家高新区发展新方向，紧抓长江经济带、江西"大开放"战略的发展机遇，以"创新驱动"发展为核心动力，加快把机械电子、生物食品、精品陶瓷、新型建材、循环利用等传统主导产业提升发展为高端装备制造、生命健康、新材料三大新兴产业，着力构建"3 + 1"特色产业和科技创新服务两大体系，一手抓企业升级发展，一手抓重大项目建设，全年在经济形势下行的压力面前，经济总量仍取得重大突破，并连续两年在全省排名实现进位，2015 年园区主营业务收入达535.40 亿元，在全省工业园区（含 17 个国家级）排名第九，综合实力居全省省级工业园区之首。

---

① 丰城市人民政府 2016 年工作报告［EB/OL］. http://www.ahmhxc.com/gongzuobaogao/4178.html.

2015 年，高新园区主营业务收入达 578 亿元，同比增加 14.39%，完成年度目标的 100.17%；完成工业增加值 140 亿元，同比增加 8.16%；完成税金金额 26.37 亿元，同比增加 10.80%。其中：经济总量在全省排名连续两年实现进位，2015 年高新园区经济总量列全省园区第 9 位，稳居全省园区第一方阵；同时，三大指标增幅较上年在宜春市排名均有进位。丰城高新园区将以获此殊荣为契机，继续扬优成势、再接再厉、再创佳绩，再上新台阶，坚定不移地走"转型升级、创新发展"之路，主动适应新常态，积极采取新举措，以"降低企业成本、优化发展环境"为重要抓手，全面推动园区的各项工作，为丰城经济稳增长、调结构、促升级做出新的更大贡献。

2015 年，高新园区坚持以"转型升级、创新创业"为发展主旋律，一手抓企业升级发展，一手抓重大项目建设，坚持走"转型升级、创新升级"的发展路径，紧扣"12345"工作做法，即"一个目标、两条路径、三大产业、四个平台、五个抓手"。一个目标，即全力冲刺申报国家级高新园区，力争在 2016 年申报成功。两条路径，即走又"高"又"新"之路。三大产业，即"331"产业布局。一是做强三大传统特色主导产业；二是培育三大高端战略新兴产业；三是打造现代服务业。四个平台。一是打造孵化平台；二是打造产学研平台；三是打造要素平台，进一步完善园区水、电、气、污水管网等建设，建成园区污水处理厂等；四是打造服务平台，引进企业服务如法律、会计等中介服务机构，完善园区商业街、工人之家、君豪酒店等服务业，力争引进园区学校及医院等。五个抓手。一抓发展，继续推进企业转型升级，使企业由数量向质量转变；二抓创新，进一步落实各级创新奖励措施，鼓励企业加大创新力度；三抓服务，深入推进园区企业点对点服务措施，下沉服务渠道，推进服务扁平化，建立服务企业考核制度；四抓环保，全面启动建设中心园区污水处理厂二期，并启用园区环保监测平台，加强园区环保人员力量，加大环保的监控力度；五抓安全，加大安全生产宣传力度，落实园区每月安全排查工作制度，强调党政同责重要性，确保不发生安全事故。

（二）发展民营经济的措施

1. 发展民营经济的主要措施

丰城市以发展提升为抓手，通过引导产业升级，优化发展环境等措施扶持民营经济又好又快地发展。

（1）牢牢把握省直管县赋予的政策机遇，深入推进行政审批制度改革，接住管好省级下放行政审批事项，进一步优化流程，提高服务水平。深化投资体制改革，落实企业投资自主权，减少前置条件，强化服务和后续监管。加快公共资源交易改革和社会信用体系建设。

（2）实施一系列"组合拳"，着力破解要素制约，帮助民营企业快速发展。一是在思想重视上着力。设立领导小组，出台发展民营经济的若干意见，在贷款、用地、用工等方面给予支持，形成发展民营经济的良好氛围。二是在制度机制上着力。坚持草根经济发展为先的理念，建立部门发展民营经济的考核制度，同时出台优惠政策办理流程相关文件，让操作更加阳光、更加便捷。三是在服务支持上着力。优化服务民营企业的软、硬件环境。政府掌握银行对企业贷款情况，撬动银行资金支持企业发展，通过整合资金、政企交流、开办全国性论坛等形式不断提升企业家素养和眼界。四是在创新发展上着力。各级各部门注意下企业，多为企业谋发展，把企业创新发展作为重要工作，组建专业服务团队，增加民营企业发展的后劲和活力。

（3）建立创新企业帮扶机制、重大产业项目市领导挂点和服务专员机制。推进企业上市，让企业与资本市场接轨，继续挖掘发展前景好、技术含量高、资产质量优的企业，有针对性地进行培育支持。春光包装在"新三板"挂牌，丰荣金属在上海股权交易中心E板挂牌，4家企业与券商签订辅导协议。积极引导企业申报规模以上企业，新增规模以上企业40家，全市规模以上企业达192家。

（4）高举循环经济大旗，促进民营经济发展达到一个新高度。2015年传统产业总体下行，循环经济产业链条升温加热，循环发力。以电厂蒸汽为能源，带动生物食品产业协同发展，科邦医用乳胶、博斯宇医药、恒泰食品一期、硒海油脂、恒顶食品二期和中澳食品二期6个项目竣工投产。以瓦斯气为能源，促进陶瓷产业持续壮大，2015年全市瓷砖产量近6000万平方米，同比增长10%。丰城市循环经济园区申报江西省省级工业园区获得批复，丰城将成为全省唯一拥有两个省级工业园区的县市。

（5）大力开展教育培训服务，全面提升企业家综合素质，广开企业家视野。一是与市科协生态产业联盟卓友同盟联合举办了丰城市第一届企业家研讨会。会议立足服务，详细讲解了新三板上市的概念、条件、意义和发展趋势，分析了申报政府扶持资金的关键要素。二是组织中小企业参加省中小企业局农业产业化高管培训班。三是支持加入宜春创业大学的企业家学员继续深造学习。通过学习平台的搭建，大力促进了民营经济发展。

（6）积极解决丰城市企业融资难、融资贵问题，促进企业良性发展。一是适当调整准入门槛，优化贷款流程，促进工作良性发展。二是加强贷后管理，保证"财园信贷通"风险降至最低。三是全力推进，明确任务，加强合作，实现双赢，确保"财园信贷通"任务圆满完成。四是扩大"财园信贷通"和"惠农信贷通"支持范围。"财园信贷通"全年为102户企业发放贷款4.4亿元，"惠农信贷通"为575家新型农业经营主体发放贷款2.16亿元。设立企业应急倒贷基金5000万元，定向帮扶企业8家。

2. 发展民营经济大事记

（1）2015年1月5日，丰城小微企业创业园获批省级小微企业创业园。江西省中小企业局下发《关于认定第二批省级小微企业创业园的通知》，公布本批次全省共认定10家单位为省级小微企业创业园，其中包括丰城市小微企业创业园。随着丰城小微企业创业园被认定为省级小微企业创业园，必将吸引更多的创业"梦工厂"；同时，省级小微企业创业园和2015年被认定的省级科技企业孵化器、省级高新技术产业化基地必将成为丰城高新园区在"创新发展、集群发展、升级发展"的道路上并驾齐驱的"三驾马车"，为丰城的县域经济发展添砖加瓦。

（2）2015年1月30日，南昌航空大学实习基地在丰城市高新园区成立。南昌航空大学环境与化学工程学院与高新园区江西春光药品包装材料股份有限公司合作建立了实习基地，并商议了校企技术合作事宜。南昌航空大学环境与化学工程学院负责人表示，下一步将加大同丰城高新园区的合作力度，每年将定期派遣优秀在校学生来高新园区实习，提高企业的技术研发能力，推动园区企业创新发展、产业升级上升一个新的高度。

（3）2015年6月6日，广东省江西丰城商会成立庆典在广州天虹宾馆举行。市委书记杨玉平出席并为商会成立揭牌。广东省民政厅社会组织管理局副局长徐祖平宣读广东省民政厅同意广东省江西丰城商会成立的批复。广东省江西丰城商会成为丰城市经政府批准正式注册、正式挂牌成立的第一家省级异地商会，意义非凡。

（4）2015年7月1日，宜春金融办主任易国民带领督察组对丰城市促进非公有制经济发展政策落实情况进行督察，并邀请高新园区、循环园区、富硒基地等园区的非公企业代表召开非公有制经济发展座谈会，督察组了解了企业用地、资金、人才等方面存在的困难，并对丰城市促进非公有制经济发展政策落实情况予以肯定。

（5）2015年7月15日，丰城市非公有制经济代表人士综合评价工作会议召开。市委常委、统战部长余文广出席并讲话。21个参评单位的分管领导参加会议。会议从综合评价的单位、对象及内容，主要程序、进度要求，结果、时效及有关工作要求四方面详细做了讲解。

（6）2015年10月10日，丰城市获批同意开展"财园信贷通"提高单笔贷款规模试点工作。省财政厅下发文件同意在丰城市开展"财园信贷通"贷款额度由500万元提升至1000万元的试点工作。获批同意开展"财园信贷通"提高单笔贷款规模试点工作的地区，全省仅有南昌市和丰城市。

（7）2015年11月15日，丰城市人民政府与中国循环经济协会在京签署战略合作框架协议，推进双方在循环经济领域的合作。据悉，双方此次签署战略合作框架协议，对于促进企业及园区的循环化改造进程，推广新技术研发及成果，加快丰城再生资源产业发展，提高产业综合竞争力，具有重要意义。

（8）2015年11月26日，丰城市建成电子商务产业园区。该园区占地面积80.56亩，有10栋建筑，总建筑面积约1.7万平方米，目前已正式投入使用，内设招商服务区、数据处理区、仓储区。丰城市还在每年财政预算中安排1000万元用于该园区建设和电子商务产业发展。

（9）丰城市召开"财园信贷通"工作调度会。为全面贯彻落实省市政府关于开展"财园信贷通"工作部署，积极解决丰城市企业融资难、融资贵问题，促进企业良性发展。11月13日，市委常委、常务副市长李新主持召开我市"财园信贷通"工作调度会，市"财园信贷通"工作协调领导小组成员单位参加会议。

（10）2015年12月，省工信委、金融办和证监局组织召开的全省民营企业建立现代企业制度暨集中上市辅导活动在丰城市举行。丰城市是本次全省巡游活动的第一站，这既是对丰城总体经济发展的认可，也是对丰城上市工作的认可。近年来，丰城市先后出台了《关于培育壮大上市企业、积蓄丰城发展后劲的意见》《关于推进企业上市工作的实施意见》等一系列推进企业上市的政策，引导企业适应经济发展新常态，加速进军资本市场。

（11）2015年12月15日，丰城市工信委推"散"推"预"成效显著。"十二五"以来，丰城市工信委坚决贯彻落实《中华人民共和国循环经济促进法》和《江西省促进散装水泥和预拌混凝土发展条例》等法律法规，认真扎实、深入细致开展了推广使用散装水泥和预拌（商品）混凝土（简称推"散"推"预"）工作，取得了显著成效。一是散装水泥使用量大幅增长。二是散装水泥设施设备综合配套能力进一步增强。

（12）2015年12月15日，丰城市成功入围国家循环经济示范城市建设地区。从国家发展改革委传来消息，国家发改委环资司、财政部经建司、住房城乡建设部城建司委托中国国际工程咨询公司组织有关院士、专家，对各地申报的循环经济示范城市创建实施方案进行了审查和评审，初步确定26个城市和36个县作为2015年开展国家循环经济示范城市建设的地区，丰城市成功入围国家循环经济示范城市建设地区。

（13）2015年12月28日，"2015年丰城市'巡、看、比'活动"圆满结束。12月23～24日，市委书记杨玉平、市长金三元率队开展"巡、看、比"活动，集中巡看2011年换届以来各乡镇（街道）招商引资情况和五大园区基地 2015 年平台整体实力提升、转型升级、科技创新情况，检阅各乡镇（街道）、园区、基地推进产业项目取得的新变化、新亮点和新成绩，进一步理清思路，提振精神，谋划明年各项工作。

六、进贤县

（一）民营经济发展概述

1. 县（市）情概况

2015 年进贤县主动适应经济发展新常态，积极应对经济下行新形势，经济建设取得了较大成就。据初步核算，2015 年进贤县实现地区生产总值 274.54 亿元，同比增长 9.7%。其中，第一产业实现增加值 49.19 亿元，同比增长 4.6%；第二产业实现增加值 138.15 亿元，同比增长 8.9%；第三产业实现增加值 87.2 亿元，同比增长 13.8%。三次产业结构调整为 17.9：50.3：31.8。人均生产总值 38365 元，同比增长 7.5%。规模以上工业增加值 80.2 亿元，同比增长 10.1%。规模以上工业中，国有企业完成产值 0.65 亿元，与上年持平；集体企业完成产值 0.79 亿元，同比下降 50.9%；股份制企业完成产值 24.66 亿元，同比增长 27.7%；外商及港澳台商投资企业完成产值 29 亿元，同比增长 23.5%；私营企业完成产值 158.5 亿元，同比增长 17.7%。

按照"发展特色经济、壮大特色产业、打造特色板块"发展思路，进贤县大力推进民营经济发展，致力于放大特色效应和集聚效应，铸就了医疗器械、文化用品、钢构网架、汽车配件、食品加工、烟花鞭炮、新能源新材料、生物医药、纺织服装、电子信息等独具特色的十大支柱产业。李渡酒、文港笔等六大传统产业蓬勃发展，品牌飞扬；隆莱制药、汇得能生物发电、香港兆展风力发电和大唐国际风力发电等新兴产业代表，异军突起，做大做强，赢得了"特色看进贤"之美誉。

到 2015 年底，进贤县个体工商户达 17054 家，比 2010 年 7560 家增长 9494 家，增长 125.58%；私营企业达到 6962 家，新增 1025 家；非公经济增加值达到 198 亿元，增长 89%；占 GDP 比重从 63% 提高到 64.28%，提高 1.28 个百分点。进贤县 127 家规模以上工业企业中，民营企业 124 家，产值上亿元的重点企业 60 家。全县完成非公经济增加值 198 亿元，同比增长 8.9%，占全社会 GDP 比重为 64.28%。全县推荐市成长型企业库 13 家，推荐申报市级成长型企业项目 5 家，推荐申报市全民创业项目 4 家，推荐申报全省"专精特新"企业 4 家，申报 2015 年省级"一企一技"技术创新示范项目 1 家，建立现代企业制度试点企业 1 家。

2. 工业园区简介

进贤县高新产业园吸收长江三角洲、珠江三角洲地区向中西部转移和递延发展项目，依托城郊优势，以现有支柱和优势产业为依托，以项目为载体，建设一批具有进贤特色，对县域经济有较强带动作用的产业园区，构建工业经济新格局。实行扶优扶强战略，结合高新产业园功能布局，园区主要布置一、二类工业用地，重点发展生物医药、钢网结构、电子信息及综合性支柱产业。"十二五"期间园区配套不断完善，发展空间不断拓展；医疗器械产业列入全省 20 个工业示范产业集群，钢构网架产业列入全省重点推进的 60 个产业集群，规模以上企业总数达 141 家，实现规模以上工业增加值 80.15 亿元，是 2010 年的 2.26 倍，年均增长 17.2%。①

工业园区作为全县经济的主战场，2015 年以工业为突破口，加速了新型工业化进程。一是做大了总量。全县新增规模以上工业企业 18 家，完成规模以上工业增加值 80.15 亿元，增长 10.5%；完成工业固定资产投资 72.08 亿元，增长 9.3%。二是做强了产业。医疗器械、文化用品、钢构网架等传统产业规上企业实现产值 261.4 亿元，增长 10.89%，占全县规上工业产值的 76.17%；电子信息、装备制造、电气设备等新兴产业发展势头强劲，工业对 GDP 的贡献率达 52%。三是做优了园区。获批省级小微企业创业园、省级钢结构产业基地，完成了滨湖西大道、滨湖中大道等主干道路硬化，平整土方 80 万立方米，全面建成国检监管区、海关保税仓库，规划建设了 105 亩的园区生活配套区，园区发展框架基本形成。②

（二）发展民营经济的措施

1. 发展民营经济的主要措施③

（1）抓好政策落实，扶持企业做大做强。一是对近年来中央、省、市以及县里出台的促进民营经济发展政策、措施进行了梳理，装订成册；按照政策涉及的主体区别开来，分发到每个领导和科室，落实到相关责任领导、责任科室执行，并跟踪查效。二是根据南昌市人民政府印发《关于稳增长促发展的若干政策措施的通知》（洪府发〔2015〕14 号），进贤县县委审议通过了《进贤县关于稳增长促发展的若干政策措施的通知》。三是为推动企业加快发展、加速做大做强，对全县企业进行调查研究，对发展势头好、后劲强、纳税增长快的工业企业，向上积极争取各类政策支持和专项资金扶持。

（2）抓项目，培植新的增长点。一是协调重大工业项目实施推进。二是跟踪服务好全县重大工业项目，及时做好进贤县纳入全市百项重大项目调度的 7 个项目的调度工作，加大项目的推进力度。力争使这些项目成为进贤县工业经济新的增长极，为进贤县工业经济较快发展提供强力支撑。

（3）抓服务，为企业协调解决运行中出现的各种问题。不断提高服务意识，着力打造工业发展服务平台，推动各项工作扎实有效开展，为企业排忧解难办实事。一是切实做好科学分析、调度、监测工作，进一步提高工业经济运行质量。及时分解、落实工业年度目标任务。二是协调融资工作，促进企业借力发展。积极推荐发展潜力大、市场前景好、信誉度高的工业企业给银行，促使金融部门改变服务方式，降低贷款门槛，搭建企业融资服务平台，为企业争取了金融部门的支持。开展"财园信贷通"工作，着力解决企业资金困境，助推企业发展。三是做好重大项目用地报批工作，积极与省、市有关部门沟通联系，加快项目的报批进程，加大重大项目推荐力度，争取用地指标。四是搭建产业公共服务平台。拟订全县产业公共服务平台建设指导意见，建设五大产业公共服务平台，加大医疗器械产业基地省级小微企业创业园和医疗器械产业窗口服务平台的指导力度，完善服务平台功能，更好地为产业服务。

（4）搭建产业公共服务平台，促进产业转型升级。一是完善医疗器械产业窗口服务平

---

① ②　进贤县人民政府 2016 年政府工作报告〔EB/OL〕. http：//www. jinxian. gov. cn/gzbg/13600. jhtml.
③　《进贤县工信委 2015 年工作总结》。

台功能，为企业提供政策法规、产业导向、产权交易和合作项目、市场需求、人才供求等信息服务。二是建立产学研创新平台，引导企业加强与高校、科研院所合作，帮助企业建立行业共性技术和关键技术研发中心。三是建立要素保障平台。大力推广"财园信贷通"等融资模式，破解企业融资难题，充分利用招工用工平台，破解企业用工难题。引导企业参与公共服务平台建设，力争建立医疗器械统一灭菌、检验检测、物流服务中心和钢结构标准件超市、钢构加工配送中心。

（5）促进产业提升，积极引导新建完工投产企业上规模。一是积极推进医疗器械产业和钢结构产业发展，争取将医疗器械产业列入省十大示范产业集群重点推进。力争实现医疗器械和钢结构产业超20%的增长速度。加强引导、强化服务，力争新增企业早投产、上规模。二是搭建培训平台。转变企业家传统经营理论，促进工业企业应用电子商务，以带动工业企业发展，积极组织企业老总或高级管理人员到江西创业大学、南昌创业大学等参加高级工商管理总裁研修班培训。三是积极为非公经济企业职工申报初、中级职称，提升企业技术人员比例。

2. 发展民营经济大事记

（1）2015年1月22日，由国家工信部中小企业经营管理领军人才企业联盟主办、工信部中小企业经营管理领军人才首期班委会和南昌市工信委协办、江西李渡酒业有限公司承办的国家工信部中小企业经管班2015年首季大讲堂暨李渡国宝古窖开窖新年会在该县李渡镇举行。

（2）2015年3月7日，中国江西进贤（首尔）医疗器械产业招商推介会暨中韩企业交流合作对接洽谈会在韩国首尔举行。县委书记万凯推介进贤县医疗器械产业，县委常委、常务副县长袁一旦主持。韩国医疗器械行业协会专务理事朴熙炳，韩国朝阳公司董事长李哲浩等116位韩国企业家参加对接洽谈会。

（3）2015年3月31日，江西省工信委考察团一行深入进贤考察钢构产业。江西省工信委冶金处处长熊国纲，率领新钢、萍钢等钢铁企业的负责人深入进贤县考察钢构产业。钢构产业是进贤县的特色支柱产业，被列入了江西省级重点扶持项目。目前，该县有钢构生产企业57家，规模以上企业8家，年加工钢构产品100万吨，并且还在以每年20%的速度递增。

（4）2015年4月16日，进贤县优化投资发展环境评议评价活动现场测评会召开，组织136家具有一定影响力的企业家代表对全县47个行政审批、行政执法职能的部门以及进驻服务中心为企业和群众提供公共服务的相关部门进行满意度测评。

（5）2015年4月16日，税法宣传进企业助力小微企业发展。进贤县地税局工作人员深入到江西中成药业集团有限公司、江西鸿宇汽车零部件有限公司、南昌市黑马体育用品有限公司等企业讲解最新各项税收优惠政策。该局采取"送法上门"的方式，及时掌握纳税人服务需求，为企业答疑解惑，使各项税收政策落到实处。据统计，该局2015年第一季度对全县230多户小微企业依法减免税收约45万元。

（6）2015年4月23日，进贤县委书记万凯察看4500亩新工业园项目建设情况。他要求大家要保持这样的建设和发展势头，进一步拉开4500亩新工业园内的框架，道路建设要尽快形成网络化，在建项目要尽快完工投入生产，新落户项目要尽快开工建设，形成施工高潮，将4500亩建成真正的工业新城。

（7）2015年10月18日，进贤县在武汉举办医疗器械产业转型升级暨中韩合作企业产品推介大会，共谋进贤县医疗器械产业转型升级之路，向1600余位进贤籍医疗器械营销精英宣传推介该县医疗器械企业与韩国高科技医疗器械企业合作生产的产品，共同发力助推"进贤制造"医疗设备走向全国。

（8）2015 年 12 月 10 日，进贤县公共型保税仓库授牌仪式和海关事务联络办公室揭牌仪式在该县医疗器械产业基地举行，这标志着现阶段江西省唯一一家县级公共型保税仓库在进贤县正式设立，将对该县外向型经济发展产生巨大的推动和促进作用。

七、修水县

（一）民营经济发展概述

1. 县（市）情概况

修水县依托矿产资源、人力人才资源、特色农业资源三大优势资源，加大强工力度，扩张工业总量，提升工业经济效益。2015 年，修水县完成生产总值 130.17 亿元，同比增长 6.58%。该县财政总收入 23.16 亿元，净增 2.12 亿元，增长 10.08%。固定资产投资 158.75 亿元，增长 20.81%。2015 年规模以上工业主营业务收入 327.9 亿元，同比增长 8.2%，规模以上工业增加值 69.28 亿元，增长 10.1%；实现利税 55.5 亿元，增长 3.39%。主营业务收入突破 2000 万元的企业达 67 户，新增规模以上企业 27 户。[①]

修水县委、县政府立足修水实际、积极解放思想、突出重点领域、优化产业结构，民营经济蓬勃发展。截至 2015 年底，修水县民营经济市场主体达到 33269 户，其中：民营工业企业 4826 户，占全县总企业数的 80%，实现工业产值 265.98 亿元，占全县工业总产值总量的 85.5%，缴纳税金 18.48 亿元，带动 5 万余人就业。2015 年，全县规模以上工业企业 126 户，其中民营企业 119 户，完成工业增加值 58.89 亿元，同比增长 10.1%；实现主营业务收入 282.66 亿元，同比增长 8.1%；实现利税总额 47.09 亿元，同比增长 3.58%；上缴工业增值税 1.34 亿元，同比增长 3.25%；完成工业固定资产投资 128.7 亿元，同比增长 15.3%。[②]

2. 工业园区简介[③]

修水工业园始建于 2001 年，2005 年底经国家发改委认定为省级工业园，分"一园三区"，园区规划总面积 36.07 平方千米（宁州项目区 8.89 平方千米、太阳升项目区 25.18 平方千米、九江园区 2 平方千米）。宁州项目区主要承接食品医药、机械电子为主的一、二类项目，是劳动密集型项目区；太阳升项目区承接以矿产品精深加工为主的三类项目，同时兼容一、二类项目；九江园区是资金密集型和技术密集型项目区。以盐津铺子、宁红茶业、英才食品为基础，沿芦良线规划建设食品产业园，全力打造百亿有机食品和医药产业；以新中英、帝维、新寰保、新宏信陶瓷项目为基础，打造百亿陶瓷产业园区。

2015 年，工业园落户企业 185 户，投产企业 147 户，其中规模以上工业企业 84 户，

---

① 关于修水县 2015 年国民经济和社会发展计划执行情况与 2016 年国民经济和社会发展 ［EB/OL］. http：// www. xiushui. gov. cn/Item/60509. aspx.

② 修水县人民政府. 创新工作举措 优化发展环境，推动我县民营经济快速健康发展 ［R］.

③ 九江年鉴（2016）［EB/OL］. http：// www. jiujiang. gov. cn/zjjj/jjgk/jjnj/2016nj/201703/t20170306 _ 1681368. htm.

2015 年完成主营业务收入 248.3 亿元，完成工业增加值 55.18 亿元，实现利税总额 41.45 亿元，完成基础设施投入 25.14 亿元，从业人员 20098 人。在全省 101 个工业园区中排第 30 位。落户园区企业 177 户，投产企业 147 户，规模以上企业 81 户；全年新增规模企业 13 户，完成主营业务收入 285.4 亿元，全省排第 30 位。

2015 年工业园区办理用地手续 9 批次，办理证照 17 份。协助企业招工 7500 余人。推进"财企信贷通"和"财园信贷通"融资平台，县创业担保公司注册资本金增至 5000 万元，全年通过政府融资担保平台为企业融资 8 亿元，为企业及时提供还贷周转金 2 亿元，支持企业 150 多户。新申报 5 户劳动密集型企业，每年可申请 1000 万元的贷款贴息补助；新申报 10 户入驻标准厂房的小微企业，每年可申请小额贷款 200 万元。分别组织"中小企业人事干部培训班"和"中小企业经营管理人员培训班"，邀请各行业专家、教授进行授课，惠及园区 110 余家企业。大力支持和协助企业开展各项职业技能培训，累计培训 950 余人次。

（二）发展民营经济的措施

1. 发展民营经济的主要措施

修水县高度重视民营经济的发展，认真贯彻、落实各级政府关于鼓励支持和引导民营经济发展的若干意见和相关文件精神，对促进民营经济发展进行了周密安排部署。

（1）加强组织领导，完善政策体系。一是结合修水实际，先后制定并下发了《关于大力促进非公有制经济发展的实施意见》《关于决战工业 700 亿的意见》《关于进一步推进全民创业、促进个体私营等非公有制经济发展的实施意见》《关于进一步加强经济发展环境建设的工作意见》（修办发〔2016〕12 号文件）等一系列支持民营经济发展的政策性文件和配套文件。二是召开优化经济发展环境联席会议，对在工作中存在的问题，及时提出整改意见，并由两办督察室负责工作的督促检查和落实，从而基本形成了上下一致、齐抓共管的网络格局。县直各单位和各乡镇积极行动，强化工作措施，在投资兴业、进城就业、用地政策上给予民营经济大力扶助。

（2）大力营造民营经济发展氛围。一是召开全县民营经济大会、经济发展情况分析会，进一步明确发展民营经济的工作目标和措施。二是加大宣传力度。在《修水报》、修水电视台开展民营经济宣传，开辟了民营经济发展宣传专栏，开展发展民营经济专题报道，编印《民营经济发展动态》简报，及时宣传民营经济政策和典型。三是营造创业氛围。设立优化发展环境监测点，开展民营经济"十大创业明星"评选活动，表彰民营经济返乡创业成功人士，极大地激发在外务工人员返乡创业的积极性，营造了浓厚的民营经济发展氛围。

（3）强化民营经济发展环境整治。一是打造阳光高效的政务环境。进一步深化行政审批制度改革，清理和精简审批项目，减少审批环节和时限，规范涉企行政执法、检查、收费行为，营造安商、亲商、富商的法制和社会环境。二是打造公平公正的市场环境。完善诚信体系建设，以政府信用为关键、企业信用为重点、个人信用为基础，逐步健全信用体系。重点规范行业协会和中介机构的服务、收费行为，加大对行业协会、市场中介组织及从业人员违规执业行为的处罚力度，着力解决中介组织与主管部门脱钩不彻底、服务和收费行为不规范、损害企业和群众利益的突出问题。加大对扰乱市场经济秩序和生产经营秩序的整治力度，围绕企业最需要、最突出的问题开展市场整治，为民营经济发展创造一个公平、公正的市场环境。三是打造风清气正的发展环境。每年通过服务企业工作培训，提高干部的企业服务知识水平及服务意识，建设一支讲团结、顾大局、懂经济、善服务、能干事的干部队伍。

（4）搭建发展平台，帮助民营企业快速发展。一是搭建企业落户平台。着力构建民营经济发展的基本框架，基本上形成了以工业园区、小微企业创业园、乡镇创业小区"三位一体"的落户平台。二是搭建培训平台。建立了全县企业用工需求台账，将用工需求信息定期在《修水报》、修水电视台等媒体和人力资源市场、劳动保障工作平台及时进行发布。做好社保关系转移接续服务，免费为民营经济用工人员办理养老保险、医疗保险等社会保险关系转移接续。三是搭建服务平台。全面整合人事劳动、教育、财政、工商、税务、扶贫、民营等相关部门的各类民营经济创业资源，设立民营经济创业指导服务中心，提供"一站式"服务，充分发挥工商联、个协、商会和行业协会的作用，形成民营经济创业人员互相帮扶机制，共同促进创业。四是健全金融支持体系，开展银企对接活动，组织民营经济参加银企座谈会和产品推介会，充分发挥政府政策性融资平台和民间融资平台的效应，将民营企业纳入"财园信贷通"支持体系，全力为民营经济融资服务。积极探索加强民营经济信用制度建设，健全民营企业信用评价体系，根据企业信用等级的不同，企业享有的融资额度也不同，全力推进民营企业信用互助融资担保贷款工作，努力实现民营企业、担保机构和银行三方共赢，共同发展。五是扎实推进重点领域改革。出台了政府职能转变和机构改革方案，加大简政放权力度，核查行政事项967项，推行项目代办制、联审联批制，最大限度减少审批环节，优化审批流程，缩短办事程序，提高办事效率。

2. 发展民营经济大事记

（1）2015年1月27日，修水县组织农业银行修水支行、工商银行修水支行、中国人民银行修水支行、建设银行修水支行、县农村信用合作联社等10家金融单位负责人到县工业园区开展"银行看企业"活动。座谈会上，大家在听取县工业园区发展情况汇报、银行考核情况通报后一致表示，新的一年里将会进一步加大对企业的支持力度，积极融入"决战工业700亿"中来，为县域经济社会发展出一分力。

（2）2015年5月7日，全省促进非公有制经济发展表彰电视电话会议在南昌召开。县委书记孙朝辉，县委副书记、县长张林及县领导柯景坤、王云利、黄吉甫、朱三忠、丁喜春在修水分会场收听收看。全省非公有制企业要以先进为榜样，解放思想、开拓进取、守法经营，不断提升企业发展水平，在江西发展中共享和实现自己出彩的梦想。

（3）2015年6月，修水县工商联荣获全国"五好"荣誉称号。中华全国工商业联合会办公厅下发《关于确认全国"五好"县级工商联的通知》，修水县工商联榜上有名，被确认为2015年全国"五好"县级工商联荣誉称号。

（4）2015年7月2日，修水县荣获省委省政府表彰的"全省开放型经济发展综合奖"，这是修水县开放型经济工作连续2年获此殊荣。

（5）2015年9月，"广裕发"商标获评"中国驰名商标"。经国家工商总局商标局认定，修水县裕发食品有限公司使用的"广裕发"及图注册商标被评为"中国驰名商标"，这也是修水县首例、九江市第五例"中国驰名商标"。2015年8月14日，裕发食品有限公司举行"中国驰名商标"授牌仪式。

（6）2015年9月23日，修水县组织山漫祥、菊之韵、修江源和进生菊业4家企业赴莫斯科参展。鼓励企业"走出去"，把修水县的菊花、茶叶等特色食品推向海外市场，一直是修水县商务部门的愿望。市商务局秘书长罗立霖称："我县食品企业众多，将一如既往地支持它们走出国门，开拓海外市场。"

（7）2015年10月20~21日，修水县工商业联合会（总商会）第十一次会员代表大会召开。号召全县各级工商联组织和全体会员主动自觉地服务和服从县委、县政府工作大局，进一步发挥工商界人才荟萃的优势，用企业之所长，尽企业之所能，为我县实现跨越发展做出应有的贡献。

（8）2015 年 10 月 29 日，江西卫视、《江西日报》、《中国商报》、大江网等媒体记者组成的"百媒进千企"采访团到修水县采访工业发展情况。县政协副主席、工商联主席丁喜春陪同采访。

（9）2015 年 11 月 20 日，九江市中小企业局长及小微企业创业园负责人工作会在修水县召开。市工信委党委书记、主任陈南桥出席并讲话，他指出，在经济社会发展中，中小企业功劳不小，率先开办了创业大学、"服务超市"、"创业园区"，这些工作的开展创新了中小企业人才和平台的培养模式。在复杂经济形势下，中小企业发展喜忧参半，中小企业不优不强是主要因素，要创新观念，从更高层次促进中小企业发展。

（10）2015 年 12 月 9 日，由江西日报社、江西省社科院联合开展的"江西生态文明发展指数 50 强"发布会暨"江西生态文明十佳示范县（市、区）"颁奖仪式在南昌举行，修水县荣获江西生态文明发展指数 50 强。

八、万年县

（一）民营经济发展概述

1. 县（市）情概况

2015 年，万年县实现地区生产总值 111.5 亿元，同比增长 10.8%，增幅全市第三；财政总收入 17.01 亿元，同比增长 13.1%，增幅全市第四；规模以上工业增加值 66.04 亿元，同比增长 10.9%，总量全市第三；社会消费品零售总额 43.47 亿元，同比增长 12.5%；500 万元以上项目固定资产投资 107.1 亿元，同比增长 17.2%。[①]

截止到 2015 年底，全县私营企业总数为 1100 多户，注册登记的个体工商户从业人员 19965 人；全县实现生产总值 115.5 亿元，增长 10.9%。非公经济增加值占全县 GDP 的 70% 以上。非公经济固定资产投资占全县固定资产投资的 80% 以上，上缴税收占全县税收总额的 80% 以上，仅 2015 年新增规模以上企业 12 家，完成规模工业增加值达 66.4 亿元，增长 10.9%。全县民营企业已形成生猪、贡米、珍珠、果蔬苗木、户外运动器材、服饰加工、新型建材、光伏电子、有色金属等支柱产业。[②]

2. 工业园区简介

万年县工业园区创办于 2001 年 10 月，是省级工业园区、民营科技园、全省第三批工业园区绿化提升试点单位。扩区调区后规划总面积为 11.83 平方千米，分设凤巢工业园、丰收工业园、万年青工业园"一区三园"。

丰收工业园位于县城西郊，规划面积为 4.7 平方千米，调区扩区后认定为 4.13 平方千米，主要发展绿色食品加工、电子产业。已完成开发面积 3.7 平方千米，落户企业 125 家，

---

① 万年县 2016 年政府工作报告［EB/OL］. http：//www. zgwn. gov. cn/zwgk/2016/02/24/26008. htm.
② 万年县优化民营经济发展环境工作情况汇报［R］.

重点企业有农业产业化国家重点龙头企业——江西万年贡米集团有限公司、亚洲最大的电容器生产企业——江西佳维诚电子有限公司、江西省产业经济"十百千亿工程"重大项目——江西联创（万年）电子有限公司、全国油茶产业重点企业——江西云河实业有限公司等。

万年青工业园。万年青工业园位于县城东郊，以江西万年青股份有限公司为依托，结合万年县原老工业基地规划 1.94 平方千米，调区扩区后认定为 1.75 平方千米，主要发展新型建材产业。已完成开发面积 1.3 平方千米，落户企业 12 家，重点企业有江西省建材行业首家上市公司——江西万年青水泥股份有限公司、具有国内同行业领先生产技术的江西南煌耐火耐磨材料有限公司。

凤巢工业园。凤巢工业园位于梓埠镇、石镇镇结合部，距县城约 15 千米、德昌高速出口 10 千米，规划面积为 10.66 平方千米，调区扩区后认定为 5.95 平方千米，主要发展生物医药、户外休闲用品产业，该园区被江西省政府获批为"省级精细化工产业基地""十大战略性新兴产业生物新医药基地"以及"中国（中西部）户外休闲用品产业园"。已完成开发面积 3.4 平方千米，落户企业 54 家，重点企业有中国氟化工行业 10 强——江西莹光化工有限公司、省政府重点调度项目——江西君业生物制药有限公司、我国户外休闲用品产业的龙头企业——江西昌硕户外休闲用品有限公司、海归创业型现代科技企业——江西纳宇纳米新材料有限公司等。

建园以来，万年园区坚持"稳中有进、稳中有为、稳中提质"发展战略，上下一心做强企区、做大产业、做优服务，在推动县域经济的跨越发展等方面有力地发挥了窗口、辐射、示范和带动作用。2015 年园区内科技型企业 70 余家，其中高新技术企业 8 家，总数位居全市第一。有 1 个省级工程技术研究中心、3 个市级工程技术研究中心。索普信实业获评省"科技创新示范企业"，纳宇纳米跻身"中国创翼"创业创新大赛全国总决赛前十强。真牛食品"城南故事"商标获评"中国驰名商标"。[①]

（二）发展民营经济的措施

1. 发展民营经济的主要措施

万年县陆续出台了一大批鼓励、支持、引导非公有制经济发展的政策措施，使民营经济的规模、质量、效益得到迅猛发展，逐步成为全县经济的重要组成部分。

（1）切实完善政策体系，强化组织领导。一是万年县出台了相关文件，促进非公有制经济和小微企业发展。对于符合产业政策、带动能力强、发展潜力大的战略性新兴产业、大型龙头企业、总部或研发中心迁至万年的非公有制企业，实行"一事一议"政策，从财税、空间、人才、服务、环境等方面给予大力支持。二是成立万年县非公经济发展领导小组，负责全县非公经济发展的总体设计、统筹协调、整体推进、监督落实。

（2）加速转变政府职能，为民营经济发展创造优质高效服务环境。一是网上电子化办公。建设电子政务系统，加快文件审批速度。二是打造"一站式"审批平台。县行政服务中心制定首席代表制、服务承诺制、无偿代办制等七项制度，完善服务企业行政审批代理制具体制度和操作流程，指定专人代理服务，负责为企业工商注册、立项、环评、能评、土地报批等工作提供全方位、全天候、保姆式服务。三是深化行政审批制度改革，大力精简行政

---

① 万年县 2016 年政府工作报告 [EB/OL]. http：//www.zgwn.gov.cn/zwgk/2016/02/24/26008.htm.

审批事项。目前万年县政府保留县级行政审批项目 67 项；精简 251 项，其中，取消 17 项，暂停 8 项，调整为行政服务 47 项，合并 179 项，力争将万年县打造成全国"行政审批最少县"。

（3）强化保障要素。万年县完善了项目准入评估和绩效评价制度，加大了闲置厂房和土地清理盘活力度；设立"工业日"，每月召开现场办公会，研究解决项目推进中的困难与问题；定期组织召开园区企业专场招聘会及县重大项目专场招聘会，帮助园区企业解决用工 4000 余名。

（4）创造社会舆论影响，大力招商。万年县加大宣传舆论工作力度，大力宣传万年县非公经济发展工作及成绩。开展"回望历史，回访老家"主题活动，启动"百万重金选贤才、千万重金奖英才"计划，出台《自主招商奖励办法》，成功举办系列招商活动。2015 年引进省外 5000 万元以上项目 26 个，实际进资 44.16 亿元，同比增长 17.8%，总量全市第二，增幅全市第四。

2. 发展民营经济大事记

（1）2015 年 1 月 22 日，在江西省工商联年度总结表彰大会上，万年县工商联获得全省县级工商联"先进单位"荣誉称号。万年县工商联也是连续三年获得此项殊荣。

（2）2015 年 3 月 31 日，由江西日报社、江西省社会科学院主办的"第二届江西县域经济活力调查"活动圆满结束，万年县被评为第二届江西县域经济十大活力县（市、区）。

（3）2015 年 6 月 18 日，万年县建材企业万年发实业有限公司在上海股权托管交易中心成功挂牌上海股交中心中小企业股权报价系统。万年发实业有限公司作为万年县重点培育和扶持的建材龙头企业，长期以来，紧紧围绕"创新思路谋发展、整合资源求突破"的发展理念，不断加快企业发展步伐，加大技术改造升级力度，取得了一系列骄人可喜的成绩。

（4）2015 年 7 月 24 日，万年县非公企业工会组建和发展会员集中行动推进会在县总工会会议室召开，就非公企业工会组建和发展会员工作，总工会主席黄亚莉强调，要统一思想，提高认识，进一步增强非公企业工会组建和发展会员工作的主动性和自觉性；要加大工作力度，全面推进非公企业工会组建和发展会员工作。

（5）2015 年 7 月 29 日，省工商联主席雷元江到万年县调研非公经济及基层商会组织建设工作，市工商联主席余忠效、县委副书记吴树俭、县政协副主席余坚毅等陪同。雷元江强调，要充分利用好国家的扶持政策，鼓励全民创业，并为创业者提供积极帮助。

（6）2015 年 8 月 5 日，在国家工商总局公布的新认定"中国驰名商标"名单中，万年县江西省真牛食品公司的"城南故事"商标榜上有名。至此，万年县"中国驰名商标"总数已达 2 件。

（7）2015 年 9 月 28 日，经过为期两个月的申报，在江西省委、省政府，上饶市委、市政府、上级有关部门的充分肯定和大力支持以及万年县委、县政府的高度重视下，江西万年县工业园区更名为江西万年高新技术产业园区正式获得江西省政府批复，自此，万年成为上饶市首家拥有高新技术产业园区的县（市、区）。

（8）2015 年 11 月 16 日，万年县政府与深圳亚马逊光电科技有限公司签约仪式在县政府常务会议室举行。深圳亚马逊光电科技有限公司将投资 3 亿元，在万年县建设 LED 照明设备生产企业，完全建成投产后可达到 10 亿元以上的生产规模，解决 500 名以上人员的就业。

（9）2015 年 12 月 9 日，江西电子商务双创产业园项目签约仪式在县经济服务中心七楼会议室举行，在现场领导与企业家的见证下，副县长刘晓华和江西恬素实业有限公司董事长游长发正式签约，标志着万年县在电子商务产业发展史上又迈出了跨越性的一步，也预示着万年县打造国家级电子商务示范基地又多了一个重要展示平台。总投资 6 亿元的江西电子商务双创产业园项目，总建筑面积 10 万平方米左右，完全建成投产后可达到 10 亿元以上的电商交易额。

（10）2015 年 12 月 24 日，江西晟金实业有限公司在深圳证券交易所成功挂牌前海股权交易中心中小企业股权报价系统。该企业成立于 2013 年，是一家从事汽车配件、通用部件、标准紧固件、电器机械，集自主研发、生产、销售、营运为一体的专业性机机械生产制造企业。到如今总投资达 8000 万元，可实现年产值 2 亿元，成为了中国一家大型通用紧固件生产企业。

九、玉山县

（一）民营经济发展概述

1. 县（市）情概况

玉山县 2015 年实现 GDP134.59 亿元，增长 10.8%；财政收入 21.22 亿元，增长 14.7%；规模以上工业增加值 76.33 亿元，增长 11.4%；固定资产投资 115.17 亿元，增长 17.1%；社会消费品零售总额 52.69 亿元，增长 13.4%；城乡居民人均可支配收入 24222 元、11580 元，分别增长 11%、12.37%。①

玉山县积极引导、鼓励和扶持非公有制经济快速健康发展，充分发挥了非公经济在县域经济发展中的主体作用，取得了实效。2015 年底，全县注册登记的私营企业总数达 2200 多户，个体工商户发展到 21448 户，增长 9.19%；从业人员 35519 人，增长 10.3%。非公经济增加值占全县 CDP 的 75% 以上；非公经济固定资产投资占全县固定资产投资约 90%；上缴税收占全县税收总额的 80%。2015 年该县新增规模企业 39 家，完成规模工业增加值达 78.7 亿元，增长 11.7%。现已基本形成了有色金属、机电汽配、新型建材主导产业，特别是新兴民营企业异军突起。2015 年，共有 153 家民营企业入住电商产业园，电子商务交易额 15.73 亿元，同比增长 165.69%；实现销售额 70 多亿元。"互联网＋"带动新兴产业成为玉山县经济社会发展的新引擎。②

2. 工业园区简介

江西玉山工业园区成立于 2002 年 7 月，位于江西东大门玉山县，总规划面积为 30 平方千米，是江西省首批 18 个重点工业园区之一。2006 年经省政府审核，批准为省级工业园区，命名为江西玉山工业园区。目前已建成面积共计 11.8 平方千米，形成了"一园三区"架构，有金山核心区、文成产业园、岩瑞新型建材基地等板块，初步形成了有色金属、机电汽配、新型建材三大主导产业，食品加工、轻工纺织两个产业也初具规模。

园区有色金属产业朝着产业链的上下游延伸，产业配套功能日益健全。结合国家有色金

---

① 玉山县 2015 年暨"十二五"时期国民经济和社会发展统计公报 ［EB/OL］. http://www.zgys.gov.cn/public/news.asp? articleid=33398.
② 玉山县工商联. 打造优质服务环境 加速非公经济发展 ［A］.

属产业振兴规划的战略举措,玉山县的有色金属产业逐步发展成为有一定规模的优势产业。旺铜业、岩瑞铜业、飞龙金属、富春铜业等有色金属加工企业先后落户园区,总投资约36亿元,其中规模以上的有7家。

机电汽配产业是玉山的传统优势产业,玉山县是江西省轴承产业生产基地。玉山机电汽配产业在悄然"转型",横向变宽、纵向变长,一个分工协作、上下游关联的产业基地已轮廓初显。初步形成集汽车零部件、机动车制造、轮胎磨具制造、金属铸造及配件制造等多个门类的重点行业齐头发展的机电汽配产业。

玉山县石灰石资源储量达33亿吨,居全省之首,为建材产业发展提供了丰富的原材料来源。江西玉山工业园区岩瑞工矿区为核心区的新型建材基地已初具规模,现有水泥业、新型墙材业、非金属矿产加工业三大类建材企业50余家。

2015年,玉山工业园区升级为省重点经济开发区,园区规划面积由2010年的3.87平方千米发展到2015年的8.8平方千米,已成为推动玉山县工业经济快速发展的主战场、主平台。截至2015年投产企业139家,产业更加优质,引进了一批制造业、光电产业企业,战略性新兴产业数量位全省前列;净增规模以上工业企业29家,全市第一。2015年园区实现工业主营业务收入301.56亿元,比2010年增长197%,占全县工业主营业务收入的98.87%。①

(二) 发展民营经济的措施

1. 发展民营经济的主要措施②

玉山县坚持把发展民营经济作为扩充经济总量、提升发展质量、加快富民强县的重要途径,千方百计创造宽松环境,不断加大扶持服务力度,有力促进了民营经济健康发展。

(1) 坚持招商引资不动摇,不断壮大非公经济。一是制定招商引资优惠政策,筑巢引凤。吸引众多浙商来玉山投资发展。浙商每年贡献占玉山县经济总量半壁江山。二是选派得力干部,组成招商小分队,长年累月分赴长、珠、闽沿海经济发达地区招商。引进产业关联度高、规模大、无污染、效益好的大项目,好项目,带动全县非公经济更好更快发展。

(2) 坚持"主攻工业,决战园区"不动摇,发挥园区发展非公经济平台作用。一是园区内"急事急办,特事特办"。围墙内的事企业做,围墙外的事园区帮着做。二是对新落户的非公经济项目,一旦签约,园区立即与企业对接。督促企业尽快做到人员、资金、规划三到位。三是每年对经济发展做出贡献的民营企业,实施奖励政策。奖牌、奖金由领导带队送上门,积极鼓励民营企业发展更上一层楼。

(3) 坚持强化服务机制不动摇,确保非公经济稳步发展。一是县委、县政府支持非公经济发展,公开晒出政府负面清单、责任清单和权力清单。简政放权,改革一切不利于非公经济发展积弊。二是不断加强干部作风建设,服务好非公经济发展。通过开展明察暗访等方法,对"为官不为""庸作为""懒作为""慢作为"的违规干部进行严肃处理。三是扶持多层次担保贷款机构建立,解决民营企业融资难问题。引进各种金融机构,如上饶玉山银行、招商银行等,解决中小微民营企业多家融资之需。2015年,玉山县各种民营担保机构发展到11家。四是规范收费管理,不断为非公企业减负。玉山县相继出台了《关于进一步

---

① 玉山县2016年政府工作报告 [EB/OL]. http: //jxys. wenming. cn/tpxw/201604/t20160425_ 2509446. html.
② 玉山县工商联. 打造优质服务环境 加速非公经济发展 [A].

加强工业园区建设的实施意见》《县工业园区工业企业行政事业性收费项目目录》等文件，扶持民营企业做大、做优、做强。五是县委、县政府、人大、政协四套班子成员，坚持挂钩企业，把企业存在问题及时解决在车间、班组。六是加强培训工作，不断提高非公经济人士综合素质。玉山县工商联（总商会）每年分期分批组织非公经济人士，赴高等院校学习培训，开阔企业家视野，增强发展信心。极大激活了民营经济活力，全县广大民营企业抓科研，创品牌，玉山县非公经济发展硕果累累。

（4）不断提高全民创业的积极性，非公经济发展后劲足。一是积极安排小额贷款，扶持大众创业，万众创新。2015 年支持大学生和玉山籍回乡创业人士小额贷款达 2.3 亿元。有 2700 多名大学生回乡创业发展。二是每年春节前后举办大型用工招聘会，解决民营企业招工难问题。连续三年，应聘到各民营企业各种人才达 2700 多人。三是培训创业指导员，引导大众创业。全县培训电商创业指导员 570 名，推动了农村电商产业发展。

2. 发展民营经济大事记

（1）2015 年 3 月 31 日，浙商创新发展为江西绿色崛起立新功动员大会暨江西省浙江总商会第四次会员代表大会在南昌举行。浙商现场签约重大项目 25 个，签约资金 273.5 亿元。玉山县浙江商会荣获"全省先进浙江商会"，项明亮会长荣获"江西突出贡献浙商"，项巍、周连树、许海红荣获"江西省浙江总商会优秀会员"荣誉称号。

（2）2015 年 4 月 14 日，玉山县召开"财园信贷通"2015 年第一次调度会，以进一步推进玉山县"财园信贷通"工作，帮助企业持续健康发展。县委常委、常务副县长江丽红主持会议并讲话。龚汉城、章仁斌、徐益海等出席会议。

（3）经江西省人民政府批准，玉山县工业园区"升格"为省级经济开发区，定名为"江西玉山经济开发区"。2015 年 5 月 20 日，江西玉山经济开发区正式挂牌成立。

（4）2015 年 5 月 26 日，经开区家具产业园玉山县金天龙家具有限公司建成投产。至此家具产业园已有 6 家企业投产，这是玉商回归的重要成果。玉山县已有 5000 多名家具生产商在江苏、广东从事家具生产，创办了 300 多家家具生产企业。

（5）2015 年 6 月 25 日，玉山县荣获"2015 浙商（省外）最佳投资城市"称号。由《浙商》杂志、浙商全国理事会、《浙江日报》共同主办的 2015 浙商大会暨"互联网＋峰会"于 6 月 19～20 日在杭州洲际酒店举行。大会发布并对"2015 浙商（省外）最佳投资城市"获奖城市进行了颁奖。玉山是江西省唯一获此殊荣的城市。

（6）2015 年 6 月 26 日，县经开区与上饶市富旺实业有限公司正式签订入园协议。上饶市富旺实业有限公司由浙江省富阳市中旺实业有限公司投资 10 亿元建设。该项目建成投产后可实现年主营业务收入 40 亿元，年纳税 2.5 亿元，将为玉山县经济社会发展提供巨大的推动力。

（7）2015 年 8 月 11 日，以世界银行官员王晓兰为团长的世界银行贷款江西农产品流通体系建设项目准备支持团一行 10 人，到玉山县就农产品流通体系建设项目进行项目鉴别考察。省农业厅农村社会事业发展局副局长吴植收，县委常委、常务副县长江丽红陪同考察。支持团一行对玉山县世行贷款农产品流通体系建设项目申报实施前期准备工作予以高度肯定。

（8）2015 年 9 月 24 日，江西省科技厅公示了江西省 2015 年拟认定高新技术企业名单，上饶市共有 22 家企业拟通过高新技术企业认定，其中，玉山县 4 家企业榜上有名，分别是：江西众光照明科技有限公司、江西派力德照明有限公司、江西天马钢管有限公司、江西三清山绿色食品有限责任公司。

（9）2015 年 10 月 15 日，经开区全力推进"6＋1"重点项目建设。为迎接全市年底经济发展巡查，玉山县经开区坚持"抢晴天、战雨天、用晚间"、"5＋2"的工作理念，紧紧抓住近期天气晴朗的"黄金施工期"，采取集中优势人力、物力，以"白加黑"的施工方式，在保证工程质量和安全的前提下全面加快建设进度。经开区党工委书记徐益海坚持每天到工地了解项目进度情况，并要求将每天的项目进度情况在微信平台上通报，激发各项目施工单位赶学比拼。

（10）2015 年 11 月 18 日，首批创客集中签约入驻众创空间。随着"大众创业、万众创新"日益深入人心，玉山县电子商务产业园"众创空间"正式开放运营，首批 8 家创客集中签约入驻，为玉山电商创新驱动注入了强劲的新鲜血液，营造了电商发展良好氛围。

十、安福县

（一）民营经济发展概述

1. 县（市）情概况

2015 年，安福县实现国内生产总值 1191553 万元，同比增长 9.3%。其中，第一产业增加值 215722 万元，同比增长 4.3%；第二产业增加值 640976 万元，同比增长 10.0%；第三产业增加值 334855 万元，同比增长 10.9%，三次产业结构调整为 18.1：53.8：28.1。人均生产总值 30405 元，同比增长 6.1%。财政总收入 168003 万元，比上年增长 3.3%。①

截至 2015 年底，全县私营企业总数为 1200 多户，注册登记的个体工商户 1 万多户；全县实现生产总值 119.2 亿元，增长 9.3%。非公经济增加值占全县 GDP 的 70% 以上。非公经济固定资产投资占全县固定资产投资的 80% 以上，上缴税收占全县税收总额的 80% 以上，仅 2015 年新增规模以上企业 12 家，完成规模工业增加值达 55.7 亿元，增长 10.2%。现已基本形成了以"3＋4"特色产业（液压机电、绿色食品、电子信息和矿产建材、新能源新材料、林产加工、品牌鞋业）、武功山旅游开发和以烟叶种植、井冈蜜柚、"安福米猪"提纯等为主的现代农业协同发展的良好格局。②

2. 工业园区简介

安福工业园区建设始于 2002 年，2006 年经江西省人民政府批准为省级工业园区和省级民营科技园，主要包括城东新型工业区、赤谷矿产区、金田五中五库能源化工区和横龙林产品精深加工区四大板块，是安福县经济发展的重要增长极和促进项目集聚、产业集群的主要阵地。园区重点发展液压机电制造、绿色食品加工两大产业，大力发展矿产、建材、电子信息、品牌鞋业、能源化工、林产品加工等产业，特色产业体系初步形成。

2015 年，工业园区 1～12 月实现主营业务收入 168.74 亿元，同比增长 10.02%；实现工业增加值 44.60 亿元，同比增长 13.24%；完成税收 10.43 亿元，同比增长 4.43%；基础设施投入 5.10 亿元，同比增长 129.60%；就业人员 2.69 万人，同比增长 4.04%；完成固定资产投资 62.44 亿元，同比增长 13.70%。

---

① 安福县 2016 年政府工作报告 [EB/OL]. http：//www.afx.gov.cn/xxgk/gzbg/2016/03/11/16593111953.html.
② 安福县工商联. 优化服务 破解难题，努力营造非公经济发展更优环境 [R].

"十二五"期间，安福县工业园区入园企业达130多家，规上企业73家，其中2015年新增12家，较2010年增加41家。工业园区2015年实现主营业务收入168.74亿元，较2010年增长284%；实现工业增加值44.60亿元，较2010年增长340%；完成税收10.43亿元，较2010年增长511%；基础设施投入约5.10亿元，较2010年增长20%；就业人员2.69万人，较2010年净增人口约11500人；完成固定资产投资62.44亿元，较2010年增长195.7%。①

（二）发展民营经济的措施

1. 发展民营经济的主要措施

安福县高度重视非公经济发展，出台了一系列关于非公有制经济发展的政策措施，形成了鼓励、支持、引导非公有制经济更好更快发展的政策体系，非公有制经济发展面临前所未有的良好政策环境和社会氛围。

（1）构筑政策高地，促非公经济发展。一是安福县出台了《关于落实大力促进非公有制经济更好更快发展政策措施责任分工方案》《关于促进我县非公经济发展的若干规定》等文件；实行了县领导、乡镇和县直单位帮扶重点工业企业制度。二是成立促进非公经济发展领导小组，统一领导协调非公经济发展工作；成立了县非公党工委，设在县工商联，具体负责非公经济组织党的建设工作，建立了县级党员领导干部非公经济党建工作联系点。三是组织工商、税务、金融、商务等部门为全民创业提供绿色通道，以推动非公经济的发展。

（2）提升服务水平，促进非公经济发展。一是进一步改进机关效能，推进简政放权，推行政务公开，大幅压缩精简行政审批事项。实行电子监察与项目网上审批、企业网上年检等措施，为非公经济的发展提供快速、便捷的服务。二是在全县范围内先后开展了"机关效能年""创业服务年""发展提升年"等活动。大力推行服务承诺公开制度，首问责任制、限时办结制，完善责任追究制度。创新服务方式，积极开展上门服务、预约服务、延时服务。启动了"12345"市民服务热线平台建设，推行了重点建设项目联审联批制度，"三单一网"建设顺利推进。三是成立了由县委副书记任组长的县优化经济发展督察领导小组，每年由督察领导小组对涉及服务非公经济发展职能的70多个县直单位开展2次优化经济发展环境满意度测评。

（3）优化投资平台，促非公经济发展。一是推动工业园区的产业聚集规模，增强产业支撑动力。围绕"3+4"特色产业发展，重点抓了工业园14个实体企业的帮扶和16家小微企业家的培育，对5户较大企业实行"一企一策"，顺利推进了24个工业重点项目建设。二是高标准建设了小微企业"孵化基地"和安福职业技术学校的退城进园，降低了企业创业的风险，便利了企业职工技术培训和交流，增强了企业创新能力。三是全力打造商会大厦。高标准规划设计了安福县商会大厦，并列为全县的重点建设项目。四是加强招商引资，增强发展活力。打造武功山旅游、"全国卫生城市"和"省级文明城市"名片，全力打造宜居、宜商环境，突出环境招商、产业招商、以商招商和返乡创业招商特色。

（4）破解发展难题，促进非公经济发展。一是出台了"稳增长32条"，制定实施了优化发展环境、小微企业还贷周转金制度和措施，扎实开展了帮助实体企业行动计划、"百名干部进百企解百难"、"百组帮百企"等行动，切实帮助企业解决实际困难。二是加大财政

---

① 安福县工业园区2015年工作总结及2016年工作思路［EB/OL］. http://www.afx.gov.cn/xxgk/xxgknb/2016/03/16/16043311983.html.

扶持力度，县财政设立 3000 万元非公经济发展专项资金，政府小额担保贷款中心及通过"财园信贷通""财政惠农信贷通"帮助企业融资 3.78 亿元。三是开展政银企合作。成立了政银企合作领导小组，引导各金融机构从非公经济特点出发，构造政银企合作机制，实现政银企多赢。举办了"商会银行携手，合作共赢发展"的联席会议、"金融知识培训班"等，为民营经济发展提供了融资服务。四是出台了返乡创业和园区就业的扶持政策。鼓励外出成功人士、本土企业家积极投身农业特色产业建设，发展实体经济。五是由县就业、工会、商会等部门联合组织网上招聘、大型现场人才招聘会等形式，帮助企业招工，有效缓解企业用工难问题。

（5）凸显人文关怀，促进非公经济发展。一是政治上关心非公人士。积极鼓励、引导全县非公经济人士参选各级党代表、人大代表、政协委员。聘请非公经济人士代表担任县政民主评议监督员，积极引导他们参政议政，参与到安福的经济和社会发展中来。二是工作生活上关心非公经济人士，让他们进得来，留得住，发挥行业协会的作用，主动与他们沟通联系、交心、交朋友，时时了解他们所思所想。三是加强教育培训。让非公经济人士及时了解当前经济和社会发展形势，提高了企业的综合竞争能力。四是组织非公经济人士赴外地考察、招商，开阔了企业家视野，增强了创业能力。

2. 发展民营经济大事记

（1）2015 年 1 月，安福县裕元（安福）制鞋有限公司获"南昌海关高级认证企业"，安福县天锦食品有限公司获"江西省重合同守信用 AAA 单位"称号。近年来，安福县通过开展创建"诚信经营示范点"、发放法制宣传单等多种形式引导企业诚信经营，企业形象和信誉显著提升。

（2）2015 年 5 月 8 日，安福县入选第三批江西省级生态县。经省政府同意，省环保厅联合省发改委、省住建厅、省林业厅正式命名了 5 个县（市、区）为第三批省级生态县（市、区），安福县榜上有名，这是安福县成功创建省级森林城市及蒙冈岭森林公园晋升省级森林公园之后，荣获又一绿色名片。

（3）2015 年 5 月 20 日，安福县召开贯彻省、市促进非公有制经济发展表彰会议精神推进会，研究部署全县非公有制经济进一步发展工作。陈军民、李发芽、谢海泉、郑莲华、吴杰、李莹等县领导出席会议。陈军民要求，全县上下要共同营造浓厚的亲商、安商、扶商氛围，创造高效、便捷、诚信的经济发展环境，帮助非公企业克服困难、渡过难关，发展得更好。

（4）2015 年 7 月 15～17 日，安福县分别在浙江台州和福建泉州举行招商引资恳谈会。两场恳谈会共签约企业 8 家，总签约额 20.7 亿元。

（5）2015 年 9 月 16 日，全县金融工作暨政银企对接会议召开，李发芽、尹冬苟、吴杰等县领导出席会议并讲话。会上，企业与银行进行了现场签约，共落实签约项目 16 个，签约资金 8.86 亿元，落实对接项目 28 个，对接金额 10.28 亿元。各银行负责人以及企业代表分别进行了大会发言。

（6）2015 年 9 月 17 日，陕西鑫泰药业有限公司、江西新余江能光伏发电有限责任公司、浙江劲冠桥梁机械有限公司等 11 家企业集中与安福县签约，总签约金额 13.8 亿元。

（7）2015 年 10 月 20 日，县委书记陈军民就园区建设和项目推进工作在园区管委会召开工作调度会。他强调，工业发展和园区建设是加快安福发展的重中之重，各挂项目责任领导、责任单位和相关部门要突出重点，加紧调度，认真履责，做好帮扶；园区企业也要自我加压，主动出击，打好企业发展攻坚战，共同促进全县工业经济又好又快发展。

（8）2015年11月12日，安福县崛起四大产业群。安福县以省级液压机电产业基地、省级绿色农副食品产业基地"两大基地"为平台，坚持战略性新兴产业与传统主业融合发展，努力形成企业集中布局、产业集群发展、资源集约利用的产业发展格局。目前，全县形成了以液压机电产业、绿色食品产业、电子信息产业、清洁能源产业等为主导产业的四大产业群。

（9）2015年11月16日，安福县创业孵化基地掀起创业热潮。安福县以创业孵化基地为平台，制定落实一系列扶持政策，大力推进创业园区建设，激发了全县全民创业热情，掀起了全县大众创业热潮，并以此促进创业，带动了就业。

（10）2015年11月27日，县工商业联合会（总商会）第十一次会员代表大会召开。县工商联充分发挥桥梁纽带和助手作用，各项工作都取得了明显进步，参政议政水平和能力有了新的提高。截至2015年9月，县非公经济贡献税收7.86亿元，占纳税总额的85.3%，占财政收入的61.3%，为安福县经济发展和社会稳定做出了积极的贡献。

第七章　重点产业民营企业

为进一步做大做强做优主导产业，推动产业升级，增强竞争实力，结合江西实际，江西省人民政府出台了《工业重点产业升级发展指导意见》（以下简称《指导意见》）。在《指导意见》中确定 14 个未来重点发展的产业，这其中包括医药、电子信息、汽车、航空、光伏、食品 6 大优势产业，优铜、石化、钢铁、纺织、建材 5 大支柱产业，精钨、稀土、锂电 3 大特色产业。在这些领域中有一批民营企业在其中发挥着主力或生力军作用。

一、医药产业

在医药产业中比较有影响的重点民营企业主要有：

（一）仁和（集团）发展有限公司

仁和（集团）发展有限公司成立于 2001 年，是一家集制造、研发为一体的大型医药企业，仁和集团旗下拥有 1 家上市公司，3 家医药科研机构，13 家药品、保健品生产企业，5 家销售物流企业，员工 1.8 万余人。

2015 年，仁和集团紧紧抓住发展机遇期，借助"互联网＋健康产业"的发展优势，以"互联网＋"为引领，以产业升级为支撑，以产品品质为依托，加快发展步伐，提升发展质量。

2015 年，仁和集团开始全面拥抱"互联网＋"。从提出全力打造大健康创新产业，到推出"和力物联网"，短短一年时间，仁和集团以"做一个掌握传统资源的互联网企业"为目标，加速互联网战略转型，阔步医药电商战略，开创了全新的物联模式，并打造"叮当快药"等 APP 终端，构建叮当大健康生态圈，不仅能为用户和百姓提供更加贴心、智能的健康管理服务，而且使仁和集团向创新科技型药业集团成功转型。

叮当快药于 2015 年 2 月正式上线，是仁和集团旗下一款基于 O2O 的医药健康类互联网产品，可提供症状自诊、药师咨询等服务，其"核心区域 28 分钟免费送到家"等一系列优质服务得到了广大消费者的认可。为了确保 28 分钟送达，叮当快药采用了"电子围栏"技术，对线下合作药店进行地面网络规划，根据城市地形、交通路况等因素，确定药店布点，确保"围栏"内各点都在"28 分钟服务圈"范围之内。目前，叮当快药已进军北京、上海、广州、深圳、南昌等 26 个城市。

仁和集团以"互联网＋厂务公开"的新形式，收获了经济上的累累硕果，力促企业快速发展，是企业健康发展的"原动力"。同时也保障了职工群众的知情权、参与权、表达权、监督权，调动了职工参与厂务公开的积极性、主动性，参与度提升，促进了劳资关系和谐，实现了劳资双赢。

仁和集团相关负责人在接受采访时也表示，"互联网＋"的实质是关系及其智能连接方式，互联网去中心化，降低信息不对称，重新解构过去的组织结构、社会结构、关系结构。仁和集团将厂务公开与"互联网＋"融合起来，也是在积极拥抱互联网，力求与时俱进，打造新时代的厂务公开新模式理念。同时，通过不断追求优质服务，将厂务公开与互联网对接，增强了互联网及厂务公开的垂直服务功能，进而满足企业及员工不同层次的需求。

（二）江西青峰药业有限公司

青峰医药集团有限公司是一家跨地区、产学研、科工贸于一体的新型医药企业集团，2015 年进入全国医药企业百强行列，销售收入达到 37.38 亿元。

公司拥有两个生产基地，形成了针剂 2 亿支、片剂 20 亿片、颗粒剂 1 亿袋、胶囊剂 1 亿粒、原料药 10 吨共 5 大系列 100 多个品规的生产能力，拥有国内、国际一流的生产设备和检测设备，所有剂型均通过了国家 GMP 认证。

公司秉承互利共赢的经营理念，建立和完善了遍布全国的销售网络系统。高品质的特色产品、高素质的销售队伍、专业化的市场推广能力、完善的销售服务体系，为企业赢得了良好的口碑。

以下是企业在 2015 年获得的各种荣誉和体现企业发展上档次的标志性事件。

5 月，旗下江西弘立现代中药有限公司顺利通过药品 GMP 认证。

7 月，名列"2014 年中国医药工业百强企业榜单"第 50 位。

8 月，旗下上海迪诺医药有限公司被批准为省级"高新技术企业"。

9 月，成功申报建立江西省第一家企业国家重点实验室——"创新天然药物与中药注射剂"实验室。

10 月，被江西省工商联合会授予"江西民营企业制造业 100 强第 15 位"。

10 月，被江西省工商联合会授予"江西民营企业 50 强第 25 位"。

11 月，建立省院士工作站申报成功；旗下云南巅青生物技术有限公司建立省院士工作站申报成功。

12 月，旗下江西山香药业有限公司顺利完成整体搬迁，并通过 2010 年版本 GMP 认证。

（三）汇仁集团有限公司

汇仁集团有限公司成立于 1992 年，是集医药商业贸易、中西药生产和药材现代化种植（养殖）与饮片加工为一体的现代化大型医药集团。汇仁集团下属 7 家企业，员工约 5000人，有一支由博士生导师、博士后、博士、硕士等高层次人员组成的研发、销售与管理队伍。

2015 年汇仁集团销售收入 31.38 亿元，名列全国医药企业第 11 位、全国中成药企业第 2 位，是"江西民营企业 50 强"企业、江西省民营经济龙头企业。汇仁集团成立至今，已先后安置下岗待业人员几千人次，为公益事业捐款捐物累计约 700 余万元。

2015 年是公司发展至关重要的一年，公司将规划重心放至"肾宝"这个品牌上，肾宝片：加大广告力度，全国推广；肾宝合剂：转换模式，重新启动；同时增加肾宝新品种的研发工作，协助"汇仁肾宝"品牌占领补肾市场。另外一个重点工作则是各部门协助实现新厂搬迁的各项工作。

2015 年公司为满足快速发展的需求，解决组织运作中存在的现实问题，打造汇仁的核心竞争力，确保公司战略目标的实现。经公司研究决定，对制造和销售业务部门的组织架构进行大幅度调整。

具体为成立采购部，为公司一级部门。原药材饮片事业部、制造事业部采购部的职能全部转入新成立的采购部；将原制造事业部的生产部、质量管理部升格为公司一级部门，管理职能不变；将原制造事业部的设备工程部、技术中心，设置为公司的二级部门，管理职能不变；成立营销监察部为公司的二级部门，将原 OTC 市场部监审中心的职能全部转入新成立的营销监察部；成立营销后勤部，为公司的二级部门，将原 OTC 销售部后勤支持中心的职能全部转入新成立的营销后勤部；将原 OTC 市场部电销中心，设置为公司的二级部门，管理职能不变；撤销制造事业部、药材饮片事业部、OTC 市场部监审中心、OTC 销售部后勤支持中心。

同时，聘任李志华同志为公司副总裁，分管 OTC 市场部、OTC 销售部、OTC 商务部、营销监察部、营销后勤部、电销中心；聘任钮犇同志为公司副总裁，分管采购部、生产部、质量管理部、设备工程部、技术中心、新厂建设项目指挥部；聘任吴强同志为 OTC 市场部常务副总监，主持 OTC 市场部日常管理工作；聘任王承华同志为采购部常务副总监，主持采购部日常管理工作；聘任刘国富同志为营销监察部部长；聘任肖建国同志为采购部副总监，协助常务副总监分管精制饮片和 GAP 业务；聘任黄学军同志为生产部副总监，主持生产部日常管理工作；聘任许敏同志为质量管理部副总监，主持质量管理部日常管理工作；聘任潘志清同志为设备工程部部长；聘任耿炤同志为技术中心主任。同时免去上述人员原任职务。

（四）江西百神药业股份有限公司

江西百神药业股份有限公司是一家生产中成药为主的制药企业，有胶囊剂、糖浆剂、颗粒剂、丸剂、片剂、口服液、散剂、中药饮片、锭剂、生物原料等药品剂型和保健食品，涵盖骨伤、健胃、感冒、妇科、儿科、补益等 8 大系列近 100 个品种，并拥有 13 个国家基本药物品种、2 个全国独家和国家专利产品、25 个国家医保品种、3 个国家中药保护品种等。

公司在 2015 年面对国内外错综复杂的形势，医改逐渐步入深水区，医药行业加快转型升级，基药招标、对药品定价与支付方式的持续讨论、新版 GMP 的审批和反腐风潮等多重因素考验下，百神人在新的领导班子坚强领导下，紧紧围绕"做大销量"这一主线，把握发展机遇，沉着应对挑战，以"改革创新，稳中求进"的发展思维，坚持"企业增效和员工增收"为目标，内强管理，外拓市场，迎难而上，攻坚克难，使企业合规建设、新品上市、新版 GMP 认证、质量管理、企业文化建设等方面取得了显著成效，进一步增强了企业的核心竞争力，为企业"二次创业"奠定了坚实的基础，较好地完成了 2015 年企业的既定目标。

2015 年初，公司就确定了当年公司工作的总体要求和奋斗目标，并强调做好全年的工作，要大力践行"以人为本"的企业核心价值观，在加强员工企业归属上下功夫，加快转变发展方式，推进"科技兴企"的创新战略，培养打造人才队伍，加速新品上市，进一步推动营销改革，优化打通各渠道通路，深挖市场潜力，推行管理变革，提升效率效益，加快质量体系建设，提升企业做大做强的能力，确保圆满完成全年各项目标任务。

未来三年是百神发展的关键期，必须抓住这三年关键期，打好基础、修炼内功。实现三大块的全面升级换代。一是员工业务能力和个人素质的升级。今后三年企业要努力建立一个长久的持续的学习型工作常态，不断提升员工专业素质和综合工作能力，让员工从一群"绿林好汉"转化成职业人，再成为职业高手甚至成为领袖。百神这座大厦能建多高，首先要看地基能打多深。底蕴的厚度便决定了事业的高度，底蕴就是综合素质和知识结构加技能。综合素质包括修为、素养、智慧、体力等；知识结构包括历史、哲学、管理理论、销售理论、经济学、文学等；技能包括经验、阅历、技巧、口才等，这些都是需要我们不断提升和改进的。二是生产环节硬件和软件的升级。旗下昌诺药业全新厂区顺利通过了新版 GMP 的认证，这仅仅只是企业生产升级的开始，百神还将面临着百神药厂的新版 GMP 认证和医药公司 GSP 的认证工作，可谓任重道远。我们要以 GMP、GSP 改造为契机，坚持两手抓，两手都要硬，一手抓企业生产环节的相关制度和流程，一手抓企业基础建设工程的质量和进度，打造出高水准、高质量的软硬件设施。三是药品的升级，截至目前，企业已经开发了30 个新产品，还有 1 个在做四期临床，开展了活血和健脾等老品种的二次升级改造工作，未来三年里还要持续加大投入，加快新药品研发的步伐，力争三年后百神每年都有 2～3 个新品上市，争取再造一个活血止痛胶囊神话。

（五）江西益康医疗器械集团有限公司

江西益康医疗器械集团有限公司创建于 1989 年，是经国家食品药品监督管理局审核批准，专业生产一次性使用无菌医疗器具系列产品的大型企业。公司位于中国最大的医疗器械集散地，历史悠久的千年古镇——李渡镇，遥望赣江，濒临抚河，距省城南昌仅 60 千米，京九铁路、浙赣铁路、沪瑞高速、福银高速、320 国道、316 国道等交通大脉穿城而过，具有得天独厚的区位优势。

公司经过二十二年的持续发展，在镇办集体小企业的基础上，发展成拥有注册资金 3.18 亿元，在册员工 1700 多人，占地面积 400 亩，建筑面积 28 万平方米，符合 GMP 体系要求的十万级净化车间面积 3.8 万平方米的大企业。"质量求发展，品牌赢市场"，为提升"益康"牌产品的档次和市场占有率，公司通过抓质量，拓市场，使"益康"品牌迈入了全国一次性医疗器械行业知名品牌之列。通过努力，"益康"牌产品源源不断地销往全国 30 多个省、市、自治区，以其可靠的质量、合理的价格和优质的服务赢得了社会各界和广大客户的充分肯定，历年来曾荣获"中国质量万里行五年回顾荣誉企业"、全国首批"放心产品贴标企业"、"全国乡镇企业创名牌产品重点企业"、"江西省名牌产品"、"江西省著名商标"等荣誉称号。

2015 年，公司秉承"科技创新，以一流的产品，满意的服务，持续提升的质量水准，满足顾客及法规要求"的质量方针，建立并有效运行着一整套完善的质量管理体系，从原材料的采购到成品的最终投放市场的全过程执行有效的质量监控，确保了产品的安全有效。公司已获得 ISO9001 国际质量管理体系认证和欧盟 CE 产品质量认证。

二、电子信息产业

在电子信息产业中比较有影响力的民营企业主要有：

（一）泰豪集团有限公司

创立于 1988 年崛起于改革大潮中的泰豪集团，是在江西省政府和清华大学"省校合作"推动下发展起来的科技型企业。公司秉承"自强不息，厚德载物"的清华校训，坚持走"承担、探索、超越"的创业之路，并以"技术＋品牌"的发展模式，致力于信息技术的研发和应用，连年进入中国电子信息百强企业和中国民营制造企业 500 强。2002 年 7 月 3 日，泰豪科技在上海证交所挂牌上市。

公司开启品牌发展之路，积极参与国际化产业分工，通过与 ABB 等世界 500 强企业的合资合作加快开拓国际市场。公司品牌日具影响，成为国家工商总局首批命名的"重合同守信用"企业，被认定为中国驰名商标、中国名牌产品，中国最有价值商标 500 强，产品与解决方案应用于全球 50 多个国家和地区。

2015 年泰豪公司以 83.29 亿元的销售收入入选 2015 年中国民营企业制造业 500 强，排名第 359 位，较 2014 年排名提升 41 位。此前 1 月 16 日，江西企业 100 强和江西制造企业 50 强名单发布，泰豪公司位列江西企业 100 强第 28 位和江西制造企业 50 强第 20 位。10 月 20 日，2015 年"江西民营企业 100 强"发布，公司入选 2015 年江西民营企业 100 强，排名第 10 位；江西民营企业制造业 100 强，排名第 7 位。11 月 10 日，中国质量奖评选表彰委员会发布了第二届中国质量奖候选名单并获提名奖，公司成为江西省唯一入选企业。中国质量奖系我国质量领域的最高荣誉。10 月 26～30 日，国家质检总局副局长张沁荣率领国务院质量工作考核组到江西省进行质量工作考核，公司被江西省质量兴省领导小组推荐为考核企业之一。10 月 30 日，国家质检总局总检验师项玉章带领考核小组到泰豪进行质量工作考核，对公司在品牌培育、安全监管等方面工作给予好评。

（二）南昌欧菲光科技有限公司

南昌欧菲光科技有限公司是深圳欧菲光科技股份有限公司之全资子公司，现投资额达近十亿元，第一期厂区占地面积 300 多亩。母公司荣获"国家高新技术企业"和"广东省工程中心"称号。深圳欧菲光科技股份有限公司于 2010 年 8 月 3 日在深圳市证券交易所成功上市。公司总部位于中国高新科技产业研发基地深圳市公明镇，同时在苏州和南昌建有大型生产基地。

南昌欧菲光科技有限公司是一家以新型显示技术光电元器件研发及生产为主业的高科技公司，于 2010 年 10 月 29 日注册成立，落户于南昌经济技术开发区黄家湖路，注册资金 3 亿元，总投资 10 亿元，占地 301 亩。

南昌欧菲光科技有限公司基于完全自主知识产权的精密真空光电薄膜技术、半导体洁净工艺生产技术两大核心技术平台，已迅速成功量产了国内领先、国际先进技术水平的系列纯平电容式触摸屏、微晶强化光学玻璃产品。产品广泛用于手机、平板电脑、电子书、GPS、游戏机和 DC/DV 等消费类电子产品领域，以及医疗器械、监控系统、光通信等其他领域。

公司通过了 ISO9001：2008 质量认证体系，并已设立光电、光学元器件检测中心，产品技术研发中心以及高性能光电、光学薄膜技术暨设备研发中心，储备了近 30 项自主知识产权技术。同时，积极申报江西省省级工程中心，已通过专家评审。公司装备有国际领先的精密新型光电元器件生产设备与检测设备，拥有经验丰富的研发团队及业内领先的持续研发实力，能为客户提供从膜系设计到工业化量产的一站式服务。同时，已经成功导入并大规模量产给三星、MOTO、联想等世界级的消费电子品牌。

欧菲光涉足的微摄像头模组行业，在日本和中国台湾地区设立了高像素微摄像系统研发中心，整合全球最新光学成像技术。出货量已经跃居国内前列。

2015 年，加大摄像头模组项目投入，增加 OIS 光学防抖工艺及双摄像头工艺。这使得欧菲光在摄像头领域能够提供差异化的优质产品，持续提升在消费电子行业的核心竞争力，在 2015 年进入微摄像头领域全球第一阵营。

（三）江西联创电子有限公司

江西联创电子有限公司是江西省电子集团公司和台资企业合资设立的，注册资本 3 亿元。其中江西省电子集团公司占注册资本的 33.33%，英孚国际投资有限公司占注册资本的 5.69%，江西联创光电科技股份有限公司占注册资本的 10%，金冠国际有限公司占注册资本的 28.9%，全力资产管理有限公司占注册资本的 22.08%。

公司投资建设的"联创声像科技园"坐落于南昌市国家高新技术产业开发区，位于赣江之滨富大有堤与京东大道交汇处，占地 327 亩，规划总投资 10 亿元，高起点建设电阻、电容式触摸屏生产线、光学及影像产业生产线、微型电声器件生产线，是一家专业从事研发、生产为手机及笔记本电脑配套关键"声、光、电"零部件的高科技企业。

公司实施了"摄像模组、光学元件产业化"项目：引进新股东成熟的摄像模组、光学元件产品生产技术及关键技术、管理人才，购置摄像模组、光学元件生产设备、仪器（含工模夹具）建立摄像模组、光学元件生产线。项目建成后，形成年产摄像模组 1200 万只、光学元件 3600 万颗的能力，年新增销售收入 6.5 亿元，利税 8500 万元。

公司是一家符合国家产业政策的成长型、就业型、有效益、低污染、低能耗、产品附加值高、在移动通信配套关键零部件市场领域具有一定影响力的实力型企业。

未来 2~4 年，总投资 10 亿元，形成年产电阻式/电容式触摸屏 1500 万片、液晶显示模组 1000 万只、摄像模组 1200 万只、光学元件 3600 万颗、电声器件 2.5 亿只的能力，实现年销售收入 30 亿元的规模，成为能参与国际竞争的高科技企业。

以下是江西联创电子有限公司 2015 年发展中的重大事项：

1 月，联创新园区 5 万平方米厂房改造，建设新型触摸屏、显示屏及一体化生产线。

7 月 31 日至 8 月 2 日，江苏艾凯艾国际标准认证有限公司莅临公司光学事业部进行了为期 3 天的现场审核，经过一系列的严格审核，组委会一致认为光学事业部各项管理符合 TSI16949 的要求，并于 2015 年 10 月 14 日正式颁发证书。

12 月，公司借壳"汉麻产业"交割完毕成功上市。

三、汽车产业

在汽车产业中比较有影响的重点民营企业主要有：

（一）江西广甸汽车集团

江西广甸汽车集团是一家以汽车销售、售后和汽车后市场服务为主的大型企业集团，旗下代理上海大众、进口大众、斯柯达、克莱斯勒和海马等品牌。业务范围涵盖品牌汽车销售、零配件供应、维修服务、保险理赔、汽车金融、汽车美容、二手车交易等。

广甸汽车前身是 1992 年成立的江西广电进口汽车修理厂，发展至今，集团成员不断壮大，先后设立了二十几家标准 4S 店，业务网络遍及江西省各地市。最令业界赞叹的是，广甸汽车连续 15 年保持江西车市销量前三甲，其中，上海大众品牌连续 12 年蝉联中南汽车市场销售冠军。

江西广甸汽车集团荣登 2015 年中国汽车经销商集团百强榜。中国汽车流通协会"2015 年中国汽车流通行业经销商集团百强排行榜"发布会在中国科技会堂隆重举行，江西广甸汽车集团 2015 年积极转型创新，凭借马之宝董事长精细化内部及外部管理，在激烈的竞争中脱颖而出，再次跻身中国汽车经销商集团百强。

广甸汽车是家有理想、有思想的企业。公司自成立以来，其下属公司先后被授予"全国汽车维修行业诚信企业""上海大众中南区唯一技术中心站""上海大众五星级特许经销商""斯柯达全国技术中心站""进口大众 j. d. power 卓越经销商""海马汽车全国销售技能竞赛冠军"等荣誉称号。时至今日，广甸汽车已发展成为江西省汽车销售与服务行业的旗舰性企业和中南最具影响力的汽车经销商之一。广甸成功的秘密，在于服务、在于创新，更在于团队。广甸以厚实的企业文化为底蕴，以明确的发展战略为引导，坚持诚信服务和创新营销，形成了具有自身特色的可持续发展的企业优势，树立了"广甸汽车"良好的品牌形象。

（二）江西新裕隆汽车零部件有限公司

江西新裕隆汽车零部件有限公司是专业生产汽车轴承、轮毂单元等汽车零部件的制造型企业。

公司主导产品为汽车轮毂轴承及单元系列，生产型号达 100 多种。产品覆盖中国车系（上海大众、一汽大众、广州本田、上海通用、海南马自达、神龙富康、风神蓝鸟、天津丰田、天津夏利、江苏悦达、奇瑞、长安等）；日本车系（丰田、尼桑、本田、三菱、马自达、富士、大发、铃木、五十铃等）；美国车系（通用、福特、克莱斯勒等）；欧洲车系（大众、雪铁龙、标致、菲亚特、雷诺、欧宝、富豪、阿尔法、路虎等）；韩国车系（现代、大宇、起亚、双龙等），以及各种微车及客车用的轮毂轴承及单元。

公司的产品不仅销往国内，还远销东南亚、欧美等十几个国家和地区，深得用户信赖。

（三）江西远成汽车技术股份有限公司

江西远成汽车技术股份有限公司于 2010 年 4 月 23 日在南昌市市场和质量监督管理局登记成立。法定代表人王远青，公司经营范围包括汽车零部件及配件、空气悬架、机械设备、模具等。

江西远成汽车技术股份有限公司是一家集产、销、研于一体的大型民营股份制有限公司，主营汽车钢板弹簧、空气悬架、紧固件、工装模具等技术密集型汽车零部件产品，是国内汽车悬架行业唯一可以同时生产板簧和空气悬架的股份制有限公司。

公司现有员工 1500 余人，总占地面积 800 余亩。下设市场运营、技术、人力资源、财务等四个管理中心，旗下拥有江西远成汽车配件有限公司、江西远成汽车技术股份有限公司生产基地、江西远成紧固件有限公司、湖北远成鄂弓汽车悬架弹簧有限公司，2011 年 10 月成立北京汽车悬架研究院。

2015 年，公司入选"江西民营企业百强"名单。

王远青董事长个人拿出一部分股份，在内部实行股权激励政策，实现员工持股计划，同时于 2015 年 11 月 5 日正式完成新三板挂牌，登陆资本市场。

四、光伏产业

在光伏产业中比较有影响的重点民营企业主要有：

（一）江西日普升太阳能光伏产业有限公司

全国首家磁悬浮风光互补发电系统生产商，江西日普升太阳能光伏产业有限公司是中国最早专注于风光互补发电系统的研发、生产和应用的企业之一。风光互补发电系统采用全球最领先的美国技术——尤尼索拉公司原装太阳能薄膜电池。

公司现有注册资金 5000 万元，旗下安源热能设备制造有限公司拥有高级工程师 36 人，技术员 108 人。公司依托产能与技术人才的优势，不断开拓进取，并与全国多所高等院校科研机构进行技术联盟，同时以上市公司安源股份（股票代码 600397）雄厚的集团实力为平台，进一步提高了太阳能产品的专业生产水平，把太阳能产品生产能力提高到一个新的高度，全面完成了太阳能产品的实用系统配置。公司秉承"绿色能源　贴近生活"的宗旨，以"有阳光的地方就有日普升"为市场理念，为振兴光伏应用事业做出更大的贡献。

以下是 2015 年公司发展中发生的重大事项：

作为成功挂牌进入资本市场的企业，荣获"2015 年度上市企业"称号，基于日普升股份的守信和信用能力，荣获"2015 年度五星信用示范企业"称号，凭借不断突破创新的行为和所获得的核心专利数量以及对推动全区的科技创新发展所做出的突出贡献，荣获"2015 年度知识产权优势企业"称号。

11 月 12～15 日，参加 2015 江西信息化和工业化深度融合推进会。

根据《关于做好我市千家屋顶光伏发电示范工程工作的通知》，江西日普升能源科技股份有限公司南昌分公司为南昌"千家屋顶光伏示范工程"指定服务商。

为切实提高员工技术水平，增强企业发展后劲。9 月 18 号，日普升能源南昌分公司全体员工进行家庭分布式电站的光伏基础、家庭屋顶电站安装理论知识、电工基础知识进行理论知识、设计、安装以及售后技术培训。

（二）江西晶科能源工程

江西晶科能源工程有限公司成立于 2011 年 7 月 28 日，是一家经营范围包括太阳能光伏发电及其应用系统工程的设计、咨询、集成、制造、安装调试及技术服务的企业。总部位于上饶经济开发区的一家重点龙头企业——晶科能源有限公司在美国纽约证券交易所成功上市（股票代码 Jks），成为中国光伏企业第十家、江西省第二家、国际金融危机之后国内光伏企业第一家在美国上市的企业。公司被上饶市委市政府入选为"十大外资工业企业"、"十大优强工业企业"和"文明企业"等荣誉称号，同年被入选为"江西省新产品"、"江西省高新技术企业"。

以下是 2015 年公司发展中发生的重大事项：

2015 年国内唯一入选的大型光伏制造企业，江西龙头光伏企业晶科能源的技术创新实力得到了国家的高度认可。

第四季度和全年光伏组件出货量超过目标。公司 2015 年出货总计 4511.6 兆瓦，超过 4.2～4.5GW 的组件出货量目标。出货量 304 兆瓦。总出货量较上一年提高 53.3%，而 2014 年较 2013 年提高约 65%。

宣布其多晶太阳能光伏组件率先获得中国质量认证中心（CQC）"领跑者"认证计划一级能效认证。

此"领跑者"计划由中国国家能源局（NEA）在 2015 年推出，旨在促进先进光伏技术的应用和产业升级。晶科能源成为荣获"领跑者"计划最佳组件供应商奖的少数企业之一。

在"2015 中国光伏电站年会"上，凭借出色的业绩增长、资本市场表现，摘得 2015 年度中国光伏电站上市公司卓越表现大奖。

作为中国唯一光伏新能源企业代表，在中非合作论坛期间，出席了 12 月 4 日上午在南非约翰内斯堡举行的"中国·南非商务论坛暨中国企业在非洲"会议，和与会的中非企业家代表，围绕未来三年中非双方在绿色发展、能源、金融等领域如何开展更深入密切的合作展开讨论。

5 月 26 日，呼应"一带一路"投资 1 亿美元的马来西亚槟城光伏电池制造项目举行了开工仪式。

9 月 9～11 日，以"描绘增长新蓝图"为主题的世界经济论坛年会（夏季达沃斯论坛）在中国大连召开，晶科能源作为入围的 10 家中国企业之一，凭借其高速增长活力与成为未来全球行业领导者潜力，获得"2015 全球成长型公司"。

9 月，旗下晶科电力与中国工商银行签订 100 亿元战略合作协议。根据协议内容，中国工商银行江西省分行将在未来 3 年内为晶科电力提供总计不超过 100 亿元的授信支持。

11 月 25 日，郎溪县委书记张千水带队赴上海晶科能源总部与晶科能源董事长李仙德签订了投资框架协议，双方协定利用 5 年左右的时间在郎溪投资 100 亿元，建设 1000 兆瓦农光互补型地面光伏电站及配套组件制造基地项目。

12 月，获得了由国家工业和信息化部、财政部联合颁发的"2015 国家技术创新示范企业"奖牌。

（三）江西格美科技股份有限公司

江西格美科技股份有限公司成立于 2007 年 7 月 20 日，系浙江正路工贸集团投资 20 亿元巨资打造的一家民营企业。

公司坐落于江西省经济区核心地——江西抚州市金巢经济技术开发区。公司致力于太阳能光伏产品的生产，以国际能源产业发展为己任，以给消费者提供太阳能高科技产品为神圣使命。

江西格美科技股份有限公司经营范围涵盖单晶及多晶硅棒、切片、太阳能电池片及组件等一系列产品的生产与销售。为专业太阳能产品生产商，现代化的新型能源企业。注册资本 8960 万元，首期安排用地 673.75 亩，绿化率 30%，现已完成建筑面积 13.6 万平方米。固定资产投资 8.5 亿元，其中，投资 3 亿元建设单晶、多晶棒及硅片生产线；投资 5 亿元建设太阳能电池及组件生产线，与单晶、多晶棒及硅片生产线同步启动。可形成年产 100 兆瓦单晶、多晶硅棒及硅片，100 兆瓦太阳能电池片及组件的生产能力，项目达产达标后，预计实现年销售收入 30 亿元。二期工程拟在一期工程全面竣工投产后开工建设，主要用于扩大生产规模，提高产出效率和市场占有率。项目全部建成投产后，预计年生产能力为单晶、多晶硅片 800 兆瓦、太阳能电池及组件 800 兆瓦、实现销售收入 200 亿元，创利税 10 亿元以上。是江西省产业经济"十百千亿工程"重点推进项目和高新产业扶持项目。

通过市场开发，公司赢得了日本、欧美等客商的青睐，并签订了长期合作协议，2009 年公司生产、销售走向正轨，产品也进入欧美市场，公司整体实现跳跃式发展，实现质的飞跃，为公司的长远发展奠定坚实的基础。

五、航空产业

在航空产业领域中比较有影响的重点民营企业主要有：

（一）江西天祥通用航空股份有限公司

江西天祥通用航空股份有限公司（天祥通航）是一家注册资金 1 亿元的民营甲类通航公司，2014 年成立于中国南昌，拥有 4 架贝尔直升机。

中国民用航空华东地区管理局正式向天祥通航下发了通用航空企业经营许可证，这标志着江西省内首家民营甲类通航公司——江西天祥通用航空股份有限公司正式可以对外承接医疗救护、航空护林、空中巡查、农林喷洒等业务，这为天祥通航展翅高飞奠定了扎实基础。

2015 年初，全国低空空域管理改革工作会议正式决定在 1000 米以下空域管理改革试点，力争在 2015 年里向全国推开，这对中国通用航空产业而言，是一个重大利好的消息，标志着该产业明媚春天的到来。在这一背景下，天祥通航正式取得经营许可，可谓是"天祥展翅乘风起，风劲扬帆正当时"。

天祥通航依托母公司——江西天人生态股份有限公司在农林生物防治技术上的主导地位，已发展成为中国农业航空最知名品牌，有"中国农业第一飞"的美誉。天祥通航将以此为基础，全面进军通航业，计划用 2~3 年，把业务拓展至直升机外载荷飞行、医疗救护、电力巡线、航空探矿、空中游览、航空摄影、空中广告、科学实验、城市消防、空中巡查等业务，并全面覆盖直升机旅游开发、航空器制造、城市应急体系建设、通航机场建设、航空产业园、飞行培训、飞机销售与维护、飞机托管、机场与 FBO 运营、航材供应及飞机总装等领域，力争成为中国通航旗舰。

（二）九江红鹰飞机制造有限公司

九江红鹰飞机制造有限公司是一家集直升机和固定翼飞机的总装、定制以及技术支持和服务为一体的专业航空器制造商。

九江红鹰飞机制造有限公司主营业务有飞机制造及修理。在经营过程中诚实守信，注重共赢发展，严控产品及服务质量关；依靠科技进步、强化管理，坚持走质量兴业之路。以优质有特色的服务和薄利多销的原则，赢得了广大客户的信任。

红鹰即将投产的各款固定翼飞机和直升机，引进了欧洲先进的飞机制造工艺和知识产权，不仅大大增强了公司在同类企业中的竞争力，同时也对中国民用飞机制造业起到了良好的补充，在某些方面甚至填补了国内相关领域的技术空白。在产品质量上，公司引进先进的全程质量控制体系，使公司质保体系与国际航空制造业全方位接轨，以满足越来越广泛的国际合作的需要。公司组建的高素质高效率的售后服务团队能为客户提供专业、优质、快捷的技术支持。

公司现主要产品有 PZL SW - 4、PZL W - 3A SOKOL 等直升机型，并拟在将来引进 PZL M28 "空中卡车"、PZL M18 "单峰骆驼" 等小型固定翼飞机的生产。这些都是被世界各地的用户群所证实了的技术成熟、性能优越的机型，被广泛运用于农林作业、警用巡逻、航空运输、空中摄影、空中旅游、飞行员培训等众多领域。

六、食品产业

在食品产业领域中比较有影响的重点民营企业主要有：

（一）正邦集团

正邦集团成立于 1996 年，是农业产业化国家重点龙头企业。

2015 年，在国内不少行业下行压力增大的情况下，正邦集团却逆势而上。集团在饲料、农药、兽药、肉食品领域继续保持较高盈利水平；养殖产业一扫多年低迷行情，成为盈利主力军；油茶、香樟逐步进入产出期，基本实现收支平衡；金融、物流、大米、乳业平稳发展；集团全年实现总产值 520 亿元，比上年增长 20%。集团旗下有农牧、种植、金融、物流四大产业集团，在全国 27 个省（市、区）拥有 360 家分（子）公司、4 万名员工。

以下是 2015 年公司发展中发生的重大事项：

1 月 11 日，黑龙江省省委书记王宪魁在哈尔滨市会见正邦集团董事局主席、总裁林印孙，听取正邦集团投资发展黑龙江省情况汇报。

正邦在黑龙江省投资发展的重点是发展种猪繁育、食品加工、农产品流通、农业金融。一是加大优质原种猪推广力度，把中国粮仓黑龙江省打造成中国的肉库。投资 2 亿元研发资金，进一步提高正邦 "加美" 种猪的品质。利用正邦 "加美" 种猪的品牌优势和技术优势，整合当地种猪场，形成年出栏 "加美" 种猪 50 万头能力，提高全省生猪优质率，提高全省生猪养殖效益 10% 以上。二是加大生猪加工和出口力度，把黑龙江省打造成中国猪肉和肉食品出口基地。加强与商务部的联系，加强与肇东市宝迪公司洽谈合作，共同向俄罗斯出口生猪，把黑龙江省打造成为猪肉和肉制品向俄罗斯出口基地。

1 月 13 日，中粮与正邦签署战略合作，双方承诺将共同推动饲料原料合作规模的持续稳定增长，实现互利共赢。中粮贸易将积极为正邦集团提供一揽子饲料原料解决方案，正邦集团将以切实可行的措施，快速提升从中粮贸易采购的规模和所占份额。

3 月 3 日，为加快公司饲料业务在四川地区的发展，公司董事会同意四川金川农饲料有限公司（公司持有其 55% 股权）出资设立四川金川农农牧科技有限公司，注册资本 2000 万元，全部以自有资金出资。同时授权公司董事长或董事长书面授权的代表签署四川金川农农牧科技有限公司相关的设立和投资等文件。

3 月 4 日，为了顺应养殖发展趋势，实现兽药营销顺利转型，积极探索并推进网络平台上全面实现电子商务营销模式，正邦科技控股子公司江西新世纪民星动物保健品有限公司（公司持有其 84% 股权）以自有资金出资 1000 万元，占有股权比例为 100%，设立江西小牧人电子商务有限公司。经营范围：动物保健品销售，宠物用品销售，国内贸易。

公司将利用在农业产业布局、数据收集、客户渠道、销售网络等资源上的优势，通过互联网技术，将产业链中各业务板块间的资源、需求、数据、信息等进行共享，实现客户对农资产品的一站式采购。并且通过远程技术服务与公司现有的养殖、种植线下的专家团队、技术服务团队结合的方式，提升对养殖户及种植户的技术服务综合效率。

3月20日，收到公司董事长周健提交的书面辞职报告。因个人原因，周健提出辞去公司第四届董事会董事、董事长、战略委员会委员、审计委员会委员、薪酬与考核委员会委员职务，辞职后不再担任公司任何职务。

4月6日，正邦集团旗下的正广通集团供应链管理有限公司在中国物流第一县——江西广昌举办加盟大会。正邦集团将通过打造全国最大的物流产业实体平台——正广通物流集团，整合全国范围内的江西中小微物流企业，统一品牌和服务，彻底改变困扰江西物流已久的"散兵游勇"状况。600余名全国各地江西籍物流企业家参加。6月开始，正邦筹建的正广通物流集团通过发挥品牌、资金、管理、信息系统及金融等方面的优势，致力于打造智能化物流大平台。一年来，着重吸纳加盟商、建设物流园、开发管理系统，初步完成了在全国的布局，预计2016年可实现销售额80亿元，实现利税8亿元。

4月10日，正邦科技选举程凡贵为公司董事长，同时担任公司法定代表人，任期自本议案通过之日起至公司第四届董事会届满日止。

7月10日，正邦科技控股子公司江西正农通网络科技有限公司与北京华牧智远科技有限公司的股东苏清浦先生、蔡幼珍女士签订了《股权转让意向协议》，经双方友好协商，江西正农通网络科技有限公司拟以自有资金455万元受让苏清浦先生和蔡幼珍女士合计持有的华牧智远70%股权，其中，苏清浦先生15.05%股权、蔡幼珍女士54.95%股权。华牧智远是中国养殖网（http：//www.chinabreed.com）的所有方及运营方。公司拟通过收购华牧智远的股权并购中国养殖网，并引入互联网技术和运营的专业人才，创建一个面向客户的行业资讯平台和在线技术服务平台，快速实现公司战略的转型升级。

（二）四特酒有限责任公司

四特酒有限责任公司坐落于江西省樟树市，公司西临赣江，东靠"天下第三十三福地"道教名山阁皂山，所处地区山川秀丽，土沃水清，有着得天独厚的酿酒条件。四特酒厂正式创建于1952年，前身为国营樟树酒厂，1983年更名为江西樟树四特酒厂，2005年改制为四特酒有限责任公司。经过半个多世纪发展，四特已成为集科研、生产、销售于一体的全国知名酿酒企业。

2015年公司仍坚持"巩固省内、面向全国、张弛有度、突出重点"的市场布局，并强化网络建设，注重样板终端、街道的打造，规范产品价格体系，加大查处串货力度，营建良好的市场秩序。

2015年一开局，四特酒便赢得了令人振奋的"开门红"。截至2月底，省内市场已完成总任务的51.1%，产品结构完成49.27%，高端酒、年份酒、星级酒等系列产品均出现上涨；省外市场在止住下滑的同时，部分市场也略有增长。

2015年公司营销工作需要从经销商队伍和营销团队的优化、产品优化、资源配置、广告投入、电商管理和物流管控7个方面推进。

（三）江西省绿滋肴实业有限公司

江西省绿滋肴实业有限公司创建于2002年，"绿滋肴，专业做特产"，在充分挖掘各地特产资源的基础上，开拓出了一个绿滋肴特产世界。经过十年磨一剑，2011年9月被认定为国家级农业产业化重点龙头企业。

2015年，再次荣获"2015亚洲（旅游购物）行业领军品牌"，肖志峰董事长个人荣获亚洲（旅游购物）行业创新人物大奖，与恒大许家印、小米雷军、美的方洪波以及京东、宝洁、格兰仕、加多宝、五粮液、周大福、沃尔沃等亚洲品牌影响力企业家们同台领奖。

公司通过公众投票、媒体公示和专家评审的方式，评选及颁发全国消费者心目中最有影响力的年度卓越品牌大奖，以表彰亚洲品牌界的品牌人物和优秀品牌，褒扬其对亚洲品牌和中国品牌发展所做出的贡献。绿滋肴本着"搭建一流交易平台，让特产全世界流通"的愿景，立足江西、面向全国、走向世界，一步一步，从江西品牌升华为中国品牌，从中国品牌升格为亚洲品牌，品牌先行，践行"搭建一流交易平台，让特产全世界流通"的愿景，步步为赢，打造成旅游购物行业当之无愧的卓越品牌。日益全球化下的亚洲品牌迫切需要一个资源对接、品牌展示、经验交流的高端平台，需要一次对跨国、跨界无限扩散的品牌力量的集体探索及预测。

（四）江西仙客来生物科技有限公司

江西仙客来生物科技有限公司是一家专业从事食（药）用菌研育产销一体的国家级高新技术民营企业。

仙客来公司打造了中国首家灵芝全产业链可视工厂，集科技、科普、生产、健康、文化、旅游于一体。把庐山灵芝文化的传承、保护、弘扬和开发融入到现代企业建设之中，是九江市唯一一个工业旅游项目，常年免费接待游客参观。现已建成国际GAP庐山灵芝出口培育示范基地、国际标准GMP车间、检测中心、庐山灵芝文化馆及多个科研平台，形成了集种植生产、精深加工、科技研究、质量检测、产品销售、观光旅游、产业文化挖掘和弘扬于一体的全产业链经营。

通过工厂全程开放，让消费者亲临现场见证一流的设施、优美的环境、贴心的服务和特色的活动。又让消费者见证从原料到产品的完整产业链生产，领略庐山灵芝文化2800年的历史，了解灵芝从神奇到科学的过程。"全程可视，眼见为实"，集生产功能、生态功能、体验功能于一体，为客户还原了最真实的工艺和生产的本质，提供了放心的产品保证。

中国首家灵芝全产业链可视工厂自开放参观以来，得到江西各大旅行社的大力支持，纷纷组织全国各地客源来到仙客来公司。源源不断的游客，不仅扩大了品牌知名度，更是大大促进了产品销售，2015年1~9月，出口额同比增长50%，销售收入同比增长39.63%。

七、铜产业

在铜产业领域中比较有影响的重点民营企业主要有：

（一）贵溪永辉铜业有限公司

贵溪永辉铜业有限公司成立于 2008 年，注册资金 5500 万元，位于贵溪市经济技术开发区，是一家铜制品精深加工高新技术企业。公司厂区占地面积 36365 平方米，建筑面积 16000 多平方米，员工总数 126 人，各类专业技术人才 26 名。拥有先进的自动化设备，具有国际先进水平的检测仪器，生产各种规格的铜杆、高精密度合金、铜丝等产品。产品通过 ISO9001：2008 质量体系认证，拥有自己的知识产权，产品市场覆盖全国各省市，深受用户好评。公司先后获得江西省优秀企业、鹰潭市铜行业重点工业单位、鹰潭市人民政府授予的纳税大户金奖、农商银行等金融系统评为 3A 级信用企业、鹰潭市工商行政管理局授予的重合同守信用 AA 级公示单位、民进鹰潭市委员会授予的爱心企业、中共鹰潭市委授予的海峡两岸交流基地鹰潭市对台交流示范点；江西省高新技术企业证书、铜锡合金接触线新产品证书、江西省工信委评定的清洁生产企业、ISO9001 质量管理认证体系和 ISO14001 环境管理认证体系、一种铜杆加工设备等 6 个实用新型专利、铜锡合金接触线产品发明专利等荣誉和资质等多项荣誉称号。

（二）贵溪红石金属有限公司

贵溪红石金属有限公司坐落于江西鹰潭（贵溪）铜产业循环经济基地，2012 年由白田乡政府招商引资。公司成立于 2012 年，注册资金 5500 万元，总资产 1.5 亿元，总占地面积 50504.3 平方米，建设面积 20000 平方米，是一家综合铜合金新型高科技材料精深加工为主的专业制造企业，企业员工 84 人，高级工程师、技师 10 余人，可年产 15000 吨铜阀门、水暖铸件、铜棒（铜锭）及 15000 吨铜杆（排、带、板、丝）。

（三）上饶市华丰铜业有限公司

上饶市华丰铜业有限公司是一家以废杂铜、海绵铜、IT 电路板中和污泥、电镀中和污泥、氧化铜物料等为主要原料，通过湿法、火法两种冶炼方法生产粗铜、镍、金、银等有色金属和贵金属的资源综合利用科技型生产企业。

公司以废杂铜、海绵铜、IT 电路板中和污泥、电镀中和污泥、氧化铜物料等主要原料，通过湿法、火法两种冶炼方法生产粗铜、镍、金、银等有色金属和贵金属的资源综合利用科技型生产经营企业。公司已拥有"从 IT 电路板及电镀污泥综合回收金属资源工艺技术"的自主知识产权，该技术已获得国家专利，并且已应用在公司 2 万吨/年铜资源工程项目中。公司"年处理 6 万吨电镀污泥综合利用项目"被国家发改委列入资源节约和环境保护第三批国债项目 980 万元资金支持；公司获江西省政府高新技术产业化项目资金支持 500 万元。公司与上饶县政府签订协议，投资 3 亿元，占地 600 亩（45 公顷），建设"有色金属资源综合利用产业基地"项目。该项目利用自有技术，搭建铜资源综合利用平台，通过招商引资，建设专门处理 IT 电路板、电镀污泥等危废有色金属废弃物的利用平台。

八、石化产业

在石化产业领域中比较有影响的重点民营企业主要有：

（一）江西金龙化工有限公司

江西金龙化工有限公司创建于2008年3月，是浙江奥鑫控股集团有限公司的全资子公司，位于江西省乐平市塔山工业园区。注册资本12000万元，占地面积400多亩，员工400余人。公司主要从事草甘膦农药以及农药、医药中间体的开发、生产、销售。

公司是国家农药定点生产企业，一期投资27000万元，于2009年建成了年产2万吨草甘膦原粉生产装置，草甘膦产品生产指标和产品质量达到了同行业领先水平。2012年实现销售收入81225万元、利税8735.3万元。2015年实现销售收入92260万元、利税21832万元。

公司草甘膦生产装建设起点高，工艺设备先进。公司管理规范，制度健全，现已通过了ISO9001：2008、ISO14001：2004质量环境管理体系认证。取得了二级安全标准化合格企业证书。通过了清洁生产审核。荣获江西省重合同守信用AAA企业证书。公司技术中心通过了江西省省级技术中心认定。

公司以管理、技术创新为核心，创建绿色、环保型农药化工为宗旨，坚持持续、稳定、和谐的发展战略，走循环经济发展之路。立足做大做强草甘膦原药主产品，不断延伸产业链，依托自身技术优势，加快了企业产品升级，建设了草甘膦生产各种资源回收综合循环利用装置。公司现正在抢占发展机遇、朝着行业龙头迈进。

2015年1月江西金龙化工有限公司景德镇市年产5万吨草甘膦三期扩建项目开始启动。

2015年江西金龙化工有限公司热电联产项目的批复，项目建设规模为2台130吨/小时循环流化床锅炉和1台25兆瓦背压式汽轮发电机组，项目总投资35461万元。

（二）江西宜春远志腐植酸有限公司

江西宜春远志腐植酸有限公司正式成立于2007年，注册资金218万元，地处江西省宜春市，毗邻浙赣铁路、沪昆高速公路、320国道。公司拥有风化煤开采的优势，下设有3个年产量20000吨以上的原料生产基地。

公司经过多年的发展，已累计投资630多万元，生产员工226人，高级技术人员25人，管理和销售团队全部为大学学历。拥有宜春、萍乡两个总占地面积280余亩的产品加工厂，并成立了江西远志内蒙古分公司。山西分公司也在加紧筹备中。经过江西远志全体员工的不懈努力，公司已开发生产出高品质的精品腐植酸原粉、复合型煤球黏结剂、钻井泥浆处理剂、陶瓷添加剂、锅炉防垢剂、水产养殖增效剂、经济作物专用肥、微生物有机肥、速效叶面肥、腐植酸复混肥、精品腐植酸钠、精品腐植酸钾、营养土等一系列腐植酸类产品。

公司经营模式获得了中国腐植酸工业协会和江西省农业厅等部门的高度评价。销售网络遍及湖北、广东、浙江、福建、上海、江苏、广西、湖南、安徽、海南等地，并已获得了巴基斯坦、印度、马来西亚、泰国、中国台湾地区和欧盟的出口许可。

九、钢铁产业

在钢铁产业领域中比较有影响的重点民营企业主要有：

方大特钢科技股份有限公司

公司始建于 1958 年，位于风景秀丽的南昌市青山湖区。2001 年，按照国家债转股政策，南钢公司由国有独资公司成为多元投资主体的有限责任公司，江西省冶金集团公司、中国华融资产管理公司、中国东方资产管理公司分别占 57.97%、37.78% 和 4.25% 的股权。

截至 2015 年，方大特钢连续 6 年实现逆势盈利，竞争实力跻身于钢铁行业第一方阵，特别是在钢铁市场十分严峻的 2015 年，该企业仍然保持了盈利。

企业之所以能够保持 6 年逆势盈利，关键原因是该企业一直坚持"激励市场化"。在这一原则主导下，方大特钢广大干部员工充分发挥主观能动性，凝聚起应对市场激烈竞争的强大合力，形成了以业绩结果、贡献大小决定薪酬高低的良好导向。

在方大特钢，完成预定业绩目标，薪酬上；未完成预定业绩目标，薪酬下。这对普通员工如此，对企业高管亦是如此。根据考核规定，上一年度的业绩奖励薪酬，在下一年度体现。因为 2014 年公司业绩好，根据方大特钢 2015 年年报披露显示，管理层业绩薪酬额度较高。2015 年，在国内钢铁行业利润大面积下滑的严峻市场环境下，该公司尽管实现了不错的业绩，但比 2014 年业绩有较大幅度的下滑，且没能完成预定的利润目标。根据 2015 年的业绩情况，公司管理层 2015 年业绩奖励将大幅下降，并将在 2016 年薪酬中体现，目前尚未兑现。

2015 年，方大特钢虽未完成业绩预期目标，但在行业如此低迷的背景下，销售利润率仍为 1.63%，吨钢材利润并在行业对标企业中位列第五名，实属不易。据中钢协统计，2015 年会员钢铁企业主营业务全年累计亏损超 1000 亿元，销售利润率为 -2.23%，方大特钢盈利能力明显高于国内钢铁企业平均水平。

2015 年，方大特钢继续坚定不移推行激励市场化，充分调动干部员工的积极性，促进公司经济炼铁、科学物流、科技攻关、小改小革等工作的开展。方大特钢以"差异化"为核心，推进战略性产品开发和高端弹簧钢研制，用附加值高的产品增效益。

2015 年华林特钢集团有限公司入选江西省民营企业服务业 20 强。

十、纺织产业

在纺织产业领域中比较有影响的重点民营企业主要有：

（一）鸭鸭股份公司

鸭鸭股份公司是国家大二型企业、国家级农业产业化重点龙头企业和江西省高新技术企业，也是全国最大的专业羽绒制品生产企业之一。鸭鸭商标是"中国驰名商标"，被评为中国服装行业最具市场竞争力品牌。

公司创建于 1972 年，至今有着 40 余年自主开发羽绒服系列产品的历史，拥有省级企业技术中心和产品检测中心，年生产能力达 1000 万件。1983 年，鸭鸭牌商标在国家工商局正式注册，产品远销世界 60 多个国家和地区。从 2001 年起，集团先后通过了 ISO9001 质量管理体系、ISO14001 环境管理体系和中国环境标志产品认证。据中华全国商业信息中心调查显示，2007～2012 年，鸭鸭牌产品市场综合占有率位居同行业前三位。

公司对中国羽绒行业的发展起到了领头雁的作用。鸭鸭羽绒服以其轻柔保暖的特性和过硬的产品质量，屡获国家、省、部优质产品奖，得到了众多消费者的喜爱，同时改写了中国传统的以棉衣御寒的历史。鸭鸭产品标准曾被引用为国家羽绒服标准，曾作为国礼送予外国元首，成为国人的骄傲。

公司隶属于维科控股集团，生产基地位于盛产羽绒的鄱阳湖畔——江西省共青城，占地约 20 万平方米，劳动力资源丰富，公司拥有江西省省级技术中心。销售管理和研发设计中心位于服装产业资源极其丰富的宁波市。公司充分利用两地优势，致力于追求"中国的鸭鸭，世界的朋友"。

2015 年，鸭鸭羽绒服入选"2015 年中国羽绒服十大品牌企业排名"第四位；鸭鸭股份公司入选"2015 江西民营企业制造业 100 强"第十位。

（二）江西深傲服装有限公司

江西深傲服装有限公司是一家集研发、生产、销售于一体，享有自营进出口权的现代化专业羽绒服生产企业。

公司位于国家纺织服装产业集群基地、中国羽绒服装名城的江西九江共青城。北倚庐山，东临鄱阳湖，京九铁路、昌九高速公路穿城而过，昌北、九江机场坐落两端均 40 千米。风景秀丽，环境优雅，交通便捷，区位优势得天独厚。

"深傲"有着丰富的文化与精神内涵。2001 年北京申奥成功，"深傲"应运而生。诞生于这一铭记千载的重大历史事件中，披着神州风采，辉映着五环光芒的"深傲"，其基因里天然具有奥运拼搏、创新、活力、浪漫、典雅的精气神。

公司不断加强技术创新和品牌推广力度，引进 CAD 设计制版系统等国际高端计算机自动化生产设备以及优秀的具有超凡水平的知名设计精英。坚持"一切从市场着眼、以消费者作向导、紧随时尚潮流"的品牌发展要求，凭借风尚前沿的设计灵感，领先行业高科技生产线，将创意变为现实，精工制造超值的羽绒服系列产品。蕴含着"申奥"文化的"深傲"牌系列羽绒服，以其明快、跳跃的鲜艳色彩体现对运动、休闲的钟爱；以新颖、时尚的设计理念彰显灵动、美感的个性化品位；以兼容、并蓄的品格实现羽绒服家族至尊完美的艺术境界。

公司十分注重品牌的建设和宣传推广。在中央电视台一、二、三套和省市卫视等强势媒体以及赞助参加的各类具有社会影响力的公益活动中进行品牌推广。公司在精心打造品牌战略的同时，致力于拓展外贸加工业务，拥有国内外较大客户 20 余家，产品远销世界 30 多个国家和地区。"深傲"的发展是励精图治、载满荣誉的历史。自成立以来屡获中国驰名商标、江西名牌、江西省著名商标、中国著名品牌、中国羽裳杯银奖、中国十大畅销品牌等殊荣。"建优秀企业、做行业先锋"是深傲公司矢志不渝的发展目标。深傲公司本着"稳健、务实、创新"的经营理念，坚持"诚信为本、客户至上、质量第一"的服务宗旨，秉承"团结、高效、忠诚、和谐"的企业精神，努力打造搏击市场的核心竞争力和卓越超凡的企业文化。她所展开的宏图不仅赋予了中国羽绒服领域里新的生机，而且也使"深傲"的事业势不可当，永不停息！

2015 年，江西深傲服装有限公司入选"2015 江西民营企业 100 强名单"第 23 名。

十一、建材产业

在建材产业领域中比较有影响的重点民营企业主要有：

（一）江西赣江海螺水泥有限责任公司

江西赣江海螺水泥有限责任公司是一家建筑、建材企业，是经国家相关部门批准注册的企业。主营水泥，公司位于江西省南昌市新建县七里岗杨家湖。江西赣江海螺水泥有限责任公司本着"客户第一，诚信至上"的原则，与多家企业建立了长期的合作关系。

为掌握市场真实情况，有针对性地开拓市场，公司拟定并下发了开展全面市场调研的通知，明确分消费类型调研重点。2015 年 5～6 月，公司总经理助理杨晟带领各市场部人员对南昌、新建、安义、高安、武宁等 9 个销售区域市场开展调研，调研对象覆盖网点 550 家、工程 240 个、搅拌站 95 家、管桩厂 4 家、干粉砂浆站 7 家。通过开展系统调研，全面收集市场信息，公司及时将这些信息进行梳理、总结，形成了调研报告。并组织销售人员召开专题会议，对调研搜集到的信息进行分析、研讨，提出市场拓展重点，有针对性地开展客户攻关。

公司结合各区域市场目标任务，制定阶段性的销售激励考核方案，充分调动了销售人员销量拓展主观能动性。销售人员按照激励考核标准销量，加大市场跑动力度及频次，有效支撑了销量的提升。

为做好品牌宣传，公司印刷海螺水泥使用说明书及宣传画册，截至 8 月，所有材料全部发至用户手中。发放海螺水泥使用说明书，能有效指导用户如何正确施工及了解水泥养护注意事项，确保施工质量，提高用户满意度。海螺宣传画册内容包括海螺水泥品牌发展历程及历年承接的大型项目、重点工程，展现公司良好的企业形象，提高客户对海螺水泥的认知度。

赣江海螺全体上下信心十足，紧抓市场需求上升有利时机，鼓足干劲，围绕下半年销量目标全力拓展市场。

赣江海螺单日销量不断刷新历史最优纪录，截至 2015 年 9 月 30 日，月度总销量再创历史新高，计划兑现率达 103%，同比增幅达 67%。

（二）江西和美陶瓷有限公司

江西和美陶瓷有限公司是广东唯美陶瓷有限公司在丰城精品陶瓷基地投资兴建的一家大型陶瓷企业。广东唯美陶瓷有限公司始创于 1988 年，属陶瓷行业"三驾马车"之一，列中国陶瓷十大品牌之三。公司拥有唯美、马可波罗、LND 三大品牌，企业全面通过国家 3C 体系认证，欧盟 Lntertek CE 认证，英国 BSI 公司 ISO9001：2000 国际质量管理体系认证，ISO14001 环境管理体系认证和 OHSAS18001 职业安全管理体系认证，为广东省高新技术企业和省民营科技企业。马可波罗品牌先后荣获"广东省品牌产品""中国建筑陶瓷知名品牌"等称号。2007 年被国家商标局评为"中国驰名商标"，成为建陶行业内为数不多的品牌荣誉大满贯得主。从 2012 年起，马可波罗连续 11 年被评为中国最具价值品牌 500 强。2007 年，中国建筑陶瓷博物馆正式落户于马可波罗企业总部，李长春、习近平、李克强、张德江、汪洋等领导先后考察企业总部，对马可波罗的技术创新和文化创新给予了高度评价。

2015 年和美陶瓷品牌价值达到 156 亿元；公司赞助第八届"中国·丰城杯"全国业余围棋大奖赛；通过江西省 2015 年清洁生产审核；入选江西省 2015 年拟认定高新技术企业。

（三）江西荣威陶瓷有限公司

荣威陶瓷公司自成立以来，发扬专业、创新、责任、卓越的精神，致力于为现代人居空间提供优质的产品，产品尺寸偏差、吸水率、破坏强度、耐磨性、耐污性等主要技术指标均优于国家标准及欧洲标准。

荣威陶瓷以国际化的视野投入巨资，引进先进生产设备，并不断加强自主创新研发能力，现拥有全自动超长辊道窑炉、KEDA3800C～4800C 大型压机和超洁亮抛光线等一流生产设备，抛光砖产品规格齐全，年产量达千万平方米。

荣威陶瓷拥有一批经验丰富、创意非凡的专业陶瓷设计师，遍布全国的营销网络，高素质的营销团队和先进的营销理念，充分把握国际建陶发展的脉搏，注重品质、突出时尚，领先潮流，充分展现居家者的独特魅力，以优异质量、丰富品种、完善配套获得了设计师、工程商和广大消费者的一致青睐，并被国内外各大知名建筑工程商广泛采用，全心全意致力于将生动流畅、多姿多彩的陶瓷产品奉献给全天下的人。

2015 年，荣威陶瓷企业第三条生产线正式动工建设，并于年底建成投产。

（四）江西际洲建设工程集团有限公司

江西际洲建设工程集团有限公司成立于 1997 年 10 月，公司前称为"江西际洲市政工程有限公司"，2003 年 11 月 3 日更名为"江西际洲建设工程有限公司"，2009 年 4 月 29 日更名为"江西际洲建设工程集团有限公司"。公司现具有国家"公路工程施工总承包一级""市政公用工程施工总承包一级""公路路基工程专业施工承包一级""公路路面工程专业施工承包一级""园林绿化工程二级""房地产开发二级资质"。现有注册资金 10100 万元，2003 年底，顺利通过了 ISO9001 国际质量体系的认证。

2015 年是江西际洲建设工程集团有限公司大改革、大发展的一年。

在业务经营上，总公司以中标省内高速公路项目为突破口，以网上业绩申报等常规性和基础性工作为重点，确保全年经营目标任务的完成。在上饶经开区连接线、三清山连接线、武汉城市圈环线黄咸项目、成武项目的网上业绩申报实现突破。同时继续做好基础性服务工作，转变工作作风，让年轻人最多的经营部充满朝气。

在财务管理方面，以加强与农行、浦发行、上饶银行等各大商业银行的对接为重点，稳固和拓宽融资渠道，加大清缴清欠力度，盘活集团资产，掌控和监控各机构各项目的财务运行。一是稳固、深化和扩大与各大银行的合作，确保短期流动资金贷款、投标、履约保函和承兑业务，稳定授信、用信额度；二是对历年来债权、工程欠款、保证金、各项费用进行全面的清缴清欠，突出重点，责任到人；三是对在建项目，尤其大项目继续坚持"五个一"的管理模式（派一名项目经理，组一支项目团队，选一名项目会计，建一本项目账本，对接一家银行），对分公司挂靠项目，突出财务管控，防范和化解经营风险。

在工程施工上，继续加快在建工程的扫尾和"竣交决审"进程，加大对各分公司在建项目的管理力度，打造际洲集团自己的专业技术团队与施工管理团队。抓紧完成已建和在建项目（弋阳 320 国道、志敏大道、茶圣路、婺源城东安置小区、婺源江湾 S201 省道改建、龟峰南大道、经开区高速出口互通项目等）的"竣交决审"等工作；继续做好续建和新建工程的管理，提高工程人员专业技术水平，创新工程管理模式和办法，推行项目建设附加值服务体系，强化工程的质量、安全、成本、进度等全程有效管理，争取一到两个项目申报省优。

十二、钨产业

在钨产业领域中比较有影响的重点民营企业主要有：

（一）江西耀升钨业股份有限公司

江西耀升钨业股份有限公司前身为江西耀升工贸发展有限公司，是崇义县长龙镇本土人士郭耀升在 2000 年 4 月出资设立的一家民营企业，初始名称为江西省崇义县金龙钨业有限公司，2003 年 4 月更名为江西耀升工贸发展有限公司，2012 年 10 月 19 日经赣州市工商行政管理局注册登记整体变更名称为江西耀升钨业股份有限公司。

2015 年，公司各项工作取得了巨大成效：一是转变方式，适应市场，竭尽全力抓生产经营有新举措；二是从严管理，做细做实，坚持不懈抓安全环保有新成效；三是挖掘潜力，降本增效，求真务实抓创新改革有新突破；四是综合利用，协调推进，持之以恒抓资源项目有新业绩；五是关爱职工，凝聚力量，以人为本抓文化活动有新起色。

（二）荡坪钨业有限公司

荡坪钨业有限公司地处江西省赣南西部，横跨大余、崇义两县，公司现有员工 1075 人，其中高级技术专业人员 10 人，中级专业技术人员 31 人，初级专业技术人员 57 人，现有班子成员 5 人，中层管理人员 40 人，现拥有三个黑钨矿区和一个铅锌矿区，主要产品有：黑钨精矿、白钨精矿；副产品主要有铅、锌、铜、钼、铋精矿等。

白钨常温浮选技术领先世界先进水平，黑钨精选技术能按客户的特殊要求生产。企业先后荣获"江西省优秀企业""赣州市 50 强企业""积极参与新农村建设先进单位"等多项荣誉称号，每年被赣州市人民政府授予"工业经济突出贡献奖"，2015 年公司又被赣州市人民政府确定为"全市百户重点调研企业"。

2015 年，荡坪钨业有限公司把社会管理综合治理工作作为当年的头等工作和任务，公司与荡坪矿区管委会联合召开"2015 年社会管理综合治理工作会议"。会议回顾总结了 2014 年矿区社会管理综合治理工作，部署了 2015 年社会管理综合治理工作任务，表彰奖励了 2014 年矿区社会管理综合治理先进单位和先进个人。公司党委书记陈名瑞、矿区管委会副主任胡宗明分别与所属部室负责人、基层单位签订了"2015 年矿区社会管理综合治理责任状"。公司及管委会领导、部室负责人、基层单位党总支书记、保卫护矿人员、大龙派出所、荡坪居委会负责人参加会议。

（三）崇义章源钨业股份有限公司

崇义章源钨业股份有限公司位于江西省赣州市崇义县县城，始创于 2000 年，是集钨的采选、冶炼、制粉、硬质合金与钨材生产和深加工、贸易为一体的上市民营企业。

公司现有员工 2000 多人，拥有 5 个探矿权矿区、4 座采矿权矿山、5 个钨冶炼及精深加工厂，具备年产仲钨酸铵 10000 吨、钨粉 5000 吨、碳化钨粉 4000 吨、硬质合金系列 1500 吨的生产能力。公司是国家高新技术企业，通过了 ISO9001：2000 质量管理体系和 ISO14001：2004 的环境管理体系的认证，拥有多项专利、科技成果和高新技术产品，中国地质科学院、中南大学、赣南科学院分别在公司设立了博士后工作站、博士后研究基地和钨业研究所。2015 年经国家人力资源和社会保障部批准公司为"博士后流动工作站"设站单位。

2015 年，世界经济增速为 6 年来最低，经济下行压力加大，大宗商品价格深度下跌。在此背景下，公司营业总收入 134383.74 万元，比上年同期减少 34.09%；营业利润 –18357.56 万元，比上年同期减少 307.18%；归属于上市公司股东净利润 –15982.66 万元，比上年同期减少 345.45%，主要原因是钨产品综合销售毛利率大幅下降，同时存货跌价准备影响净利润，导致公司经营出现亏损。

公司冶炼生产环节核心技术和工艺处于国内领先水平和国际先进水平，精深加工环节的设备工艺及部分核心技术处于国内领先和国际先进水平。据中国钨业协会 2015 年统计数据，报告期内公司钨粉末产品的产量排名行业前两位，硬质合金的产量排名行业前四位。

2015 年，公司研发的"铵盐体系白钨绿色冶炼关键技术和装备集成创新及产业化"项目获得 2015 年江西省科技进步一等奖。纳米钨粉、纳米碳化钨粉、球形铸造碳化钨粉、超细晶硬质合金挤压棒材等研发成果均达到国际先进水平。公司积极参与国家和行业标准制定，曾主持起草《超细钨粉》，参与起草《超细碳化钨粉》行业标准的制定工作。

2015 年，公司冶炼厂研发出"磷酸＋碱"法高效分解高钙白钨矿工艺，进一步降低生产成本；结晶工艺实现重大突破，生产出均匀、稳定的单晶 APT，为提高钨粉、碳化钨粉及合金质量打下良好基础，进一步提升公司产品核心竞争力；新设计的冷却水闭路循环系统，解决了冷却水回收难问题。

2015 年，公司签署了对法国 UF1 公司的收购协议，UF1 公司致力于机械加工、切削刀具制造、切削液体及涂层供应等领域提供专业技术服务，为工业机械加工应用提供解决方案。UF1 公司将为公司新产品的研发与测试，产品服务体系的改进，配套技术人才的培养提供助力。

十三、稀土产业

在稀土产业领域中比较有影响的重点民营企业主要有：

（一）赣州鑫磊稀土新材料股份有限公司

赣州鑫磊稀土新材料有限公司创立于 2006 年，是一家集研发、生产、销售于一体的专业烧结钕铁硼永磁材料国家高新技术企业。公司位于美丽的稀土王国——江西省赣州市定南县，占地 100 亩，员工 200 多人。

为贯彻中央科教兴国战略，落实公司"科技领先，以人为本"宗旨，促进技术创新、成果转化，鼓励科研人员研发热情，创造良好的科研氛围，使公司科技水平更上一层楼，公司正式成立科研攻关小组。董事长钟小伟亲自担任科研攻关小组组长。

资源优化配置和集约化发展成为稀土行业大趋势，行业大洗牌初现端倪。面临前所未有的新局面，公司领导层敏锐意识到唯有科技创新、科技领先，才能真正把公司做大做强，逆流而上，实现企业的腾飞。

2015年，公司成立科研攻关小组，攻关小组成立将集中全公司研发人才，并借助科研院所力量，对现有产品生产的配方、关键工艺进行攻关，同时针对永磁材料新兴产品市场如电动汽车、风力发电、家电应用等方面进行研究，为公司加速发展做好技术储备。

（二）赣州晨光稀土新材料有限公司

赣州晨光稀土新材料有限公司是一家生产稀土金属、混合稀土金属、稀土合金系列产品的专业厂家。公司于2003年11月更名，公司前身赣南晨光稀土金属冶炼厂于1997年建厂。通过多年来的经营运作，现已形成年产2200吨各种规格的稀土金属和稀土合金产品的生产能力。

公司生产的金属镧、金属镨、金属钕、金属铽、金属镝、镨钕合金、镝铁合金，被江西省科学技术厅认定为高新技术产品。公司现有员工300人，拥有数十名专业技术人员和生产技术骨干和一支团结敬业的管理团队，并聘请国内外专家为公司客座顾问。公司通过了ISO质量管理体系认证、ISO9001：2000版国际质量体系认证，获得自营进出口资格权。公司配置了ICP、原子吸收、定碳仪等先进的检测设备，并形成了完善的质量管理体系，为客户提供稳定、优质的稀土金属产品。

几年来，公司依靠先进的管理和技术、可靠的产品质量、稳定的供货能力、灵活的经营方式、合理的价格、完善的售后服务赢得了众多国内外客户的认可和信任，产品长期出口至日本、美国、欧洲等国家和地区。并与国内外许多知名企业建立了长期稳定的合作关系。公司地处素有"稀土王国"之誉的赣州市，是东南沿海地区向中部内地延伸的主要通道，是江西省对外开放的南大门。丰富的稀土资源、便捷的交通、和谐安定的社会环境成就了公司的壮大与发展。

（三）赣州虔东稀土集团股份有限公司

赣州虔东稀土集团股份有限公司由赣州科力稀土新材料有限公司、赣州南方稀土矿冶有限责任公司、赣州东利高技术有限公司、赣州科瑞精密磁材有限公司、赣州力赛科新技术有限公司、江西明达功能材料有限公司、福建长汀虔东稀土有限公司等11家子公司组成，地跨赣粤闽三省。现有资产30亿元，员工2000多人。公司优先开发具有市场竞争力的产品，包括稀土合金、磁性材料和稀土结构陶瓷，提高公司产品技术含量和附加值。公司还大力进行稀土资源循环回收综合利用，已达国内领先水平。公司拥有生产钇铝合金、高性能钐钴合金、镝钆合金、高性能钕铁硼薄片、高纯氧化钇铕和氧化钇锆等单一氧化物的先进生产线。

企业先后被评为"国家火炬计划重点高新技术企业"、江西省"五一劳动奖章""诚信企业""高新技术企业""百强企业""资源节约先进集体""信息化工作先进单位""光彩之星""企业文化建设优秀单位""优秀企业"" '十五' 制造业信息化重点示范企业""'十五'期间安全生产先进单位"、赣州市"五一劳动奖章"等。企业通过了中国质量认证中心的注册认证。自1997年起企业每年被中国农业银行江西省分行评为"AAA级信用企业"。公司涌现出国家级、省级、市级3级劳动模范。

十四、锂电产业

在锂电产业领域中比较有影响的重点民营企业主要有：

（一）江西赣锋锂业股份有限公司

江西赣锋锂业股份有限公司成立于 2000 年 3 月，总部位于江西省新余市的国家高新技术产业园区，注册资本 3.78 亿元。2010 年 8 月 10 日公司在深圳股票交易所中小企业板正式挂牌上市（股票代码 002460），成为中国锂行业首家上市公司。

以下是 2015 年公司发展中的重大事项。

3 月 30 日，公司召开三届十二次董事会审议通过了《关于收购江西西部资源锂业有限公司 100% 股权涉及矿业权投资的议案》，并与交易对手方四川西部资源控股股份有限公司签订了相关股权转让协议书，公司拟以自有资金 12996 万元的价格受让西部资源持有的江西锂业 100% 股权。

江西锂业主营锂矿开采、精选，长石、云母、铌钽销售等，目前拥有河源锂辉石矿采矿权，该矿保有资源矿石量为 575.71 万吨，Li_2O 金属量为 59521 吨，开采规模为 40 万吨/年。另外，江西锂业已以 200 万元受让晶泰公司持有的广昌县头陂里坑锂辉石矿采矿权，相关采矿权转让变更登记手续正在办理中。

通过收购江西锂业 100% 股权，将直接为公司发展提供所需的锂资源，是推进公司纵向产业链延伸、优化产业链结构并升级战略布局的重要举措，符合公司上下游一体化的发展战略。

9 月 19 日上午，赣锋国际与澳大利亚上市公司 Neometals 和 PMI 关于 Reed Industrial Minerals Pty Ltd 公司股权销售和认购协议签约仪式，在江西新余公司总部研发大楼隆重举行。

Neometals 董事会主席 David Reed、首席执行官 Chris Reed、项目经理 Michael Tamlin、中国总经理郝文捷和 Mineral Resources Ltd 首席财务执行官 Bruce Goulds 以及公司董事长李良彬、副董事长王晓申、常务副总裁邓招男、副总裁徐建华、进出口部经理付新华等出席签约仪式。各方领导都表示了建立全面战略合作的良好愿望，并代表企业签订了股权销售和认购协议，签约仪式在和谐融洽的氛围中圆满结束，标志着各方建立了稳固的战略合作伙伴关系，各方将展开深层次的交流与合作，共促各方持续、健康、快速发展。

（二）江西美亚能源股份有限公司

江西美亚能源股份有限公司是一家从事动力锂离子电池开发、生产的高新技术企业。其开发、生产的动力锂离子电池是南昌大学完成成果转化的一项高新技术产业化项目，具有单体电池工作电压高、比能量大、循环寿命长、无记忆效应、无污染等优点，是动力电池的最佳选择。完全顺应 21 世纪节能、环保的发展趋势，符合国家发展政策。国内外多家媒体对这一成果进行了报道。公司会聚了一批国内外知名专家、高级工程师，在研发方面做出了巨大贡献。同时公司积极与各用户单位制订战略发展计划，配合用户单位开发配套产品。

公司锂电池在实际应用中充放电次数可达 500 ~ 1000 次，其容量不低于原容量的 80%，一组 36 伏、10 安时锂电池用于驱动普通电动车能够行驶约 5 万千米。而普通铅酸电池的循环寿命短，充放电次数只有锂电池充放电次数的 1/4～1/3，其充放电次数在 200 次时，容量只剩余 50% 左右，一组 36 伏、12 安时普通铅酸电池的行驶距离仅 1 万千米左右。

（三）远东福斯特新能源有限公司

远东福斯特新能源有限公司成立于 2009 年 7 月，是一家专业从事锂离子电池研发、生产、销售及售后服务于一体的国家级高新技术企业，是远东智慧能源股份有限公司（股票代码：600869）上市公司的全资控股子公司。

远东福斯特坐落于国家锂电新能源技术产业化基地——江西省宜春经济技术开发区，占地 700 余亩，是宜春打造"亚洲锂都"的龙头企业。现有员工近 3000 人，拥有超 10 万平方米的高洁净厂房、30 项创新专利项目。现 18650 圆柱锂离子电池日产 120 万支，居国内产销规模第一，全球排名第三，仅次于三星和松下；动力电池现生产规模为年产 6 万组，经工信部专家审查，顺利进入符合《汽车动力蓄电池行业规范条件》的第四批企业目录。产品广泛应用于电动汽车、邮政车、特种车、基站储能、电动自行车、笔记本电脑、移动电源等领域。

公司设有博士后科研工作站、院士工作站、江西省锂电池工程研究中心、江西省锂离子动力电池工程研究中心等机构；同时，荣获了"江西省名牌产品""江西省著名商标""江西省质量信用 AAA 级企业""江西省 A 级纳税人""江西省质量先进管理企业"等荣誉称号，复合锂储能锂电池通过江西省重点新产品鉴定，产品技术国内领先，荣获"江西省科技进步三等奖"和"宜春市科技进步二等奖"。

第八章 民营企业社会责任

一、概述

企业社会责任（Corporate Social Responsibility, CSR），是企业通过透明的有道德的行为为其决策及活动对社会、环境所负的责任。具体来讲，本章对企业社会责任的定义采用了中国工业经济联合会发布的《中国工业企业及工业协会社会责任指南》的界定，即指企业对政府的责任，利益相关方的责任，对消费者的责任，对社会、资源、环境、安全的责任，以及保护弱势群体、支持妇女权益，关心保护儿童、支持公益事业等。这里的利益相关者（Stakeholder）指那些在一个组织的决策和活动中有利益的个人或群体。

基于民营企业社会责任履行状况的省内数据统计发现：在营业收入方面，2015年上规模民营企业①营业收入总额为5317.66亿元，比上年提高775.60亿元，增长幅度为17.08%。在纳税方面，2015年上规模民营企业共缴纳税收214.95亿元，比上年户均增加0.14亿元，增长率为37.84%；从纳税规模来看，上规模民营企业缴税总额在5亿元以上有7家；受上规模企业数量扩大的影响，2015年上规模民营企业缴税总额占全省财政收入比重为7.11%，高于上年5.28%的比重。在吸纳就业方面，2015年上规模民营企业吸纳了44.95万人就业，占全省就业人数的1.72%，同比上年增加5.48万人。在用工规范性方面，2015年上规模民营企业劳动用工方面不断规范，290家企业和员工100%签订了书面劳动合同，占上规模民营企业总数的69.1%，26家企业员工90%签订书面劳动合同，占上规模民营企业总数的6%；员工100%参加养老保险、医疗保险、失业保险的上规模民营企业分别有27.14%、28.57%、23.33%。在研发创新投入方面。2015年有255家上规模民营企业的关键技术来源于自主研发与研制，占上规模民营企业总数的60.71%；有246家上规模民营企业填报了2015年研发费用，合计53.60亿元，有150家上规模民营企业研发投入占营业收入的比重超过1%，其中有12家超过5%，219家企业的平均研发强度为2.07%，高于全国大中型企业的研发强度。

隶属于国务院发展研究中心的中国企业评价协会联合清华大学社会科学学院，依据《中国企业社会责任评价准则》编制的"2015中国企业社会责任500强"中，江西只有一家国企入榜，江西民营企业没有进入榜单。

基于《南方周末》"2015中国企业社会责任评选（主榜）"的数据发现，在"2015中

---

① 上规模民营企业特指营业收入1亿元以上企业，2015年江西省有420家上规模民营企业。

国（内地）民营企业创富榜"100 家企业中，江西省仅有江西萍钢实业股份有限公司 1 家入选，排在第 77 位。

二、上规模民营企业履行社会责任披露情况

2015 年，上规模民营企业有 112 家企业发布社会责任报告，占比 26.67%。与此同时，民营企业还积极参与社会捐赠与扶贫开发，2015 年上规模民营企业有 293 家参与社会捐赠，172 家企业参与扶贫开发（见表 8-1）。

表 8-1　2015 年上规模民营企业社会责任报告披露情况

履行社会责任情况	企业数（家）	占上规模民营企业比重（%）
发布社会责任报告	112	26.67
参与社会捐赠	293	69.76
参与扶贫开发	172	40.95

三、民营企业社会责任总体履行状况

（一）营业收入

江西省工商业联合会发布的《2016 江西上规模民营企业调研分析报告》显示，2015 年江西省上规模民营企业主要分布在宜春、南昌、九江三个设区市，营业收入总额南昌、宜春、上饶三市位列前三位，资产总额南昌、宜春、上饶位列前三位，净利润总额南昌、宜春、九江位列前三位（见表 8-2）。

表 8-2　2015 年上规模民营企业营业收入、资产和净利润分布情况

设区市	企业数（家）	企业数量比重（%）	营收总额（万元）	营收总额比重（%）	资产总额（万元）	资产总额比重（%）	净利润总额（万元）	净利润总额比重（%）
南昌市	90	21.43	24090080	45.3	17242598	45.66	759710	33.01
九江市	50	11.90	4750364	8.93	3206031	8.49	186844	8.12
景德镇市	8	1.90	442536	0.83	583569	1.55	57756	2.51
萍乡市	12	2.86	395547	0.75	313871	0.83	29996	1.30
新余市	3	0.71	435939	0.82	502947	1.33	19635	0.85
鹰潭市	22	5.24	3469986	6.53	1361563	3.61	119437	5.19
赣州市	12	2.86	649524	1.22	485477	1.29	40795	1.77
宜春市	138	32.86	9253744	17.40	7566306	20.04	665719	28.93
上饶市	32	7.62	6376090	11.99	4317662	11.43	263362	11.44
吉安市	26	6.19	1841217	3.46	1070746	2.84	96426	4.19
抚州市	27	6.43	1471649	2.77	1108772	2.94	61743	2.68

2015 年江西省民营企业 100 强全省 9 个设区市有企业入围，其中南昌 36 家，宜春、鹰潭、上饶均超过 10 家（见表 8-3）。

表 8-3　江西省民营企业 100 强分布情况　　　　单位：家

设区市	入围江西省民营企业 100 强企业数
南昌市	36
九江市	9
新余市	3
鹰潭市	12
赣州市	1
宜春市	22
上饶市	12
吉安市	3
抚州市	2

从全国工商联发布的中国民营企业 500 强榜单来看，近年来江西省都有企业入围 500 强企业，2015 年则达到了 6 家（见表 8-4），入围中国民营企业制造业 500 强的企业达到 9 家（见表 8-5）。

表 8-4　进入 2015 年中国民营企业 500 强的江西企业　　　　单位：万元

排名	企业名称	所属行业	营业收入
61	正邦集团有限公司	农业	5203466
103	双胞胎（集团）股份有限公司	农副食品加工业	3861761
235	晶科能源有限公司	电气机械和器材制造业	1957557
237	江西萍钢实业股份有限公司	黑色金属冶炼和压延加工业	1941017
260	江西赣基集团工程有限公司	土木工程建筑业	1775926
382	江西济民可信集团有限公司	医药制造业	1308298

表 8-5　进入 2015 年中国民营企业制造业 500 强的江西企业　　　　单位：万元

排名	企业名称	所属行业	营业收入
61	双胞胎（集团）股份有限公司	农副食品加工业	3861761
146	晶科能源有限公司	电气机械和器材制造业	1957557
148	江西萍钢实业股份有限公司	黑色金属冶炼和压延加工业	1941017
224	江西济民可信集团有限公司	医药制造业	1308298
315	江西博能实业集团有限公司	金属制品业	893181
326	泰豪集团有限公司	专用设备制造业	832939
332	方大特钢科技股份有限公司	黑色金属冶炼和压延加工业	814829
464	上饶市致远环保科技有限公司	有色金属冶炼和压延加工业	500218
470	鸭鸭股份公司	皮革、毛皮、羽毛及其制品和制鞋业	491061

（二）纳税

从纳税规模来看，上规模民营企业缴税总额在 5 亿元以上的有四特酒有限责任公司（11.63 亿元）、江西济民可信集团有限公司（8.34 亿元）、江西萍钢实业股份有限公司（8.23 亿元）、宏盛建业投资集团有限公司（7.21 亿元）、江西赣基集团工程有限公司（7.01 亿元）、方大特钢科技股份有限公司（6.34 亿元）、江西青峰药业有限公司（5.14 亿元）7 家，缴税总额在 1 亿~5 亿元的有 37 家，缴税总额在 5000 万元至 1 亿元的有 52 家，缴税总额 5000 万元以下的有 324 家（见图 8-1 和表 8-6）。

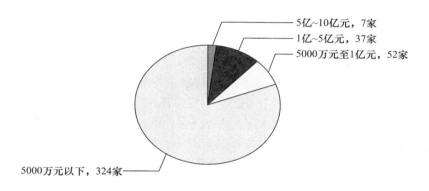

图 8-1 2015 年上规模民营企业纳税情况

表 8-6 2015 年上规模民营企业纳税前 10 位　　　　　　单位：万元

序号	企业名称	所属行业名称	缴税总额
1	四特酒有限责任公司	酒、饮料和精制茶制造业	116323
2	江西济民可信集团有限公司	医药制造业	83461
3	江西萍钢实业股份有限公司	黑色金属冶炼和压延加工业	82368
4	宏盛建业投资集团有限公司	房屋建筑业	72133
5	江西赣基集团工程有限公司	土木工程建筑业	70087
6	方大特钢科技股份有限公司	黑色金属冶炼和压延加工业	63403
7	江西青峰药业有限公司	医药制造业	51441
8	江西自立环保科技有限公司	有色金属冶炼和压延加工业	46028
9	晶科能源有限公司	电气机械和器材制造业	42002
10	仁和（集团）发展有限公司	医药制造业	40234

从行业类别来看，缴税总额居前五位的行业为有色金属冶炼和压延加工业，医药制造业，房屋建筑业，黑色金属冶炼和压延加工业，酒、饮料和精制茶制造业。房地产业滑出纳税行业前 5 位。其中有色金属冶炼和压延加工业、医药制造业是江西省传统支柱产业，企业数量众多，规模较大，对税收贡献也较大；黑色金属冶炼和压延加工业虽然企业数量不多，但企业规模较大，也贡献了较大比重的税收（见表 8-7）。

表 8 – 7　2015 年上规模民营企业纳税前 5 大行业

序号	行业名称	缴税总额（万元）	企业数（家）
1	有色金属冶炼和压延加工业	295756	39
2	医药制造业	267156	28
3	房屋建筑业	233829	23
4	黑色金属冶炼和压延加工业	141177	5
5	酒、饮料和精制茶制造业	141101	7

（三）吸纳就业

2015 年上规模民营企业吸纳了 44.95 万人就业，占全省就业人数的 1.72%，同比 2014 年增加 5.48 万人。其中房屋建筑业、农业、医药制造业吸纳就业人数居前三位；上规模民营企业员工人数超万人的有正邦集团有限公司、江西萍钢实业股份有限公司、晶科能源有限公司、江西省第五建设集团有限公司 4 家（见表 8 – 8 和表 8 – 9）。

表 8 – 8　2015 年上规模民营企业就业人数前 5 大行业

序号	行业名称	就业人数（人）	企业数（家）
1	房屋建筑业	60022	23
2	农业	44496	7
3	医药制造业	38010	28
4	黑色金属冶炼和压延加工业	23985	5
5	非金属矿物制品业	18042	14

表 8 – 9　2015 年上规模民营企业员工人数排名前 10 家　　　　单位：人

序号	企业名称	员工人数
1	正邦集团有限公司	42321
2	江西萍钢实业股份有限公司	15641
3	晶科能源有限公司	12845
4	江西省第五建设集团有限公司	11310
5	江西济民可信集团有限公司	8850
6	方大特钢科技股份有限公司	7920
7	宏盛建业投资集团有限公司	7893
8	中大建设股份有限公司	7034
9	发达控股集团有限公司	7000
10	井冈山市映山红瓷业有限公司	6800

（四）用工规范

上规模民营企业劳动用工方面不断规范，290 家企业和员工 100% 签订了书面劳动合同，占上规模民营企业总数的 69.1%，26 家企业员工 90% 签订书面劳动合同，占上规模民营企业总数 6%；员工 100% 参加养老保险、医疗保险、失业保险的上规模民营企业分别有 27.14%、28.57%、23.33%（见表 8 - 10）。

表 8 - 10　2015 年上规模民营企业规范劳动用工情况　　　　　　　　单位：家

比重	订立书面劳动合同员工	参加养老保险员工	参加医疗保险员工	参加失业保险员工
100%	290	114	120	98
90% ~ 100%	26	36	38	23
80% ~ 90%	2	18	12	13
80% 以下	9	146	111	127

（五）研发及创新

加大资金和人力投入是提升企业科技创新能力的主要途径。有 246 家上规模民营企业填报了 2015 年研发费用，合计 53.60 亿元，有 150 家上规模民营企业研发投入占营业收入的比重超过 1%，其中有 12 家超过 5%，219 家企业的平均研发强度为 2.07%，高于全国大中型企业的研发强度。194 家上规模民营企业填报了研发人员情况，其中有 153 家研发人员占员工总数的比重超过 5%（见表 8 - 11）。

表 8 - 11　2014 ~ 2015 年上规模民营企业研发投入情况

研发投入	2015 年研发费用		2014 年研发费用	
	企业数（家）	占上规模民营企业比重（%）	企业数（家）	占上规模民营企业比重（%）
5% 及以上	12	2.86	12	3.17
3% ~ 5%	79	18.81	72	19.00
1% ~ 3%	65	14.05	47	12.40
1% 以下	96	22.86	88	23.22
合计	246	58.57	219	57.78

在 2015 年江西省民营企业 100 强中，研发费用位于前三位的企业是：晶科能源有限公司、泰豪集团有限公司、江西萍钢实业股份有限公司，研发费用分别是：6.56 亿元、3.82 亿元、2.46 亿元。

关键技术是企业获得核心竞争力并发展壮大的重要基础，关键技术的主要来源有自主研发、模仿、产学研合作等。调研数据表明，2015 年有 255 家上规模民营企业的关键技术来源于自主研发与研制，占上规模民营企业总数的 60.71%，其次分别为引进人才 136 家，引进技术 123 家，产学研合作 112 家，另有少数企业是通过模仿、并购企业、企业合资获得关键技术（见表 8 - 12）。

表 8 – 12　2015 年上规模民营企业关键技术来源情况

关键技术来源	企业数（家）	占上规模民营企业比重（%）
自主开发与研制	255	60.71
产学研合作	112	26.67
模仿	10	2.38
引进技术	123	29.29
引进人才	136	32.38
并购企业	8	1.90
企业合资	13	3.10

四、部分民营企业履行社会责任事例

（一）正邦集团董事长林印孙获"2015 年度中国社会责任杰出企业家"称号

2015 年 12 月 22 日，由新华网、中国社科院企业社会责任研究中心等单位联合主办，国家电网、中急培等协办的"2015 中国社会责任公益盛典"在北京钓鱼台国宾馆举行。来自国家多个部委的有关领导、专家学者、国内外近百家知名企业负责人出席会议，共襄责任盛举。会上，中国社会科学院企业社会责任研究中心发布了《中国企业社会责任报告白皮书（2015）》。该白皮书显示，2015 年企业在履行社会责任方面表现出了一些新趋势、新特点。2015 年中国企业对履行社会责任越来越重视，发布社会责任报告的数量持续增长，达到 1703 份。会上还表彰了一批积极履行社会责任的优秀企业和企业家，颁发了 2015 年中国社会责任年度大奖，包括"中国社会责任特别贡献奖""最佳雇主奖""最佳公益创新奖""公益典范奖""科技创新奖""社会传播奖""绿色环保奖""年度优秀案例奖""年度杰出企业奖""社会责任特别荣誉奖""年度杰出企业家奖"，其中正邦集团董事长林印孙等企业家获得"年度中国社会责任杰出企业家"称号。

正邦集团成立于 1996 年，是农业产业化国家重点龙头企业，拥有博士后科研工作站、院士工作站，旗下正邦科技于 2007 年在深交所上市。集团下有农牧、种植、金融三大产业集团，以种猪育种、商品猪养殖、种鸭繁育、农作物优良新品种选育、肉食品加工、饲料、兽药、生物农药、芳樟种植及芳樟产品加工、油茶种植及资产管理为主营业务。正邦集团致力于做现代农业的投资者和组织者，做绿色安全食品的生产者与供应者，不断推动中国农业的规模化、产业化、生态化发展。正邦集团正在全力推进"千亿工程"，2017 年实现产值千亿目标，成为中国最优秀的农业企业之一。

正邦集团一直以"情系三农，造福社会，以正兴邦"为使命，打造千亿产值企业，为的是今后能更好地履行社会责任、服务国计民生。多年来，正邦集团持续关注着教育事业的发展，在南昌大学、江西财经大学、江西农业大学等多所学校设立了正邦助学基金，总额约1500 万元。正邦集团通过推行农业"百千惠"工程、"五统一保"养殖方式、引导农户组建生产合作社等方式带动农民致富。

此外，当一些地区出现重大自然灾害时，正邦集团积极参与抗震救灾，累计捐款捐物3000多万元。据了解，"把小公司做成大公司，把大公司做成大家的公司"是正邦集团的核心价值观。

在江西，林印孙的正邦集团举足轻重。省政府的会议都搬到正邦开了。2013年8月19日，两个副省长率19个厅局的官员，浩浩荡荡到正邦集团开会，议题是支持正邦成过千亿农业产业化龙头企业。

1. "农"字高悬　咬定青山不放松

江西如此重视正邦，因为正邦是江西省规模最大的农业产业化龙头企业，而且名列中国企业500强、中国制造业500强、中国民营企业500强，在中国饲料工业、生猪养殖、种鸭繁育行业排名中名列前茅。对于江西这样的农业大省，重要性自不待言。而在18年前，正邦的前身只不过是一个资产不足10万、职工不过20人的作坊工场。发生这样的巨变是林印孙带领企业持之以恒念"农"字经的结果。

1964年出生于江西临川农村的林印孙，从小就深切体会到了农业劳动的艰辛和农民生活的困苦，立志长大后要改变这样的局面。1984年从省粮食学校毕业、次年担任一家饲料加工厂厂长后，就努力把理想一步步地付诸实施。他带领职工开展技术改造时，因神思深入，不慎被机器切削掉了右手大拇指。但这丝毫没有动摇他的决心。在他的带领下，这家不过是10万元和20多人的饲料厂迅速还清了债务，生产能力大幅度翻番。

林印孙不断观察中国的"三农"问题。渐渐从一开始的一种兴趣和热爱，发展到责任感和使命感。林印孙认为，中国农业的落后不仅是机械化程度的落后，人才、技术和知识产权也同样落后。经过不断的探索和研究，他逐步确立了服务"三农"的切入点，决心从农业生产的关键环节入手，经营生猪养殖、牲畜育种、饲料和农药的研发生产等业务。为了实现这个理想，林印孙在1996年国有饲料厂改制的基础上创办了正邦集团公司。经过努力，在获得初步成功后，企业迁入南昌，开始了面向全省的发力；其后于2007年，旗下江西正邦科技股份有限公司在深圳证券交易所上市，实现了企业发展历程中的第二次跨越。

经过18年的不断努力和辛勤耕耘，如今已经发展成年营收360亿元的大型企业集团。从2013年开始，以冲刺年收入1000亿元为目标，企业开始了发展历程中的第三次跨越。

作为创业者，林印孙凭着薄利多销的原则，率领正邦公司的员工筚路蓝缕、辛勤开拓，企业一步步做大。在这个历程中，林印孙也多次面临着产业路径的选择。其间中国经济经历过房市、股市持续爆热，但林印孙不为所动，在获得第一、第二桶金后，并没有投入股市和房市，而是始终围绕着"三农"做文章，坚定信念不动摇。毅然决然继续投资"三农"领域，坚定走农业产业化龙头企业的信念，推动企业在带领农民致富方面继续前进，义无反顾。最终，立志服务"三农"的正邦，如同一棵根深叶茂的大榕树，将自己的根系深深伸进脚下的红土。如在公司的职员队伍4万人中，就有3.8万以上的人，成为深入到乡村的业务员。

公司+农户，是许多农业企业与"三农"合作的基本模式，林印孙在这方面更进一步创造了"公司+基地+农户""公司+合作社+农户""公司+基地+合作社+农户"等新型产业合作模式，通过两端订单式合作模式解决农民原料技术获得和产品销售的难题，并融合了社会多方面的力量，共同开发事业。比如，集团下属的天香林业公司在江西省内广泛开展芳樟种植，大量使用农村剩余劳动力，让种植户成为公司香料生产的"季节性临时工"，把芳樟种植编入公司香料生产线，每斤树叶和树枝售价0.6元以上。自2010年以来，已经带动 2699 户农家，解决剩余劳动力 1.3 万余人。在产品销售方面，林印孙制定了保护农户利益的最低收购价。

在油茶种植加工方面，林印孙探索了"龙头企业 + 合作社 + 基地 + 农户"的合作模式，由合作社以土地入股，种植和销售由公司负责，产生效益后的前 5 年公司每年按一定比例回收投资成本，利润按比例分成。由此带动了农户土地的租赁收入和务工收入。

在生猪养殖方面，林印孙的企业更是和农民养殖户紧密结合在一起。他们不仅为农户提供猪苗、饲料、兽药等物资，甚至还及时指导具体的喂养，如何时喂何料、何时打针等。为正邦养猪收入高，养猪在当地已经成为热门职业，甚至大学生养猪也很普遍。以至于民间流传着"要想养好猪，必须读好书""读不好书，难去正邦养猪"的说法。

在农业产业化方面，已经建立起了集育种、种植、病虫害防治、萃取提炼、产品深加工于一体的完整芳樟产业链，以及上自种猪、饲料、防疫，下到屠宰和肉食品加工的猪肉可溯源体系。在全国各地建设了许多规模化的养殖小区，其中在黑龙江省投资 120 亿元养殖 600 万头生态养猪工程。

在林印孙的带领下，正邦集团以养殖为纽带，涵盖了农牧、农资、粮油、流通、金融五大产业，从一个地方性的小企业变成了开放型、全国性的大企业；从一个单纯的饲料生产销售企业转化为集农业产业化、规模化开发、科研、生产、推广为一体的农牧企业集团，成为中国农牧企业界的一颗新星。

除了办企业，林印孙还是全国人大代表，同时还担任许多社会职务。在许多场合，都可以看到他为农业产业化建言献策的身影。

2. 共同致富　做大公司为大家

走进正邦集团总部大厅，迎面可见"把小公司做成大公司，把大公司做成大家的公司"的标语。

这是林印孙的哲学和正邦的企业文化。林印孙还有一个说法就是，"成就大家就是成就正邦"。

林印孙期望通过创建一流的农牧企业，做农业产业化的龙头企业，铸造有效的农业产业链，让员工、股东、农户利益共享，进而达成农民致富、员工进步、企业发展的多赢局面，促进农牧业乃至整个社会的繁荣。为此，正邦集团在市场上的一招一式，都定位在"立足农牧、服务'三农'"上。

作为农业产业化国家重点龙头企业，正邦集团连接着成千上万农民的利益。从 2009 年开始，正邦启动养殖致富"百千惠"工程，以项目兴村、商品援村、产业带村、人户结对和技术培训等方式投身新农村建设。只要正邦出现在哪个县域、乡镇就会至少惠及 100 个村庄，1000 户农民。

在与农民合作的生产活动中，林印孙始终坚持"品质领先，微利经营，规模取胜，与养殖户共成长"的原则，以推动农业产业化发展和带动农民致富为宗旨，让利于民，微利经营。

正邦与农户形成产业链条上的合作关系，比如养猪，正邦提供猪种和饲料并且负责收购和包销。从源头和销售两头解决农户的难题，这与单纯的经销商相比，原料便宜，收购价从优，农户受益大。

再如芳樟市场，正邦将自己培育的优质种苗以低于市场价格一半的价格提供给合作社，提供种植技术，帮助农户提高种植水平。解决了农户市场和收入不稳定的难题，带动农户

29.5 万户，年增收共 11.8 亿元，平均每户年均增收 4000 元以上。

在开发林业的过程中，正邦公司不仅与农户建立了利益共同体，而且还将其伙伴合作社演变成为公司的股东。

为了帮助资金缺乏贷款困难的农民，正邦集团设立了小额贷款公司和担保公司。甚至还利用自身作为大企业受银行青睐的优势大量贷款，转而以低息分散转贷给农户。

在正邦，职工与老板的关系不是简单的雇佣和被雇佣的关系，而是更多地体现为合作伙伴的关系。发展部总监冯子谨说，在正邦的 4 万名职工中，只要有出去单独创业的，公司都要对其进行方方面面的培训，帮助他们成为真正的企业家。

2011 年 8 月，正邦将下属的江西省上高县、信丰县和余江县的养猪场，交由一批场长和骨干进行托管经营。

2012 年 3 月，正邦商品猪公司举行精英创业家股权签约仪式，来自江西、广东、湖南、辽宁、内蒙古等地养殖场的生产、技术和管理骨干共 18 人签约。

通过给平台、给股份，共建、共创、共享的运作，先后有 100 多个企业家从正邦脱茧而出。形成了"让人人当老板，个个当经理"的氛围。

除了小企业，该公司同样直接为养殖户提供技术培训。林印孙说，公司与农户的经营模式，实际上是为农村的能人创造一个大平台，使其在擅长的领域发挥作用。许多人通过与正邦的合作发家致富。

大学生更是正邦悉心培养的对象。该公司大量吸纳大学生，不只停留在雇佣的层次，而且引导帮助他们创业，做新时代的新农民。许多在正邦工作的大学生最终下海办起了自己的企业。

3. 为国分忧　迎难克坚不避责

敢于担当社会责任，是林印孙作为一位民营企业家的突出特点。除了在产业化模式的选择上，在他的经营活动中，也时时体会国家和社会之急需，将其与企业经营结合起来，以企业之力最大程度去承担。

一直以来，大学生群体由于扩招出现了就业难问题。正邦公司则大量吸纳。在 4 万名的职工队伍中，接纳了 2 万名以上大学生。

林印孙十分重视食品安全问题。正邦化工有限公司自运作以来，一直坚持高效低毒、低残留、无污染的无害农药生产，市场占有率、客户忠诚度得到了同步提高，企业获得了迅速发展，成为江西省农化行业效益与销量最好的企业之一。

云南广联畜禽有限公司与世界零售业巨头沃尔玛年供应 30 万只肉鸡项目的成功实施，也得益于正邦集团的绿色饲料生产，不但为企业找到了一个新的经济增长点，也为当地养殖业带来了发展机遇。

维雀乳业有限公司自 2000 年底运行以来，由集团饲料生产企业向奶牛养殖户提供绿色饲料，维雀乳业负责回收鲜奶，生产合格乳品推向市场，实现了生产的良性循环互动，已经占领了南昌及周边县市的部分乳品市场，并迅速向省外市场进军，品牌价值与市场占有率节节攀高。

林印孙十分重视环保。在严格遵守国家环保法规的基础上，他还在探索更高层次的绿色产业模式。在他的内心深处，正在酝酿一个鸿篇巨制——环鄱阳湖生态循环农业综合开发项目，将实施"百万亩种植、千万头生猪养殖"的大型生态循环经济产业化开发，实行山上种油茶，山下种植水稻，基地建设养殖小区，粪、肥、沼、化生产有机肥的循环经济产业发展模式。养猪业有臭气，所以就在养猪场的基础上延伸产业链，将养猪粪便沼气化，利用沼气发电，利用沼料生产有机肥料，四周建设林场，用沼液浇灌，行成粪、肥、沼、化的循环。项目实施地将涵盖30个重点县、100个重点乡镇、1000个重点村。

这个蓝图正一步步实现。2014年9月23日，正邦在湖北省红安县上新集镇李氏畈村租种的百亩连片奥优-83中杂优质水稻喜获丰收，亩产达到了1200斤，通过建立大型粪污处理设施，处理排放污染物，产生的有机肥料用作水稻种植，是真正的有机稻生态米。截至2014年底，正邦已在红安县投产3个大型养殖场。为打造种养结合生态养殖的发展模式，正邦充分利用猪场污水处理站经过专业处理的粪污资源发展种植。其中在李氏畈村租赁100亩连片抛荒水田种植优质水稻，取得了良好的经济效益和社会效益。村民何辉发说："正邦公司解决了我们的抛荒田没人种的问题，产量也比我们种的高，我们还有机会务工，猪场虽然大，但绿化好，到现在也没什么气味是个负责任的公司。"

4. 壮志未已"但令此心无所住"

回首以往峥嵘岁月，尽管有一系列的炫目光环，但致力于打造中国农业产业化龙头企业的林印孙，并无踌躇满志之意，而是将目光投向了未来。他为公司提出了更高的奋斗目标。

2013年5月，正邦集团向江西省委领导呈送了《情系绿色农业，圆梦千亿伟业》的工作汇报，确立了当前和今后5年的战略构想：做强专业化公司，完善产业化格局，推进生态化建设，积极打造"千亿正邦"、"世界正邦"、"百年正邦"，做中国农业产业链的组织者和领导者，2013年实现产值320亿元，2015年实现产值600亿元，2017年实现产值1000亿元。

仅仅在4年之内，就要实现由360亿元到1000亿元的超高速冲刺，任务之艰巨可想而知。但林印孙还要自我加压，在3年内，他还要在种猪、种鸭、生物制药领域，打造3家上市公司。

"虽有千岭谁能穷，但令此心无所住"。这是林印孙常向职工们宣扬的一个人生哲学。他引用这句话，更强调的是立足脚下一步一个脚印、生命不息奋斗不止之意。

回顾以往30年来的奋斗历程，林印孙奋斗的足迹，正是对他信条的写照。展望未来，林印孙壮心不已，扬鞭策马朝着理想的境地奔驰。大地厚德载物，君子自强不息。林印孙用自己的行动，诠释着信念：自己富为有限之富，以己之富为"三农"富，则是无限之富。

（二）公益助跑，四特酒践行社会责任

在"中国江西网——魅力江西"栏目中，有个"名企名品"子栏目，2015年重点介绍了四特酒践行社会责任的相关事迹。四特"酒"利万物，积极践行社会责任。白酒业，一个极具历史使命感与社会责任感的传统行业，在经济形态日新月异的今天更加"醉心"于公益，一方面借此提高企业知名度与美誉度，另一方面践行历史与时代赋予的责任，这也逐渐成为行业发展的新常态。作为中国传统名酒之一的江西四特酒，一直恪守"贡献社会，回报人民"的社会使命。

1. 真诚至上：真心实意，带动社会经济发展

一个真正优秀的企业，不仅能够给自身带来长足发展，更能带动相关企业及周边地区的共同发展甚至给整个行业乃至整个国家做出贡献，这也是企业发展的最高目标。四特酒身为赣酒龙头品牌，肩负着"创新引领，竞合共荣"的行业使命，通过不断地自我发展，实现地区共同繁荣、带动社会经济的发展目标。早在2004年，四特酒就制定了供应商发展计划，用10年时间分三个阶段逐步完成了优秀供应商企业队伍的建设，而经销商队伍也随之发展

壮大。据统计，自2004年以来，四特酒公司已累计带动数百家省内外中小企业快速成长。

2009年，四特酒着手启动"科技工业城"项目。该项目位于樟树市阁山镇，规划占地面积约2300亩，总投资15亿元。2012年7月，"科技工业城"一期建成试投产，基酒年产量2万吨，成品酒4万吨，极大地提高了产能，带动了相关产业的发展。随着该项目后期投产的不断推进，公司酿酒能力、灌装能力等不断攀升，并新增就业岗位数千人，带动经济发展的同时，带来了颇多社会效益。

统计显示，2005～2014年，四特酒公司累计上缴国家税收近40亿元，为社会经济发展做出了杰出贡献。

2. 善无止境：以善为公，捐助与赞助公共事业

"上善若水，水善利万物而不争"。四特酒出身于中国道教发祥地江西，得道教思想之精髓，以水作为文化象征，对内以善治企，对外以善为公。2008年8月18日，四特酒公司向江西省慈善总会捐款500万元，成立"四特慈善基金会"，自此每年安排专用资金对地方困难家庭和学生进行帮扶，将四特慈善事业常态化、制度化。据不完全统计，2008～2014年，公司已资助应届贫困大学生420余名，资助贫困家庭近400户，累计资助金额高达数百万元。通过扶贫助学，四特酒在人民心中树立了健康鲜活的企业品牌形象。

四特酒除了对国家教育、扶贫等事业大力扶持与资助，还分别在体育、航天、航海、文娱、公共设施等多方面贡献自己的力量。体育方面，为江西宜春农运会、江西省第十三届省运会、中国第七届城市运动会、中国第一届"湘江杯"国际帆船赛等加油助威；航天方面，为"神十飞天"鼓掌喝彩；航海方面，鼎力支持"重走海上丝绸之路"；文娱方面，不吝斥资百万元捐赠药交会"同一首歌"晚会和宜春"中华明月情"中秋晚会，倾情赞助江西首届青年原创歌曲音乐会、中国好声音百城百场演唱会等；公共设施方面，捐款建设樟树大桥及连接线工程、江西省青苗工程……

多年来，四特酒公司在积极投身社会公益慈善事业的路上永未止步，至今为慈善事业捐款总额已达数千万元，为企业赢得社会好感与口碑的同时，有力地推动了公益事业的发展。

3. 美不胜收：收获美好，开展与参与公益活动

除了以捐助、赞助等形式投身公益，四特酒还积极开展与参与各类公益活动。2012年9月"寻找最美乡村教师"大型公益活动中，四特酒公司董事长、总经理廖昶亲身莅临偏远山村小学，亲自送上数万元爱心款和学习生活用品，为乡村带去了温暖和感动。2014年，四特酒公司积极响应国家关于"加强全民国防教育"的号召，联合相关部门开展了"国防法规进校园"系列宣传和赠书活动，给在校学生免费捐赠《学生国防教育知识读本》系列书籍，为普及青少年国防法规知识的教育事业献出一分力。

如果说以上是四特酒对行业及社会履行的责任，那么其在"食品安全在行动""质量和服务诚信承诺"等主题宣传活动中的正面表现，便是对消费者使命的践行。通过一系列公益活动的开展与参与，四特酒收获的不仅仅是企业发展的裨益，更多的是那份"授人玫瑰，手有余香"的美好。

"责任重于泰山，事业任重道远"，企业的生命因责任的践行而更加光彩夺目，昶青不衰。四特酒正是用这样心怀天下、情系民生的胸襟和仁慈酿造着属于你我他的醇美世界。

（三）"煌上煌爱心基金会"助学捐赠进校园

根据江西省财政厅、江西省国家税务局、江西省地方税务局、江西省民政厅联合公布

2015 年符合公益性捐赠税前扣除资格的慈善组织名单，2015 年（在省民政厅登记注册且已运行）符合公益性捐赠税前扣除资格的慈善组织共 26 家，其中江西省煌上煌爱心基金会是唯一一家民营企业慈善冠名基金。

为积极响应习近平总书记在全国十二届人大一次会议对广大非公有制经济人士发出"发扬劳动创造精神和创业精神，回馈社会，造福人民，做合格的社会主义建设者"的号召，煌上煌集团积极承担社会责任，以企业为基础，员工参与为原则，以爱心救助为纽带，凝聚各方面力量，汇聚爱心，传播友爱，助人为乐，回报社会。借集团成立 20 周年之际，公司申请成立江西"煌上煌"爱心基金会（非公募基金）。煌上煌爱心基金会属于非公募基金会，2013 年 3 月 19 日经江西省民政厅批准成立，资金主要来源于企业拨款和员工自愿捐赠。用于资助家庭经济状况特别困难的员工；资助因发生较大自然灾害而造成重大伤害及损失且急需救助的地区、单位和个人；资助以优异成绩考取高等院校，却因家庭经济困难无法完成学业的员工子女；资助教育、生活、交通等各方面相对落后需要资助的贫困地区、单位和个人；资助因突发事故、意外创伤、突发疾病、见义勇为或遇到不可抗拒灾难事故而造成伤害及生活困难的员工或家属以及爱心基金会认为需要的其他资助对象。

"回报社会，共同富裕"是煌上煌始终不渝坚持的宗旨。一直以来，煌上煌集团积极投身扶贫事业中，情系三农，以实际行动投身到农村扶贫开发和社会主义新农村建设之中，先富带后富，培育连接了 27 个农民养鸭专业合作社，连接合作社农户达到几千余户，为贫困村农户脱贫致富撑起一把遮风挡雨的"连心伞"，"养皇禽鸭，走致富路"成为江西贫困村农民的共识；积极投身光彩事业中，关心农村教育，先后捐资几百万元兴办修建了万安县煌上煌枫林希望学校，修建了南昌县南新乡煌上煌新洲小学、兴建九江县煌上煌港口镇希望中心学校、新建县煌上煌下坊春蕾小学等希望学校，为发展中国农村教育事业做出了积极的贡献；积极投身公益事业，关爱社会，心系弱势群体，伸出充满爱心、充满善心、充满真心的手，2008 年为抗历史罕见的冰雪灾害捐款捐物总额达到 230 多万元，5.12 汶川大地震中累计捐款捐物 200 多万元等，为构建和谐社会做出了积极的贡献。

20 年来，煌上煌不断强化社会责任，主动履行社会职责，努力为社会多做好事，多做实事，多做善事，在扶贫济困、抗洪救灾、抗击非典、九江地震、四川地震、铺桥修路、资助失学儿童和其他困难弱势群体、兴办希望小学等活动中，共计捐款捐物 3000 多万元，得到社会各界的广泛赞誉。

煌上煌在江西拥有占地近 300 亩的中式烤卤食品工业园和家禽屠宰深加工厂区，年屠宰能力 3000 万羽，肉制品加工能力 4.2 万吨。在产品口味方面，煌上煌以传统风味与现代工艺相结合，自主研发出 6 大系列 200 多种风味独特的酱卤肉产品。其中的酱鸭曾被中国食品工业协会誉为"全国第一家独特酱鸭产品"。

2015 年 4 月 19 日，由江西煌上煌集团食品股份有限公司河南分公司、洛阳市慈善总会携手主办的"关注慈善你我他，10 店同开献爱心"户外捐款活动隆重举行。洛阳慈善总会副会长兼秘书长郝春苑、煌上煌集团股份公司副总经理范旭明等出席活动。在当天的慈善捐款活动上，煌上煌向洛阳市慈善总会捐助助学基金 1 万元，成为洛阳市首个企业慈善冠名基金。煌上煌将 10 家新开业门店从 4 月 19 日至 5 月 18 日一个月的营业收入的 1% 注入该基金，后续还将根据基金使用情况不断注资。煌上煌当天的慈善活动、爱心善举受到全国各地以及河南和洛阳主流媒体的广泛关注。河南省人民政府官方网站、光明网、网易新闻、百度新闻首条新闻、《大河报》《东方今报》《洛阳日报》《洛阳新闻网》《洛阳晚报》、南阳人民政府网、商都网等纷纷进行报道。

2015年6月10日，煌上煌爱心基金会走进吉安市万安县枧头镇枫林煌上煌希望学校，播撒爱心，播撒希望。亲切的面孔让煌上煌万安希望学校的孩子们欢天喜地，爱心再次将这所希望学校照亮。当天上午，煌上煌资助万安枫林煌上煌希望学校爱心捐赠仪式在学校操场举行。公司副总经理褚剑向学校颁发捐赠5万元爱心基金，副总经理范旭明、人事行政中心总监王娟向学校发放了一批书包、文具盒等学习用品。万安县教体局局长肖小军、枧头镇镇长郭建民等出席见证捐赠仪式。

公司副总经理褚剑在捐赠仪式上致辞。他指出，枫林煌上煌希望学校自2002年由煌上煌捐建落成以来，在全体师生的共同努力下，与企业同发展共进步，每一次来都能看到喜人的变化。他强调，关心教育、关爱儿童是煌上煌一直以来积极履行的社会责任。公司向学校捐赠5万元和一批学习用品，用于改善学校的基础设施建设，提高现代化教学水平，为办好人民满意的教育做出微薄的贡献。他希望全体老师认真做好各项工作，让校园变得更美；希望同学们勤学苦练、全面发展，扎扎实实地学好文化知识，以优异的成绩回报社会。

据不完全统计，煌上煌已累计捐款超过3500万元，而"煌上煌爱心基金会"的成立也标志着煌上煌的爱心事业代代相传进行到底。

第九章　民营经济研究组织与成果

一、概述

2015 年度，江西省民营经济研究组织的数量，与 2014 年度基本保持一致，主要有江西省民营经济研究会、江西财经大学产业集群与企业发展研究中心（又称民营企业发展研究中心）、江西师范大学非公有制经济发展研究中心、江西省宜春市民营经济研究会等。

2015 年，江西省民营经济研究会与江西师范大学、江西财经大学和江西省委党校三所高校合作，共成功立项 28 项有关于民营经济研究的课题，其中，按时结项的课题有 27 项。研究主题较为广泛，既涉及民营经济发展的税收、法律、融资、就业等相关问题，也引入了互联网经济、如何在新常态下发展商会组织、优化法制环境、和谐政商关系构建等问题，还针对江西省民营经济发展的实际情况提出了一些解决民营企业人才流失、大学生创业难以及党建问题等方面的措施。

江西省相关民营经济问题的研究成果，主要包括学术论文和研究报告。

江西省民营经济相关研究的学术论文，主要来源于各类期刊、专报和江西民营经济内参等。本年鉴主要收集了江西省学者撰写，以及非江西省学者撰写但发表在江西省属期刊上的学术论文，共 29 篇，其中以江西民营经济为研究主题的有 14 篇，主要涉及江西民营经济体系中金融服务和金融生态环境、演艺市场、税收政策、互联网经济、物流服务、政商关系、薪酬体系建立以及产业转型等方面的内容；一般性研究民营经济问题的有 15 篇，主要研究主题包括民营上市公司、民营企业海外上市、民营中小企业融资、民营企业员工归属感、政商关系等。

江西省民营经济相关研究的研究报告，主要是由江西省社会科学院课题组、江西省民营经济研究会课题组和江西省工商联课题组等相关课题组的成员经过调查、分析和研究完成，共有 14 篇关于江西省民营经济发展的分析报告。其中，有 5 篇研究报告针对民营经济创新问题进行了探讨，并对未来的发展提出了相关建议；有 3 篇研究报告就地区民营经济发展过程中遇到的问题进行分析，并结合经济发展现状提出了相对应的建议；有 3 篇研究报告基于"一带一路"和新常态等经济发展热点对江西省民营经济发展现状进行了较为系统性的分析，并对未来的发展前景和方向进行了具体的分析，得出了相关的结论；有 3 篇研究报告专门对江西民营经济的发展环境进行了调研，并对调研结果进行分析后得出了调研报告，其中涉及了循环经济的发展、法制环境的现状以及政商关系等方面的内容。

二、民营经济研究组织

　　江西省的民营经济研究组织，大多集中于南昌市和江西省各个高校内，较具代表意义的民营经济研究组织是江西省民营经济研究会、江西财经大学产业集群与企业发展研究中心、江西师大非公有制经济发展研究中心和江西省宜春市民营经济研究会等。其中，成立最早的研究组织是江西财经大学产业集群与企业发展研究中心（原称民营企业发展研究中心），于1998 年 7 月成立，并于 2003 年 4 月被江西省教育厅批准为江西省高校人文社科重点研究基地。2004 年 1 月，江西师大非公有制经济发展研究中心成立。江西省民营经济研究会成立于 2013 年 11 月，其组织职能主要是对江西民营经济发展中的重大问题进行深入系统的研究和宣传，不断推出符合江西省情、符合民营经济发展实情的、切实能对发展有推动作用的工作成果，做强研究会品牌，努力在江西发展中贡献应有的力量。

三、立项课题与研究成果列表

（一）立项课题列表

　　2015 年度关于江西省民营经济发展的立项课题，主要包括江西省民营经济研究会与江西各个高校之间合作的课题。其中，江西省民营经济研究会与江西师范大学合作研究且成功结项的课题共计 10 项；与江西财经大学合作研究且成功结项的课题共计 8 项；与中共江西省委党校合作研究且成功结项的课题共计 9 项（见表 9 - 1）。

表 9 - 1　江西省民营经济课题研究成果列表

序号	课题名称	主持人	课题来源
1	制约民营经济创新的主要因素与破解方法研究	卢宇荣	与江西师范大学 2015 年合作的课题
2	民营企业发展与加强党建工作研究	聂剑	与江西师范大学 2015 年合作的课题
3	破解中小企业融资难问题的追踪调研	罗小娟	与江西师范大学 2015 年合作的课题
4	江西民营医院的现状调研	陈建国	与江西师范大学 2015 年合作的课题
5	江西民办教育的现状调研	赵波	与江西师范大学 2015 年合作的课题
6	江西民企返乡创业问题调研	张新芝	与江西师范大学 2015 年合作的课题
7	江西民营企业"走出去"发展的现状调研	骆嘉	与江西师范大学 2015 年合作的课题
8	江西青年大学生创业的现状与对策研究	陈文华	与江西师范大学 2015 年合作的课题
9	大学科技园与大学生创业	余华凌	与江西师范大学 2015 年合作的课题
10	民营企业家增强"四信"研究	叶宝娟	与江西师范大学 2015 年合作的课题
11	江西转变政府职能、精简政府机构、简化审批环节的现状调研	杨道田	与江西财经大学 2015 年合作的课题

序号	课题名称	主持人	课题来源
12	大学生创业与民企返乡再创业的对接平台研究	谌飞龙	与江西财经大学 2015 年合作的课题
13	增强江西民营企业科技创新的税收政策分析	黄寒燕	与江西财经大学 2015 年合作的课题
14	互联网金融发展与缓解中小企业融资难问题的研究	舒海棠	与江西财经大学 2015 年合作的课题
15	民营企业就业员工的工作、生活状况调研	胡海波	与江西财经大学 2015 年合作的课题
16	新常态下，商会组织发展研究	吴军民	与江西财经大学 2015 年合作的课题
17	新常态下，优化民营经济发展法制环境调研	黄思明	与江西财经大学 2015 年合作的课题
18	江西省推进三单（负面清单、责任清单、权力清单）建设现状调研	范授冶	与江西财经大学 2015 年合作的课题
19	江西民营经济适应新常态，把握新机遇研究	黄世贤	与中共江西省委党校 2015 年合作的课题
20	当代民营经济发展中的政商关系研究	罗天	与中共江西省委党校 2015 年合作的课题
21	当代赣商精神研究	杨会清	与中共江西省委党校 2015 年合作的课题
22	政府合理掌控资源的边界确定与调整问题研究	李维	与中共江西省委党校 2015 年合作的课题
23	江西电商企业发展的现状、趋势与政策引导	郭金丰	与中共江西省委党校 2015 年合作的课题
24	互联网金融在江西的发展现状调研	吴志远	与中共江西省委党校 2015 年合作的课题
25	民营企业家持续发展企业的精神动力及其激励研究	姚亮	与中共江西省委党校 2015 年合作的课题
26	民营企业人才流失的现状与对策研究	程家健	与中共江西省委党校 2015 年合作的课题
27	新常态下江西政商关系研究	许立	与中共江西省委党校 2015 年合作的课题

（二）研究成果

2015 年度，江西省相关民营经济问题的研究成果，主要包括学术论文和研究报告。本年鉴主要收集了江西省学者撰写，以及非江西省学者撰写但发表在江西省属期刊上的学术论文，共 29 篇，其中以江西民营经济为研究主题的有 14 篇，一般性研究民营经济问题的有 15 篇。本年鉴还收集了 14 篇研究报告，详细信息如表 9 - 2 和表 9 - 3 所示。

表 9 - 2　江西省民营经济研究之学术论文列表

序号	成果名称	作者	作者单位	成果摘要	文献来源
相关江西民营经济问题研究的学术论文					
1	江西民营演艺市场产业化运作的可行性分析	张瑞平	江西科技学院音乐系	江西的民营演艺市场一直都很活跃，但综观现状，这些民营剧场更满足于短期的盈利，而不是长远的发展。本文从这一点出发，讨论江西民营演艺市场产业化运作的可行性	《人间》，2015 年第 8 期
2	促进江西非公有制经济发展的税收政策探析	黄贞姚生林	江西省地方税务局	立足于江西非公有制经济发展和税收贡献现状，分析制约江西非公有制经济发展的税收政策因素，借鉴国外税收扶持中小企业发展的经验做法，提出相关的对策建议	《理论导报》，2015 年第 9 期

序号	成果名称	作者	作者单位	成果摘要	文献来源
3	江西发展民营银行目标定位与战略选择研究——基于金融生态环境视角	王凯风	景德镇学院经济与管理系	从分析江西省民营银行孵化现状、研究江西省民营银行发展所面对的金融生态环境问题出发，对江西省民营银行发展进程中的优势、劣势、机会、威胁进行了综合分析，并结合国内民营银行发展的现有经验，对未来江西组建民营银行的目标定位与战略选择进行了初步的研究与分析	《现代商贸工业》，2015 年第 22 期
4	浅析发展混合所有制经济	陈卉 余敏强 侯明	江西省煤炭集团公司	在江西省省委省政府印发的《关于进一步深化国资国企改革的意见》中指出，要鼓励民营资本等各类非公资本参与国企改制重组，允许混合所有制企业员工持股。混合所有制成为江西省国资国企改革的重要方向之一	《江西煤炭科技》，2015 年第 1 期
5	江西企业发展短板及振兴抓手	罗海平	南昌大学科技创新与中部地区经济社会发展软科学研究基地	相对中部其他省江西企业综合竞争力较弱，在竞争三大构件以及"六项指征"等综合竞争力指标上呈现整体性的滞后，竞争位次锁定严重，进位赶超压力较大	《江西民营经济内参》，2015 年第 1 期
6	推进江西省工业园区集群信息化建设大有可为	王国龙	江西省政协委员、省政协办公厅	信息化与工业化深度融合是新型工业化的鲜明时代特征。实施工业园区集群信息化建设，构建起入园企业的公共信息平台，带动入园所有企业集群实现信息化，可以突破单个企业信息化的局限，充分利用工业园区这个重要载体，促进信息化与工业化的深度融合，成为驱动工业园区发展升级的新动力，带来巨大的经济效益，大大加快全省新型工业化进程	《江西民营经济内参》，2015 年第 2 期
7	对市民营经济研究会工作的思考	刘锋	宜春市委统战部、市工商联党	认识新常态、适应新常态、引领新常态是当前和今后一个时期我国经济发展的大逻辑。宜春的民营经济如何认识新常态下经济运行的新特征，如何把握新常态下经济运行的新规律等问题急需解答，而在这其中，趋势的研究显得尤为重要	《江西民营经济内参》，2015 年第 2 期
8	江西省口岸物流服务外向型民营企业发展问题研究	刘浩华	江西财经大学工商管理学院	近年来，江西口岸物流取得了长足发展。但是，江西口岸物流体系尚不健全，服务质量与效率还不能满足开放型经济快速发展的需求	《江西民营经济内参》，2015 年第 3 期
9	全面深化改革中非公有制经济人士重要主体作用研究	刘金炎 杨旭 涂颖清 程亮 刘春春	省委统战部、省工商联；省工商联宣传调研处；省委党校；省委统战部；省工商联宣传调研处	自改革开放以来，将计划经济体制束缚的经济发展潜力迅速释放出来，中国取得了举世瞩目的高速发展。但是，一些经济管理部门、垄断行业企业管理的经济总量迅速增大，同时出现了日益严重的利益固化现象，形成了一些既得利益群体和特殊利益集团	《江西民营经济内参》，2015 年第 3 期

续表

序号	成果名称	作者	作者单位	成果摘要	文献来源
10	破解融资难融资贵难题要抓准改革的着力点和突破口	龚培兴	江西省民营经济研究会	在互联网金融企业如雨后春笋般诞生的大背景下，研究破解民营经济发展中的融资难、融资贵难题的思路和方法，促进江西民营经济更好更快发展，是一件十分必要而有现实意义的事情	《江西民营经济内参》，2015年第3期
11	论政商关系及其规范	龚培兴	江西省民营经济研究会	在社会主义历史阶段，政商关系的普遍形成以及丰富和发展，是在改革开放以后。当前，我国的政商关系一方面促进了经济的发展，另一方面存在诸多急需解决的问题，因此，研究新常态下如何规范政商关系，是一件十分必要而紧迫的事情	《江西民营经济内参》，2015年第4期
12	民企如何改善薪酬管理留住人才	李敏	江西财经大学工商管理学院	在经营体量普遍较小、利润较薄、稳定性不高的民营企业，如何能够吸引、留住企业所需的优秀人才，一直困惑着民营企业管理者。故而企业薪酬管理是现代企业管理的重要内容	《江西民营经济内参》，2015年第5期
13	新型产业园如何成为中小企业升级转型的加速器	王卫国	江西省工商联	中小企业是江西省转变经济发展方式、实现产业结构升级的主力军，中小企业能否成功实现转型升级，是影响江西非公有制经济更好更快发展的重要因素之一。一个创新性、系统化的新型产业园服务平台，将更有效整合宏观政策和产业集群资源、提高企业信息化水平、吸引高新技术和管理人才、提升融资能力，从而高效拓展市场渠道，提升企业品牌和产品升级发展	《江西民营经济内参》，2015年第6期
14	民营互联网银行发展对江西等后发省份的影响与启示	王凯风	景德镇学院经济与管理系	民营互联网银行的诞生与发展，对江西等后发省份的影响值得关注，所以该文进一步分析了互联网银行对省内金融机构业务带来的冲击，总结了诸多有益的经验和启示，并在文章末尾提出了一些对策建议	《景德镇学院学报》2015年第6期
相关一般民营经济问题研究的学术论文					
1	经营风险、劳动力市场与外聘高管规模——基于中国民营上市公司的证据	袁春生 曾碧蓉 唐松莲	江西师范大学财政金融学院；华东理工大学商学院	发现经营风险较高的民营企业对管理才能的需求较大，更愿意从外部聘请高管以补充管理才能；内部管理才能供给越丰富，民营企业越不愿意从外部聘请高管；经理人市场发育程度与外聘高管比例显著正相关，与外聘CEO比例弱正相关，而与外聘董事比例的正相关关系不显著	《会计与经济研究》，2015年第1期
2	外部高管能否改善公司员工雇用政策——基于民营上市公司超额雇员与员工报酬的研究	袁春生 唐松莲	江西师范大学财政金融学院；华东理工大学商学院	从超额雇员、员工报酬以及不同劳动力供给状况下外部高管对员工雇用政策的影响三方面，考察外部高管能否改善公司员工雇用政策	《财贸研究》，2015年第2期

序号	成果名称	作者	作者单位	成果摘要	文献来源
3	外部董事与高管薪酬激励：经理市场的调节作用——基于民营上市公司的经验研究	袁春生 唐松莲	江西师范大学财政金融学院；华东理工大学商学院	考察外部董事是否会改善高管薪酬激励机制，以及经理市场发育对外部董事与高管薪酬业绩敏感度和薪酬黏性关系的影响	《山西财经大学学报》，2015年第5期
4	民营上市公司高现金积累倾向损害公司价值吗——融资约束假说抑或自由现金流假说	张横峰 刘骏	江西财经大学会计学院；南昌大学经济管理学院	旨在剖析民营上市公司高现金积累倾向背后的动机及其价值效应，以验证符合信息不对称的融资约束假说还是代理冲突的自由现金流假说	《宏观经济研究》，2015年第5期
5	民营企业文化构建路径与方法探讨	徐艳 王凯	江西科技师范大学	面对日益激烈的市场竞争，企业文化的作用正在逐步体现出来，它代表着企业的灵魂，是企业核心竞争力重要组成部分，民营企业想要健康持续地发展就必然要构建有特色的企业文化。本文就民营企业构建企业文化的必要性、意义，以及企业文化的构建方法进行了探讨	《商业经济研究》，2015年第7期
6	经理市场、管理才能专用性与外聘高管规模——基于民营上市公司的经验证据	袁春生 韩洪灵 吴丽丽	江西师范大学财政金融学院；浙江大学管理学院	高管管理才能是企业经营不可或缺的专用性资产。公司治理目标不仅在于解决管理者道德风险，还在于挑选出优秀的管理者。文章考察管理才能专用性和经理人市场发育对企业外聘高管规模的影响，以及经理人市场发育是否会弱化管理才能专用性对外聘高管规模的影响程度	《华东经济管理》，2015年第8期
7	中国民营企业海外上市的模式分析	阮值华	江西九江学院经济与管理学院	近年来，民营企业向海外进军的步伐逐渐加速，其选择上市的模式也是多种多样，以尽可能地通过各种模式达到民营企业在海外成功上市的目的	《中外企业家》，2015年第28期
8	民营医院发展趋势及对公立医院改革的影响分析	曹婷婷 姚东明	江西中医药大学经济与管理学院	目的在于分析公立医院的改革现状，以及民营医院的发展现状和发展趋势，探讨民营医院的发展趋势对公立医院改革的影响，为民营医院和公立医院的共同发展提出建设性的意见和对策	《经营管理者》，2015年第32期
9	制度环境、政治关联与税收优惠——基于民营上市公司的经验数据	王仲玮	武汉大学公共管理学院社会保障研究中心	从理论和实证两个方面研究了我国民营上市公司通过政治关联获取税收优惠的问题，并研究了不同制度环境下民营企业通过政治关联获取税收优惠的效果	《江西师范大学学报》（哲学社会科学版），2015年第6期

序号	成果名称	作者	作者单位	成果摘要	文献来源
10	民营企业建筑工程安全教育管理探析	熊学忠	武汉职业技术学院	随着我国城市化建设的飞速发展，工程项目的施工也越来越多。民营企业工程指的就是城市中基础设施的建设，就这些基础设施的施工而言，工程施工的安全管理属于施工过程中最重要的一个因素	《江西建材》，2015 年第 18 期
11	民营企业人员渎职行为的刑法规制	钱莹莹	华东政法大学	近年来，民营企业极大地促进了我国市场经济的发展，但民营企业人员的渎职行为导致企业遭受重大损失的现象也日益增多。由于我国现行刑法对渎职罪主体仅限于"国家机关工作人员"，而民营企业人员不包括在内，所以不可能构成渎职罪	《江西警察学院学报》，2015 年第 5 期
12	论全面依法治国视域下的法治民企建设	王建均 何光营	中央社会主义学院经济学教研室；农工党中央经济金融委员会	依法治国在微观的民营企业层面就是依法治理企业。一方面，政府要依法行政，按照法律对包括民营企业在内的市场主体提供保障和监管；另一方面，民营企业要依法经营，依法治理。这两方面是一个整体，不可或缺，本质上是把权力和资本都纳入法治的轨道	《江西社会科学》，2015 年第 8 期
13	银企关系中的政府行为研究	吴志远 刘超勇	中共江西省委党校经济学教研部；江西农业大学经济管理学院	银企关系的本质是市场关系，但作为市场主体的民营企业发展历程太短，银行的商业化运作尚处于起步阶段，在当前情况下，市场自我优化的条件不够成熟，还需要政府更好地发挥作用。更好发挥政府作用，并不是让政府干预市场，而是要简政放权，让权于市场，使市场在资源配置中起决定性作用，政府要转型为向市场提供公共产品和公共服务的服务型政府	《江西行政学院学报》2015 年第 1 期
14	我国民营中小企业融资难的区域特征分析	刘超勇 吴志远	中共江西省委党校经济学教研部	我国经济发展水平和市场发育程度的区域差异导致民营中小企业的融资难在程度、表现形式及趋势等方面均具有空间差异性。分析民营中小企业融资难的区域特征，对于全面认识民营中小企业的融资困境和破解民营中小企业的融资难问题，具有重要的战略意义	《九江学院学报》（社会科学版）2015 年第 3 期
15	民营企业员工归属感缺失问题与社会工作介入	吴静 陈春林	江西财经大学人文学院；江西省科学院科技战略研究所	员工由于对企业归属感的缺失出现频繁跳槽离职的现象已成为民营企业发展的硬伤，传统控制离职的方式往往是从企业的利益角度出发而忽视员工物质及精神的需求	《江西科学》，2015 年第 3 期

表 9-3　江西省民营经济研究报告成果列表

序号	研究报告名称	作者	作者单位	成果内容摘要	来源
1	金溪促进民营经济发展的创新举措	王成兵	中共金溪县委	近年来，金溪县深入贯彻落实省、市《关于大力促进非公有制经济更好更快发展的意见》文件精神，坚持以加快转变经济发展方式为主线，以招商引资为抓手，以工业园区为平台，创新工作思路，强化工作举措，突出发展重点，优化发展环境，推动了非公有制经济更好更快发展	《江西民营经济内参》，2015年第1期
2	千家赣企评江西非公经济发展环境	江西省工商联、江西省社会科学院课题组	江西省工商联；江西省社会科学院	为了进一步发挥非公经济在江西经济发展中的重要作用，受省促进非公有制经济发展领导小组委托，江西省工商联建立了非公经济发展环境监测评估机制，并会同江西省社会科学院对非公经济发展环境进行评估	《江西民营经济内参》，2015年第1期
3	打造昌九后花园融入中部旅游产业带——武宁旅游产业发展瓶颈分析及对策	李敏	江西财经大学工商管理学院	旅游产业是经济发展升级的重要抓手，是绿色经济崛起的重要依托。本文通过对武宁县旅游产业发展所面临的瓶颈进行分析，提出武宁旅游产业要融入中部三省旅游产业带，借助昌九旅游一体化的平台，联合庐山西海影响共同打造南昌后花园；注重产业融合；利用互联网建立营销渠道；大力培养高素质的旅游人才等针对性的对策建议	《江西民营经济内参》，2015年第2期
4	江西应对PPP模式新常态的对策建议——基于国家政策和八省探索的思考	曾光　郭苑	江西省发展改革研究院	中央力推、地方热捧，我国PPP已进入"加速度、规范化、市场化、多元化、广域化"新常态，江苏、重庆等八省市主动适应新常态，推广PPP模式走在了全国前列，值得江西省学习借鉴	《江西民营经济内参》，2015年第4期
5	遂川县创新服务机制为发展经济社会"助跑"	朱唯雅	遂川县委	2014～2015年，遂川县委统战部全面贯彻落实党的十八届三中、四中全会和习近平总书记系列重要讲话精神以及省市、中央统战工作会议精神，牢牢把握统一战线"大团结大联合"主题，紧紧围绕县委、县政府工作大局，发挥统战优势，创新服务机制，凝聚人心，凝聚智慧，汇聚正能量，为发展遂川经济社会"助跑"，促进全县经济社会迈上新台阶	《江西民营经济内参》，2015年第4期
6	把握新常态展示新作为——激发非公经济健康发展的新活力	江西省民营经济研究会课题组	江西省民营经济研究会	我国经济发展进入增速换挡、结构调整、动力转换的新常态，增长速度正从高速增长转向中高速增长，经济发展方式正从规模速度型粗放增长转向质量效率型集约增长，经济结构正从增量扩能为主转向调整存量、做优增量并举的深度调整，经济发展动力正从传统增长点转向新的增长点	《2015年江西民营经济发展报告》

序号	研究报告名称	作者	作者单位	成果内容摘要	来源
7	加快完善江西民营经济发展法制环境研究	麻智辉 高玫 方芳	江西省社会科学院	民营经济是我国经济发展的中坚力量，也是江西省经济发展的重要支撑。"十三五"期间江西发展仍处于可以大有作为的重要战略机遇期，也面临诸多矛盾叠加、风险隐患增多的严峻挑战，如何顶住经济下行压力，保持稳中有进态势，民营经济发展至关重要	《2015 年民营经济发展报告》
8	优化民营企业发展环境研究	杨旭	江西省工商联	与沿海发达地区企业发展环境相比，与中西部部分省市优化企业发展环境的步伐相比，存在标兵渐远、追兵渐近的趋势，广大企业对进一步优化企业发展环境的希望十分迫切，各设区市和企业反映，当前江西省企业发展的各种环境仍然存在许多亟待解决的突出问题和明显短板	《2015 年江西民营经济发展报告》
9	"一带一路"与江西民营企业调研分析报告	龚建文 甘庆华	江西省社会科学院	"丝绸之路经济带"和"21 世纪海上丝绸之路"（以下简称"一带一路"）国家战略的提出，标志着我国开放将更加重视空间和内容的开放，更加重视区域间的大合作，意味着它将成为我国对外开放的新路径和经济新的增长点。在这一历史机遇和战略背景下，如何借力"一带一路"战略，将不沿海、不沿边的江西推向开放前沿，尤其是在民营经济已占据江西近 60% 份额的背景下，大力推进江西民营企业"走出去"，是新形势下加快江西开放发展的重要内容	《2015 年民营经济发展报告》
10	2015 年江西上规模民营企业调研分析报告	刘星平 谢松岳 罗检生 张浩 袁松柏	江西省工商联	上规模民营企业调研是全国工商联系统的一项重点工作，也是一项品牌工作，已经连续开展了 18 年，成为全国民营经济发展的晴雨表和风向标，对分析和掌握全国大型民营企业发展规律有着重要的参考价值	《2015 年江西民营经济发展报告》
11	做循环经济的排头兵——丰城民营经济发展调查	毛智勇 张宜红	江西省社会科学院	在资源环境约束趋紧的新常态下，大力推进循环经济是推动民营经济转型升级、解决经济发展和资源环境之间矛盾的有效手段。丰城市用别人丢弃的资源来发展自己，按照"绿色、循环、低碳"要求，变废为宝，综合利用，多举措大力发展循环经济，推动民营经济转型发展，对全省民营经济发展转型升级具有重大的启示意义	《2015 年西民营经济发展报告》
12	大众创业、万众创新典型调查——基于先锋天使咖啡众创空间的调研	李小玉 何雄伟	江西省社会科学院	这是一个鼓励创业、呼唤创新的时代。李克强总理在 2015 年《政府工作报告》中指出，要把"大众创业、万众创新"打造成推动中国经济继续前行的"双引擎"之一。当前，"众创空间"不断兴起，创业生态体系不断完善，经营模式不断创新，正引领创业持续升级，成为新常态下经济发展的新引擎	《2015 年江西民营经济发展报告》

序号	研究报告名称	作者	作者单位	成果内容摘要	来源
13	以创新与变革突破发展瓶颈——做顺应食用油消费需求升级的领跑者	甘庆华	江西省社会科学院	创新与变革是企业发展的不竭动力。近年来，三川股份积极适应市场经济形式的新变化、新要求，不断运用高新技术改造提升传统产业，运用战略性新兴产业带动传统产业，紧盯产业前沿管理与技术，不断实现自身升级换代，保持企业蓬勃的生机与旺盛的活力，实现了发展的新跨越。三川股份的生动实践，对于新常态背景下江西支持实体经济尤其是制造型企业发展，具有重要的借鉴意义	《2015年江西民营经济发展报告》
14	高位推动，促进全省互联网金融乘势而上	盛方富 李志萌	江西省民营经济研究会	近两年尤其是自2015年上半年以来，全国互联网经济发展已呈迅猛之势。更引人注目的是，2015年7月初国务院印发《关于积极推进"互联网＋"行动的指导意见》，在"互联网＋普惠金融"部分明确提出全面促进互联网金融健康发展。由此，抢抓战略机遇期，促进江西互联网金融乘势而上成为当前全市经济社会创新发展中的一项重大课题	《2015年江西民营经济发展报告》

四、部分研究成果收录

（一）江西省互联网金融发展现状研究

互联网金融的快速发展已经深刻影响金融变革的方向，推动互联网金融发展对江西省而言，有着十分重要的意义：有助于优化江西省金融生态环境，推动普惠金融发展；有助于降低交易费用，提升金融效率；有助于推动金融创新，满足多样化金融需求；有助于促进电子商务发展，扩大社会消费；有助于拓宽融资渠道，发挥民间金融作用。目前江西省互联网金融发展处于起步阶段，已取得一定成效；但仍然面临诸多突出问题：互联网金融新型业态界定不清晰、地方政府对互联网金融发展重视程度不够、江西省互联网金融发展存在明显的地区差异、互联网金融行业监管缺失、风险控制问题比较突出、互联网技术安全问题突出、人才缺失严重。为此，地方政府应该认清互联网金融发展战略地位，进一步推动金融体制改革；重点推进相关产业政策，促进互联网金融全面发展；提高风险控制意识，加强金融监管制度建设；进一步优化微观要素，营造宽松金融生态环境等举措来推动江西省互联网金融健康发展。

1. 互联网金融发展的重要意义

（1）有助于优化江西省金融生态环境，推动普惠金融发展。根据我国互联网金融发展的整体态势可以看出，作为一种新型的金融业态，互联网金融的快速发展已经深刻影响到金融变革的方向，既推动了自身内部的不断优化，也不断促进整个金融生态的优化。而且互联网金融主要服务对象是小微层面乃至个人层面，这与我国推动普惠金融发展的战略任务是相吻合的，长期以来，中国金融成长的驱动力主要来自自上而下的制度革新，金融成长是在"有形的手"的规划下进行的，缺乏与市场中各类利益相关者的沟通，金融成长的主要形式和结果表现为规模扩张，这种体制上的痼疾严重影响了金融体系结构优化、金融机构行为优化和金融交易各方行为理性化。互联网金融的发展是从"草根阶层"不断推动金融革新的代表，在推动小微企业和个人解决融资难、融资贵问题上都提供了重要资源，也在不断改善传统金融的不足之处。根据实地调研显示，互联网金融企业虽然存在诸多业务模式，但根据其经营范围、交易额、客户群体等可以看出，主要群体都是小微企业或者个人。这些金融平台有效地解决了信贷弱势群体的融资需求，其普惠性逐渐显现。其中赣州市一家互联网金融公司专门针对个人融资提供了便捷渠道，该公司网贷平台上线于 2014 年 10 月，截至 2015 年 9 月交易额在 1500 万元左右，但其融资对象达到了 200 人，主要原因在于其规定了融资限额（20 万元以下）和融资期限（1~3 个月）；还有一家企业提到供应链金融（线上加线下），十分契合当地中小企业的现状，为解决中小企业融资难问题提供了有力手段。因此，互联网金融发展对于推动江西省金融革新，优化金融生态环境，促进普惠金融发展，乃至带动地方经济发展都有着重要影响。

（2）有助于降低交易费用，提升金融效率。互联网金融发展是基于开放式的网络平台以及其背后所包含的海量数据库和云计算技术等高科技力量，相对于传统金融而言，其交易成本大大降低了。互联网金融的发展是一个典型的轻资产类新型金融业态，对于人员、机构的需求很小，降低其经营成本。调研中发现，南昌市和赣州市的互联网公司接近 80% 都是租用办公楼开展业务，剩下的 20% 其办公场所也基本上是母公司或控股集团资产。互联网金融开创了新的融资方式和融资渠道，这种十分便捷的金融服务，推动资金的有效配置，有效提升了金融效率。

（3）有助于推动金融创新，满足多样化金融需求。互联网金融发展看似只是一种新型金融业态的推广，但实际上，其快速发展所带来的理念创新更重要。以互联网金融理念来推动金融创新才有可能长久持续下去。互联网金融服务创新不断倒逼传统金融机构要改善自身服务质量，乃至彻底颠覆传统金融服务方式和经营模式。调研数据显示，江西省从事互联网金融行业的高管有 50% 是从传统金融机构转型而来的，30% 是沿海地区从事互联网金融人员进入江西省，仅有 20% 是本地小额贷款公司等小微金融机构转型而来。与此同时，基于大数据处理和云计算能力，互联网金融企业有针对性地进行金融产品创新，有效提高了风险控制和管理能力，实时高效的网络化平台可以了解客户的多样化金融需求，缓解信息不对称带来的金融风险。

（4）有助于促进电子商务发展，扩大社会消费。互联网金融的发展源于电子商务的不断扩张。电子商务对融资方式和融资渠道的便捷性、支付方式以及安全性的要求，带动了互联网金融的爆炸式增长。而且，电子商务发展所面临的创业融资需求、周转融资需求、个人消费需求等都有力地催生了互联网支付、网络借贷、股权众筹融资等互联网金融主要业态。互联网金融能够有效扩大电子商务领域的社会消费，江西省电子商务的发展离不开互联网金融的支持。调研中发现，2015 年 3 月以来，江西省数家 P2P 网贷平台已经为电商企业提供融资，而且电商企业借助于互联网平台，更为便利地获得融资支持。

（5）有助于拓宽融资渠道，发挥民间金融作用。我国民间金融发展长期以来都处于非正规化状态下，既缺乏有效的监管措施，又缺少合理化的投资渠道。亟须正规的金融监管和规范化运作，通过互联网金融的发展可以有效推动民间资本投入正规合理的项目。调研中发现，江西省互联网金融企业就有不少是从小额贷款公司甚至民间高利贷公司转化而来，如博金贷，其前身就包含了数家小额贷款公司。2015 年之前，江西省有 223 家小额贷款公司

（省金融办统计数据），但是 2015 年以来，多数停业或者倒闭，通过互联网金融引导小额贷款公司转型是一个很好的选择。推动民间金融正规化运作，有效利用民间资本，盘活资金存量，更好地服务于江西省经济发展。

2. 江西省互联网金融发展现状

（1）互联网金融发展面临的新形势。已经经历了一段时期的发展，互联网金融所面临的形势有好有坏。在互联网技术不断创新和金融改革创新的背景下，互联网金融发展将出现一个重要的历史时期，特别是互联网金融创新带来的理念冲击，传统金融机构也在谋求转型，形成了一种良性竞争，促进金融生态环境优化。同时，我们也应该清楚地认识到互联网金融仍然没有脱离金融的范畴，而金融最重要的还是风险控制，所以接下来还需要让互联网金融风险公开化、透明化，才能保证金融安全，有效推动金融创新，互联网金融的未来方向需要重视风险控制以及金融监管，才能实现资本增值，乃至普惠金融。当然，实现高速增长的同时，互联网金融也面临着一轮大洗牌的过程。伴随着互联网金融成长过程中的问题暴露（诸如风险问题、网贷平台跑路等），我国已于 2015 年 7 月出台了《关于促进互联网金融健康发展的指导意见》（银发〔2015〕221 号，以下简称《指导意见》），推动互联网金融发展走向规范化。

我国互联网金融发展方兴未艾，据网贷之家数据显示，2015 年 9 月底全国正常运营 P2P 网贷平台为 2417 家，沿海地区为 P2P 网贷平台主要集中地。在我们调研过程中也了解到，互联网金融发展处在"三无"环境之中；与被严格监管的传统金融行业相比，准入门槛较低，互联网金融企业发展良莠不齐，不少是民间高利贷公司转化而来；互联网金融新兴业态的监管十分重要而迫切，且管理层的监管态度已较为明确，即 P2P 未来必须与银行金融机构配套发展，由此可以判断，银行将会占有主动权并选择优质 P2P 进行联盟，这必将引发 P2P 行业的重组。

（2）江西省互联网金融发展处于起步阶段，已取得一定成效。首先，江西省互联网金融发展处于初步阶段。《指导意见》显示，互联网金融主要业态包括了互联网支付、网络借贷、股权众筹、互联网基金，等等。江西省互联网金融发展起步较晚，第一家互联网金融企业投入运营是在 2013 年，而且互联网金融企业主要以网络借贷（即 P2P 网贷）为主，以下分析主要是根据江西省现有情况进行的，对于互联网金融其他金融业态较少涉及。数据显示，截至 2015 年 10 月，江西省实际投入运营的互联网金融企业在 40 家左右，实际交易额 20 亿元左右，其中以南昌和赣州为主要集中地，南昌有 7 家，赣州有 15 家，其他地市多为 1～2 家。由于江西省互联网金融发展时间较短，仍然处于初步阶段，对于这一阶段所需要面临的"野蛮增长"状态需要更多时间来观察，所以目前阶段所表现出来的状态仍然有待时间检验。

其次，江西省互联网金融发展时间较短、增长较快。江西省 P2P 网贷平台多数成立时间较短，多数仅有 2～3 年的时间甚至更短，但是发展十分迅速，既源于外部环境，也受自身内部因素影响。根据调研了解到，江西省一家国资系 P2P 网贷平台——博金贷，成立时间为 2014 年 9 月，实际运营仅一年多时间，在全国 P2P 网贷平台排名上升到 37 位（网贷之家 2015 年 12 月数据显示），截至 2015 年 12 月交易额也已经超过 5 亿元。还有一家民营系 P2P 网贷平台——惠众金融，全国排名为 76 位（网贷之家 2015 年 9 月数据显示），累计交易额达到 3.8 亿元。虽然，江西省互联网金融整体规模仍然偏小，但是发展速度很快，P2P 网贷平台的风险控制做得很好，问题平台以及提现困难等不良情况较少出现。

最后，互联网金融企业竞争初显、行业洗牌趋势明显。江西省互联网金融企业目前存在国资入股企业、资本型企业（有较强资本的母公司）、中小型企业（车贷抵押等）。互联网金融业务发展迅速，由于业务模式类似以及所在地集中等因素，企业之间开始出现竞争，包括对信贷及技术人才的强烈需求。调研中了解到，地方监管部门认为行业监管势在必行，而多数企业则存在不同看法。其中资金实力雄厚的企业目前尚处于扩张阶段，各类风险存在，但企业主要关注互联网金融细则出台问题；有些中小型企业则面临较大资金压力，担心一旦金融监管过严会导致企业关门；有些企业则有步骤性地转型，赣州市有一家企业从单纯的互联网金融平台服务向供应链金融转型——联豪创投，该平台从 2013 年 12 月上线以来，一直试图走出一条有特色的互联网金融之路，针对赣州市南康家具产业进行融资尝试，已有初步成就。值得关注的是调研中还发现，江西省互联网金融企业中开始出现专门做细分市场的金融平台（汽车行业），传统细分市场开始被金融平台渗透；还有企业尝试与银行金融机构进行接触，开展合作。互联网金融企业也在寻求差异化发展道路。由此也可以看出，江西省互联网金融发展行业洗牌趋势已经十分明显。

（3）江西省互联网金融发展面临的突出问题。囿于江西省互联网金融发展时间较短，互联网金融企业也处于起步阶段，在调研过程中了解到的互联网金融发展面临的问题十分复杂，既有国家政策层面上的问题，也有地方政府引导以及财税支持方面的问题，还有企业发展所面临的外部竞争压力以及企业内部人才培养等一系列问题，本研究主要针对在调研过程中表现比较突出的问题进行剖析，至于今后发展过程中还有可能遇到的其他问题或者在其他省区较严重但是江西省目前尚未显现的问题暂不涉及，将会在后续可能的研究过程中再次予以重点关注。

第一，互联网金融新型业态界定不清晰。由于目前出台的《指导意见》只是针对互联网金融发展的方向性建议，具体细则尚未出台，其中关于互联网金融具体业态的界定并不清晰。根据调研了解到，在互联网金融实践过程中 P2P 网络借贷有很多具体的实现和运作形式。总的来看，可以划分为三类：第一类：类银行金融模式（先贷后融，信用中介）；第二类：个人小额分散模式（先贷后融，信用中介）；第三类：与传统金融机构合作模式（信息中介 10% ~20%）。江西省有些互联网金融企业存在以下业务模式：通过与小额贷款协会合作、严格评级小额贷款公司等程序，通过强化其平台的技术功能及信息功能（仅有信息传递功能，并未开发出信息数据的计算功能），与小额贷款公司合作为其提供流动性资金支持。

《指导意见》还指出，今后互联网金融 P2P 网贷发展应该以信息中介为主体。实际情况是，目前江西省互联网金融企业多数属于信用中介模式（有些企业也兼有信息中介特点）。调研过程中，地方金融部门认为具体细则的出台应该根据《指导意见》进行调整，而有些企业认为单纯的信息中介很难维持企业经营，目前国内信用体系不健全，个人信用数据缺失，信用风险太高，信息中介短期内难以实现盈利目标。

第二，地方政府对互联网金融发展重视程度不够。江西省关于互联网金融发展的具体细则还在讨论，相对于沿海地区而言，地方政府对于互联网金融发展的关注程度仍然不够，北京、江苏、广州等地都相继出台了互联网金融发展的相关细则，武汉市也已经在 8 月出台了互联网金融指导意见。在调研中了解到，有些企业认为地方政府在 P2P 信贷抵押问题上管理过于严格，其中关于物权抵押的争议最为明显，物权抵押在沿海地区已经全面放开，但是当地相关部门并未放开门槛，导致部分企业资金周转困难。此外，根据相关企业描述，互联网金融企业目前发展还需要借助地方政府力量，政策支持、税收优惠等，而且注册地归属也能在一定程度上推动税收增长和地方经济发展。因此，还需要地方政府能够给予更多重视。

第三，江西省互联网金融发展存在明显的地区差异。从全国来看，江西省互联网金融发展仍然处于较低水平，截至 2015 年 10 月，江西省 P2P 网贷平台交易额仅为 20 亿元左右，其中南昌市博金贷为 5 亿元左右，赣州市惠众金融为 3.8 亿元左右，而且调研中了解到，整个赣州市交易额接近 10 亿元，占据了江西省 P2P 网贷市场的 50% 左右。前文提到江西省实际投入运营的互联网金融企业在 40 家左右，其中南昌 7 家，赣州 15 家。无论是从互联网金融交易额还是从企业分布都可以看出江西省互联网金融内部区域差异明显，以南昌和赣州为主要分布地区，其他地区都仅仅是刚刚起步。而且根据调研了解到，赣州市互联网金融企业注册资本达到 2.83 亿元，其走在江西省前端主要有两点原因。一是赣州市靠近广东沿海地区，对于互联网金融这类新兴业态接受能力较强，人员交流也较为频繁；二是赣州市民间金融较为发达，根据地方金融部门以及相关企业描述，大部分互联网金融企业脱胎于小额贷款公司。

第四，互联网金融行业监管缺失，风险控制问题比较突出。江西省互联网金融行业监管仍处于初步了解阶段，具体细则的出台还有待时日，但监管缺失目前尚未引发严重的不良后果，根据《指导意见》，今后的监管会不断加强。根据调研了解到，对于江西省互联网金融具体监管细则的出台，相关企业存在诸多疑问，如监管主体、监管指标等。而且对于政府如何管控风险，不同企业也提出了自己的看法。有些企业认为政府应该致力于构建全面的个人征信系统；有些企业认为应该完善相关法律法规，整治互联网金融环境；有些企业还提出，政府也应该主动承担相关风险责任。

由于江西省互联网金融平台运营时间较短，尚未出现明显的资金兑付危机。但是调研中了解到，地方金融部门和互联网金融企业都认为，互联网金融平台运行最大的问题还是在于资金的风险控制问题。金融平台提供给投资人的利率偏高，信贷周期偏短，很容易造成兑付危机。江西省 P2P 网贷平台提供的利率水平大致在 20% 左右，远高于全国平均水平（网贷之家数据显示全国 P2P 网贷平台的利率在 12% 左右）。多数企业认为目前的资金存管制度存在缺陷，企业承担了较高费用和成本，不利于成长；不过也有企业认为监管是必要的，只要企业正常开展业务，守规自律，一样可以保证企业成长。

第五，互联网技术安全问题突出，人才缺失严重。江西省互联网技术发展大多数是借鉴沿海发达地区，自身金融平台安全问题仍然存在，而且技术人才短缺，人员流动性较大，不利于互联网金融企业健康发展。调研中了解到，P2P 网贷平台的技术难度并不高，但是如何保证网络平台的安全性是客户比较看重的方面，因此网络平台的研发以及技术支持都需要专业人员来保证，江西省网络技术人才缺失，据统计，江西省互联网技术人才接近 80% 来自省外地区，本土人才缺少，即便有一些本土人才也很难长期留在本地企业中，不过也有些企业开始尝试做自主研发的金融平台。人才缺失问题在调研中得到了大多数企业的认同，而且有些企业不仅是缺少互联网技术人才，还缺少金融方面的人才。省内的互联网金融企业既要与当地传统金融机构进行竞争，又要与沿海发达地区互联网金融企业竞争，生存压力较大。国内排名前列的互联网金融企业——红岭创投已经开始在赣州市开设分支机构，进行全国范围内重要布局，对于省内互联网金融企业而言，压力更明显。

3. 江西省互联网金融发展的政策建议

进一步推动江西省互联网金融发展需要从体制改革、产业政策、金融监管、微观优化等方面多管齐下。江西省互联网金融发展尚处于起步阶段，各类相关利益主体的作用都不可或缺。互联网金融发展是推动金融改革的重要方向，传统金融难以满足日益增长的多样化企业融资需求，电子商务的发展也在不断增强人民群众的消费需求，带动个人融资需求不断上升，这些都表明了互联网金融发展对江西省社会经济发展的重要性；当前，江西省互联网金融发展处于全国较低水平，无论是从互联网金融企业数量还是交易额总量来看，都远远落后于沿海发达地区，而且对互联网金融重视程度不足，地方政府推动互联网金融产业发展的积极性有限，不同地市间存在明显差异；互联网金融行业监管缺失，行业乱象丛生，平台跑路、提现困难等问题频出，金融风险防范和控制能力不足；江西省互联网金融技术人才缺失严重，企业之间人才竞争激烈，网络技术安全性得不到切实保障，人才培养和人才引进都尚未实现。因此，江西省互联网金融发展需要兼顾到各类相关利益主体，共同打造互联网金融发展新环境，其中体制改革是关键、产业政策是先导、金融监管是保障、微观优化是基础。

（1）认清互联网金融发展战略地位，进一步推动金融体制改革。首先，地方政府应认清互联网金融战略地位。江西省各级政府应该充分认识到互联网金融发展对于推动金融改革的重要作用，将有利于推动江西省经济与金融业的跨越发展。江西省应该尽快出台关于《指导意见》的具体细则，充分释放互联网金融的活力。可以通过鼓励金融服务和金融产品创新，引导互联网金融进一步发展，同时优化政策建议，切实了解江西省相关金融企业发展的需求和推动金融生态环境的优化。金融创新理念是深化金融改革的重要推动力量，地方政府要认清金融形势，特别是江西省作为欠发达地区，互联网金融思维所能带来的实体经济与金融业的跨越发展值得重视。

其次，推动互联网金融新型业态发展。国家层面出台的《指导意见》只是提供了一个方向性建议，江西省在实施具体政策过程中，应当鼓励互联网金融多种业态的发展，互联网金融作为一个新兴事物，在其发展初期必然面临着各种各样的不完善，江西省互联网金融发展实践中也出现了一些值得关注的创新之处，如博金贷作为小额贷款再融资平台，对小额贷款公司提供流动性支持，系统地优化地方普惠金融结构与机制，实现普惠金融功能，从而对地方经济有直接的带动作用。随着业务模式的不断创新、业务要素的优化组合，博金贷将能更加充分地开发、利用和配置优质小额贷款公司及其资源，不断放大小额贷款公司普惠功能，并且不断优化和更新投融资平台，甚至发展成为银行类金融机构的再融资平台从而间接支持各类企业融资。鼓励 P2P 网贷以及其他互联网金融业态的外延发展，推动互联网金融组织不断扩大自身影响。

（2）重点推进相关产业政策，促进互联网金融全面发展。首先，放宽互联网金融企业进入门槛。地方政府金融主管部门应该主动放宽互联网金融企业进入门槛，有针对性地完善互联网金融企业的业务注册登记、行政审批以及备案工作。可以通过省级主管部门（如省金融办、省商务厅）成立推进互联网金融产业发展工作委员会，统筹全省互联网金融产业发展规划和事务管理。

其次，财税支持互联网金融产业发展。互联网金融企业多数是属于轻资产、重资本的企业类型，地方政府可以通过整合财政资金，如设立互联网金融发展专项资金，用于吸引互联网企业入驻、提供财政补贴、打造互联网金融示范基地、设立政府金融支持奖项等。还可以通过财政资金带动社会资本支持互联网金融产业发展，如设立互联网金融专项基金，根据一定的比例形式引导社会资本参与，逐步形成类似风投基金、天使基金的资金支持模式，以市场化运作方式，重点扶持互联网金融产业。此外，针对服务于中小企业的互联网金融企业，可以适当给予税收优惠，乃至以此制定江西省互联网金融企业的相关税收政策，引导省外互联网金融企业入驻或者本地社会资本成立互联网金融企业。

再次，拓宽互联网金融企业融资渠道。鼓励相关金融企业与传统金融机构加强合作，更好地完善自身金融服务体系，也有助于拓宽自身融资渠道，提供多元化金融服务。针对省内规模较大的互联网金融企业应该鼓励企业参与资本市场运作，如深市沪市、新三板、地区性股权交易市场等，以此推动地区性互联网金融中心建设，扩大互联网金融企业在省内外的影响力。

最后，进一步推动互联网金融产业全面布局。在有效支持南昌、赣州两地互联网金融重点发展的同时，也不能忽视其他地市互联网金融的萌芽及初步发展。前文提及，互联网金融企业是轻资产型，对于落户地区的要求并不十分严格，鼓励地方政府（地市一级乃至县区级政府）可以根据当地实际情况引导互联网金融企业落户，改善当地金融生态环境。

（3）提高风险控制意识，加强金融监管制度建设。一方面，着力发挥行业监管作用。地方政府着力推进成立互联网金融行业协会，发挥行业自律作用，引导互联网企业守法经营，规范化发展，提升互联网金融企业的风险意识。通过信息公开化、规范化，逐步建立江西省互联网金融企业信用评级制度，降低信息不对称造成的金融风险。

另一方面，强化金融监管制度建设。金融监管制度建设是防范金融风险的关键，金融的核心就在于风险控制。金融监管制度的建设时刻保障着金融服务的正常运行，有效的金融监管制度将成为互联网金融的重要驱动力。值得注意的是，金融监管不再仅仅是以行政力量直接干预形式存在，还可以通过市场化的金融监管来实现整体金融监管的变革，为金融市场化提供足够的发展空间并保证其运行的稳定性，而市场化的金融是最能适应互联网金融市场需求的金融业态，从而也最符合互联网金融发展的要求。江西省金融监管部门应该有效利用市场化监管制度为互联网金融健康有序地发展提供切实的保障。

（4）进一步优化微观要素，营造宽松金融生态环境。首先，制订人才引进和人才培养计划。针对省内外优秀互联网金融人才制订特殊引进计划，在薪酬、户籍、医疗、子女入学教育等方面给予相应配套服务，吸引国内外知名互联网金融企业高管以及网络技术高端人才在江西省就业创业。同时，推动省内高校设置相关专业，共同培养专业人才，乃至"走出去"与省外乃至国际学校、企业进行对接，协同培养人才。

其次，加强互联网金融信息处理能力。将互联网金融信息纳入社会信息处理系统中，地方政府可以通过成立相关信息处理工作协调委员会，完善互联网金融信息协调机制，主导信息产品的提供，协调政府相关职能部门、要素供应商等为互联网金融信息的生产提供基础性数据；继而由第三方机构转化为可用信息，再由政府以财政补贴形式鼓励互联网金融企业进行信息生产，搭建互联网金融行业数据信息共享平台，为全省互联网金融发展服务。

再次，保障互联网金融的消费者权益。将互联网金融的信息处理与消费者个人隐私相结合，制定出切实可行的消费者权益规划。省内金融主管部门应该会同相关职能部门共同制定互联网金融的消费者保护细则，通过严格的信息披露以及风险提示推动互联网金融企业健康发展，同时保障好个人隐私以及消费权益。

最后，推动互联网金融发展示范基地建设。鼓励省内有条件的地区参与互联网金融示范基地建设，特别是南昌、赣州两地已经有着较为突出的互联网金融发展潜力，尝试建设有特色的互联网金融发展示范区，以此推动全省范围内不断引导互联网金融有效发展，形成产业孵化器的重要作用。

（课题负责人：雷元江，江西省工商联主席。成员：吴志远，江西省委党校经济学教研部主任、教授。江西省民营经济研究会与中共江西省委党校 2015 年合作课题）

（二）民营企业就业员工的工作、生活状况调研

在经济发展新常态下，加快非公有制经济发展，推动民营企业转型升级，改善民营企业就业员工工作与生活质量，对推动江西省产业结构调整，促进江西省产业发展升级，实现江西省经济健康快速发展有着重要的意义。江西省民营企业就业员工的工作及生活存在的突出问题是：员工对民企的归属感有待进一步增强；员工工作满意度有待进一步提升；员工培训体系有待进一步健全；员工生活质量有待进一步改善。针对现存问题，我们的建议是：加大民企发展政策支持力度，营造良好的市场竞争环境；完善民企战略人力资源规划，搭建规范的企业运营体系；推进民企学习型组织的建设，塑造优良员工素质形象；努力构建好民企的企业文化，增强员工对企业的归属感。

当前，江西省正处在加速发展的爬坡期、全面小康的攻坚期和生态建设的提升期，必须大力推动非公有制经济更好更快发展，建设富裕和谐秀美江西，与全国同步全面建成小康社会，努力实现经济总量、财政收入、居民收入"三个翻番"目标。民营企业作为非公有制经济的重要组成部分，是江西省经济发展的主要贡献者，尤其是经济发展新常态下，其发展能力决定了江西能否成功实现经济发展方式的转变和产业结构的升级。当然，民营企业的发展离不开员工的大力支持，民营企业员工作为其中不可忽视的一个庞大的社会群体，深入了解民营企业员工工作与生活状况，提升民营企业员工工作满意度，改善民营企业员工生活质量，对于进一步推动江西省民营经济发展，实现江西省在中部地区崛起的追赶战略具有重要意义。本课题选取江西省正邦集团、江西昌佳鑫科技有限公司、江西瑞原门窗装饰有限公司等数家典型民营企业为研究对象，通过随机发放 130 份问卷（回收 125 份问卷，问卷回收率 96%），同时结合实地调研的方式，深入了解就业员工工作生活状况，分析就业员工工作与生活现状及存在的问题，以期为改善江西省民营企业就业员工职业状况和提高生活质量提出一定可行性的对策建议。

1. 江西省民营企业员工工作与生活现状

近年来，江西省委、省政府高度重视民营企业的发展，把它作为调整经济结构和转变发展方式的重要举措。2013 年 12 月，江西省出台了《大力促进非公有制经济更好更快发展的意见》，提出要积极推动非公有制经济创新改革，大力扶持非公有制经济，激发非公有制经济创新创造的活力，提升非公有制经济发展质量与效益，充分发挥非公有制经济在江西省发展升级、小康提速、绿色崛起中的重要作用。通过全省上下共同努力，努力实施非公有制经济比重提升"6788"计划，推进非公有制经济市场主体成长"2334"计划。

民营企业是非公有制经济的重要组成部分，它作为社会就业的重要渠道，吸纳了 90% 以上的就业人员，从发展成效来看，就业员工的职业状况及生活质量得到较大改善，起到了强化民营企业发展的作用，在民营企业发展过程中也受到了越来越多的关注；从工作开展来看，民营企业就业员工作为社会的基层群体的重要组成部分，民营企业就业员工的职业状况及生活质量的好坏对社会发展产生重要影响。根据课题调研结果，发现江西省民营企业就业员工工作及生活质量主要具有以下特点：

（1）就业员工队伍总体年轻化，入职途径趋向市场化。从随机调查结果来看，在性别比例方面，男性占 50.4%、女性占 49.6%，民营企业就业员工性别比例比较均衡，平等对

待不同性别员工；在年龄分布方面，60 后占 5.6%，70 后占 15.2%，80 后占 53.6%，90 后占 25.6%，由此可见随着新生代员工进入职场，民营企业就业员工的普遍年龄在 25 ~ 35 岁，已经成为江西省民营企业就业员工队伍的主力军，民营企业就业员工队伍总体呈年轻化发展趋势，员工能够较好地学习与吸收新的知识，适应新时代经济发展的各种变化，对于企业的长足发展提供有力的人力保障，此外，可以发现江西省民营企业就业员工的就业观念更加开放，随着江西省民营企业自主用工、就业人员自由择业的市场化格局逐步完善，江西省民营企业青年就业员工入职途径趋向市场化，有效地增强了江西省民营企业经济发展的活力与势头，促进江西省民营企业整体发展质量的提升，具体数据分析如表 9 - 4 所示。

表 9 - 4 员工年龄分布情况 单位:%

选项	比例
60 后	5.6
70 后	15.2
80 后	53.6
90 后	25.6

（2）就业员工文化程度高学历化，专业素质趋向职业化。在知识经济时代，人才市场的供需矛盾日益突出，尤其是高学历的专业性人才。企业的发展和稳定对员工个人能力提出了越来越高的要求。因此，一个企业要保持持续、健康的发展态势，高学历的专业性人才队伍发挥着举足轻重的作用，在一定程度上影响着企业的前途和命运。根据随机调查结果来看，在学历层次方面，江西省民营企业就业员工中初中及高中的学历人员相对较少，本科以上学历的员工占 66.4%（见图 9 - 1），可见江西省民营企业就业员工学历水平普遍较高，就业员工文化程度高学历化，员工群体知识性特征显著；在工作年限方面，有着 3 年以上在该公司工作经历的人员占 43.2%（见图 9 - 2），由此可见江西省民营企业就业员工工作经验丰富，员工队伍专业素质趋向职业化，这为企业的稳定发展奠定了良好基础，同时，也反映出江西省民营企业越来越重视人才队伍建设，不断优化人力资源管理，努力健全"选人、用人、育人、留人"的机制。

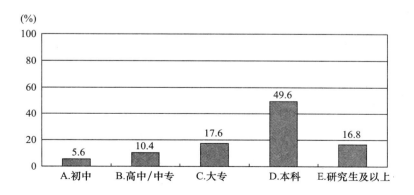

图 9 - 1 员工学历分布情况

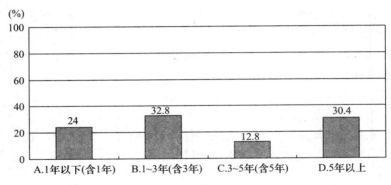

图 9-2 工作年限分布情况

（3）就业员工工作投入常态化，工作回报趋向公平化。从随机调查结果来看，在工作时间投入方面，一周工作时间在 40~60 小时占 50.4%，仅有少部分人的工时在 60 小时以上（见图 9-3），说明江西省民营企业就业员工的工作时间较稳定，虽然存在加班过长现象，但总体来看，江西省民营企业就业员工的工作投入日益常态化，员工工作规律性特征逐步凸显，员工有较为充足的时间从事其他业余活动；在工作收入方面，民营企业有超过 60% 的员工收入在 3500 元以上，只有极少一部分员工工资低于 2000 元（见图 9-4），整体工资水平高于江西省最低工资标准，由此可见江西省民营企业就业员工工作回报趋向公平化。值得一提的是，近年来，随着《江西省人民政府关于进一步加快民营经济发展的若干

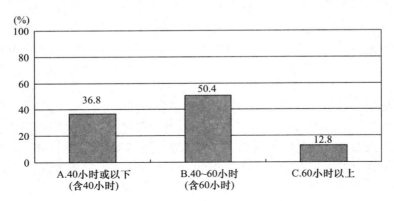

图 9-3 员工工作时间投入情况

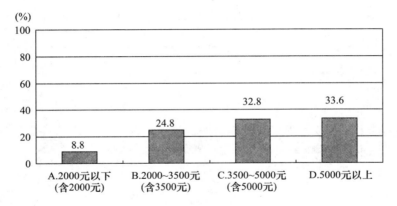

图 9-4 员工工作收入情况

意见》等相关政策的出台，对于优化江西省社会服务体系，改善江西省民营企业就业员工生活质量，推进江西省民营经济快速发展，实现江西经济的全面振兴起到非常重要的作用。

2. 存在的问题

课题组根据调查数据和相关资料的整理，通过对江西省民营企业就业员工工作状况和生活质量现状的分析，系统、全面地分析员工流动性、工作量与工作态度、薪酬与福利、工作环境、人际关系、生活健康满意度等方面状况，由于受到民营企业发展水平、区域经济整体发展环境和对外开放水平等多方面因素的影响，江西省民营企业就业员工工作状况及生活质量也存在一些问题，主要表现如下：

（1）员工对民企的归属感有待进一步增强。从调研情况来看，34.4%的员工认为民营企业员工的流动性较大，9.6%的员工认为民营企业员工的流动性非常大（见图9－5），员工离职较频繁状况已经成为江西省民营企业的一个重要问题，尤其是基层员工的流失率较高，员工的流动性频繁不仅给民营企业造成不必要的损失，对员工自身的影响也很大。具体来说，一方面，企业在短时间内找不到合适的员工，对企业的长期培养是一种损失；另外，离职的员工也会影响企业内的员工归属感与工作情绪。另一方面，员工的不断流动，对员工自身来说无法找到自己适合的发展道路，对自己的工作能力与职业规划都会产生不利影响，长此以往，民营企业员工也会成为社会进步的负担。

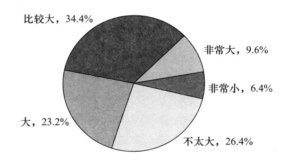

图9－5　对民营企业员工流动性的评价

2015年是江西省"十二五"规划实施的收官之年，面对错综复杂的经济发展形势，民营经济的发展离不开员工的支持，员工对企业强烈的归属感将是民营企业持续发展的核心动力，它不仅表现为一种团队意识，更是一种创新精神以及主人翁意识的体现，也是员工个人价值与企业价值相统一的体现。如果员工对企业有了强烈的归属感，就会形成一种高度的责任感，把企业的发展与个人的事业发展紧密联系在一起，有助于营造一个健康、和谐、稳固的合作关系，推动企业经营效率的快速提升。

（2）员工工作满意度有待进一步提升。从调研情况来看，近30%的员工对工作表示不够满意（见图9－6），这表明员工对企业的发展现状及其他问题存在不同的意见。根据实地调研获取的企业资料来看，影响员工工作满意度的因素主要包括：一是员工晋升机制不健全，民营企业在选人、用人时往往会受地域、家族等传统观念的束缚，企业内部缺乏一套公平公正、科学合理的人才晋升机制，加之民营企业的管理岗位数量的有限性与员工热切的晋升需求之间的矛盾存在，致使员工对工作产生不满意情绪。二是员工参与管理的机会较少，由于民营企业的管理模式相对集权，管理者一般不敢轻易授权、不会真正授权，员工便没有参与企业管理决策的机会，从而影响其工作满意度。三是企业工作环境与员工预期之间存在较大差距，一方面，可能由于企业缺少一个安全、无害、优美、舒适的物质环境，一定程度上也会影响员工的工作效率；另一方面，可能由于企业缺少一个优良、和谐、温馨的人文环境，员工获得尊重和关怀的需求得不到满足，自然员工工作满意度随之下降。

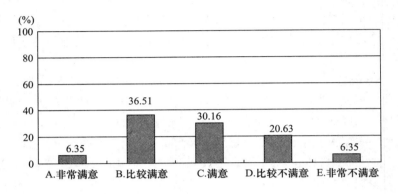

图 9 − 6　对工作满意度的总体评价

（3）员工培训体系有待进一步健全。培训旨在增强员工工作技能，提高员工工作绩效，在民营企业中，员工培训包括企业文化培训、员工技能培训、企业战略目标培训等。根据调研情况发现，江西省民营企业的人力资源管理不够专业，其中培训少而且效果较差，近45%的员工认为企业提供的培训机会比较少甚至没有（见图 9 − 7）。民营企业的员工培训大多是为了新进员工的岗前培训，培训体系不健全，培训内容不够系统，更多地采用师傅带徒弟的形式，导致新员工对企业的整体情况认识不全面，且容易形成社会学中的刻板印象。另外，大多数员工表示培训需求分析缺乏针对性，企业开展的员工培训对自身的帮助不大，某种程度上反而造成员工对培训的反感情绪。尤其是培训计划缺乏长远战略目标考虑，培训实施过程也缺乏监控，培训硬件设施条件比较落后等方面也严重影响了培训质量与效果。对于老员工而言，由于其自身的素质、技能、经验等有限，随着时代环境的变化以及员工自身工作的需要，员工需要通过进一步学习进行"充电"，这也需要企业通过培训有针对性地给予更多的帮助。

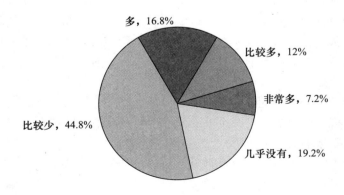

图 9 − 7　对民营企业员工培训的评价

（4）员工生活质量有待进一步改善。根据调查研究发现，民营企业员工总体上对自己的生活质量不够满意。民营企业员工对企业的归属感不强、工作满意度不高、员工培训体系不健全等诸多方面问题的存在，导致员工生活质量受到一定程度的影响，因而员工对自身生活的总体满意度也随之下降（见图9-8），这也给企业的长远发展、社会的稳定带来了一定的压力。尤其是在当前经济形势不够乐观的情况下，就业形势十分严峻，职场竞争越来越激烈，员工的危机感越发强烈，同时，大多数民营企业员工对目前的住房条件的满意度不高，企业的福利待遇水平不高，员工的生活品质没有办法得到长效保障，那么员工的生活满意度也会相继下降。

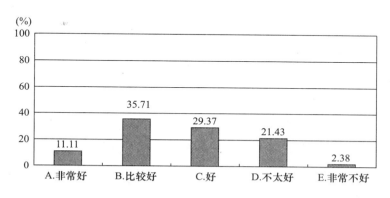

图9-8　对生活质量的总体评价

3. 原因分析

根据上述对民营企业员工工作与生活现状以及存在的问题的分析，结合实地调研获取的相关资料，课题组进一步分析其产生的深层次原因，具体原因体现在两个方面。

（1）市场资源配置不协调，民企经营环境不乐观。由于国有企业等各种形式的行政垄断，在资源的占有与市场准入的条件具有优先权，而民营企业往往受各种限制，在江西省全面深化改革的过程中，这种暂时性的不公平情况导致了江西省民营企业的发展受到的阻碍较多，尽管自2013年江西省提出促进非公有制经济更好更快发展是江西省必须长期坚持的发展战略以来，积极降低民间资本市场准入门槛，鼓励引导民间资本向交通、能源、城市基础建设等领域发展，努力发挥民间资本在市场经济发展中的作用，但民营企业中的许多问题并未得到有效解决，一方面，民营企业税收负担、就业负担、经营成本上升、融资困难等问题日益严峻；另一方面，受国内经济下滑趋势的影响，民营企业的产品需求量大减，订单不足、资金紧张等方面也一直困扰着民营企业，对于民营企业就业员工而言，民营企业缺乏良好的生产经营环境，员工的基本保障难以实现，自然会影响员工的工作状况与生活质量。

（2）民企管理体制不健全，员工自身规划不明确。对于江西省大多数民营企业来说，由于其发展历史背景的缘故，在制度制定方面，民营企业依然存在过分依赖"人治"的通病，大多数企业缺乏一套系统、科学、合理的规章制度，另外，还有部分民营企业没有挣脱家族企业的藩篱，导致民营企业的管理秩序屡遭破坏。在员工招聘方面，民营企业的用人观念相对落后，任人唯亲，人才激励机制不健全，缺乏一个长远的人才发展战略，如何留住人才成为很多民营企业的一大难题。在内部管理方面，由于制度不配套，部门分工不明确，管理执行不规范，容易引发企业内部部门之间矛盾，打击员工的工作积极性，对民营企业的长足发展非常不利。对于民营企业就业员工自身来说，员工很少关注个人的职业生涯规划，在求职过程中没有结合自身长远发展方向来考虑自己的岗位，这往往影响日后的工作甚至导致对工作状况的不满意。况且，在民营企业中员工在进入企业后缺乏系统的岗位培训，员工对于自身职业晋升通道缺乏一个明确的认识，进而影响到自身的薪酬待遇水平，这也很容易挫伤企业员工的工作积极性。

4. 几点建议

2015 年 8 月，江西省政府根据《国务院关于大力推进大众创业万众创新若干政策措施的意见》（国发〔2015〕32 号）精神，结合江西实际，现提出《江西省人民政府关于大力推进大众创业万众创新若干政策措施的实施意见》，进一步优化了江西省创业创新环境，激发了全社会创业创新的活力，尤其是对江西省民营经济的转型升级提供了新鲜的血液。基于上述对江西省民营企业员工工作与生活现状、存在的问题以及原因等方面的分析，结合当前江西省经济社会发展状况，本课题组对改善民营企业员工工作与生活状况提出以下几点建议。

（1）完善民企战略人力资源规划，搭建规范的企业运营体系。战略人力资源规划作为企业人力资源管理过程中的关键一步，对企业的长远发展具有重要意义。战略人力资源规划一般有以下几个步骤：确立好清晰的企业使命和企业发展目标，调查清楚内外部的环境，企业的需求预测和供给预测，确立企业未来人力资源需求。同时企业的战略人力资源规划也需要确立短期、中期和长期规划。民营企业应当建立好战略人力资源规划，具体规划包括企业的招聘、培训、开发和人才的储备等方面。通过战略人力资源规划的制定，企业的发展战略目标被转化成对人才的需求，有利于实现质和量、长期和短期的人才供求平衡，实现企业人力资源的科学合理使用。同时，结合人力资源管理的职能，运用互联网信息技术，优化民营企业人力资源信息管理系统，提升民营企业的运营效率，搭建规范的企业运营体系，在一定程度上能够有效地解决民营企业就业员工流失率的问题，并对民营企业就业员工的基本情况形成全面的认识与了解，提升江西省民营企业人力资源管理层次。此外，民营企业要做好人才的战略储备，加强对内部员工的培养，建立科学的人才梯队，拓宽企业人才晋升通道，逐步推进民营企业分配制度改革，改善民营企业就业员工尤其是核心岗位员工的薪酬待遇，解决民营企业就业员工生活保障的后顾之忧，同时，通过事业留人、感情留人、环境留人等手段，增强民营企业就业员工对企业的归属感与忠诚度，激发民营企业就业员工的工作创新创造力。

（2）推进民企学习型组织的建设，塑造优良的员工素质形象。为了适应民营企业持续快速发展的需要，构建创新型、服务型企业管理模式，民营企业应积极构建学习型组织，塑造学习型员工，通过各种方式积极营造企业员工学习的氛围，充分发挥员工的创新性与创造性，让员工在自我实现的同时也推动组织的不断发展。一是完善员工培训体系，民营企业由于资金等的限制，对员工培训的投入不足。但是现代社会中，知识更新速度快，培训对企业和员工都显得尤其重要。企业应创建适合江西省民营企业特点的"本土化"职业生涯发展管理制度，聘请专业人士到企业给员工进行培训，帮助员工建立好生涯发展之路并提升个人素质形象，把企业的长远发展与员工个人发展有效结合起来，让员工的潜能得到充分的发挥，努力去实现自身的职业目标，满足企业员工不断进取的心愿，增强对企业的认同感，有效控制民营企业员工的流失率。二是建立知识管理体系，民营企业可以建立企业自身的知识管理体系，将企业和员工的各项信息进行保存和交流。民营企业可以邀请专业技术人员建立数据库，把企业的信息分门别类地进行归纳整理再上传。在数据库建立好后，将部门信息在公司进行分享，让员工充分了解公司的具体发展情况。三是民营企业要抓好人才队伍建设，提升企业的执行力，重点把握好工作的关键时间节点的落实和员工满意度建设，注重激励机制建设，充分发挥薪酬待遇的杠杆作用，促进学习考评体系的建立。

（3）努力构建好民企的企业文化，增强员工对企业的归属感。企业文化作为企业的软文化，在企业的发展壮大过程中作用同样重大。企业文化包括企业精神、企业形象、企业使命、企业制度、企业价值观、团队合作等。企业文化影响着企业的发展方向和企业员工的发展道路。因此，民营企业管理者应积极转变经营理念，不能把企业员工作为单纯的做事工具，应坚持"以人为本"理念，积极开展企业文化建设，通过企业文化宣传栏、评优评先、联谊晚会等形式，将积极的人生追求、高尚的道德情操等价值观通过不同的形式传递给员工，充分尊重企业员工，引导员工从集体利益出发，努力形成一种"互帮互助、和谐友爱"的良好工作氛围。同时，企业文化也应该注意与员工的发展相结合，注重对员工的不断培养，重视员工个人的发展，加强领导与员工之间的沟通交流，提高员工对企业的忠诚度与满意度。从民营企业员工个人层面看，员工应树立好正确的就业观，端正就业态度，根据自身情况及时做好职业生涯规划，努力实现自身与企业的利益最大化；从民营企业层面看，企业要努力营造一个良好的工作氛围和宽松的工作环境，让民营企业员工在一个较舒适的环境中工作、畅所欲言，及时缓解在工作中的不良情绪，培育企业员工对企业的归属感与认同感，不断提高团队协作能力。此外，民营企业要适当提升员工的薪酬待遇，完善企业员工绩效考核与福利制度，从物质上给予员工一定的生活保障，并根据企业发展效益确定适宜的奖励机制以激发员工的工作热情。

（课题负责人：胡海波，江西财经大学工商管理学院副院长，副教授、博士。成员：黄涛，江西财经大学工商管理学院硕士研究生。江西省民营经济研究会与江西财经大学2015年合作课题）

（三）"新常态"下激发江西民营经济活力研究

当前，我国经济和政治都进入了重建秩序的新常态。适应新常态，已经历史性地摆在了民营企业的面前。作为市场经济产物的民营经济具有适应经济发展呈现出趋势性变化的品质，我们要抓住新常态带来的发展新机遇，开创江西民营经济新局面。

1. "新常态"为江西省民营经济带来新机遇

新常态孕育着革命性转变，正深刻改变中国经济面貌，再一次将中国经济"浴火重生"。新常态下的主旋律是改革、创新和调整，为民营经济带来新的机遇。

（1）深化改革激发民营经济的内生动力。以党的十八届三中全会为标志，我国改革开放进入一个全新的阶段。这个阶段的基本特征就是"供给侧结构性改革"，在制度层面，放松各种管制，打破垄断，释放民间资本的活力；在技术层面，通过营造激励创新的生态，实现创新驱动。

江西省突出释放市场主体活力的改革主题，大刀阔斧推进以行政审批制度改革为抓手的简政放权，加快政府职能转变。衔接落实国务院取消、下放的审批项目等事项，全面清理规范各类行政事业性收费和政府性基金项目，发布并实施新的行政事业性收费和政府性基金项目目录及收费标准。晒出行政审批权力清单，取消、下放三批行政审批项目，探索实行部门权力清单、责任清单、负面清单管理，取消"非行政许可审批"类别，公布省政府部门行政权力清单。截至 2015 年 8 月，省本级行政审批事项精简率达 50.2%，省级行政权力精简率达 63.6%，清理取消 30 项省级行政事业性收费项目。深入推进工商登记制度改革，减少工商登记前置行政许可事项，全面实行"先照后证"登记制。省市县三级网上"并联式"审批工作有序推进，省直 37 个厅局完成审批事项梳理和流程再造，新余、鹰潭、宜春等市已实施网上"并联式"审批。昌河汽车等一批国有企业市场化开放式重组整合取得突破，省盐业集团等一批省属国有企业混合所有制改革试点有序推进，国有经济活力、竞争力和影响力得到增强。出台了《关于开展政府和社会资本合作的实施意见》，各级政府投资主管部门在基础设施、市政公用、社会事业、金融服务、保障性住房等重点领域向民间资本推出投资项目，建立了公平开放的公共服务购买制度。稳步扩大营业税改征增值税试点行业和地区范围，2015 年全面完成"营改增"任务。实施了江西省社会信用体系建设规划（2014 ~ 2020 年），启动全省公共信用信息平台建设。

深化改革激发了民营经济的内生动力。从 2012 年经济一直处于下行的情况下，非公经济反而迈上了新台阶。截至 2015 年上半年，全省内资企业总户数比 2012 年增加了 48.3%，其中私营企业增加 61.4%（见表 9 - 5）。内资企业注册资本总额保持快速增长。截至 2015 年上半年底，注册资本总额是 2012 年的 2.2 倍（见表 9 - 6）。

表 9 - 5 近四年江西省内资企业户数发展情况

项目时期	内资企业户数（户）	同比增长（%）	私营企业户数（户）	同比增长（%）
2012 年底	294816	12.15	225897	16.40
2013 年底	332437	12.76	262935	16.40
2014 年底	400976	20.62	328941	25.10
2015 年上半年	437133	20.29	364705	24.73

表 9 - 6 近四年江西省内资企业注册资本总额及私营企业比重对比

项目时期	内资企业注册资本（亿元）	同比增长（%）	私营企业注册资本（亿元）	同比增长（%）
2012 年底	10096.83	24.94	6029.80	33.30
2013 年底	13235.12	30.08	7909.57	31.17
2014 年底	17817.78	34.62	11704.59	47.98
2015 年上半年	22586.25	45.62	13819.60	41.64

（2）创新驱动释放民营经济的巨大能量。"新常态"一个突出的特点是经济发展的动力由要素投入转为创新驱动。目前不少传统产业产能过剩压力大，缺乏核心技术、缺乏自主知识产权、缺乏世界知名品牌，经济转型面临着"低端强供给、高端弱需求"的困境。生产小型化、智能化、专业化将成为新常态下产业组织的新特征。作为市场主体，民营经济是数量最大、最具活力的国民经济基本单元。民营企业以服务本地市场为主，贴近市场，贴近用户，分众化产品明显，与体形硕大、链条相对完备的"群象"相比，更具活力和效率的"蚂蚁军团"组织形式灵活多样，"创新之蚁"对外部经济、政策环境的敏感度普遍较高，更加适应精细化和新型生产方式的变革。

针对江西省非公有制企业现状和水平，省委、省政府出台的《大力促进非公有制经济更好更快发展的意见》提出要支持科技创新，支持非公有制企业与有实力的国内高校、国家科研机构和央企实现深度科技对接合作，构建产业技术创新联盟。2014年全省电子商务交易额达到1384.8亿元，同比增长110.6%，其中，网络零售交易额达313.8亿元，同比增长84.4%。从电商交易额规模来看，全省电商交易超千万元的企业达825家。其中10亿元级企业16家、亿元级企业163家、千万元级企业646家。规模以上企业累计实现电商交易1017.5亿元，占全省电商交易总额的73.5%。像上饶晶科能源光伏产品、樟树医药、赣南家具产业、新干箱包产业等在电商领域均取得了骄人成绩。在发展电子商务方面民营经济有着"殷实"的基础，以传统的服务业（批发零售业）为主的民营经济在发展电子商务特别是O2O模式方面有着"先天优势"，它们将新技术转化为能带来商业利益的新业态的积极性更高。毫无疑问，伴随着"新常态"的出现，"全省科技创新示范企业"会呈井喷式涌现，民营部门的创新能量会不断得到释放。

（3）结构调整引领民营经济的发展方向。经济发展的阶段性特征，迫切需要民营经济适应新常态带来的需求结构、产业结构、城乡结构和区域结构的变化，即发挥消费基础作用，必须提高民营经济的供给能力、供给质量和供给效率；形成多元主体投资格局，必须放手、放胆、放权鼓励支持民营经济发展壮大；抓住城镇基本公共服务常住人口全覆盖机遇，必须提供民营经济这个重要载体；全面开放的战略布局，必须拓展区域间协同发展空间。

江西省消费与经济增长的关联度偏弱，社会消费品总额与经济增长的关联度低于0.6，属典型的弱关联关系。"十三五"期间，江西省将从生存型消费向发展型消费升级，服务业有非常广阔的想象空间。近几年，江西省服务业每增长一个百分点，可以带动GDP增长约0.4个百分点。如果未来6年服务业增加值年均增长10%，可以带动经济增长4个百分点左右。民营经济多为优质创业者一人或两人以上自主创业或者合伙经营创办，大部分企业是以"前店后厂""前村后店"的模式组织生产经营，销售上采用直销方式，且以服务本地市场为主，运作方式灵活且富有流动性。当前，江西省新登记企业主要集中在第三产业。2015年上半年，全省新登记企业中第三产业为33198户，占新登记企业的74.86%；注册资本总额1378.51亿元，占新登记企业注册资本总额的70.47%。全省新登记企业户数排名前三位的行业依次为批发零售业、租赁和商务服务业、制造业。江西民营经济呈现出多个领域不断发展的态势，在产业链、工业链延伸和细分的业态上，在把我们带入服务业发展新时代上，其功能和特点顺应了新常态的趋势性变化，为优化产业结构发挥着不可替代的作用。21世纪以来，江西城镇规模不断扩大，城镇化水平跨上新台阶。根据统计部门以常住人口为口径显示，江西省城镇化率突破了50%。然而，从户籍人口来看，江西省还有相当于赣州市总人口的人生产方式已经非农化，但身份依然是农业的，长期处在非农非城、半农半城的状态，游离于乡村和城镇之间。城镇化率的增长并不是简单的人口增长，关键是转移出来的农业人口在城市"有活干、有学上，有房住、有保障"，实现农民市民化是个巨大的刚需，教育、就业、医疗、社会保障等一系列发展趋势给民营经济创造了巨大空间。正在实施的长江经济带把横跨我国东部、中部、西部地区，其东西直线距离3000千米，覆盖11个省、市、超过全国经济总量四成、超过国土面积1/5、大约有6亿人口的区域通盘考虑。下游上海、江苏、浙江人均GDP突破1万美元，已进入高收入发展阶段；而云南、四川、江西、安徽、贵州等省人均GDP只有5000美元左右，仍处于中等收入发展阶段。长江经济带的巨大发展差异、人均收入水平落差显著，使得"协调东中西、统筹南北方"把推进整个区域公共服务均等化放在协同发展的重要位置。

面对新常态，迫切需要挖掘新的经济增长点，进一步创新投融资模式，积极鼓励和引导社会投资，推动各类资本相互融合、优势互补，促进调结构、补短板、惠民生。区域内省市纷纷加强投融资体制改革，优化投资环境，将过去政府主导的基础设施项目和重大民生项目，通过投融资体制改革放权出去，建立新的混合制、股份制的投融资体制，通过改革冲破过去投融资固化的藩篱，让政府投资和社会资本、民间资金融合起来，促进区域内经济社会更好更快发展。2015年上半年，江西省发改委首批发布80个PPP项目，包含基础设施类项目35个，投资729.82亿元；公共服务类项目33个，投资187亿元；生态环保类项目12个，总投资148.35亿元。生态环保类项目包括环境综合治理项目3个，污水处理项目5个，垃圾处理项目4个。

2. "新常态"为江西省民营经济带来的挑战

民营经济对宏观形势更敏感，新常态下的经济增速放缓、结构调整及重建经济和政治秩序给民营经济带来了严峻考验。

（1）经济增速放缓影响到江西省民间投资信心。近年来，江西省民间投资主体的投资意愿不高。经南昌市青山湖区调研结果显示，在民营企业中，"生产经营情况正常"的不到一半，部分企业"生产经营困难严重，出现停滞甚至下滑"。总体来看，21世纪以来江西省民间投资增速一直保持极高的水平，比国有投资要高好几个百分点。可近年来民间投资增速逐年下降，从2012年开始几乎出现断崖式变化（见表9－7）。

表9－7　江西省近年来投资主体增长速度　　　　　　　　单位:%

年份	2010	2011	2012	2013	2014
国有投资	24.1	11.1	28.9	7.8	31.9
非国有投资	35.0	33.5	30.5	23.5	14.5
民间投资	40.7	35.8	31.2	25.9	15.2

由于江西省民营经济主体较弱，民间投资在许多领域的发展相对比较滞后，在周边省份中无论是民间经济总量还是民间投资仅高于山西省。2014年江西各类市场主体新登记户数和民营市场主体新登记户数仅居中部第5位（见表9－8）。只有民营企业"铺天盖地"，民营经济才能"顶天立地"。改变小、散、弱的民营经济现状更需要追求较高的投资速度，更要有一种坐不住、等不起的紧迫感。

表9－8　2014年中部省份民营经济增加值及投资情况

省份	增加值（亿元）	占GDP比重（%）	民间投资（亿元）	占全部投资比重（%）
江西	9129.3	58.1	10738.2	73.2
安徽	11946.3	57.3	14681.0	69.1
湖南	15896.3	58.8	14409.8	65.6
湖北	14943.0	54.6	17036.0	70.1
河南	25820.0	73.9	25433.2	82.6
山西			6977.5	58.3

（2）结构调整阵痛凸显江西省产业组织方式落后。江西省在旧常态下的民营经济发展相当程度上依靠的是拼土地、拼资源消耗、拼低劳动力成本，发展方式主要是规模速度型粗

放增长，经济结构以增量扩能为主，产业层次总体上偏低。

从产业组织方式来看，民营经济不适应生产相对集中的组织新特征。2014年江西省每万人口拥有私营企业72.4户，低于全国92.1户的平均水平；而每万人口拥有个体工商户339.6户，高于全国326户的平均水平。

从产业分布来看，民营经济集中在传统产业、资源能源依赖型产业和劳动密集型产业。在人口红利窗口正在关闭人力成本上升的新常态下，江西省民营经济产业链低端、技术落后、市场竞争力弱、发展能力不强的问题更加凸显。在2014年底全省私营企业32.89万户中，34%分布在批发和零售业、13.4%在租赁和商务服务业、6.6%在农林牧渔业、6.3%在建筑业、3.5%在信息传输、软件和信息技术服务业、1.67%在科学研究和技术服务业、1.0%在文化、体育和娱乐业。在154.25万户个体工商户中，从事批发和零售业的户数超过百万户，比重达66.5%；从事居民服务、修理和其他服务业的为9.34%；从事住宿和餐饮业的为7.54%；从事制造业的为6.21%；从事农林牧渔业的为5.39%。

从民营企业进入500强来看，民营经济大都是"老面孔"。在全国工商联发布的2015中国民营企业500强中，入围数量江西处于中部六省的中等水平，与湖南并列第三位，其中河南16家、湖北16家、江西8家、湖南8家、山西5家、安徽3家。江西入围的企业主要从事农业、制造业、医药业、批发业和建筑业等领域。新常态呈现的趋势性变化要求经济向形态更高级、分工更复杂、结构更合理的阶段演化。人力资源、生态环境、自然资源的变化对产业组织形态的变化将产生重大影响，新兴产业、服务业作用更加突出，生产小型化、智能化、专业化将成为产业组织新特征。我们原来非常熟悉的商业模式和盈利模式在改变，以互联网新经济为主要特征的"双创"模式将是民营经济持续发展的"风口"。

（3）当官不为导致制度落实的"阻梗"。在"四个全面"的战略布局下，我国经济和政治都在重建秩序，对长期以来反映的行业垄断、融资困难、税费负担、生存环境、政策滞后等制约民营经济发展的老大难问题给予了制度设计。然而，"八项规定"后，一些干部产生了当官不为，慵政、懒政、明哲保身心态，导致改革进程推不动以致"最后一公里"阻梗，制度成果难以转化为现实成效。

一是当官不会为。新常态宏观经济政策主要考虑的是中长期供给问题，而不是短期的刺激性政策带动增长的问题。以前我们抓经济一直是需求管理思路，只需要跑项目、要政策，领导拍板就可以。目前许多做法如通过创新供给激活需求、减少行政审批、激发市场主体活力、减税、重视就业、提升服务业比重等都是供给学派理念，供给管理模式就是新东西。需求管理模式是快变量，而且是集中决策。供给管理模式是慢变量，分散决策，我们领导经济更适合"集中"，不适应"分散"。不少领导干部尤其是基层干部还没有从"老常态"的精神状态中转变过来，所谓不作为其实是不会为。

二是当官不敢为。主要原因有三：其一是规矩不透明，制度不完善。有腐必反、有贪必肃是保证民营经济持续健康发展的必然要求，否则必将导致找市长还是找市场的悖论。但由于规矩不透明，制度不完善，现在许多基层干部连正常性的工作也不敢去做，"与民营企业主交朋友，为民营企业主办实事"在一些人看来也成为禁区。其二是约束多激励少。许多干部为什么会不自在，因为大家感觉约束多，这个不能做那个不能做。人都是风险厌恶者，必然造成当官不为现象。其三是强大的舆论使发展民营经济畏首畏尾。在从"旧常态"向新常态转型下，社会上各种情绪甚嚣尘上，仇富、仇官。现在你一干事，为民营企业主服务，张三李四网上一八卦就变味了，很多事推不动。

3. 新常态下激发江西民营经济活力的建议

适应新常态、把握新常态、引领新常态是当前和今后一个时期我国经济发展的大逻辑，也是激发江西民营经济活力的逻辑起点。

（1）深化体制改革，激发主体活力。第一，推进简政放权。微观不活，宏观不兴。充分发挥市场在资源配置中的决定性作用，仍需要政府在"减权、清权、优权、制权"四个方面下功夫。"减权"：推进简政放权，减少行政许可，减少对微观经济的干预。"清权"：对现有行政许可和非行政许可审批事项进行全面清理核查，完成目录编制并在政府门户网站向社会公开。启动行政权力清单制度，公布各级行政权力清单和运行流程图。"优权"：不断提高行政审批质量，推进审批向中心集中，规范审批流程，压缩审批时限。"制权"：对行政审批各环节进行全程监督，落实责任追究制度，按照"谁审批谁负责"的原则，对审批不规范，审批后对国家、社会和企业造成损失的，严肃追究相关人员责任并责令依法赔偿有关损失。

第二，全面实行先照后证登记制。进一步放宽注册登记条件，减少审批环节，量化办证时间。除一人有限责任公司外，试行注册资本货币资金首期不受金额限制，允许股东以不需要办理权属登记的实物、非专利技术等非货币财产作为首期出资。对因资金困难不能在法定缴付期限内缴足出资金额且无违法记录的民营企业，可申请延长出资期限，最长为半年。对以未取得产权证的房屋作为企业住所的，可凭园区管委会、乡镇政府、街道办事处出具的住所使用证明和房屋租赁合同办理注册登记。允许使用住宅从事电子商务、设计策划、软件开发、管理咨询、服务外包和文化创意等不影响居民正常生活的经营活动。对注册资本5000万元以上、申请一般经营项目的民营企业，按《国民经济行业分类》大类核定经营范围，可不核定具体经营范围；支持民营经济进入新兴行业，凡法律法规和政策未禁止的，可根据企业申请，灵活核定体现其行业特点的企业名称和经营范围。

第三，减轻企业负担。开展降低实体经济企业成本行动，帮助民营企业降低生产、经营各个链条成本。降低制度性交易成本；降低企业税费负担，进一步正税清费，研究降低制造业增值税税率；降低社会保险费，研究精简归并"五险一金"；降低企业财务成本，金融部门要创造利率正常化的政策环境；降低电力价格，完善煤电价格联动机制；降低物流成本，推进流通体制改革。

减少行政事业性收费，按照"正税清费，分类规范"的原则，坚持税费联动，增减有度，清理规范行政事业性收费和政府性基金管理，解决以费代税造成的税费叠加。扩大民营企业增值税抵扣范围：①按照国家规定的最高标准落实起税种、税率和起征点。对年应纳税所得额低于6万元（含6万元）的小微企业，其所得减按50%计入应纳税所得额，按20%的税率缴纳所得税，缴纳的所得税由设区市、县（市、区）级财政以"即征即奖"的方式奖励给企业。②符合条件的民营企业纳税确有困难的，可向主管税务机关申请减免房产税和城镇土地使用税。因有特殊困难，不能按期缴纳税款的，经省地税局批准，可延期3个月缴纳税款。③确有特殊困难无法按时足额缴纳社会保险费的民营企业，经同级工信委、财政、社保部门共同认定，除职工个人正常缴纳的社会保险费外，企业应缴纳的社会保险费可与当地社会保险部门签订缓缴协议，缓缴期限一般不超过一年，免收缓缴期间的滞纳金。④对创新创业型民营企业，可采取加速折旧、放宽费用列支标准、设备投资抵免、再投资退税等多种税收优惠形式。⑤清理整顿和规范各种不合规的涉企收费，切实减轻民营企业负担。一定期限内免征小型微型企业部分管理类、登记类和证照类行政事业性收费，规范担保公司等中介机构的收费定价行为。

第四，帮助民营经济维系正常发展。针对当前当官不为现象，要大力宣传帮助民营经济维系正常发展就是弘扬主旋律，传播正能量，千万不能让民粹主义及网民情绪主导社会情绪。习近平讲，改革胆子要大、步子要稳，胆子要大是在步子要稳的前面。民营经济的发展靠的就是冲破僵化思维，大胆闯，大胆试。创新就有风险，只要不胆大妄为、胡作非为，对创新要包容，为发展民营经济提供宽松的生态环境。维系好企业的正常发展，不是要他们找市长，而是要创造公平公正的法治环境、招商环境，加大对外开放和招商引资的力度，对企业的发展给予正确的指导。传统产业形态与新型产业形态对制度环境有着截然不同的要求。传统产业形态主要是与有形物打交道，其对制度机制的依赖性较弱；而新型产业形态主要是与人打交道，与系统打交道，对制度机制的依赖性就很强，所交易的是一些看不见摸不着的无形的服务或许诺，道德风险和逆向选择的可能性就大大增加。要反映产业组织新特征，就必须优化经商环境，各级司法、行政机关应当依法保护民营企业的合法权益，约束对民营企业行政处罚的自由裁量权，慎用强制执行权。

（2）放宽市场准入，打破各种垄断。首先，建设公平竞争的市场体系。各级政府研究制定政府投资管理办法与促进民营经济发展法制环境的实施细则，并修订《江西省政府核准投资项目目录（2014年版）》，研究制定解决内外歧视性差异的实施意见。选择金融服务、航运服务、商贸服务、专业服务、文化服务以及社会服务领域扩大开放，暂停或取消投资者资质要求、股比限制、经营范围限制等准入限制措施（银行业机构、信息通信服务除外），营造有利于各类投资者平等准入的市场环境。

其次，鼓励引导社会资本进入公共服务供给领域。通过降低准入门槛、税收减免、财政补助等方式，引导民间资本流入公共服务领域，支持民办公共服务业的发展。①进一步完善相关财政管理制度。完善政府采购、部门预算、投资评审、集中支付、绩效预算等制度，制定相应的规则和程序，为政府购买公共服务提供制度保障。制定鼓励、支持民营企业、社会组织等社会力量积极参与政府购买服务的实施意见。②进行《政府采购法》的修订，把政府购买公共服务的相关内容补充进这一法律，把政府购买公共服务的有关内容纳入财政预算的法定范围，并且规定相应的财政支出和管理；明确和制定社会组织生产和提供公共服务所适用的公共财政规定和法律；在税收法律方面，对进入公共服务生产和供给环节的企业与社会组织的税收优惠政策必须作出明确规定。③创新政府购买公共服务形式。针对项目自身特点和建设情况，政府可重点采取公共私营合作制（PPP）、建设—经营—移交模式（BOT）、建设—移交模式（BT）、移交—经营—移交模式（TOT）、一体化建设模式、股权转让、股权融资以及委托运营等模式，通过委托、承包、采购等方式购买公共服务。

最后，有序推进自然垄断和行政垄断领域改革。将自然导致的垄断和行政导致的垄断分开分离，前者实行特许经营，后者则破除垄断实行自由竞争。自然垄断行业的改革，要按照"政企分开、政资分开、特许经营、政府监管"的16字方针进行。自然垄断行业具有规模报酬递增效应，或者平均成本（边际成本）随产量不断减少，具体包括铁路、电力、电信、城市燃气、自来水、广播、邮政等行业。自然垄断行业既可以由国有企业垄断经营，也可以由民营资本垄断经营。以自然垄断为中心的产业链前后相关的竞争性业务环节，要实行"管住中间、放开两头"的网运分开；分离以自然垄断为平台而加载的竞争性业务，重点是主辅分离改革。非自然垄断的行政垄断性领域，如加油站、银行等，应该等破除行政垄断后再搞混合制改革。允许各种社会资本进入非自然垄断领域，打破行业的行政垄断，针对非自然垄断行业破除依附于行政权力下的垄断行为。

（3）营造良好金融生态环境，发展多层次资本市场。吸引民营资本进入金融机构。大力发展村镇银行、社区银行，组建科技银行，丰富对民营企业的金融服务方式。促进民间资金流入国家正规金融体制之内，形成对民营企业的融资支持。加大财政对成立融资性担保机构的引导，特别是县区的财政力度，吸引更多的民营资本进入。大力促进科技与金融结合，加快推进与地方银行、农商银行等金融机构的合作，组建一批科技支行和科技金融服务中心，作为科技型中小企业信贷专营机构。大力支持民营资本发起设立的融资性担保机构，鼓励企业利用多层次资本市场上市、挂牌、融资。依据所挂牌股权市场影响力及挂牌成本，给予不同的财政补助。重组省金融控股集团，组建省再担保公司和省金融资产管理公司。

建立省联合股权交易中心。设立各设区市金融服务中心，创建金融超市，引入金融机构，发布金融产品。开发符合中小微企业特点的金融产品，加强对科技型、创新型、创业型民营企业的金融支持力度。加快"险资入赣"的步伐，构建全省统一的"险资入赣"项目库。鼓励银行针对民营企业自身特点和贷款需求特点，扩大贷款抵押物范围、创新金融产品和服务方式，如积极开展动产、知识产权、应收账款、仓单、订单、商铺经营权质押、商业信用保险保单质押、商业保理、典当等"抵质押"信贷融资。

提高直接融资比重。要以显著提高直接融资比重为目标，推进股票发行注册制改革，弱化行政审批，降低民营企业和创新型企业上市门槛，提高融资效率。要多渠道推动股权投资，完善以机构为主，公开转让的中小企业股权市场，鼓励私募股权投资基金、风险投资基金健康发展。要稳步扩大债券市场规模，推进金融产品创新和多元化，加大发展资产证券化的力度。发展中小企业集合债券、私募债等融资工具。通过以上及其他积极有效的多种措施，拓宽企业融资渠道，改变企业发展单纯依赖银行信贷的现状。积极参与全国股份转让系统，推动民营企业到全国股份转让系统挂牌。进一步改变融资观念，争取引进网上融资平台新的战略合作者，开展有针对性的企业融资服务，进一步做好企业网上融资担保直通车的宣传和推广工作。

（4）激发企业创新机制，提升企业竞争力。有关资金要向民营企业技术进步和技术改造倾斜。重点支持民营企业开发和应用新技术、新工艺、新材料、新装备，促进节能减排，改善安全生产与经营条件等。落实企业研究开发费用所得税前加计扣除政策，对经认定的高新技术企业，减按 15% 的税率征收企业所得税。对企业用于研究开发的固定资产，符合税法规定的，可以采取加速折旧的方法。对技术改造专项，按项目固定资产投资额的 5% 予以补助。鼓励企业开展技术开发和转让服务，一个纳税年度内，对符合税法规定的企业技术转让所得不超过 500 万元的部分，免征企业所得税；对超过 500 万元的部分，减半征收企业所得税。

支持民营企业建设技术中心、工程中心、研发中心。鼓励大专院校、科研机构、技术服务机构和大企业向民营企业开放研发试验设施、承担课题和项目研究、技术转让、技术培训、技术推广；鼓励产业技术创新战略联盟向民营企业转移扩散技术创新成果。加快新技术和先进适用技术在民营企业的推广应用，鼓励各类技术服务机构、技术市场和研究院所为民营企业提供优质服务。

大力发展网络经济。实施民营企业信息化推进工程，重点提高在生产制造、运营管理和市场开拓等方面的信息化应用水平，鼓励信息技术企业、通信运营商为民营企业提供信息化应用平台。省、市、县政府应加紧完善电子商务网络、信用、物流、宣传推广等四大配套体系建设，搭建好实体经济发展电子商务的良好平台，努力开拓线上线下市场体系，拓宽实体经济销售渠道，促进产能，提高企业效益，扩大品牌影响力，增进企业实力。

（5）提供组织保障，完善服务体系。一方面，完善领导小组统筹职能。定期研究解决非公经济发展中出现的重大问题，从制度上为非公经济持续快速健康发展提供组织保障。成立非公经济发展领导小组办公室并设为长期性的非常设机构，具体落实领导小组提出的发展规划和工作安排，并以设区市为单位，每年底对民营经济发展进行综合考核，将考核结果作为市（县、区）促进非公经济发展领导小组成员单位主要领导政绩考核的一项主要指标。

另一方面，设立赣商回归办公室。大力实施赣商回归工程，依托工商联和商务厅、工信委，坚持以乡情亲情友情为纽带，加强与在外赣商的联系和服务，通过政策引导，鼓励异地赣商回归创业发展。对回归项目在财税奖励、土地供应、总部经济、引荐奖励等方面制定鼓励措施和优惠政策。为赣商建立创业咨询和信息发布平台，为其回归提供政策法规、产业导向等咨询和指导；放宽规范行政管理，对回乡创业赣商在投资核准、融资服务等方面提供优惠；鼓励发展总部经济，大力支持异地赣商将企业总部回迁至江西。

此外，建立多渠道的政企对话沟通机制。加强政府领导与民营企业家的对话沟通，省直有关部门将了解、掌握民营企业诉求作为常态化工作，完善网上政企对话渠道，对企业反映的重大问题及时提交政府，通过现场办公会和专题协调会等形式协调解决。研究制定民营企业家参政议政细则，鼓励民营企业家通过人大、政协等机构参与政府决策。同时，打通民营企业家利益诉求渠道，设立利益诉求网络平台，并将政府领导与民营企业家的座谈会和协调会制度化（或一个季度一次，或者半年一次）。

（课题负责人：黄世贤，省委党校副巡视员、二级研究员。成员：罗天、孙志杰。江西省民营经济研究会与中共江西省委党校 2015 年合作课题）

（四）民营互联网银行发展对江西等后发省份的影响与启示

互联网银行是在我国民营银行发展破冰阶段诞生的新型民营银行，具有诸多不同于国资、传统银行的特征，其在技术、模式等方面的差异化优势十分显著。民营互联网银行的诞生与发展，对江西等后发省份的影响值得关注，本文则进一步分析了互联网银行对省内金融机构业务带来的冲击，总结了诸多有益的经验和启示，并在文章末尾提出了一些对策建议。

1. 引言

2014 年 3 月 11 日，中国银监会公布了首批民营银行试点名单，正式宣告我国民营银行改革进入实质破冰阶段。值得注意的是，在这些民营银行的先行者中，腾讯集团牵头的深圳前海微众银行、阿里巴巴集团牵头组建的浙江网商银行在完全民营化之外，又具备了一层更有超越意义的创新性：同时也是我国首批真正意义上的互联网银行。它们的诞生，将成为今后我国网络金融生态链延伸与拓展道路上的里程碑。而且剩余的 3 家民营银行，其股东和背景也或多或少都有些互联网色彩，这说明互联网银行已成为作为新兴的我国民营银行所普遍选择、重视的发展模式，值得业界与学界展开有针对性的研究。

2. 互联网银行的特点、现状与作用

（1）民营互联网银行的定义与发展现状简而言之，一个真正的互联网银行意味着其已完全依托网络商业链进行运行，以技术创新和数据分析能力支撑自身的竞争力；从前海微众银行和浙江网商银行的现有业务来看，它们确实都是在腾讯、阿里巴巴等持股企业在既有网络业务基础上，以互联网为渠道，进一步延伸拓展自身金融业务，而且极少或根本不开设实体营业点（甚至没有信贷员），与客户间的业务联系完全依靠网络应用程序，整个银行的核心业务系统则是依托云技术运行，这个云系统在大数据支持下能够代替人工完成大部分业务决策（如微众银行，能够通过大数据分析进行信用评级，借助人脸识别技术发放贷款）。从这一层面而言，互联网银行是对传统银行运营模式的颠覆性创新，所以其特征、风险、意义与价值都已成为目前银行业、金融业关注的热点。作为我国首家互联网银行，深圳前海微众银行股份有限公司（以下简称前海微众银行）由腾讯集团发起，于 2014 年 10 月 22 日正式创立。次年 1 月 4 日，在李克强总理的亲手操作下，前海微众银行放出了第一笔 3.5 万元的小微贷，标志着我国民营互联网银行走出了营业的第一步。同时，浙江网商银行则主要依托我国互联网巨头阿里巴巴集团，其正式开业时间为 2015 年 6 月 25 日，浙江网商银行的正式开业也意味着我国首批 5 家民营银行已全部"开门迎客"。从以上进展可见，互联网银行这一新兴业态已伴随着我国民营银行飞跃式发展（特别是借助了民营银行领域的大量新利好政策），实现了自身发展进程的加速。

（2）民营互联网银行的具体特征。从前海微众、浙江网商等民营互联网银行的发展实例来看，能够体现出其特色的绝不仅仅是其基本模式的创新性，实际上还应包括其具体业务定位、内部资源配置、市场竞争策略等特征，具体可以归纳为以下三个方面：

第一，新颖而又"接地气"的业务宗旨。富有技术色彩、重视模式创新和具备普惠精神，是当前民营互联网银行业务定位的主要特点。如前海微众银行，在业务定位上恰如其名，一方面是以小微企业和个人消费者作为重点服务对象，另一方面则是结合互联网领域的新技术、新模式，为目标客户提供高效金融服务（例如面对个人或企业的小微贷款需求）——简单而言，即是以依托互联网开展的普惠金融服务作为业务重点，将"科技、普惠、连接"作为自身运营宗旨；而与之一致的是，浙江网商银行也继承了阿里巴巴下属蚂蚁金服的"给社会带来一些微小而美好的改变"的愿景，确立了自身"无微不至、有情有义"的理念。独特的业务宗旨进一步明确了互联网银行的自身资源配置特点及其差异化的业务定位与市场竞争策略。

第二，"轻资产、重科技"的资源配置理念。民营互联网银行通过实现基于互联网技术的运营模式，为我国民营银行发展开辟了全新的业态，同时也在其内部贯彻、实现了"轻资产、重科技"的资源配置理念。如前所述，互联网银行的典型特征便是无实体网点和柜台、非现场开户，绝大部分的业务流程都在线上完成：一方面，这使得互联网银行成为网络时代常见的"轻公司"，在最大程度上规避了传统银行在业务发展进程中的巨大资源消耗（如传统银行在网点支出方面的开支）；另一方面，我国民营互联网银行的主要发起者均为互联网企业中的领军者（如微众银行注册资本 30 亿元，其中腾讯出资 9 亿元，占 30% 的控股比例，是其第一大股东，百业源投资和立业集团分别控股 20% 和 10%）——实际上，它们的发起者正是利用自身网络产业链中拓展出的互联网金融服务环节，抓住了政策机遇，实现了互联网金融服务进一步延伸、发展和完善，从而催生出了真正意义上的互联网银行（如浙江网商银行与阿里巴巴支付宝、蚂蚁金服间的关系），所以微众、网商等银行并非白手起家，而是拥有其发起者雄厚的互联网金融资源作为基础。这些发起者所具备的资源使得互联网银行能够在业务上突破传统的属地、身份、业务频率限制，并跨过传统银行所秉持的较死板的经济条件门槛，使其业务可以渗透全国各类人群中的潜在市场，能够抢占传统金融机构所难以企及的市场空间，获得巨量的用户基数。综上可知，互联网应用平台、商业数据等已成为了民营互联网银行借以获得竞争优势的关键资源，"轻资产、重科技"的特点已经充分展现。例如，前海微众银行能够依靠腾讯现有多元化业务的用户数据，通过大数据的挖掘和分析技术，在规避隐私的前提下，分析潜在用户的风险表现和信用价值，从而以更低成本实现风险定价和控制，同时还可以利用数据技术实现精准营销、提升服务质量；浙江网商银行的资源优势更是不言自明，阿里巴巴集团拥有的巨量网络消费者信息资源将能够帮助其在众多应用场景中发掘存款、信贷、支付、理财等机会，发展消费金融等特色化的零售业务。

第三，差异化的市场竞争战略。客观地讲，虽然融入了许多全新的理念和技术、具备前述的难以替代的特点与优势，民营互联网银行与传统银行并不存在根本性差异，其自身应被视作传统银行的有效补充（而非颠覆者），有助于解决当前我国企业普遍存在的融资难、社会融资成本高、融资结构不合理等问题。所以，当前民营互联网银行必然会选择兼具创新性、差异化等特点的合理化市场竞争战略，其业务虽然与传统银行有交叠之处，但其业务定位主要是个人零售业务、创业融资与中小微企业贷款，从而有别于惯于为高端零售客户、大型国有企业等优质客户服务的传统银行。此外，前述的技术资源优势也是当前民营互联网银行进一步实现差异化竞争的主要"武器"——以浙江网商银行推出的专为创业型中小网站服务的"流量贷"业务为例，在市场定位差异化的基础上，网商银行进一步通过基于大数据的风控模型，对申贷者进行身份、信用、流量以及经营状况等要素审核，审批过程最短可缩至 2 分钟以内，而最快在审核通过 3 分钟左右，款项就能打入申贷者的支付宝账号内——传统银行既较难全面采取类似的用户定位，又难以实现同等的用户体验，所以这种在技术支撑下实现的高效服务从根本上巩固了互联网银行的差异化优势，使其可以填补传统银行在过去难以进入的一些市场真空地带，甚至还会蚕食商业银行的部分中间业务收入。

3. 互联网银行对江西等后发省份的影响与对策

（1）江西省民营银行发展现状。在第一波民营银行申报热潮中，江西省等经济欠发达省份也不甘人后，明确提出要积极推进组建民营银行。可是，江西省在经济总量、金融水平、法治环境、信用环境等方面与发达地区相比仍有大幅的落后，金融生态环境无法达到培育本土民营银行的标准；2014 年，江西省民营企业协作申报的赣商银行、商联银行、裕民银行最终均无缘进入首批试点。虽然已经在事实上成为民营银行领域的典型后发省份，江西省在未来申办民营银行的努力并不会中止，各地市正加快落实国家、江西省围绕民营银行准入、监管等问题出台的意见与措施，并结合"一带一路"规划、环鄱阳湖城市群发展等方面的相关政策，制定民营银行机构设立、筹资融资奖励和高端金融人才引进等扶持政策（如南昌市委、市政府出台的《关于进一步深化全市投融资体制改革促进实体经济发展的政策措施》），给出了明确的扶持、奖励条件。当前，民营互联网银行的涌现，对江西金融业尤其是未来民营银行的发展带来的是冲击还是机遇，它们是否能够为孕育中的江西省民营银行提供一种值得参考的发展模式？江西等地又应如何合理地把握、运用民营互联网银行的发展机遇？下面将针对以上问题，逐步展开阐述与分析。

（2）互联网银行兴起对江西本土金融的影响。从当前发布的政策文件中可知，江西省民营银行的发展规划与外地类似，也是对国家"大众创业、万众创新"的政策和普惠金融发展潮流的进一步响应；事实上虽然民营银行尚未真正起步，江西省的本土金融机构，如各地方银行、信用社等均已广泛尝试开展面向小微企业、创业人士的金融业务，近年开始逐步试点的民间小贷公司也已取得在各省中领先的业务量，这都可以在一定程度上体现江西省发展民营银行的潜力所在。但应当注意的是，本土民营银行的发展滞后与外地民营互联网银行的兴起，势必会冲击定位于普惠金融的江西省本土金融机构——如前所述，现有的民营互联网银行虽然尚处于发展起步阶段，规模与实力相对有限，但其发起股东都是技术和信息资源优势显著的互联网巨头以及各传统行业中的龙头企业，所以民营互联网银行不但能够利用互联网数据资源和技术平台开展跨越时空的金融业务、实现风险控制，又能够以较低的成本接触各类产业链的核心节点，与各地行业、市场以及上下游企业产生紧密的联系。正基于此，民营互联网银行能够轻易地突破地理限制，渗透进各地的普惠金融服务领域中，对地方性金融机构的业务产生较大冲击，并很有可能会压缩未来江西省民营银行的发展生存空间。实际上，民营互联网银行借助产品和技术创新不断提高金融服务水平、巩固差异化竞争优势的特点，将能够发挥出显著的"鲶鱼效应"，倒逼传统银行加快开展创新升级步伐，所以面对它们所带来的改革压力的绝不仅仅只是江西省本土金融机构——可以说，这正是我国推动金融体制改革、鼓励民营互联网银行发展的长远意义所在。面对上述影响，江西省在完善现有地方性金融机构、培育本土民营银行的过程中，应当结合省内社会经济发展实际情况，通过采取合理的应对策略，变压力为动力，为将来本土金融机构的创新升级乃至民营银行的孕育发展铺平道路。

（3）互联网银行兴起背景下江西省的应对之策。首先，合理选择未来民营银行的发展模式。与传统银行、国资银行相比，民营互联网银行的生存和发展难以脱离其所处的金融生态环境，而且可能因其独有的技术特征和更大的市场跨度而产生更独特、密切的环境依赖——从这一点出发，自然不难理解为何我国目前的两家民营互联网银行恰好位于我国经济基础最好、互联网产业发展程度最高的两个省份（浙江、广东）。相比之下，受经济水平滞后等因素的影响，江西省互联网产业的基础与现状均令人堪忧，例如该省内的网络域名总量在中国大陆 31 个省市区中列第 19 位，省内居民的互联网普及率更是长年名列各省末尾。当前，我国的互联网与电子商务资源集中在浙江、广东等少数省份，而江西省并不拥有业务范围广、技术基础强的优势互联网企业，为数不多的互联网、电子商务企业也不得不依赖外地上游服务商、下游分销商，处于"两头在外"状态。一个互联网产业链尚不健全的省份，自然难以在产业链基础上拓展出配套的互联网金融服务环节、构建起互联网银行的发展基础。简而言之，江西省独立发展本土互联网银行的条件还相当不成熟，所以，当务之急不是尽快模仿、照搬外地民营互联网银行的培育与发展模式，而是要客观理性地选择有助于现有金融机构应对互联网银行竞争压力的对策，并为未来民营银行的孵化与发展选择更加务实的总体模式。

其次，结合现有条件，逐步推进互联网金融业务。虽然江西省通过互联网银行这种模式突破民营银行发展门槛的希望仍显渺茫，但这并不意味着省内地方性金融机构（现有的地方性银行、民营金融中介机构与未来的民营银行）不能学习互联网银行的发展经验，利用某些创新性的网络金融业务拓展市场空间、增强自身竞争力。省内金融机构一方面要向国内民营银行的先驱者学习，坚持走普惠金融道路，并将差异化、特色化作为基本战略，以错位竞争作为竞争策略；另一方面是应尽早地依托第三方网络支付、云计算平台、社交网站、搜索引擎、手机应用等互联网工具，构建资金融通、支付和信息中介等网络金融业务平台，并尝试"直销银行"等新兴业务模式。这些举措一方面有利于进一步降低运营成本、回馈客户，另一方面也能够帮助金融机构充分融入互联网金融发展潮流、提前"预习"互联网银行的运营模式。

最后，将外地资源引入省内，加速互联网金融发展。如前所述，民营互联网银行给江西省内金融机构带来的压力，主要是源自其在技术平台与数据资源方面的优势。其实，通过合理地引进外地优势资源、整合本省金融资源，省内金融机构面对的压力可以得到很大程度的缓解，甚至可能得以走出变劣势为优势的妙棋。一是省内金融机构（尤其是地方性银行和民间金融中介机构）可以争取成为民营互联网银行的地区合作伙伴或加盟网点（这在我国电子商务领域早有先例可循），融入互联网银行的跨地区运营体系之中，取得互利共赢的效果。二是借鉴互联网银行"轻资产、重科技"的特点，重视与互联网信息服务企业的资源共享，增强自身竞争力。例如，CNZZ、CNNIC等互联网数据服务机构和腾讯征信等网络金融征信服务机构的合作，为大数据、云计算等技术的运用巩固基础，早日实现高效、无缝衔接的服务体验，从而缓解在技术层面上面对的竞争压力。三是在引进、运用优势技术资源的基础上，通过行政、市场等渠道，多管齐下，支持以普惠金融为业务定位的风险投资、融资担保公司、小额贷款公司等民营金融中介机构发展，并引导其与地方性银行以及未来的本土民营银行进行业务合作与资源共享，优化省内资源利用水平、加强金融产业链条的整合——如银行业机构与风险投资机构的合作，可更加科学地评估贷款者的发展前景与风险因素，降低交易费用和监督成本，参与分享创新创业企业的成长收益；而与融资担保机构和小贷公司的合作，则有利于学习其对中小微企业贷款审查的方法和经验，以在最大程度上防范贷款风险的集聚，这些改进对未来江西省民营银行、省内互联网金融机构的发展都将是至关重要的。

（王凯风. 民营互联网银行发展对江西等后发省份的影响与启示［J］. 景德镇学院学报，2015（6）：53－56）

（五）民企如何改善薪酬管理留住人才

公司支付员工的报酬，一方面会花掉公司巨额财产，另一方面也提供了通过优厚的刺激措施激励组织成员促使公司走向成功的机会。通过薪酬管理拥有一支高品质、高素质的员工队伍，对江西省民营企业的成功有着事半功倍的作用。经营体量普遍较小、利润较薄、稳定性不高的民营企业如何能够吸引、留住企业所需的优秀人才，是一直困惑着民营企业管理者的一个重大问题。企业薪酬管理是现代企业管理的重要内容。

1. 江西民企普遍存在的问题

通过15家民营企业资料分析及取样调查，调查企业有江西科泰华软件有限公司、晶安高科、江西联创光电股份有限公司（限于公司薪酬保密，不对个案进行分析），结合现有研究资料，江西省民营企业薪酬管理总体表现为对外薪酬竞争力不强，对内公平性不够。主要问题有以下几个方面：

（1）人均薪酬水平低。江西省统计局公布的最新数据显示，2013年城镇非私营单位就业人员年平均工资42473元，与上年同比名义增长10.29%，扣除物价因素，实际增长7.60%；全省城镇私营单位就业人员年平均工资27819元，与上年同比名义增长18.35%，扣除物价因素，实际增长15.46%。江西省2013年私营单位就业人员年平均工资水平是非私营单位的66%，比上年的61%提高了5个百分点。从增速上看，私营单位的工资实际增速达到了15.46%，比上年同期提高了6.56个百分点，比非私营单位高7.86个百分点。同期，湖南全省城镇非私营单位从业人员年平均工资为42726元，民营单位从业人员平均工资为27637元，此数据略低于江西省。据国家统计局报告，2013年全国城镇非私营单位就业人员年平均工资为51474元，城镇私营单位就业人员年平均工资32706元，江西省民营单位就业人员年平均工资 27819 元，远低于全国就业人员平均工资，更是大幅度低于非私营单位就业人员工资。薪酬水平低，雇用不到优秀的员工。这种低薪酬水平，导致企业缺乏外部竞争性，长此以往，员工就会产生不满情绪，就会影响员工工作状态。由此造成江西省薪酬洼地、人才洼地。

（2）薪酬战略缺失或迷失。在江西省中小民营企业中，制定企业战略的公司很少，制定符合企业发展实际的企业战略的公司就更少，根据企业战略和企业现状制定人力资源战略、薪酬战略的更是少之又少。江西省中小民营企业有一部分还是机会型经营，但可喜的是，有一部分开始确定自己的发展方向。在调查中，中小民营企业较少考虑如何使企业通过薪酬管理体系来支撑企业的竞争战略，获得竞争优势，较少利用薪酬战略促使员工和企业确立共同的价值观和行为准则。这就反映出中小民营企业机会型市场行为。对于江西省上规模的民营企业，其薪酬战略清晰，但执行起来，容易出现头痛医头，脚痛医脚的现象。

（3）薪酬体系缺乏公平。薪酬的公平性包括内部公平和外部公平，内部不公平主要表现在员工的报酬与付出不存在正相关，他们会认为自己努力工作与其他工作不负责或责任心不强的员工获得的报酬是相同的，这种情况的出现必然会影响上进员工的积极性，从而导致负面情绪的产生，长期以往便会造成优秀员工的离职，这些情况反映了民营企业薪酬激励机制有待加强。外部不公平，表现为非私有企业薪酬水平与民营企业之间的差距，这种不公平加剧民营企业招人、留人的困难。调查发现，90% 以上的中小企业，员工的薪酬通常是由老板根据当时具体情况和凭经验与应聘人员谈判来确定，基本上都是口头协议，随意性较大，没有薪酬制度明确的规定，员工待遇由于进公司的时间不同且个人谈判能力不同，员工待遇很难保持前后的一致性，结果往往导致企业内部员工的薪酬水平较混乱。经常出现同岗不同酬、同工不同酬的现象，同时这种现象也让一些老员工的心理产生不平衡。

（4）薪酬体系不够完整。薪酬结构（如不同级别的岗位工资差异）有着较大的随意性，各岗位的薪酬确定的依据较为模糊、透明性差、弹性差。薪酬构成如固定工资、绩效工资和福利等，存在较大随意性，并且发放也不规范。薪酬的调整多半取决于老板的个人意志，即使公司业绩较好，但员工分享的可能性及分享的比例没有明确的规定，这导致员工对自己的薪资增长的预期不明确，损伤了员工的积极性，从而导致员工缺乏工作动力。工资增长的随意性在中小民营企业表现最为明显，而在规模以上的民营企业其工资增长较为清晰。调查发现现有江西省民营企业很少将员工成长、提供学习纳入薪酬体系中，这一点与西方企业薪酬管理存在较大差距。

（5）薪酬理念认识不清。一个完整的薪酬体系不但包括合理科学的工资分配，也应包括隐性薪酬，注重员工的个性发展，强调员工的归属感。很多企业的管理者认为薪酬就是工资。江西省民营企业采用的薪酬结构主要是工资 + 绩效工资 + 福利 + 选择性的五险 + 住房公积金。薪酬内容很少包括间接收入和一些非经济性报酬，而这些要素在薪酬设计中的地位越来越重要。通过调查江西省民营企业非货币报酬和部分货币报酬运用情况（见表 9 – 9）。调查企业涉及房地产、制造、生活消费品、IT 等行业，共计 15 家公司。调研发现，企业除了固定工资、可变工资之外，很少运用工作环境、培训机会去激励组织员工。这种情况在全国亦是普遍现象。根本的原因是员工流动率高，其次是企业经营稳定性差。由此出现企业和员工都关注货币报酬，并且对股票期权这种长期收入使用较少。现有的针对我国企业薪酬研究报告表明，现金比股票更有激励性。我们这种报酬现象与 20 世纪 70 年代后美国公司以长期激励性报酬为主体的报酬制度恰好相反。

表9-9 江西民营企业非货币报酬和部分货币报酬运用情况 单位:%

非货币性报酬	提供奖励的公司	货币性报酬	提供奖励的公司
弹性工作制度	5	雇员红利	10
非现金奖励	18	现金利润分红	25
员工建议奖励	15	公司高管股票期权	5
正规的职业生涯规划	5	退休金	5
良好的人际关系	6		
培训机会	20		
富有挑战性工作	30		
参与决策	16		

在所调查企业中发现,有78%的新员工把学习成长摆在第一位,将货币报酬量放在第二位。这一点与国外研究结果相似。现在越来越多的员工不但需要从企业中得到货币报酬,而且更需要从企业发展的过程中,自身的能力得到更大的提升。自我能力的成长是80后、90后员工更加重视的方面,自身的被认可与职业发展空间是他们首要考虑的。企业应结合员工特点进行合理的薪酬体系的调整。但目前大多数民营企业老板认为员工付出劳动的收入已从其所得工资中完全体现,只要支付高货币工资就能吸纳、激励和留住人才。这种想法可以满足员工的短期利益,但长期利益则不一定能得到保证,这种理念对民营企业的创新与持续发展能力有着不好影响。

2. 江西民企薪酬管理建议

在组织管理实践过程中,薪酬管理确实给不少企业带来一定的挑战。不少民营企业明显感觉到这种难度。这来自两个方面:其一,薪酬制定的难度是由不同行业间的不同薪酬规模所导致的;其二,薪酬制度的难度来源于同一行业不同员工的工作特点。民营企业要做到每个员工都满意,是薪酬管理的最大困难。所以,民营企业建立一种理论上成立、实践中可行的薪酬管理策略,显得迫在眉睫。这种薪酬管理策略,能够满足民营企业内部员工的公平性和外部的激励性,使得薪酬分配管理得到很大的提升,员工的工作积极性得到极大的调动,有更大的薪酬增减空间。同时,它使员工拥有更多的晋升渠道,真正地做到薪酬绩效机制的公正、公平、科学和合理,员工能够得到有效激励。

(1)明确公司薪酬战略定位,实行战略性的薪酬管理。企业的薪酬战略能帮助企业赢得并保持竞争优势,其所要解决的是"整体薪酬制度如何调动员工工作积极性"的问题。通过制订和实施适合企业发展的薪酬战略,企业可以充分利用薪酬激励杠杆,向员工传递组织的战略意图,激发员工的工作热情。企业的薪酬战略必须有针对性,与企业所处的发展阶段、企业的组织结构及企业的文化相匹配,并对其起到支持作用。如企业在初创阶段,由于企业没有知名度,其经营尚处于探索阶段,这时期其薪酬可采用追随策略,即根据市场平均薪酬水平,或是确定行业内某个企业为标杆,采用岗位工资适当低于其薪酬水平,采取追随策略,一方面避免了员工薪酬水平过低,吸引不了人才;另一方面也不会增加公司经营成本。在企业发展稳定期,可加大固定工资收入比重,强化荣誉、职位薪酬的效用。

薪酬战略设计直接关系薪酬激励效用的强与弱。薪酬战略设计要求运用各种薪酬组成因素,如基本薪酬、可变薪酬、间接薪酬等来实现促进绩效目标的实现,从而力图最大限度地发挥薪酬对于组织战略的支持功效。组织战略的实现取决于员工工作任务的完成，只有当个人目标和组织目标达成一致的时候，组织效用才能最大化。通过薪酬沟通和福利的激励把企业战略和员工需求联系起来，达到个人目标和企业目标的统一，才能更好地留住所需人才，也才能更好地引导员工的工作行为。薪酬沟通能使员工和民营企业在经营目标方面形成共识，使员工的努力和行为集中到帮助企业在市场的竞争和发展的方向上去；福利体现着民营企业对员工的关怀，增加员工对企业的感情，有利于增强民营企业的凝聚力。

（2）调整企业所有者与员工关系，建立合作关系。在现代组织管理中，资本所有者与劳动者的关系不再是简单的雇佣关系，而是货币资本与人力资本的对等合作关系，企业家与员工成为组织价值创造的主导要素，都具有剩余价值的索取权，但要区别资本所有者与劳动者在组织中的贡献，这需要通过明确的薪酬制度规范这两者的利益分配。

（3）调整薪酬挂钩原则，保证薪酬结果公平。在组织管理中，每个岗位的价值在组织贡献中，其作用是唯一的，但是在所有岗位中，每个岗位的重要性存有差异性，这就要求在薪酬体系设计时除了考虑薪酬的竞争性之外，还要考虑内部公平性、激励性、可行性。当员工通过对本企业中其他工作和其他组织中类似工作进行比较，认识到对企业越重要的工作获得的报酬越多，反之越少。员工会感到了薪酬内部一致性，就认为自己的薪酬是公平的。这样设计的薪酬可以满足员工的公平需求，有效地保留和激励企业需要的人才。

江西省民营企业在岗位评价这方面的工作存在较大空白，很多企业对此没有合理的评价，只是根据经验对岗位进行评价，确定岗位价值，并且这种评价很少随着企业发展进行调整。工作业绩的评价则过于粗线条，在调研中，屡屡发现员工对自己的报酬不满意，认为自己的贡献大，而企业给予的报酬太少。民营企业在基础管理中需要花力气去建设工作业绩评价和利益分配工作。建立基于岗位价值、人力资源价值、工作业绩的价值分配体系，使员工收入水平向岗位价值、人员素质、工作贡献方向倾斜；建立职位等级制度，同时开辟员工横向发展跑道，满足在职位晋升机会不足的情况下员工个体发展的需求。薪酬福利能够吸引员工进入企业，要留住和激励人才可以调整薪酬体系中固定收入与浮动收入的比例，在设计上保证员工收入水平较大涨幅，但增加员工浮动收入的比例，增强薪酬的激励效应，促进公司薪酬制度与市场接轨。

（4）将"内在薪酬"作为薪酬管理创新的重要领域。运用内在薪酬，要做到机会公平。随着经济发展水平的不断提高，许多员工不把货币收入看成是挑选工作地点和单位的首要要素。换言之，职工在乎工作能否带来快乐与发展，大家寻求的不是终身就业，而是是否具有终身就业的能力。这一趋势在80后、90后的员工中体现得特别显著。增加工作参与感，增强工作自主性，让员工产生工作成就感。

（5）创新弹性福利机制，激活员工潜能和热情。现代员工更强调自主性，而现有调研发现企业的福利项目是公司统一的组织行为，建议建立适度集中的基础上自助式福利体系，满足员工多元化的需要，将福利制度引导到增强员工归属感和忠诚度、促进个人成长的道路上来。

（6）调整薪酬周期，实现薪酬市场化。依据企业组织变革、年度中期经营效益以及市场薪资行情的变化等因素适时对薪酬体系进行调整，实现薪酬的"小步快跑"，增加激励效果。考虑江西民营企业基数较低因素，建议根据企业经营情况，调整调薪的周期，保持薪酬体系的动态涨跌，促使公司薪酬制度逐步实现市场化、企业化。

（7）积极探索长期激励报酬，增强薪酬外部竞争力。江西省民营企业薪酬水平较之全国平均水平，处于较低水平。为留住优秀员工，企业可积极探索股权激励制度。根据企业生存的制度环境、经济环境和社会环境，在民营企业可尝试实行限制性股票。限制性股票是指，企业赠与经理人一定数量的股票，但这些股票的再出售或转让受到限制，在限制期限到期或行权授予之前，经理人离开企业，限制性股票随之作废。一些企业不愿意将真正的股份授予高管人员，也可选择虚拟股票激励模式。

（课题负责人：李敏，江西财经大学工商管理学院人力系系主任、博士、副教授。江西民营经济研究会委托课题）

（六）"一带一路"与江西民营经济"走出去"战略研究

"丝绸之路经济带"和"21世纪海上丝绸之路"（以下简称"一带一路"）国家战略的提出，标志着我国开放将更加重视空间和内容的开放，更加重视区域间的大合作，意味着它将成为我国对外开放的新路径和经济新的增长点。在这一历史机遇和战略背景下，江西必将迎来一个开放发展的新时期。那么如何借力"一带一路"战略，将不沿海、不沿边的江西推向开放前沿，尤其是在民营经济已经占据江西近60%份额的背景下，大力推进江西民营企业"走出去"，是新形势下加快江西开放发展的重要内容。

1. 江西民营企业参与"一带一路"的现状与特点

近年来，江西民营企业发挥机制灵活、民间色彩和互补性强的优势，"走出去"步伐不断加快，无论是企业的数量、投资的规模，还是从业人数、涉足领域等都发生了巨大变化，其整体实力不断提高，经济总量在全省国民经济中占有重要地位。特别值得欣慰的是，一部分成长壮大的民营企业主动顺应世界潮流，迎接挑战，通过产品出口、境外直接投资、收购兼并等多种形式，大步"走出去"迈向国际市场，主动融入全球经济循环体系，已成为江西实施"走出去"战略和参与"一带一路"建设的重要力量（见表9-10）。

表9-10　江西民营企业参与"一带一路"的现状与特点

现状	"走出去"主力军地位已经奠定	
	"走出去"政策举措已经铺就	改革对外合作体制
		成立产业联盟
		建立服务平台
		设立引导基金
		创新合作模式
		构建合作机制
特点	一般贸易占绝对主导地位	
	海上丝绸之路国家成为主要外贸市场	
	机电产品出口占比较高	
	进口商品比较单一	

2. 江西民营企业参与"一带一路"存在的主要问题

尽管江西民营企业"走出去"取得较好成绩，但总体仍处于起步阶段，面临诸多问题与困难，尤其是与发达地区相比，江西民营企业在"走出去"方面还有较大差距。

（1）缺乏信息服务体系，信息不对称影响项目选择。

（2）缺乏品牌经营理念，品牌管理意识淡薄。

（3）缺乏自主创新意识，创新投入不足。

（4）缺乏团队作战思维，散打单干现象较为严重。

3. 加快江西民营企业"走出去"的对策建议

鉴于上述情况与问题，为推进江西民营企业加快"走出去"，江西省工商联充分发挥"联"的优势，通过成立省总商会"一带一路"服务中心、建立全省民营企业"走出去"台账、加强同国内外政府部门和相关机构联系协调、提示市场风险等举措，取得了一定的效果。在此基础上，我们建议在新常态背景下，江西需要在以下方面继续着力（见表9-11）。

表9-11 加快江西民营企业"走出去"的对策建议具体内容

对于政府来说，要继续加大支持力度	向上争取支持
	对内优化服务
	实施扶强促优
对于企业来说，要不断提升内力	熔炼核心竞争能力
	加强品牌塑造营销
	促成抱团出海态势
把握重点方向，循序渐进推动江西民营企业"走出去"	推动农业综合开发"走出去"
	推动资源能源供应"走出去"
	推动生产营销网络"走出去"
	推动过剩优质产能"走出去"

（龚建文，甘庆华，江西省社会科学院。《2015年江西省民营经济发展报告》）

第十章　民营企业排行榜

一、2015 年中国民营企业 500 强

2015 年中国民营企业 500 强名单如表 10－1 所示。

表 10－1　2015 年中国民营企业 500 强 　　　　　　　　　单位：万元

序号	企业名称	省份	所属行业	营业收入总额
1	华为投资控股有限公司	广东省	计算机、通信和其他电子设备制造业	39500900
2	苏宁控股集团	江苏省	零售业	35028812
3	山东魏桥创业集团有限公司	山东省	有色金属冶炼和压延加工业	33323772
4	联想控股股份有限公司	北京市	计算机、通信和其他电子设备制造业	30982614
5	正威国际集团有限公司	广东省	有色金属冶炼和压延加工业	30036385
6	大连万达集团股份有限公司	辽宁省	房地产业	29016000
7	中国华信能源有限公司	上海市	批发业	26315060
8	恒力集团有限公司	江苏省	化学原料和化学制品制造业	21207961
9	江苏砂锅集团有限公司	江苏省	黑色金属冶炼和压延加工业	20584340
10	万科企业股份有限公司	广东省	房地产业	19554913
11	京东集团	北京市	互联网和相关服务	18128696
12	浙江吉利控股集团有限公司	浙江省	汽车制造业	16530399
13	海亮集团有限公司	浙江省	有色金属冶炼和压延加工业	14016131
14	美的集团股份有限公司	广东省	电气机械和器材制造业	13934712
15	恒大地产集团有限公司	广东省	房地产业	13313000
16	泰康人寿保险股份有限公司	北京市	保险业	13231300
17	苏宁环球集团有限公司	江苏省	房地产业	12637509
18	碧桂园控股有限公司	广东省	房地产业	11322264
19	三胞集团有限公司	江苏省	零售业	10806963
20	新疆广汇实业投资（集团）有限责任公司	新疆维吾尔自治区	零售业	10503738
21	TCL 集团股份有限公司	广东省	计算机、通信和其他电子设备制造业	10487763
22	中天钢铁集团有限公司	江苏省	黑色金属冶炼和压延加工业	10016316
23	广厦控股集团有限公司	浙江省	房屋建筑业	8971015

序号	企业名称	省区市	所属行业	营业收入总额
24	青山控股集团有限公司	浙江省	有色金属冶炼业压延加工业	8768949
25	盛虹控股集团有限公司	江苏省	化学纤维制造业	8180421
26	浙江盛荣控股集团有限公司	浙江省	化学纤维制造业	8060568
27	比亚迪股份有限公司	广东省	汽车制造业	8000897
28	浙江恒逸集团有限公司	浙江省	化学纤维制造业	7940567
29	陕西东岭工贸集团股份有限公司	陕西省	批发业	7611371
30	三一集团有限公司	湖南省	专用设备制造业	7505031
31	超威集团	浙江省	电气机械和器材制造业	7497735
32	天能集团	浙江省	电气机械和器材制造业	7239327
33	西安迈科金属国际集团有限公司	陕西省	批发业	7100414
34	南通三建控股有限公司	江苏省	房地产业	6882735
35	新希望集团有限公司	四川省	农业	6824439
36	海澜集团有限公司	江苏省	纺织服装、服饰业	6718361
37	北京建龙重工集团有限公司	北京市	黑色金属冶炼和压延加工业	6716959
38	百度公司	北京市	互联网和相关服务	6638713
39	上海均和集团有限公司	上海市	综合	6638356
40	腾邦集团有限公司	广东省	软件和信息技术服务业	6594827
41	新奥集团股份有限公司	河北省	电力、热力生产和供应业	6539500
42	阳光保险集团股份有限公司	广东省	保险业	6476290
43	雅戈尔集团股份有限公司	浙江省	纺织服装、服饰业	6236444
44	河北津西钢铁集团股份有限公司	河北省	黑色金属冶炼和压延加工业	6221006
45	中天发展控股集团有限公司	浙江省	房屋建筑业	6196609
46	新华联集团有限公司	湖南省	综合	6052763
47	内蒙古伊利实业集团股份有限公司	内蒙古自治区	食品制造业	6035987
48	华泰集团有限公司	山东省	造纸和纸制品业	6023778
49	奥克斯集团有限公司	浙江省	电气机械和器材制造业	5961205
50	雪松控股集团有限公司	广东省	综合	5931494
51	山东大海集团有限公司	山东省	电气机械和器材制造业	5885447
52	银亿集团有限公司	浙江省	批发业	5883621
53	修正药业集团	吉林省	医药制造业	5752443
54	山东东明石化集团有限公司	山东省	石油加工、炼焦和核燃料加工业	5585983
55	万达控股集团有限公司	山东省	石油加工、炼焦和核燃料加工业	5562545
56	远大物产集团有限公司	浙江省	批发业	5536429
57	天津荣程联合钢铁集团有限公司	天津市	黑色金属冶炼和压延加工业	5503839
58	上海福星高科技（集团）有限公司	上海市	综合	5379286
59	江苏金峰水泥集团有限公司	江苏省	非金属矿物制造业	5323000

序号	企业名称	省区市	所属行业	营业收入总额
60	通威集团有限公司	四川省	农副食品加工业	5321076
61	正邦集团有限公司	江西省	农业	5203466
62	盾安控股集团有限公司	浙江省	专用设备制造业	5163973
63	中南控股集团有限公司	江苏省	房地产业	5040637
64	红豆集团有限公司	江苏省	纺织服装、服饰业	5031064
65	山东京博控股股份有限公司	山东省	石油加工、炼焦和核燃料加工业	5018811
66	利华益集团股份有限公司	山东省	石油加工、炼焦和核燃料加工业	5016802
67	杭州锦江集团有限公司	浙江省	有色金属冶炼和压延加工业	5010179
68	九州通医药集团股份有限公司	湖北省	批发业	4958925
69	深圳市爱施德股份有限公司	广东省	综合	4956902
70	杭州娃哈哈集团有限公司	浙江省	酒、饮料和精制茶制造业	4947365
71	深圳市大生农业集团有限公司	广东省	农业	4911064
72	新疆特变电工集团有限公司	新疆维吾尔自治区	电气机械和器材制造业	4826249
73	广东温氏食品集团股份有限公司	广东省	畜牧业	4823736
74	亨通集团有限公司	江苏省	电气机械和器材制造业	4803224
75	长城汽车股份有限公司天津哈弗分公司	天津市	汽车制造业	4743797
76	江阴澄星实业集团有限公司	江苏省	化学原料和化学制品制造业	4729332
77	济宁如意投资有限公司	山东省	纺织业	4728115
78	科创控股集团有限公司	四川省	医药制造业	4674444
79	玖龙纸业（控股）有限公司	广东省	造纸和纸制品业	4562082
80	天津宝迪农业科技股份有限公司	天津市	农副食品加工业	4560140
81	华勤橡胶工业集团有限公司	山东省	橡胶和塑料制品业	4505142
82	江苏南通二建集团有限公司	江苏省	房屋建筑业	4459278
83	亚邦投资控股集团有限公司	江苏省	化学原料和化学制品制造业	4431262
84	广州富力地产股份有限公司	广东省	房地产业	4429092
85	山东科达集团有限公司	山东省	土木工程建筑业	4362008
86	稻花香集团	湖北省	酒、饮料和精制茶制造业	4355216
87	德力西集团有限公司	浙江省	电气机械和器材制造业	4349427
88	雅居乐地产置业有限公司	广东省	房地产业	4300431
89	山东太阳控股集团有限公司	山东省	造纸和纸制品业	4283027
90	云南中豪置业有限责任公司	云南省	房地产业	4255054
91	宁波金田投资控股有限公司	浙江省	有色金属冶炼和压延加工业	4228775
92	江苏省苏中建设集团股份有限公司	江苏省	房屋建筑业	4218852
93	山东新希望六和集团有限公司	山东省	畜牧业	4185164
94	蓝思科技股份有限公司	湖南省	计算机、通信和其他电子设备制造业	4144697
95	重庆龙湖企业拓展有限公司	重庆市	房地产业	4126402

序号	企业名称	省区市	所属行业	营业收入总额
96	宁夏宝塔石化集团有限公司	宁夏回族自治区	石油加工、炼焦和核燃料加工业	4093101
97	四川宏达（集团）有限公司	四川省	有色金属矿采选业	4055914
98	正泰集团股份有限公司	浙江省	电气机械和器材制造业	4051788
99	内蒙古鄂尔多斯投资控股集团有限公司	内蒙古自治区	综合	4034320
100	深圳市怡亚通供应链股份有限公司	广东省	仓储业	3993867
101	四川科伦实业集团有限公司	四川省	医药制造业	3920979
102	广东圣丰集团有限公司	广东省	橡胶和塑料制品业	3917185
103	双胞胎（集团）股份有限公司	江西省	农副食品加工业	3861761
104	华夏幸福基业股份有限公司	河北省	房地产业	3833469
105	郑州宇通集团有限公司	河南省	汽车制造业	3819932
106	林沂新程金锣肉制品集团有限公司	山东省	食品制造业	3803529
107	浙江桐昆控股集团有限公司	浙江省	化学纤维制造业	3797275
108	浙江中成控股集团有限公司	浙江省	房屋建筑业	3763391
109	宁夏天元锰业有限公司	宁夏回族自治区	有色金属冶炼和压延加工业	3727960
110	蓝光投资控股集团有限公司	四川省	房地产业	3717922
111	重庆市金科投资控股（集团）有限责任公司	重庆市	房地产业	3654399
112	东方集团实业股份有限公司	黑龙江省	其他金融业	3628614
113	和润集团有限公司	浙江省	农副食品加工业	3624931
114	隆鑫控股有限公司	重庆市	通用设备制造业	3623555
115	江苏阳光集团有限公司	江苏省	纺织服装、服饰业	3574009
116	山东金玲集团有限工公司	山东省	化学原料和化学制品制造业	3480577
117	人民电器集团有限公司	浙江省	电气机械和器材制造业	3480507
118	山东胜通集团股份有限公司	山东省	金属制品业	3461245
119	冀南钢铁集团有限公司	河北省	黑色金属冶炼和压延加工业	3452486
120	浙江前程投资股份有限公司	浙江省	批发业	3446849
121	物美控股集团有限公司	北京市	零售业	3409404
122	重庆力帆控股有限公司	重庆市	汽车制造业	3398824
123	四川蓝润实业集团有限公司	四川省	房地产业	3381460
124	江苏新长江实业集团有限公司	江苏省	黑色金属冶炼和压延加工业	3381335
125	山东金诚石化集团有限公司	山东省	石油加工、炼焦和核燃料加工业	3365179
126	大汉控股集团有限公司	湖南省	综合	3363883
127	天狮集团有限公司	天津市	医药制造业	3320985
128	山东玉皇化工有限公司	山东省	化学原料和化学制品制造业	3291689

续表

序号	企业名称	省区市	所属行业	营业收入总额
129	四川德胜集团钒钛有限公司	四川省	黑色金属冶炼和压延加工业	3288253
130	三河汇福粮油集团有限公司	河北省	农副食品加工业	3244800
131	内蒙古伊泰集团有限公司	内蒙古自治区	煤炭开采和洗选业	3243615
132	江苏三角巷集团有限公司	江苏省	化学纤维制造业	3179372
133	天瑞集团股份有限公司	河南省	非金属矿物制造业	3153583
134	日照钢铁控股集团有限公司	山东省	黑色金属冶炼和压延加工业	3147573
135	江苏永钢集团有限公司	江苏省	黑色金属冶炼和压延加工业	3127956
136	沂州集团有限公司	山东省	非金属矿物制品业	3108066
137	浙江昆仑控股集团有限公司	浙江省	综合	3106717
138	步步高集团	湖南省	零售业	3101749
139	卓尔控股有限公司	湖北省	综合	3089578
140	弘阳集团有限公司	江苏省	零售业	3077826
141	山河建设集团有限公司	湖北省	房屋建筑业	3048532
142	金浦投资控股集团有限公司	江苏省	化学原料和化学制品制造业	3039305
143	维维集团股份有限公司	江苏省	食品制造业	3031828
144	宁波富邦控股集团有限公司	浙江省	综合	3030961
145	上海绿地城市建设发展（集团）有限公司	上海市	房屋建筑业	3005574
146	东营方圆有色金属有限公司	山东省	有色金属冶炼和压延加工业	3000268
147	双良集团有限公司	江苏省	专用设备制造业	2993807
148	浙江宝业建设集团有限公司	浙江省	房屋建筑业	2983568
149	河北普阳钢铁有限公司	河北省	黑色金属冶炼和压延加工业	2982913
150	东营鲁方金属材料有限公司	山东省	有色金属冶炼和压延加工业	2972611
151	武安市裕华钢铁有限公司	河北省	黑色金属冶炼和压延加工业	2965833
152	远东控股集团有限公司	江苏省	综合	2951208
153	常州天合光能有限公司	江苏省	电气机械和器材制造业	2925431
154	江苏省建筑工程集团有限公司	江苏省	房屋建筑业	2923439
155	亿利资源集团有限公司	内蒙古自治区	综合	2913504
156	波司登股份有限公司	江苏省	纺织服装、服饰业	2908523
157	法尔胜泓昇集团有限公司	江苏省	金属制品业	2900390
158	晶龙实业集团有限公司	河北省	计算机、通信和其他电子设备制造业	2882240
159	芳华集团有限公司	江苏省	纺织业	2864746
160	福晟集团有限公司	福建省	土木工程建筑业	2781282
161	深圳海王集团股份有限公司	广东省	批发业	2771414
162	龙信建设集团有限公司	江苏省	房屋建筑业	2770016

序号	企业名称	省区市	所属行业	营业收入总额
163	江苏扬子江船业集团公司	江苏省	铁路、船舶、航空航天和其他运输设备制造业	2768840
164	卧龙控股集团有限公司	浙江省	电气机械和器材制造业	2735584
165	浙江龙盛控股有限公司	浙江省	化学原料和化学制品制造业	2724673
166	精工集团有限公司	浙江省	金属制品业	2709183
167	山东九羊集团有限公司	山东省	黑色金属冶炼和压延加工业	2702077
168	澳洋集团有限公司	江苏省	化学纤维制造业	2690630
169	山东万通石油化工集团有限公司	山东省	石油加工、炼焦和核燃料加工业	2662619
170	山东泰山钢铁集团有限公司	山东省	黑色金属冶炼和压延加工业	2652281
171	亿达集团有限公司	辽宁省	房地产业	2646729
172	江苏集群信息产业集团	江苏省	软件和信息技术服务业	2633218
173	天津友发钢管集团股份有限公司	天津市	金属制品业	2616643
174	广东格兰仕集团有限公司	广东省	电气机械和器材制造业	2607792
175	荣盛控股股份有限公司	河北省	房地产业	2600469
176	中天科技集团有限公司	江苏省	电气机械和器材制造业	2592740
177	通鼎集团有限公司	江苏省	计算机、通信和其他电子设备制造业	2581158
178	广西盛隆冶金有限公司	广西壮族自治区	有色金属冶炼和压延加工业	2569162
179	河北新金钢铁有限公司	河北省	黑色金属冶炼和压延加工业	2566580
180	广东海大集团股份有限公司	广东省	农副食品加工业	2556740
181	河北新武安钢铁集团文安钢铁有限公司	河北省	黑色金属冶炼和压延加工业	2523973
182	研祥高科技控股集团有限公司	广东省	计算机、通信和其他电子设备制造业	2503735
183	富海集团有限公司	山东省	石油加工、炼焦和核燃料加工业	2496233
184	东岳集团有限公司	山东省	化学原料和化学制品制造业	2486872
185	河南龙成集团有限公司	河南省	黑色金属冶炼和压延加工业	2475492
186	山东汇丰石化集团有限公司	山东省	石油加工、炼焦和核燃料加工业	2474562
187	百兴集团有限公司	江苏省	批发业	2447424
188	东辰控股集团有限公司	山东省	化学原料和化学制品制造业	2423357
189	天士力控股集团有限公司	天津市	医药制造业	2411444
190	富通集团有限公司	浙江省	电气机械和器材制造业	2383588
191	均和（厦门）控股有限公司	福建省	批发业	2372163
192	西子联合控股有限公司	浙江省	专用设备制造业	2360427
193	传化集团有限公司	浙江省	综合	2360208
194	新城控股集团股份有限公司	江苏省	房地产业	2356879
195	江苏三木集团有限公司	江苏省	化学原料和化学制品制造业	2353855
196	江苏南通六建建设集团有限公司	江苏省	房屋建筑业	2352170

序号	企业名称	省区市	所属行业	营业收入总额
197	杭州滨江房产集团股份有限公司	浙江省	房地产业	2332290
198	万丰奥特控股集团有限公司	浙江省	汽车制造业	2318110
199	香江集团有限公司	广东省	综合	2313459
200	浙江新湖集团股份有限公司	浙江省	综合	2303119
201	中太建设集团股份有限公司	河北省	房屋建筑业	2281840
202	包商银行股份有限公司	内蒙古自治区	货币金融服务	2271222
203	天津塑力线缆集团有限公司	天津市	电气机械和器材制造业	2267043
204	江苏新海石化有限公司	江苏省	石油加工、炼焦和核燃料加工业	2258875
205	江苏华宏实业集团有限公司	江苏省	化学纤维制造业	2258830
206	北京运通国融投资有限公司	北京市	零售业	2255328
207	河南森源集团有限公司	河南省	电气机械和器材制造业	2248831
208	河北新武安钢铁集团烘熔钢铁有限公司	河北省	黑色金属冶炼和压延加工业	2231218
209	新八建设集团有限公司	湖北省	房屋建筑业	2229854
210	江苏沃得机电集团有限公司	江苏省	通用设备制造业	2208359
211	红狮控股集团有限公司	浙江省	非金属矿物制品业	2204165
212	江苏省镔鑫钢铁集团有限公司	江苏省	黑色金属冶炼和压延加工业	2200063
213	唯品会（中国）有限公司	广东省	零售业	2178187
214	华东医药股份有限公司	浙江省	医药制造业	2172738
215	浙江富冶集团有限公司	浙江省	有色金属冶炼和压延加工业	2170590
216	新疆生产建设兵团农八师天生铝业有限公司	新疆生产建设兵团	有色金属冶炼和压延加工业	2163846
217	南通化工轻工股份有限公司	江苏省	批发业	2162402
218	金龙精密钢管集团股份有限公司	河南省	有色金属冶炼和压延加工业	2157771
219	森马集团有限公司	浙江省	纺织服装、服饰业	2151065
220	攀华集团有限公司	江苏省	金属制品业	2086803
221	江苏文峰集团有限公司	江苏省	零售业	2077100
222	福中集团有限公司	江苏省	综合	2075406
223	华仪电气集团有限公司	浙江省	电气机械和器材制造业	2057746
224	新七建设集团有限公司	湖北省	房屋建筑业	2040552
225	盘锦北方沥青燃料有限公司	辽宁省	石油加工、炼焦和核燃料加工业	2037682
226	南通四建集团有限公司	江苏省	房屋建筑业	2031152
227	东方润安集团有限公司	江苏省	黑色金属冶炼和压延加工业	2025389
228	武安市明芳钢铁有限公司	河北省	黑色金属冶炼和压延加工业	2020248
229	山东神驰化工集团有限公司	山东省	石油加工、炼焦和核燃料加工业	2003896
230	俊发地产有限责任公司	山东省	房地产业	2003657
231	国能商业集团有限公司	上海市	综合	1984141

序号	企业名称	省区市	所属行业	营业收入总额
232	红太阳集团有限公司	江苏省	化学原料和化学制品制造业	1980936
233	福建恒安集团有限公司	福建省	造纸和纸制品业	1968263
234	江苏天工集团有限公司	江苏省	有色金属冶炼和压延加工业	1964630
235	晶科能源有限公司	江西省	电气机械和器材制造业	1957557
236	宜华企业（集团）有限公司	广东省	家具制造业	1950210
237	江西萍钢实业股份有限公司	江西省	黑色金属冶炼和压延加工业	1941017
238	龙元建设集团股份有限公司	浙江省	房屋建筑业	1923452
239	江苏邗建集团有限公司	江苏省	房屋建筑业	1922571
240	苏州金螳螂企业（集团）有限公司	江苏省	建筑装饰和其他建筑业	1917778
241	通州建总集团有限公司	江苏省	房屋建筑业	1915703
242	成都蛟龙港（双流蛟龙投资有限责任公司、成都蛟龙经济开发有限公司）	四川省	综合	1910502
243	中浪环保股份有限公司	浙江省	废弃资源综合利用业	1901135
244	中国万向控股有限公司	上海市	保险业	1897918
245	宗申产业集团有限公司	重庆市	汽车制造业	1867429
246	金澳科技（湖北）化工有限公司	湖北省	石油加工、炼焦和核燃料加工业	1854682
247	安徽国购投资集团	安徽省	综合	1850042
248	苏州欧菲光科技有限公司	江苏省	计算机、通信和其他电子设备制造业	1849776
249	广州立白企业集团有限公司	广东省	化学原料和化学制品制造业	1836642
250	福建省金纶高纤股份有限公司	福建省	化学纤维制造业	1826545
251	上海均瑶（集团）有限公司	上海市	零售业	1825059
252	荣氏控股集团	陕西省	综合	1820115
253	福建捷联电子有限公司	福建省	计算机、通信和其他电子设备制造业	1812140
254	康美药业股份有限公司	广东省	医药制造业	1806683
255	三花控股集团有限公司	浙江省	专业设备制造业	1804273
256	海外海集团有限公司	浙江省	商务服务业	1800875
257	浙江大东南集团有限公司	浙江省	橡胶和塑料制品业	1800211
258	万马联合控股集团有限公司	浙江省	零售业	1798688
259	华峰集团有限公司	浙江省	化学原料和化学制品制造业	1790300
260	江西赣基集团工程有限公司	江西省	土木工程建筑业	1775926
261	金正大生态工程集团股份有限公司	山东省	化学原料和化学制品制造业	1774803
262	天津俊安煤焦化工有限公司	天津市	批发业	1771240
263	曙光控股集团有限公司	浙江省	房屋建筑业	1765382
264	上海龙昂国际贸易有限公司	上海市	批发业	1759473
265	福星集团控股有限公司	湖北省	综合	1756352
266	升华集团控股有限公司	浙江省	化学原料和化学制品制造业	1754197
267	浙江中南建设集团有限公司	浙江省	房屋建筑业	1753968

续表

序号	企业名称	省区市	所属行业	营业收入总额
268	山东金茂纺织化工集团有限公司	山东省	有色金属冶炼和压延加工业	1752694
269	金花投资控股集团有限公司	陕西省	零售业	1750927
270	大全集团有限公司	江苏省	电气机械和器材制造业	1747941
271	杭州正才控股集团有限公司	浙江省	批发业	1736855
272	海天建设集团有限公司	浙江省	房屋建筑业	1734693
273	新华锦集团	山东省	批发业	1731695
274	山东五征集团有限公司	山东省	汽车制造业	1729423
275	河北新武安钢铁集团鑫汇冶金有限公司	河北省	黑色金属冶炼和压延加工业	1728972
276	江苏新华发集团有限公司	江苏省	批发业	1728475
277	奥康集团有限公司	浙江省	皮革、毛皮、羽毛及其制品和制造业	1727009
278	浙江金田阳光投资有限公司	浙江省	商务服务业	1722306
279	河南黄河实业集团股份有限公司	河南省	非金属矿物制品业	1707578
280	宁夏宝丰集团有限公司	宁夏回族自治区	石油加工、炼焦和核燃料加工业	1705123
281	湖南博长控股集团有限公司	湖南省	批发业	1690254
282	太平鸟集团有限公司	浙江省	批发业	1690096
283	浙江明日控股集团股份有限公司	浙江省	批发业	1675024
284	珠海市魅族科技有限公司	广东省	计算机、通信和其他电子设备制造业	1673387
285	江苏金昇实业股份有限公司	江苏省	专用设备制造业	1656897
285	浙江元立金属制品集团有限公司	浙江省	金属制品业	1654400
287	攀枝花钢铁集团有限公司	四川省	废弃资源综合利用业	1650934
288	永鼎集团有限公司	江苏省	计算机、通信和其他电子设备制造业	1645344
289	深圳市朗华供应链服务有限公司	广东省	商务服务业	1640888
290	山西潞宝集团	山西省	石油加工、炼焦和核燃料加工业	1638804
291	广州元亨能源有限公司	广东省	批发业	1638376
292	河南众品食业股份有限公司	河南省	农副食品加工业	1631895
293	震雄铜业集团有限公司	江苏省	有色金属冶炼和压延加工业	1627831
294	江河创建集团股份有限公司	北京市	建筑装饰和其他建筑业	1615659
295	兴乐集团有限公司	浙江省	电气机械和器材制造业	1615432
296	三鼎控股集团股份有限公司	浙江省	纺织业	1612952
297	方远建设集团股份有限公司	浙江省	房屋建筑业	1604682
298	重庆市中科控股有限公司	重庆市	房屋建筑业	1600440
299	重庆华宇集团有限公司	重庆市	房地产业	1599181
300	上海胜华电缆（集团）有限公司	上海市	电气机械和器材制造业	1597600
301	华立集团股份有限公司	浙江省	综合	1593805
302	云南力帆骏马车辆有限公司	云南省	汽车制造业	1591060
303	中利科技集团股份有限公司	江苏省	电气机械和器材制造业	1587982

序号	企业名称	省区市	所属行业	营业收入总额
304	泰地控股集团有限公司	浙江省	仓储业	1576889
305	山东远通汽车贸易集团有限公司	山东省	零售业	1571777
306	重庆小康控股有限公司	重庆市	汽车制造业	1571484
307	金发科技股份有限公司	广东省	化学原料和化学制品制造业	1568209
308	河北冠丰冶金工业有限公司	河北省	黑色金属冶炼和压延加工业	1567601
309	巨星控股集团有限公司	浙江省	金属制品业	1563792
310	天津亿联投资控股集团有限公司	天津市	房地产业	1560600
311	常熟市龙腾特种钢有限公司	江苏省	黑色金属冶炼和压延加工业	1558983
312	褚城外贸有限责任公司	山东省	食品制造业	1553336
313	花园集团有限公司	浙江省	有色金属冶炼和压延加工业	1543197
314	中国联塑集团控股有限公司	广东省	橡胶和塑料制品业	1538433
315	五洋建设集团股份有限公司	浙江省	房屋建筑业	1536790
316	华南物资集团有限公司	重庆市	批发业	1529421
317	程力专用汽车股份有限公司	湖北省	汽车制造业	1528953
318	日照兴业集团有限公司	山东省	综合	1517580
319	大亚科技集团有限公司	江苏省	木材加工和木、竹、藤、棕、草制品业	1516226
320	浙江八达建设集团有限公司	浙江省	房屋建筑业	1510713
321	重庆新欧鹏地产（集团）有限公司	重庆市	房地产业	1508758
322	深圳华强集团有限公司	广东省	软件和信息技术服务业	1506450
323	武汉市金马凯旋家居投资有限公司	湖北省	综合	1506240
324	群升集团有限公司	浙江省	综合	1503705
325	江苏爱康实业集团有限公司	江苏省	综合	1499787
326	浙江兴日钢控股集团有限公司	浙江省	有色金属冶炼和压延加工业	1495660
327	江苏天裕能源化工集团有限公司	江苏省	石油加工、炼焦和核燃料加工业	1494087
328	兴惠化纤集团有限公司	浙江省	纺织业	1493599
329	润东汽车集团有限公司	江苏省	零售业	1492305
330	新疆农六师铝业有限公司	新疆生产建设兵团	金属制品业	1492075
331	生产金广实业（集团）股份有限公司	四川省	黑色金属冶炼和压延加工业	1481194
332	天颂建设集团有限公司	浙江省	房屋建筑业	1477578
333	山东科瑞控股集团有限公司	山东省	专用设备制造业	1474785
334	开元旅业集团有限公司	浙江省	综合	1472358
335	中发实业（集团）有限公司	北京市	保险业	1472151
336	伟星集团有限公司	浙江省	综合	1467724
337	广州美涂士投资控股有限公司	广东省	综合	1466809
338	新凤鸣集团股份有限公司	浙江省	化学纤维制造业	1464008
339	山东金升有色集团有限公司	山东省	有色金属冶炼和压延加工业	1463484

序号	企业名称	省区市	所属行业	营业收入总额
340	广博集团	浙江省	造纸和纸制品业	1462376
341	利时集团股份有限公司	浙江省	橡胶和塑料制品业	1461771
342	深圳市富森供应链管理有限公司	广东省	批发业	1461451
343	福建永荣控股集团有限公司	福建省	化学纤维制造业	1459636
344	利泰集团有限公司	广东省	批发业	1459021
345	东莞农村商业银行股份有限公司	广东省	货币金融服务	1458739
346	华太建设集团有限公司	浙江省	房屋建筑业	1456703
347	浙江国泰建设集团有限公司	浙江省	房屋建筑业	1454204
348	中昂地产（集团）有限公司	北京市	房地产业	1451613
349	广州市时代地产集团有限公司	广东省	房地产业	1444058
350	正太集团有限公司	江苏省	房屋建筑业	1441716
351	湖北枝江酒业集团	湖北省	酒、饮料和精制茶制造业	1438944
352	山西立恒钢铁集团股份有限公司	山西省	黑色金属冶炼和压延加工业	1435333
353	浙江富春江通信集团有限公司	浙江省	计算机、通信和其他电子设备制造业	1425103
354	重庆市博赛矿业（集团）有限公司	重庆市	有色金属冶炼和压延加工业	1420511
355	中厦建设集团有限公司	浙江省	房屋建筑业	1420230
356	安徽省文一投资控股集团	安徽省	房地产业	1410599
357	环嘉集团有限公司	辽宁省	批发业	1402582
358	常州南海铜业有限公司	江苏省	有色金属冶炼和压延加工业	1394970
359	绿都控股集团有限公司	浙江省	房地产业	1383533
360	山东中海化工集团有限公司	山东省	石油加工、炼焦和核燃料加工业	1383478
361	浙江东南网架集团有限公司	浙江省	金属制品业	1381010
362	山东奥德燃气有限公司	山东省	燃气生产和供应业	1380597
363	浙江协和集团有限公司	浙江省	黑色金属冶炼和压延加工业	1380109
364	宜城市襄大农牧有限公司	湖北省	畜牧业	1379015
365	人本集团有限公司	浙江省	通用设备制造业	1377484
366	德华集团控股股份有限公司	浙江省	木材加工和木、竹、藤、棕、草制品业	1374916
367	万事利集团有限公司	浙江省	纺织服装、服饰业	1369459
368	山西通达（集团）有限公司	山西省	汽车制造业	1365676
369	歌尔声学股份有限公司	山东省	计算机、通信和其他电子设备制造业	1365603
370	红楼集团有限公司	浙江省	商务服务业	1358055
371	浙商新业投资集团有限公司	重庆市	商务服务业	1357959
372	福耀玻璃工业集团股份有限公司	福建省	非金属矿物制品业	1357350
373	中设建工集团有限公司	浙江省	房屋建筑业	1351726
374	浙江建华集团有限公司	浙江省	批发业	1351511
375	天洁集团有限公司	浙江省	专用设备制造业	1350968
376	山东香驰粮油有限公司	山东省	食品制造业	1344433

序号	企业名称	省区市	所属行业	营业收入总额
377	骆驼集团股份有限公司	湖北省	电气机械和器材制造业	1337419
378	宁波建工股份有限公司	浙江省	房屋建筑业	1327623
379	星星集团有有限公司	浙江省	电气机械和器材制造业	1315154
380	浙江中富建筑集团有限公司	浙江省	房屋建筑业	1313538
381	天津华北集团有限公司	天津市	有色金属冶炼和压延加工业	1312469
382	江西济民可信集团有限公司	江西省	医药制造业	1308298
383	山西通才工贸有限公司	山西省	黑色金属冶炼和压延加工业	1306359
384	大华（集团）有限公司	上海市	房地产业	1300548
385	四川省乐山市福华农科投资集团	四川省	化学原料和化学制品制造业	1298136
386	齐鲁制药有限公司	山东省	医药制造业	1291763
387	浙江航民实业集团有限公司	浙江省	纺织业	1286851
388	南通新华建筑集团有限公司	江苏省	房屋建筑业	1285619
389	歌山建设集团有限公司	浙江省	房屋建筑业	1276811
390	江苏江润铜业有限公司	江苏省	有色金属冶炼和压延加工业	1276456
391	武汉康顺集团有限公司	湖北省	批发业	1274040
392	浙江展诚建设集团有限公司	浙江省	房屋建筑业	1265762
393	宁波申洲针织有限公司	浙江省	纺织服装、服饰业	1263933
294	东凌控股有限公司	广东省	综合	1263166
395	腾达建设集团股份有限公司	浙江省	土木工程建筑业	1260566
396	康恩贝集团有限公司	浙江省	医药制造业	1260193
397	月星集团有限公司	江苏省	综合	1256390
398	南通建工集团股份有限公司	江苏省	房屋建筑业	1254252
399	大自然钢业集团有限公司	浙江省	黑色金属冶炼和压延加工业	1252724
400	五洲国际集团	江苏省	房地产业	1250158
401	法派集团有限公司	浙江省	纺织服装、服饰业	1250000
402	湖南金龙国际集团	湖南省	废弃资源综合利用业	1248300
403	广东宏川集团有限公司	广东省	批发业	1243722
404	宝业湖北建工集团有限公司	湖北省	房屋建筑业	1240751
405	永兴特种不锈钢股份有限公司	浙江省	黑色金属冶炼和压延加工业	1235223
406	杭州东恒石油有限公司	浙江省	批发业	1234262
407	浙江东航控股集团有限公司	浙江省	零售业	1232016
408	广东明阳风电产业集团有限公司	广东省	通用设备制造业	1231508
409	天津恒运能源集团股份有限公司	天津市	批发业	1231115
410	上海春秋国际旅行社（集团）有限公司	上海市	航空运输业	1228451
411	北京京奥港集团有限公司	北京市	房地产业	1218935
412	胜达集团有限公司	浙江省	造纸和纸制品业	1218507
413	海马汽车集团股份有限公司	海南省	汽车制造业	1218096

序号	企业名称	省区市	所属行业	营业收入总额
414	广东顺德农村商业银行股份有限公司	广东省	货币金融服务	1213883
415	圆通速递有限公司	上海市	邮政业	1209600
416	高运控股集团有限公司	浙江省	土木工程建筑业	1209491
417	锦联控股集团有限公司	辽宁省	水上运输业	1208869
418	汇宇控股集团有限公司	浙江省	房地产业	1208750
419	邯郸市正大制管有限公司	河北省	黑色金属冶炼和压延加工业	1204200
420	浙江暨阳建设集团有限公司	浙江省	房屋建筑业	1203340
421	天津现代集团有限公司	天津市	房地产业	1201765
422	东方建设集团有限公司	浙江省	房屋建筑业	1201201
423	济源市万洋冶炼（集团）有限公司	河南省	有色金属冶炼和压延加工业	1200651
424	宇龙计算机通信科技（深圳）有限公司	广东省	计算机、通信和其他电子设备制造业	1193535
425	浙江舜江建设集团有限公司	浙江省	房屋建筑业	1193080
426	得力集团有限公司	浙江省	文教、工美、体育和娱乐用品制造业	1191273
427	江苏吴中集团有限公司	江苏省	综合	1188013
428	河南金利金铅集团有限公司	河南省	有色金属冶炼和压延加工业	1180253
429	柳桥集团有限公司	浙江省	皮革、毛皮、羽毛及其制品和制鞋业	1176102
430	瑞声科技控股有限公司	广东省	计算机、通信和其他电子设备制造业	1173886
431	华盛江泉集团有限公司	山东省	黑色金属冶炼和压延加工业	1166962
432	南通华新建工集团有限公司	江苏省	房屋建筑业	1166493
433	中亿丰建设集团股份有限公司	江苏省	房屋建筑业	1164989
434	浙江翔盛集团有限公司	浙江省	化学纤维制造业	1164776
435	广州市番禺南星有限公司	广东省	批发业	1160986
436	南京建工集团有限公司	江苏省	房屋建筑业	1160413
437	浙江栋梁新材股份有限公司	浙江省	有色金属冶炼和压延加工业	1157220
438	安徽中鼎控股（集团）股份有限公司	安徽省	橡胶和塑料制品业	1156148
439	海天塑机集团有限公司	浙江省	专用设备制造业	1155947
440	内蒙古源通煤化集团有限责任公司	内蒙古自治区	煤炭开采和洗选业	1141371
441	江苏大明金属制品有限公司	江苏省	金属制造业	1135002
442	江苏国强镀锌实业有限公司	江苏省	金属制造业	1129782
443	佛山市海天调味食品股份有限公司	广东省	食品制造业	1129438
444	浙江省康桥汽车工贸集团股份有限公司	浙江省	商务服务业	1127851
445	淮海控股集团有限公司	江苏省	汽车制造业	1125335
446	江苏华帝国际控股集团有限公司	江苏省	零售业	1118351
447	安徽蓝德集团股份有限公司	安徽省	仪器仪表制造业	1112858
448	安踏体育用品集团有限公司	福建省	纺织服装、服饰业	1112594
449	华翔集团股份有限公司	浙江省	汽车制造业	1111136

序号	企业名称	省区市	所属行业	营业收入总额
450	富丽达集团控股有限公司	浙江省	化学纤维制造业	1108683
451	东莞宇龙通信科技有限公司	广东省	计算机、通信和其他电子设备制造业	1106786
452	公元塑业集团有限公司	浙江省	橡胶和塑料制品业	1106712
453	天津市恒兴钢业有限公司	天津市	有色金属冶炼和压延加工业	1106514
454	江苏高力集团有限公司	江苏省	房地产业	1104102
455	浙江万达集团有限公司	浙江省	房屋建筑业	1101553
456	江苏弘盛建设工程集团有限公司	江苏省	房屋建筑业	1101341
457	欧龙汽车贸易集团有限公司	浙江省	零售业	1100476
458	苏州市相城区江南化纤集团有限公司	江苏省	化学纤维制造业	1098869
459	江苏上上电缆集团有限公司	江苏省	电气机械和器材制造业	1092853
460	农夫山泉股份有限公司	浙江省	酒、饮料和精制茶制造业	1091104
461	江苏新潮科技集团有限公司	江苏省	计算机、通信和其他电子设备制造业	1089388
462	内蒙古蒙泰煤电集团有限公司	内蒙古自治区	电力、热力生产和供应业	1088150
463	山东海力化工股份有限公司	山东省	化学原料和化学制品制造业	1086004
464	辅仁药业集团有限公司	河南省	医药制造业	1083559
465	连云港兴鑫钢铁有限公司	江苏省	黑色金属冶炼和压延加工业	1081581
466	上海奥盛投资控股（集团）有限公司	上海市	金属制品业	1081524
467	河北立中有色金属集团	河北省	有色金属冶炼和压延加工业	1080344
468	中鑫建设集团有限公司	浙江省	房屋建筑业	1078933
469	浙江天圣控股集团有限公司	浙江省	化学纤维制造业	1075259
470	湖北三宁化工股份有限公司	湖北省	化学原料和化学制品制造业	1072023
471	致远控股集团有限公司	浙江省	有色金属冶炼和压延加工业	1070665
472	舜宇集团有限公司	浙江省	计算机、通信和其他电子设备制造业	1070436
473	新十建设集团有限公司	湖北省	房屋建筑业	1062644
474	广州海印实业集团有限公司	广东省	租赁业	1060661
475	同益实业集团有限公司	辽宁省	化学原料和化学制品制造业	1057224
476	沈阳远大企业集团	辽宁省	建筑安装业	1056499
477	河南济源钢铁（集团）有限公司	河南省	黑色金属冶炼和压延加工业	1052345
478	南通五建设工程有限公司	江苏省	房屋建筑业	1050967
479	江苏江中集团有限公司	江苏省	房屋建筑业	1050241
480	河南金汇不锈钢产业集团有限公司	河南省	金属制品业	1049518
481	湖北东圣化工集团有限公司	湖北省	化学原料和化学制品制造业	1047949
482	厦门禹州集团股份有限公司	福建省	房地产业	1037550
483	浙江古纤道新材料股份有限公司	浙江省	化学纤维制造业	1032389
484	万安集团有限公司	浙江省	化学纤维制造业	1030499
485	深圳市克锋能源投资控股有限公司	广东省	综合	1030255

序号	企业名称	省区市	所属行业	营业收入总额
486	内蒙古庆华集团有限公司	内蒙古自治区	煤炭开采和洗选业	1029311
487	国茂减速机集团有限公司	江苏省	通用设备制造业	1026460
488	浙江大东吴集团有限公司	浙江省	综合	1025000
489	徐龙食品集团有限公司	浙江省	食品制造业	1023487
490	振石控股集团有限公司	浙江省	黑色金属冶炼和压延加工业	1023203
491	长业建设集团有限公司	浙江省	房屋建筑业	1022284
492	浙江正凯集团有限公司	浙江省	纺织业	1022215
493	山东潍焦控股集团有限公司	山东省	石油加工、炼焦和核燃料加工业	1021777
494	建华管桩集团有限公司	江苏省	非金属矿物制造业	1020898
495	江苏江南实业集团有限公司	江苏省	金属制品业	1020113
496	致达控股集团有限公司	上海市	房地产业	1020068
497	山东亨圆铜业有限公司	山东省	有色金属冶炼和压延加工业	1019887
498	杭州诺贝尔集团有限公司	浙江省	非金属矿物制品业	1019511
499	潍坊特钢集团有限公司	山东省	黑色金属冶炼和压延加工业	1017495
500	成都红旗连锁股份有限公司	四川省	零售业	1017494

资料来源：http://www.acfic.org.cn/web/c_00000001003000100010002/d_46979.htm.

二、2015 年中国民营企业社会责任 100 强

《南方周末》于 2008 年 6 月 6 日正式成立了"南方周末·中国企业社会责任研究中心"，以全面推动企业社会责任为使命。鉴于中国未来经济必然发生变革，南方周末对用于评价 2015 年中国企业社会责任榜的评价指标体系进行了一些微调。新的评价体系仍包括经济指标、管理指标、合规指标、环境指标和社区指标 5 大模块，但具体的评价指标由原来的 30 个增加到 32 个。新增加的两项指标都是企业环境指标，包括企业是否有过排放超标记录和是否发起或参与环境类社会行动（见表 10－2），这正体现了当前社会公众日益增强的环境诉求。评价体系中经济指标的权重进一步下调到 30%，而企业社会责任管理类指标权重上升至 10%。南方周末基于对国内民企的调查，发布了民营企业 2015 年社会责任 100 强名单（见表 10－3）。

表 10－2 32 个民营经济社会责任评价指标体系

一类指标	二类指标	三类指标
经济指标	经济规模指标	主营收入
		主营收入增速
		净资产
		净资产增速

续表

一类指标	二类指标	三类指标
经济指标	经济效益指标	净利润
		净利润增速
		纳税额
		纳税额增速
管理指标	企业社会责任管理团队	是否设立企业社会责任管理团队
	企业社会责任管理目标及考核	企业社会责任管理团队是否有明确目标及考核
合规指标	产品安全与服务质量	是否有重大（人群/后果）消费者投诉事件
		是否存在产品与服务虚假宣传
		是否因违反消费者权益法规而受到监管部门处罚
		是否建立产品与服务的可持续评估体系
		是否通过 ISO9001 质量管理体系认证
	职工权益保护	雇用职工人数
		是否设立 EHS 管理体系
		是否通过职业安全卫生管理系统认证 OHSAS18001
		是否及时、足额为职工缴纳社保
		是否存在劳资纠纷
		是否受到第三方组织颁发的劳动权益相关奖励
环境指标	环境保护行为及认证	是否曾因违反环境法规而受到国家监管部门处罚
		是否通过 ISO14001 环境管理体系认证
		是否有过排放超标记录
		是否发起或参与环境类社会行动
	环境影响管理体系及节能减排举措	是否接受环境影响的第三方评估
		是否对供应商进行环境影响评估
		是否制定了节能减排目标并完成
社区指标	信息公开与透明度	是否发表企业社会责任报告
		是否对责任报告进行第三方审验
	社区建设和公益表现	是否发起或参与解决本地社区（此处本地社区指中国内地）实际问题的行动（贫困、教育、儿童权利、妇女权利、消除疾病等）
		慈善捐赠金额及公益项目投入金额总计所占当年净资产的比例

资料来源：http://www.infzm.com/content/122427.

表 10－3　民营企业 2015 年社会责任 100 强

排名	企业名称	主营业务	地区	总得分
1	华为投资控股有限公司	通信	广东省	77.092
2	万科企业股份有限公司	房地产	广东省	67.704
3	苏宁云商集团股份有限公司	物流电商	江苏省	67.636

续表

排名	企业名称	主营业务	地区	总得分
4	兴业银行	银行	福建省	65.091
5	比亚迪股份有限公司	汽车	广东省	63.184
6	民生银行	银行	北京市	63.144
7	郑州宇通集团有限公司	整车	河南省	61.266
8	大连万达集团股份有限公司	地产	辽宁省	60.555
9	浙江吉利控股集团有限公司	汽车	浙江省	59.618
10	海航集团有限公司	航空	海南省	58.236
11	雅戈尔集团股份有限公司	纺织	浙江省	58.040
12	美的集团股份有限公司	家电	广东省	57.830
13	碧桂园控股有限公司	地产	广东省	57.713
14	阳光保险集团股份有限公司	财产保险	北京市	57.611
15	香江控股股份有限公司	地产	广东省	55.419
16	长城汽车股份有限公司	汽车	河北省	54.637
17	广州立白企业集团有限公司	日化	广东省	53.161
18	恒大地产集团有限公司	地产	广东省	50.895
19	腾讯控股有限公司	信息技术	广东省	48.951
20	四川蓝光发展股份有限公司	房地产	四川省	46.581
21	TCL集团股份有限公司	家电	广东省	46.673
22	中兴通讯股份有限公司	通信	广东省	45.517
23	内蒙古伊泰煤炭股份有限公司	运输	内蒙古自治区	45.234
24	九州通医药集团股份有限公司	医药	湖北省	42.202
25	亨通集团有限公司	通信	江苏省	41.886
26	盾安控股集团有限公司	工业	浙江省	41.832
27	东营方圆有色金属有限公司	金属	山东省	40.219
28	联想控股有限公司	计算机	北京市	38.850
29	海澜集团有限公司	纺织	江苏省	38.638
30	浙江青山控股集团有限公司	钢铁	浙江省	38.409
31	新疆特变电工股份有限公司	电气电子	新疆维吾尔自治区	36.865
32	浙江荣盛控股集团有限公司	纺织	浙江省	36.510
33	上海复星高科技（集团）有限公司	综合	上海市	35.898
34	新希望集团有限公司	综合	四川省	35.536
35	山东新希望六和集团有限公司	养殖饲料	山东省	35.536
36	修正药业集团	医药	吉林省	35.234
37	万达控股集团有限公司	地产	山东省	35.127
38	国美电器集团	物流电商	北京市	34.990
39	新奥生态控股股份有限公司	化工	河北省	34.826
40	奥克斯集团	家电	浙江省	33.760

排名	企业名称	主营业务	地区	总得分
41	新疆广汇实业投资（集团）有限责任公司	综合	新疆维吾尔自治区	33.698
42	海亮集团有限公司	贸易	浙江省	33.067
43	创维数码	家电	广东省	33.001
44	三一重工股份有限公司	工业	湖南省	32.325
45	杭州娃哈哈集团有限公司	食品	浙江省	32.113
46	玖龙纸业（控股）有限公司	造纸	广东省	31.660
47	桐昆集团股份有限公司	纺织	浙江省	31.607
48	中天钢铁集团有限公司	钢铁	江苏省	31.545
49	中天发展控股集团有限公司	建筑	浙江省	31.532
50	江苏澄星磷化工股份有限公司	化工	江苏省	31.464
51	广州富力地产股份有限公司	地产	广东省	31.340
52	浙江正泰电器股份有限公司	电气电子	浙江省	31.084
53	重庆龙湖企业拓展有限公司	地产	重庆市	30.638
54	人民电器集团有限公司	电气电子	浙江省	30.623
55	芳华集团有限公司	纺织	江苏省	30.555
56	浙江昆仑控股集团有限公司	建筑	浙江省	30.543
57	山东太阳纸业股份有限公司	造纸	山东省	30.337
58	东方希望集团有限公司	养殖饲料	上海市	29.482
59	南通二建集团有限公司	建筑	江苏省	29.461
60	江苏南通三建集团有限公司	建筑	江苏省	29.328
61	宁波银亿集团有限公司	地产	浙江省	28.532
62	波司登股份集团公司	纺织	江苏省	28.337
63	宁波富邦控股集团有限公司	化工	浙江省	28.079
64	浙江宝业建设集团有限公司	建筑	浙江省	28.028
65	中南建设集团股份有限公司	建筑	江苏省	27.940
66	远大物产集团有限公司	零售	浙江省	27.925
67	恒力集团有限公司	纺织	江苏省	27.650
68	雅居乐地产控股有限公司	地产	广东省	27.641
69	红豆集团有限公司	纺织	江苏省	27.527
70	江苏扬子江船业集团公司	运输	江苏省	27.337
71	浙江精功科技股份有限公司	钢铁	浙江省	27.293
72	内蒙古鄂尔多斯资源股份有限公司	纺织	内蒙古自治区	27.164
73	山东魏桥创业集团有限公司	纺织	山东省	26.743
74	新华锦集团	贸易	山东省	26.513
75	德力西集团有限公司	电气电子	浙江省	26.477
76	四川宏达股份有限公司	能源化工	四川省	26.153
77	江西萍钢实业股份有限公司	钢铁	江西省	26.119

续表

排名	企业名称	主营业务	地区	总得分
78	天津荣程联合钢铁集团有限公司	钢铁	天津市	26.026
79	万向集团公司	汽车	浙江省	25.856
80	山东泰山钢铁集团有限公司	钢铁	山东省	25.772
81	江苏高力集团有限公司	地产	江苏省	25.714
82	雨润控股集团有限公司	食品	江苏省	25.689
83	江苏永钢集团有限公司	金属	江苏省	25.676
84	江苏苏宁环球集团有限公司	地产	江苏省	25.354
85	宁波金田投资控股有限公司	金属	浙江省	25.062
86	西王集团有限公司	食品	山东省	24.980
87	三胞集团有限公司	批发和零售业	江苏省	23.293
88	江苏沙钢股份有限公司	钢铁	江苏省	22.878
89	亿利能源股份有限公司	能源	内蒙古自治区	22.582
90	维维集团股份有限公司	食品	江苏省	22.219
91	江苏阳光集团有限公司	纺织	江苏省	22.189
92	江苏三房巷集团有限公司	纺织	江苏省	22.063
93	物美控股集团有限公司	零售	北京市	21.418
94	通威集团有限公司	养殖饲料	四川省	21.044
95	南京丰盛产业控股集团有限公司	建筑	江苏省	20.378
96	重庆力帆控股有限公司	运输	重庆市	20.000
97	科创集团	医药	四川省	19.786
98	恒逸石化股份有限公司	化纤	浙江省	19.640
99	江苏法尔胜股份有限公司	金属	江苏省	19.136
100	陕西东岭工贸集团股份有限公司	钢铁	陕西省	18.816

资料来源：http://www.infzm.com/content/122415。

三、2015 年江西民营企业 100 强

2015 年江西民营企业 100 强名单如表 10 - 4 所示。

表 10 - 4　2015 年江西民营企业 100 强名单　　　　　　　　单位：万元

排名	企业名称	设区市	所属行业	营业收入
1	正邦集团有限公司	南昌市	农业	5203466
2	双胞胎（集团）股份有限公司	南昌市	农副食品加工业	3861761
3	晶科能源有限公司	上饶市	电气机械和器材制造业	1957557
4	江西萍钢实业股份有限公司	南昌市	黑色金属冶炼和压延加工业	1941017
5	江西赣基集团工程有限公司	九江市	土木工程建筑业	1775926

排名	企业名称	设区市	所属行业	营业收入
6	江西济民可信集团有限公司	南昌市	医药制造业	1308298
7	江西博能实业集团有限公司	上饶市	金属制品业	893181
8	泰豪集团有限公司	南昌市	专用设备制造业	832939
9	方大特钢科技股份有限公司	南昌市	黑色金属冶炼和压延加工业	814829
10	中恒建设集团有限公司	南昌市	房屋建筑业	662839
11	华宏汽车集团有限公司	南昌市	零售业	588000
12	宏盛建业投资集团有限公司	上饶市	房屋建筑业	576717
13	吉安市广裕石化有限公司	吉安市	批发业	551222
14	上饶市致远环保科技有限公司	上饶市	有色金属冶炼和压延加工业	500218
15	鸭鸭股份公司	九江市	皮革、毛皮、羽毛及其制品和制鞋业	491061
16	利达装饰集团有限公司	南昌市	建筑装饰和其他建筑业	480105
17	发达控股集团有限公司	南昌市	房屋建筑业	439312
18	美华建设有限公司	南昌市	建筑装饰和其他建筑业	434364
19	仁和（集团）发展有限公司	宜春市	医药制造业	432758
20	江西省丰和营造集团有限公司	南昌市	房屋建筑业	419215
21	江西自立环保科技有限公司	抚州市	有色金属冶炼和压延加工业	387147
22	江西新金叶实业有限公司	上饶市	废弃资源综合利用业	382674
23	煌上煌集团有限公司	南昌市	食品制造业	382661
24	上饶和丰铜业有限公司	上饶市	有色金属冶炼和压延加工业	382389
25	江西青峰药业有限公司	赣州市	医药制造业	373756
26	江西中南建设工程集团公司	南昌市	房屋建筑业	366736
27	红旗集团江西铜业有限公司	鹰潭市	有色金属冶炼和压延加工业	359375
28	江西特种电机股份有限公司	宜春市	专用设备制造业	358991
29	中阳建设集团有限公司	抚州市	房屋建筑业	350743
30	中大建设股份有限公司	上饶市	房屋建筑业	332466
31	九江信华集团有限公司	九江市	房地产业	321370
32	汇仁集团有限公司	南昌市	医药制造业	313755
33	江西洪客隆百货投资有限公司	南昌市	零售业	300929
34	贵溪丰茂铜业有限公司	鹰潭市	有色金属冶炼和压延加工业	298697
35	江西合力泰科技有限公司	吉安市	计算机、通信和其他电子设备制造业	294564
36	九江联盛实业集团有限公司	九江市	零售业	285997
37	昌建设集团有限公司	南昌市	房屋建筑业	279110
38	江西新和源投资控股集团有限公司	南昌市	土木工程建筑业	270643
39	江西铜材有限公司	鹰潭市	有色金属冶炼和压延加工业	269496
40	江西兴成新材料股份有限公司	鹰潭市	有色金属冶炼和压延加工业	266478
41	四特酒有限责任公司	宜春市	酒、饮料和精制茶制造业	255391
42	江西联创光电科技股份有限公司	南昌市	其他制造业	250638

续表

排名	企业名称	设区市	所属行业	营业收入
43	华林特钢集团有限公司	九江市	房地产业	241000
44	江西凯安铜业有限公司	鹰潭市	有色金属冶炼和压延加工业	232942
45	江西恒泰塑料制品有限公司	宜春市	橡胶和塑料制品业	232334
46	江西省第五建设集团有限公司	南昌市	房屋建筑业	221608
47	贵溪大三元集团有限公司	鹰潭市	有色金属冶炼和压延加工业	217086
48	贵溪正发铜业有限公司	鹰潭市	有色金属冶炼和压延加工业	215277
49	江西东旭投资集团有限公司	南昌市	教育	214962
50	江西太阳陶瓷有限公司	宜春市	非金属矿物制品业	210481
51	江西圣嘉乐电源科技有限公司	宜春市	其他制造业	210420
52	城开建设集团有限公司	南昌市	房屋建筑业	210362
53	贵溪市东升铜业有限公司	鹰潭市	有色金属冶炼和压延加工业	208283
54	中航长江建设工程有限公司	南昌市	建筑装饰和其他建筑业	204800
55	江西省万事发粮油有限公司	南昌市	农副食品加工业	203025
56	协讯电子（吉安）有限公司	吉安市	计算机、通信和其他电子设备制造业	196935
57	江西雄鹰实业有限公司	南昌市	建筑装饰和其他建筑业	194155
58	江西盛达商业投资集团有限公司	南昌市	综合	193022
59	江西际洲建设工程集团有限公司	上饶市	土木工程建筑业	187403
60	江西长新电源有限公司	宜春市	其他制造业	187306
61	江西同心铜业有限公司	鹰潭市	有色金属冶炼和压延加工业	186460
62	江西省城建建设集团有限公司	宜春市	建筑安装业	185467
63	江西博莱农业高科技股份有限公司	九江市	农副食品加工业	179000
64	江西省宏顺建筑工程有限公司	南昌市	房屋建筑业	177152
65	江西展宇新能源股份有限公司	上饶市	非金属矿物制品业	174984
66	江西省景程实业有限公司	九江市	铁路、船舶、航空航天和其他运输设备制造业	173662
67	贵溪中星铜材有限公司	鹰潭市	有色金属冶炼和压延加工业	173501
68	江西瑞晶太阳能科技有限公司	新余市	其他制造业	169149
69	江西新厦建设集团有限公司	上饶市	房屋建筑业	163725
70	江西洪达医疗器械集团有限公司	南昌市	医药制造业	160168
71	江西振盟新能源有限公司	宜春市	计算机、通信和其他电子设备制造业	154642
72	江西百神药业股份有限公司	宜春市	医药制造业	152660
73	江西汇能电器科技有限公司	宜春市	其他制造业	152000
74	江西省绿滋肴实业有限公司	南昌市	零售业	150271
75	江西高能投资集团有限公司	南昌市	综合	149088
76	江西华丰金属制品有限公司	宜春市	金属制品业	148817
77	合顺（南昌）光电科技有限公司	南昌市	计算机、通信和其他电子设备制造业	148602
78	江西联创电子有限公司	南昌市	计算机、通信和其他电子设备制造业	145497

排名	企业名称	设区市	所属行业	营业收入
79	江西保太有色金属集团有限公司	鹰潭市	有色金属冶炼和压延加工业	142507
80	江西亚泰电器有限公司	宜春市	其他制造业	142000
81	江西和美陶瓷有限公司	宜春市	非金属矿物制品业	141630
82	贵溪凌云铜业有限公司	鹰潭市	有色金属冶炼和压延加工业	141429
83	金昇宏（江西）电子有限公司	宜春市	计算机、通信和其他电子设备制造业	139138
84	江西省人之初科技集团有限公司	南昌市	食品制造业	138941
85	江西晶科光伏材料有限公司	上饶市	计算机、通信和其他电子设备制造业	136779
86	江西瑞源陶瓷有限公司	宜春市	其他制造业	136383
87	江西新威动力能源科技有限公司	宜春市	其他制造业	135399
88	江西赣锋锂业股份有限公司	新余市	有色金属冶炼和压延加工业	134490
89	江西中旺铜业有限公司	上饶市	有色金属冶炼和压延加工业	132937
90	江西美庐乳业集团有限公司	九江市	农副食品加工业	132632
91	江西青春康源集团有限公司	新余市	农业	132300
92	江西益康医疗器械集团有限公司	南昌市	医药制造业	131063
93	中粮粮油工业（九江）有限公司	九江市	农副食品加工业	130264
94	江西金虎保险设备集团有限公司	宜春市	专用设备制造业	128921
95	江西江龙集团鸿海物流有限公司	宜春市	道路运输业	126182
96	江西仁翔药业有限公司	宜春市	批发业	125365
97	江西泰和百盛实业有限公司	宜春市	有色金属冶炼和压延加工业	121462
98	江西汪氏蜜蜂园有限公司	南昌市	农副食品加工业	119000
99	江西天丰建设集团有限公司	宜春市	土木工程建筑业	118461
100	江西雄宇集团有限公司	南昌市	金属制品业	117587

资料来源：http://www.maigoo.com/news/472939.html.

四、2015 年江西民营企业制造业 100 强

2015 年江西民营企业制造业 100 强名单如表 10 - 5 所示。

表 10 - 5　2015 年江西民营企业制造业 100 强名单　　　　　　单位：万元

排名	企业名称	设区市	所属行业	营业收入
1	双胞胎（集团）股份有限公司	南昌市	农副食品加工业	3861761
2	晶科能源有限公司	上饶市	电气机械和器材制造业	1957557
3	江西萍钢实业股份有限公司	南昌市	黑色金属冶炼和压延加工业	1941017
4	江西济民可信集团有限公司	南昌市	医药制造业	1308298
5	江西博能实业集团有限公司	上饶市	金属制品业	893181
6	泰豪集团有限公司	南昌市	专用设备制造业	832939

续表

排名	企业名称	设区市	所属行业	营业收入
7	方大特钢科技股份有限公司	南昌市	黑色金属冶炼和压延加工业	814829
8	上饶市致远环保科技有限公司	上饶市	有色金属冶炼和压延加工业	500218
9	鸭鸭股份公司	九江市	皮革、毛皮、羽毛及其制品和制鞋业	491061
10	仁和（集团）发展有限公司	宜春市	医药制造业	432758
11	江西自立环保科技有限公司	抚州市	有色金属冶炼和压延加工业	387147
12	江西新金叶实业有限公司	上饶市	废弃资源综合利用业	382674
13	煌上煌集团有限公司	南昌市	食品制造业	382661
14	上饶和丰铜业有限公司	上饶市	有色金属冶炼和压延加工业	382389
15	江西青峰药业有限公司	赣州市	医药制造业	373756
16	红旗集团江西铜业有限公司	鹰潭市	有色金属冶炼和压延加工业	359375
17	江西特种电机股份有限公司	宜春市	专用设备制造业	358991
18	汇仁集团有限公司	南昌市	医药制造业	313755
19	贵溪丰茂铜业有限公司	鹰潭市	有色金属冶炼和压延加工业	298697
20	江西合力泰科技有限公司	吉安市	计算机、通信和其他电子设备制造业	294564
21	江西铜材有限公司	鹰潭市	有色金属冶炼和压延加工业	269496
22	江西兴成新材料股份有限公司	鹰潭市	有色金属冶炼和压延加工业	266478
23	四特酒有限责任公司	宜春市	酒、饮料和精制茶制造业	255391
24	江西联创光电科技股份有限公司	南昌市	其他制造业	250638
25	江西凯安铜业有限公司	鹰潭市	有色金属冶炼和压延加工业	232942
26	江西恒泰塑料制品有限公司	宜春市	橡胶和塑料制品业	232334
27	贵溪大三元集团有限公司	鹰潭市	有色金属冶炼和压延加工业	217086
28	贵溪正发铜业有限公司	鹰潭市	有色金属冶炼和压延加工业	215277
29	江西太阳陶瓷有限公司	宜春市	非金属矿物制品业	210481
30	江西圣嘉乐电源科技有限公司	宜春市	其他制造业	210420
31	贵溪市东升铜业有限公司	鹰潭市	有色金属冶炼和压延加工业	208283
32	江西省万事发粮油有限公司	南昌市	农副食品加工业	203025
33	协讯电子（吉安）有限公司	吉安市	计算机、通信和其他电子设备制造业	196935
34	江西长新电源有限公司	宜春市	其他制造业	187306
35	江西同心铜业有限公司	鹰潭市	有色金属冶炼和压延加工业	186460
36	江西博莱农业高科技股份有限公司	九江市	农副食品加工业	179000
37	江西展宇新能源股份有限公司	上饶市	非金属矿物制品业	174984
38	江西省景程实业有限公司	九江市	铁路、船舶、航空航天和其他运输设备制造业	173662
39	贵溪中星铜材有限公司	鹰潭市	有色金属冶炼和压延加工业	173501
40	江西瑞晶太阳能科技有限公司	新余市	其他制造业	169149
41	江西洪达医疗器械集团有限公司	南昌市	医药制造业	160168
42	江西振盟新能源有限公司	宜春市	计算机、通信和其他电子设备制造业	154642

排名	企业名称	设区市	所属行业	营业收入
43	江西百神药业股份有限公司	宜春市	医药制造业	152660
44	江西汇能电器科技有限公司	宜春市	其他制造业	152000
45	江西华丰金属制品有限公司	宜春市	金属制品业	148817
46	合顺（南昌）光电科技有限公司	南昌市	计算机、通信和其他电子设备制造业	148602
47	江西联创电子有限公司	南昌市	计算机、通信和其他电子设备制造业	145497
48	江西保太有色金属集团有限公司	鹰潭市	有色金属冶炼和压延加工业	142507
49	江西亚泰电器有限公司	宜春市	其他制造业	142000
50	江西和美陶瓷有限公司	宜春市	非金属矿物制品业	141630
51	贵溪凌云铜业有限公司	鹰潭市	有色金属冶炼和压延加工业	141429
52	金昇宏（江西）电子有限公司	宜春市	计算机、通信和其他电子设备制造业	139138
53	江西省人之初科技集团有限公司	南昌市	食品制造业	138941
54	江西晶科光伏材料有限公司	上饶市	计算机、通信和其他电子设备制造业	136779
55	江西瑞源陶瓷有限公司	宜春市	其他制造业	136383
56	江西新威动力能源科技有限公司	宜春市	其他制造业	135399
57	江西赣锋锂业股份有限公司	新余市	有色金属冶炼和压延加工业	134490
58	江西中旺铜业有限公司	上饶市	有色金属冶炼和压延加工业	132937
59	江西美庐乳业集团有限公司	九江市	农副食品加工业	132632
60	江西益康医疗器械集团有限公司	南昌市	医药制造业	131063
61	中粮粮油工业（九江）有限公司	九江市	农副食品加工业	130264
62	江西金虎保险设备集团有限公司	宜春市	专用设备制造业	128921
63	江西泰和百盛实业有限公司	宜春市	有色金属冶炼和压延加工业	121462
64	江西汪氏蜜蜂园有限公司	南昌市	农副食品加工业	119000
65	江西雄宇集团有限公司	南昌市	金属制品业	117587
66	江西天新药业有限公司	景德镇市	医药制造业	113910
67	江西布兰森热传输新材有限公司	宜春市	汽车制造业	113063
68	江西省丰城市鑫颖金属制品有限公司	宜春市	金属制品业	112692
69	博硕科技（江西）有限公司	吉安市	计算机、通信和其他电子设备制造业	112237
70	果喜实业集团有限公司	鹰潭市	其他制造业	110570
71	远东福斯特新能源有限公司	宜春市	其他制造业	108588
72	江西三川集团有限公司	鹰潭市	仪器仪表制造业	108043
73	贵溪奥泰铜业有限公司	鹰潭市	有色金属冶炼和压延加工业	106562
74	江西凯峰泵业有限公司	宜春市	通用设备制造业	104833
75	江西恒顶食品有限公司	宜春市	食品制造业	104415
76	江西美的贵雅照明有限公司	鹰潭市	其他制造业	103744
77	江西宏宇能源发展有限公司	宜春市	非金属矿物制品业	103240
78	鹰潭市众鑫成铜业有限公司	鹰潭市	有色金属冶炼和压延加工业	102409

排名	企业名称	设区市	所属行业	营业收入
79	江西腾达实业（集团）有限公司	宜春市	化学原料和化学制品制造业	101630
80	丰城黑豹炭黑有限公司	宜春市	化学原料和化学制品制造业	100327
81	广东兴发铝业（江西）有限公司	宜春市	金属制品业	100000
82	江西金利达钾业有限责任公司	宜春市	化学原料和化学制品制造业	98570
83	江西东方昊为科技股份有限公司	宜春市	其他制造业	98479
84	江西省开开电缆有限公司	南昌市	专用设备制造业	96985
85	江西贯胜鞋业有限公司	萍乡市	皮革、毛皮、羽毛及其制品和制鞋业	94550
86	泰山石膏（江西）有限公司	宜春市	废弃资源综合利用业	94177
87	江西普正制药有限公司	吉安市	医药制造业	93583
88	高安红狮水泥有限公司	宜春市	非金属矿物制品业	93526
89	江西华阳羽绒有限公司	宜春市	皮革、毛皮、羽毛及其制品和制鞋业	92696
90	江西世龙实业股份有限公司	景德镇市	化学原料和化学制品制造业	87485
91	江西罗纳尔陶瓷集团有限公司	宜春市	非金属矿物制品业	86624
92	江西森特实业有限公司	宜春市	印刷和记录媒介复制业	82045
93	江西恒泰铝材有限公司	宜春市	有色金属冶炼和压延加工业	82030
94	九江诺贝尔陶瓷有限公司	九江市	其他制造业	81704
95	江西联达冶金有限公司	萍乡市	其他制造业	81451
96	江西万达矿山设备有限责任公司	宜春市	电气机械和器材制造业	80788
97	凤凰光学股份有限公司	上饶市	仪器仪表制造业	80323
98	赛维 LDK 太阳能高科技（南昌）有限公司	南昌市	电气机械和器材制造业	78129
99	江西宏成铝业有限公司	宜春市	有色金属冶炼和压延加工业	77059
100	江西金洋金属有限公司	宜春市	废弃资源综合利用业	76836

资料来源：http://www.maigoo.com/news/472939.html.

五、2015 年江西民营企业服务业 20 强

2015 年江西民营企业服务业 20 强名单如表 10 - 6 所示。

表 10 - 6　2015 年江西民营企业服务业 20 强名单　　　　　单位：万元

排名	企业名称	设区市	所属行业	营业收入
1	华宏汽车集团有限公司	南昌市	零售业	588000
2	吉安市广裕石化有限公司	吉安市	批发业	551222
3	九江信华集团有限公司	九江市	房地产业	321370
4	江西洪客隆百货投资有限公司	南昌市	零售业	300929
5	九江联盛实业集团有限公司	九江市	零售业	285997

续表

排名	企业名称	设区市	所属行业	营业收入
6	华林特钢集团有限公司	九江市	房地产业	241000
7	江西东旭投资集团有限公司	南昌市	教育	214962
8	江西盛达商业投资集团有限公司	南昌市	综合	193022
9	江西省绿滋肴实业有限公司	南昌市	零售业	150271
10	江西高能投资集团有限公司	南昌市	综合	149088
11	江西江龙集团鸿海物流有限公司	宜春市	道路运输业	126182
12	江西仁翔药业有限公司	宜春市	批发业	125365
13	南氏实业投资集团有限公司	宜春市	综合	114073
14	江西九州通药业有限公司	南昌市	批发业	91979
15	江西宜春汽车输运股份有限公司	宜春市	道路运输业	85667
16	江西安泰物流有限公司	抚州市	道路运输业	66211
17	江西志祥医药有限公司	吉安市	批发业	49700
18	江西省正荣房地产开发有限公司	宜春市	房地产业	45714
19	江西新振兴投资集团有限公司	宜春市	道路运输业	43807
20	江西万宜经贸有限公司	九江市	批发业	32554

资料来源：http://www.maigoo.com/news/472939.html.

第十一章　大事记

序号	时间 （年/月/日）	内容
1	2015/01/14	省委省政府出台《江西省人民政府关于促进市场公平竞争维护市场正常秩序的实施意见》，依据"简政放权、依法监管、公正透明、权责一致、社会共治"的基本原则提出一系列实施意见
2	2015/01/14	14～15日，省工商联十届四次执委会在抚州市召开。会议传达了全国工商联十一届三次执委会等会议精神，表彰了2014年度先进单位。省委常委、统战部长蔡晓明讲话；省工商联主席雷元江作工作报告；省工商联党组书记刘金炎主持；市委副书记、市长张和平致辞；市委常委、副市长周小平，市政协副主席、工商联主席蔡青等出席会议
3	2015/01/15	"携手华商情，共圆民企梦"——草珊瑚之夜慈善拍卖晚会在南昌瑞颐大酒店隆重上演，这是江西省民营企业家协会第二次主办慈善公益晚会，来自江西省的400多家企业参加了此次活动。晚会共筹得善款330.2万元，所拍善款将全部用于公益事业
4	2015/01/16	江西民营企业家（抚州）经贸合作洽谈会在抚州市召开。省工商联主席、省总商会会长雷元江，省委统战部副部长、省工商联党组书记刘金炎，省工商联副主席洪跃平、刘星平，抚州市委副书记、市长张和平等领导出席了会议，抚州市委常委、副市长周小平主持会议。雷元江主席在致辞中指出，此次经贸合作洽谈会，既是省工商联践行"两个健康"工作主题的具体举措，又是省工商联用足用活资源服务地方经济发展的积极尝试，省工商联将继续发挥好桥梁纽带作用，为抚州经济腾飞助一臂之力
5	2015/01/17	省工商联秘书长叶元斌、省工商联会员处处长刘斌受邀出席江西省地产协会2015年迎春峰会暨年度颁奖晚会。会上公布了江西省地产协会年度工作报告以及年度财务报告，颁发"江西地产十大名盘""江西地产十大名企""江西地产十大名人"等奖项
6	2015/01/18	新余市河北商会成立大会于新余举行。新余市副市长贺为华，市委统战部副部长、市工商联党组书记甘向民，市工商联副主席廖云等到会祝贺。江西新一川工贸有限公司董事长齐海峰当选为商会第一届会长
7	2015/01/18	中山市江西赣州商会成立庆典在中山举行。商会共吸引近600家会员单位，涵盖食品、灯饰、通信、电子、IT、互联网、金融、家具、服装、红木、物流、环保、建筑、园林、装饰、印刷等上百个行业
8	2015/01/26	省民营企业家协会会长熊衍贵率领协会考察团一行来进贤县考察。考察团一行先后来到4500亩新工业园、滨湖森林公园、高铁进贤南站、韩国医疗器械产业园等地，县委副书记、县长钟益民，园区建设指挥部指挥长袁一旦，副指挥长罗通文、何慧明与考察团一行进行了座谈。熊衍贵在座谈中表示通过此次考察，切身感受到了进贤蓬勃发展的良好势头，亲身感受到了进贤良好的发展环境。他表示，将充分发挥好民营企业家协会这一平台，进一步加强了解和沟通，为企业投资进贤牵线搭桥，实现双方共同发展

序号	时间 （年/月/日）	内容
9	2015/02/04	南昌市召开重点民营企业"汇优贷"项目论证会，以此加强对南昌市重点民营企业的帮扶，大力推动非公有制经济健康快速发展，全力打造南昌核心增长极。会议由市政协副主席、市工商联主席陈斌主持，市财政局党组书记、局长陈以获，市工商联副主席李传秀及交通银行、中国银行、中国农业银行、黑尔兹等银行和企业代表参加了论证会
10	2015/02/11	全国工商联十一届四次执委会议暨全国知名民营企业助推江西发展升级大会组委会在婺源召开第一次会议，省委书记强卫出席并讲话。他强调，要紧紧抓住全国工商联十一届四次执委会在赣召开，全国工商界精英齐聚江西的机遇，续写开放新篇章，推动非公经济发展壮大，开拓全省发展升级新境界。省长鹿心社讲话，省领导王文涛、蔡晓明、龚建华、胡幼桃、李贻煌、孙菊生出席
11	2015/02/25	春节长假后上班第一天，省长鹿心社走访了江铃集团和小蓝经开区的飞尚科技有限公司、达利食品有限公司、佳时特数控技术有限公司、达高泰豪动画有限公司。调研途中，鹿心社反复强调，企业面对经济下行压力，要更加注重依靠创新、转型升级，在激烈的市场竞争中不断赢得先机、掌握主动。省委常委、南昌市委书记王文涛随同调研
12	2015/03/04	全国政协委员、省工商联主席雷元江在两会期间提出，融资难、融资贵仍然是制约民营中小微企业持续发展、转型升级的重要"瓶颈"。为此，雷元江建议要发展民营银行，改善金融结构
13	2015/03/11	受《中华工商时报》两会特派记者之约，省工商联主席雷元江与河南省工商联主席梁静、省工商联主席喻顶成共同参加了一场圆桌恳谈会。恳谈会上，三位主席就今年全国两会"新常态"下更好发挥工商联作用，引导民企健康发展等问题，进行了深入的交流和探讨
14	2015/03/19	都昌县正式启动民营企业"百人服务团"活动。由县领导牵头挂帅，全县组成8个服务分团和若干个服务小组，采取召开座谈会、深入走访民营企业等方式，进行点对点、面对面的调研，对民营企业提出的问题和困难，采取"立即办、主动办、上门办、跟踪办、公开办"的做法，及时为企业排忧解难，研究制订扶持政策和优惠措施，引导、服务、鼓励、支持民营企业做强做大
15	2015/03/19	省工商联副主席洪跃平、市工商联副主席余登伟来到南昌市青山湖区工商联（总商会）视察新办公条件，并指导2015年工作开展
16	2015/03/25	省长鹿心社出席民营企业座谈会，与企业家面对面交流，了解民营企业生产经营情况，听取促进民营企业健康发展的意见建议。他强调，要坚持以提升质量效益为中心，以改革创新为动力，以结构调整为方向，进一步简政放权，优化发展环境，加大政策扶持力度，促进民营经济更好更快发展。省委常委、省委统战部部长蔡晓明主持。省领导李贻煌、孙菊生出席会议
17	2015/04/03	为贯彻落实中央和江西省委、省政府关于扩大开放、促进非公经济发展的决策部署，省发改委、省商务厅编制发布了《2015年江西省重点招商项目册》，共对外推出2672个重大产业招商项目，总投资22810.96亿元。项目涉及重大基础设施、战略性新兴产业、社会事业、国企改革发展、生态休闲旅游、现代农业、文化产业、商贸流通及其他8大领域
18	2015/04/10	省工商联、省总商会主席雷元江出席了华宏汽车奔驰望城旗舰店开业盛典，并对其开业表示祝贺。该店坐落于望城新区恒望汽车城320国道旁，是江西省唯一的梅赛德斯迈巴赫授权体验中心
19	2015/04/13	全国工商联五金机电商会会长劳健斌一行来到鹰潭市，重点考察了鹰潭市相关配套产业和投资环境，助力自身商会企业发展和鹰潭经济社会发展。市委书记陈兴超，市委副书记、市长熊茂平，市委常委、统战部长戴春英参加会见。市委常委、副市长陈云，市政协副主席、市工商联主席吴泉水陪同

续表

序号	时间 （年/月/日）	内容
20	2015/04/16	全国政协常委、省民营企业家协会名誉会长陈清华一行到访江西省民营企业家协会，参加了商会经济合作调研座谈会。会上陈清华听取了江西省民营企业家协会会长熊衍贵关于协会文化和经济建设情况的主题报告，并发表了重要讲话。陈清华指出协会要主动适应新常态，在推进企业转型升级上要敢于新作为
21	2014/04/17	省工商联秘书长叶元斌一行到访南昌鄱阳商会，重点考察了商会的工作现状，听取企业家心声，了解鹰潭余江县和抚州广昌县的投资环境和投资优势以及一些好的招商项目。商会会长、常务副会长、秘书及北区企业家们热情接待了他们
22	2015/04/22	江西省与全国知名民营企业合作推介会在北京举行，这是2015年江西省"民企入赣，助推发展升级"系列重大招商活动的第一场。省委常委、省委统战部部长蔡晓明，全国工商联副主席黄荣出席推介会并讲话，副省长胡幼桃主持推介会。全国工商联直属会员企业、直属商会、国内民企500强以及京津冀等地知名民营企业负责人等400余人与会。蔡晓明介绍了省经济社会发展情况及重大产业项目，指出民营企业是推动江西经济发展升级的主力军和生力军，欢迎广大民营企业家到江西投资兴业。推介活动期间，全省共新签项目73个，签约资金额达1500亿元
23	2015/04/29	江西启动2015年"百媒进千企"活动，重点宣传江西省民营企业100强及江西省民营企业制造业100强。该活动旨在加大对我省非公有制经济发展的宣传力度，努力营造良好的非公有制经济发展舆论氛围
24	2015/05/07	全省促进非公有制经济发展表彰电视电话会议在南昌召开。会议总结部署了全省非公有制经济发展工作，表彰了2014年度全省促进非公有制经济发展先进单位和优秀企业家。省委书记强卫出席并讲话，省委副书记、省长鹿心社主持会议
25	2015/05/08	省工商联主席雷元江，省国资委副主任李键，省商务厅副厅长朱元发，市政协副主席、市工商联主席陈斌到进贤县调研指导开放型经济工作，县委书记万凯，县委副书记、县长钟益民，县委副书记熊保良等陪同。雷元江等参观了高新产业园，详细了解产业园的规划布局、产业招商等工作，并肯定了该县的发展成果
26	2015/05/12	省人民政府出台《促进经济平稳健康发展的若干措施》
27	2015/05/12	"民企入赣"系列重大招商活动第二场——江西（杭州）电子商务产业招商推介会在杭州举行。江西省南昌、九江、景德镇、萍乡、上饶等设区市政府分管领导，有关市、县商务主管部门及项目单位负责人，阿里巴巴集团公司等浙江沿海地区200余名电子商务企业客商参加本次推介会。会上签约电子商务合作项目18个，项目投资总额50.59亿元
28	2015/05/16	省人民政府发布《江西省人民政府关于开展政府和社会资本合作的实施意见》
29	2015/05/19	"民企入赣"系列重大招商活动第三场——江西省昌九地区扩大开放合作推介会在武汉成功举办，澳大利亚国际商会访华团、意大利佛罗伦萨省访问团、鄂湘豫等中部地区知名企业家及赣商代表等200余人参会。副省长胡幼桃出席会议并致辞。推介会现场举行了项目集中签约仪式，共签约重大项目32个、总投资177亿元
30	2015/05/21	宜春市召开促进非公经济发展领导小组会议，市委常委、副市长、市促进非公经济发展领导小组副组长黄建平提出了促进全市非公经济健康发展必须先强工业的理念，要求将稳增长、促发展作为当前宜春市促进非公经济发展领导小组的首要任务

序号	时间 （年/月/日）	内容
31	2015/05/22	"民企入赣"系列重大招商活动第四场——江西省旅游产业合作（西安）推介会在西安举行，副省长朱虹出席推介会并致辞。在推介会上，全省16个重点旅游项目现场签约，引进资金159.75亿元，涵盖景区建设、旅游设施、文化旅游、休闲度假等诸多领域
32	2015/05/27	27～29日，赣港经贸合作活动在香港成功举办。活动开设江西省与港澳地区全国工商联会员企业合作餐叙会、江西—香港政府和社会资本合作（PPP）项目推介会、赣港金融业发展合作暨工商银行支持赣企"走出去"恳谈会、江西省大型国有企业引进战略投资者推介会和"江西风景独好高端自驾旅游线路分享说明会"5场专题对接活动，刺激赣港合作
33	2015/05/28	"民企入赣"系列重大招商活动第五场——江西省重点产业集群投资合作推介会在香港会展中心召开。省长鹿心社作主旨演讲。推介会现场成功签约100个项目，投资总额98.9亿美元。这些新项目的落地，必将充分发挥以增量优化带动存量调整、加快产业升级的示范带动效应
34	2015/05/28	"民企入赣"系列招商活动第六场——江西省发展升级合作（重庆）推介会在重庆市成功举行。该推介会由省政府主办，省商务厅、省工商联承办，新余市、鹰潭市政府协办。省政协副主席孙菊生出席会议并致辞。推介会现场共签约项目12个，签约金额91.5亿元
35	2015/05/28	由省委宣传部和省工商联联合主办的"百媒进千企"活动首站走进博能控股集团。活动期间博能集团公司相关负责人对目前发展情况及互联网金融、新能源汽车、商联中心、全球创新中心等项目进行介绍
36	2015/06/11	新余市召开促进非公经济发展领导小组第二次全体会议。市委副书记、市长董晓健在会议上强调，必须充分认识非公经济在我市经济发展中的作用，全力促进我市非公经济又好又快发展。市委常委、副市长万广明，副市长贺为华，市政协副主席、市委统战部部长黄永旭出席会议
37	2015/06/11	九江市市委宣传部、市工商联、市发展非公有制经济领导小组办公室联合下发了《2015年"百媒进千企"新常态下看九江非公有制经济发展活动方案》的通知，正式启动"百媒进千企"采访活动
38	2015/06/16	赣州市工商行政管理局发布《关于进一步支持我市非公有制经济发展的意见》，从"坚持平等准入，为拓宽非公有制经济投资领域和范围营造公平公正的市场准入环境"；"简化登记流程，为非公有制企业兼并重组提供便利服务"；"加强信息化建设，引导非公有制经济健康有序发展"三个方面出台了12条具体措施
39	2015/06/25	"民企入赣"系列招商活动第七场——江西省文化产业合作推介会在南京举行，这是江西省近年来首次举办的针对文化产业的专题招商活动。副省长朱虹出席并讲话。省商务厅副厅长、省贸易促进会会长刘翠兰出席。南昌、景德镇、吉安3个设区市政府及省直管试点县——瑞金市政府负责人进行了项目推介。大会现场签约文化产业招商项目49个，签约金额突破300亿元
40	2015/07/05	省委常委、省委统战部部长蔡晓明，省政协副主席孙菊生，省工商联主席雷元江等出席了江西同心谷（商联中心）与美国威斯汀酒店举行的签约仪式。位于红谷滩新区凤凰洲的同心谷（商联中心）是省总商会企业总部城市综合体项目，由全省40多家民营企业共同投资兴建。威斯汀酒店是由同心谷（商联中心）引进的一个国际性连锁酒店品牌，此次落户同心谷，将有利于进一步提高江西省对外开放水平
41	2015/07/06	省人民政府出台《江西省人民政府关于规范省政府部门行政审批行为改进行政审批有关工作的通知》，进一步打破贸易壁垒，激发市场社会活力，营造公平竞争环境

续表

序号	时间 （年/月/日）	内容
42	2015/07/07	上饶市召开非公有制经济代表人士综合评价工作领导小组会议。会议审议了《关于开展2015年全市非公有制经济代表人士综合评价工作有关工作的通知》，并从即日起启动上饶市非公有制经济代表人士综合评价工作。市委副书记黄晓波出席并讲话，市政协副主席、市委统战部部长姜松阳主持
43	2015/07/09	省人民政府印发《2015年推进简政放权放管结合转变政府职能工作方案》，为企业减负
44	2015/07/09	江西"百媒进千企"走进发达控股集团。发达控股集团成立于1993年，是从南昌市第一家规范化设立的民营股份制建筑企业到今天跻身江西企业100强的江西省建筑业重点骨干企业。这家年轻的民营企业自主求变驱动转型的浓浓创新风给媒体留下深刻印象
45	2015/07/15	省工商联副主席洪跃平一行人来到苏州天地（集团）参观考察，受到了苏州天地（集团）有限公司董事长俞方伟的热情接待。洪跃平实地参观了天地（集团）各部门的运作情况，并对其在互联网中立足的法宝——"三步营销法则"（搜索营销、故事营销、服务营销）给予了高度评价
46	2015/07/15	北京江西企业商会名誉会长江枝英，江西赣商联合总会会长、北京江西企业商会名誉会长郑跃文，北京江西企业商会会长刘经纶于7月15日带领50多位具有返乡投资项目或投资意向的北京江西企业商会会员企业家回到江西投资考察。考察为期6天，主要考察了南昌、抚州和吉安三个地市，并取得了丰硕成果。省委书记强卫、省委副书记、省长鹿心社、省工商联主席雷元江等领导在考察途中，亲切接待了考察团，并进行了座谈交流，支持、鼓励赣商回乡创业发展
47	2015/07/16	"民企入赣"系列招商活动第八场——江西省战略性新兴产业合作推介会在深圳顺利召开。副省长李贻煌出席活动并致辞，省政府副秘书长张小平主持，省工信委主任胡世忠、省科技厅副厅长卢福财以及有关设区市政府领导出席推介会并致推介词。本次推介活动共达成合作协议、合同的项目135个，总投资739.4亿元，其中现场签约项目40个，投资额达279.15亿元
48	2015/07/18	省人民政府印发《江西省人民政府关于大力推进大众创业万众创新若干政策措施的实施意见》
49	2015/07/22	江西"百媒进千企"走进江西东旭投资教育有限公司，中央驻赣及江西省内17家媒体记者实地了解东投集团太阳城（金太阳教育社区）运营模式
50	2015/07/29	省工商联副主席洪跃平率徐州市江西商会（筹）一行10人来到徐州市福建商会，参观考察其领导班子建设、制度建设以及基础管理工作。洪跃平对徐州市福建商会开展的"七个创建"活动、领导班子建设、制度建设以及基础管理工作都给予了较高的评价，认为思路清晰，可操作性强，建议随行的人员在筹建徐州市江西商会的过程中认真学习和借鉴。徐州市工商联副主席张明泰陪同考察
51	2015/07/29	省工商联主席雷元江一行到上饶市万年县调研非公经济及基层商会组织建设工作。雷元江等先后来到联创电子、佳维城电子、万达建材家居广场、万年县电商运营中心实地考察调研。在之后的座谈中，雷元江强调要充分利用好国家的扶持政策，鼓励全民创业，并为创业者提供积极帮助。上饶市工商联主席余忠效、万年县县委书记吴树俭、县政协副主席余坚毅等陪同调研
52	2015/07/29	省工商联副主席刘星平一行3人到广东省江西商会常务理事单位——广州东海网络科技有限公司考察，就发展现代服务业进行交流座谈。广东省江西商会高级顾问郭庆伟、副会长吴少锋、江西商务厅驻广州办事处主任陈颖、番禺区经贸促进局副局长罗翌洁、广州市江西商会名誉会长谢斌及部分会员企业代表参加了座谈

序号	时间 （年/月/日）	内容
53	2015/08/05	省人民政府印发《江西省推广自由贸易试验区改革试点经验实施方案》
54	2015/08/18	省总工会常务副主席傅卓成考察指导青山湖区塘山镇民营科技园统一企业工会组织建设工作，市总工会常务副主席宋亮生，区委副书记胡崇敬，区人大常委会副主任、区总工会主席万浩浩等陪同考察。傅卓成饶有兴致地参观了统一企业的职工之家、职工书屋和职工活动室，听取了企业工会工作的汇报，对统一企业工会扎实的组织建设及开展的各项工作给予了充分肯定
55	2015/08/25	全国工商联公布了2015年中国民营企业500强榜单，江西省共有8家公司上榜。分别是正邦集团有限公司、双胞胎（集团）股份有限公司、江西萍钢实业股份有限公司、晶科能源有限公司、方大特钢科技股份有限公司、江西济民可信集团有限公司、吉安市大广宏再生资源利用有限公司、江西赣基集团工程有限公司
56	2015/08/25	"民企入赣"系列重大招商活动第九场——江西（广州）现代服务业招商推介会在广州召开。广州市政府副市长熊剑出席推介会。本次推介共推出现代服务业项目569个，涵盖现代物流、电子商务和信息服务、市场建设和商贸综合体、会展和宾馆餐饮、健康养老、总部经济和休闲文化旅游7大领域，投资总规模达5491.3亿元。其中，现场签约21个项目，总投资398.5亿元
57	2015/09/02	萍乡市召开全市非公有制经济代表人士综合评价工作部署会议。市委副书记、市非公经济代表人士综合评价工作领导小组组长李江河出席并讲话。市政协副主席、市委统战部部长谢新明主持
58	2015/09/02	在江西省工商联组织推动下，博能控股集团携手江西省旅游集团、江西慧联置业有限公司、交通银行江西省分行战略合作签约仪式在博能中心大厦举行。前三者将成立江西旅游文化投资发展有限公司，交通银行江西分行将为旅游发展公司提供金融服务，项目意向性授信额度达50亿元。省委常委、统战部部长蔡晓明，省政协副主席孙菊生，省工商联主席雷元江及各企业领导出席了签约仪式，江西电视台、《江西日报》等省内主要媒体见证签约盛典
59	2015/09/07	省工信委发布《关于开展民营企业建立现代企业制度试点暨集中上市辅导活动的通知》，进一步推进民营企业制度创新，支持民营企业进入新三板等多层次资本市场
60	2015/09/08	"民企入赣"系列重大招商活动第十场——江西省现代农业合作（厦门）推介会在福建省厦门国际会议中心举行，副省长刘昌林出席推介会并致辞，省农业厅党委书记陈日武作江西现代农业产业项目主旨推介发言，会议由省商务厅厅长王水平主持，省农业厅万国根副厅长出席会议。此次推介会邀请一批跨国公司、国内500强企业、闽台农业企业高管、赣商、农业专家学者参会，共签订33个农业合作项目，签约金额达111.9亿元，其中客商投资110.07亿元
61	2015/09/19	福建省江西南昌商会在福州正式成立，大成阳光（福州）资产管理有限公司董事长范升当选首届理事会会长
62	2015/09/20	厦门市赣州商会成立大会暨第一次会员大会在厦门会议中心酒店召开，300多家会员企业参会。美国三鼎集团（国际）有限公司首席执行官邱鸿彬当选荣誉会长，厦门澳丽尔日化有限公司总经理曾罗生当选监事长
63	2015/09/23	省委书记鹿心社来到宜春，先后到脉恩多能、丘比特创客咖啡、宜春电子商务基地等企业考察指导，对几家企业的创新创业给予了高度评价，指出宜春非公有制企业在江西"大众创业、万众创新"方面做出了非常好的尝试，蕴藏着巨大潜力

序号	时间 （年/月/日）	内容
64	2015/09/25	"民企入赣"系列重大招商活动第十一场——江西省产业和资本合作（上海）推介会在上海举行。副省长刘昌林出席并致辞。本次推介会主要宣传推介江西的产业发展环境和融资政策，以此加强各金融机构与江西企业的沟通交流、深化赣沪两地产业和资本合作。推介会上，共推出610个产业合作项目，总投资达6290亿元，其中现场签约总金额达586亿元
65	2015/09/28	江西省劳动模范和先进工作者表彰大会——全省职工创新成果展在南昌胜利召开，省委强卫书记亲临展台指导、参观。为期两天的展览旨在展示劳模风采、劳动精神和近阶段职工创新成果
66	2015/09/29	萍乡市召开市非公经济领导小组第二次全体会议，市委副书记、市促进非公有制经济发展领导小组组长李江河主持会议。市人大常委会副主任、市工商联主席王开贵，副市长欧阳清新，市政协副主席、市委统战部长谢新明出席
67	2015/10/15	在胡润研究院发布的"2015年胡润全球富豪榜"中，9位赣籍商人入围。其中，用友软件的王文京以175亿元的财富位列392位，成为赣商首富
68	2015/10/18	全国政协副主席、全国工商联主席王钦敏在江西省景德镇市调研工商联基层组织建设工作。王钦敏出席了调研座谈会并作重要讲话。全国工商联会员部副巡视员张世芳随同座谈。省政协主席黄跃金，江西省人大财经委副主任委员、省工商联副主席谭文英，市领导钟志生、梅亦、梁高潮等参加座谈。省工商联主席雷元江主持座谈会。景德镇福建商会会长、公司董事长林浩飞参加了座谈并发言
69	2015/10/18	海口江西新余商会在海口揭牌成立。海南澄迈华民房地产开发有限公司董事长柳平霞当选首任会长。海口市委常委、统战部长王云霞，新余市人民政府副市长贺为华，新余市商务局党委委员、招商中心主任胡亮以及新余驻全国异地商会代表和海口江西新余商会会员单位代表近300人共同出席成立大会
70	2015/10/20	国家发改委、全国工商联联合在北京召开政府和社会资本合作（PPP）项目推介会议，面向全国民营企业推介PPP项目。省发改委副主任、省鄱湖办（省苏区办）常务副主任曾文明同志参加北京主会场推介活动，并推介发布了江西省第二批30个PPP项目，包括基础设施、公共服务、生态环境三大类，总投资369亿元
71	2015/10/20	省人民政府新闻办、江西省工商联主办的"2015江西民营企业100强"新闻发布会在南昌举行。会上公布了"2015江西民营企业制造业100强""2015江西民营企业服务业20强"名单和《2015江西省上规模民营企业调研分析报告》。报告指出，江西上规模民营企业主要分布在宜春、九江、南昌三个设区市，营业收入总额前三位为南昌、上饶、宜春，资产总额前三位为南昌、宜春、上饶，净利润总额前三位为南昌、宜春、九江。省政协副主席孙菊生出席新闻发布会并为百强民企代表颁发奖牌
72	2015/10/27	萍乡市委市政府公布2014年度萍乡十强民营企业、十大纳税民营企业、十大劳动用工民营企业、十强科技创新民营企业、十大公益民营企业和新业态领军民营企业名单
73	2015/10/28	萍乡市召开促进非公有制经济发展大会在市会议中心。会议提出，全市上下要进一步解放思想，认清形势，以时不我待的紧迫感、使命感，全面落实中央、省委加快发展非公经济的决策部署，为非公经济发展提供有力支持。市委书记刘卫平出席会议并作重要讲话。市委副书记、市长李小豹主持会议。市领导王开贵、欧阳清新、谢新明参加会议

序号	时间 （年/月/日）	内容
74	2015/11/01	省工商联新生代民营企业家（浙江大学）研修班开学典礼在浙江大学图书馆隆重举行。省政协副主席、省促进非公有制经济发展领导小组副组长兼办公室主任孙菊生出席并作重要讲话，省工商联主席雷元江主持会议，省工商联副主席谭文英、浙江大学公共管理学院党委书记沈文华、全体学员参加了开学典礼
75	2015/11/05	省工商联主席、总商会会长雷元江出席了新余市工商业联合会（总商会）第八次会员代表大会。雷元江充分肯定了新余市工商联（总商会）取得的成绩，指出新余市委市政府把非公有制经济作为区域经济发展的重中之重，出台政策，采取措施，极大地优化了发展环境，保护了企业家的创新热情，激发了社会的创业激情
76	2015/11/12	江西"百媒进千企"活动走进江西方大特钢，16 家媒体参与了此次活动。方大特钢是江西一家上市企业，主要以冶炼—轧制弹扁—板簧产品为特色产业链，素以低成本、精品、差异化为核心战略，是国内品种规格最全、产能最大的弹扁生产企业
77	2015/11/19	19～20 日，省商务厅与省工商联在南昌联合举办了全省非公有制经济企业转型升级培训会。此次培训会提出除了多了解当前经济发展的新情况，研究解决新问题之外，还要积极融入"互联网＋"战略，不断拓宽企业转型升级的发展渠道
78	2015/11/28	中国光彩事业抚州（广昌）行活动在革命老区江西抚州市开幕。省委常委、省委统战部部长蔡晓明，副省长刘昌林，省政协副主席孙菊生，省工商联主席雷元江等出席参加。此次活动是全国民营企业在中央统战部和中国光彩事业促进会的带领下对抚州革命老区进行支持和帮助。抚州市与各地达成项目共 232 个、总投资额 1616.22 亿元。开幕式上抚州市共接受公益捐赠 2703.8 万元
79	2015/12/08	第三届"赢在江西"绿地杯青年创新创业大赛总决赛在江西电视台演播大厅正式打响。该比赛历时 4 个月，由省促进非公有制经济发展领导小组办公室、省工商业联合会等单位联合主办，省青年企业家协会、绿地集团江西房地产事业部、江西华赣文化旅游传媒集团有限公司承办。最终，趣学车的罗嘉俊、菜鸟驿站的叶强、户用型环保化粪沼气设备研发推广的刘振华分获冠、亚、季军。决赛现场，团省委发起成立了江西青创投资联盟，为青年搭建投融资对接平台。目前，已吸引中科招商云投汇、江西航天云网、中科招商、中青数媒等国内 97 家顶级风投机构加盟
80	2015/12/11	省工商联直属商会秘书长联席会议在江西省汽车摩托车配件用品商会召开，来自省工商联机关处室领导、直属商会的秘书长等近 70 余人出席会议。省人大财经委主任委员、省工商联副主席谭文英出席会议并讲话，省工商联会员处处长刘斌主持会议
81	2015/12/12	省工商联副主席洪跃平一行人出席了方大集团第二届"感动方大"先进人物颁奖晚会并为感动人物颁奖，鼓励方大集团高度重视精神文明建设，注重先进模范人物的培育、宣传和学习，打造自己的精神高地的做法
82	2015/12/17	省人民政府发布《关于打造南昌光谷、建设江西 LED 产业基地的实施方案》
83	2015/12/18	省工商联主席雷元江在江西省人民政府举行的新闻发布会中指出，江西省非公有制经济贡献巨大，支撑了江西省经济发展的半壁江山，成为新形势下保增长、促发展的主要动力源泉。同时，雷元江也指出"与全省'发展升级、小康提速、绿色崛起、实干兴赣'的奋斗目标相比，江西分非公企业发展仍不充分，还有很大的发展潜力和提升空间"

序号	时间 (年/月/日)	内容
84	2015/12/18	九江市新生代企业家商会第一届会员大会暨成立庆典在九江宾馆举行。市委常委、统战部部长廖奇志，省工商联副主席刘星平出席成立大会，并为商会成立揭牌
85	2015/12/18	在省人民政府举行的新闻发布会上，省商务厅厅长王水平介绍，1~11月，江西省"民企入赣"招商办举办"走出去"活动11场，"请进来"活动3场，引资累计新签项目1999个，签约投资总额10079.17亿元
86	2015/12/22	全国政协副主席、全国工商联主席王钦敏率出席在江西省举行的全国工商联十一届四次执委会议。全国工商联领导班子成员来到位于南昌市红谷滩新区的省非公有制经济总部基地——同心谷·商联中心考察，深入了解江西非公有制经济发展情况
87	2015/12/23	由全国工商联和江西政府联合举办的"全国知名民营企业助推江西发展升级大会"在南昌举行，这也是今年"民企入赣"主题招商的最后一场重大活动。全国政协副主席、全国工商联主席王钦敏，省委副书记、省长鹿心社出席大会并讲话。中央统战部副部长、全国工商联党组书记、常务副主席全哲洙，省委书记、省人大常委会主任强卫出席大会；省委常委、统战部长蔡晓明主持大会。大会创下了江西省一次性集中到会客商层次最高、规模最大的纪录。121个项目在大会现场集中签约，投资总额2190.14亿元
88	2015/12/26	福建省江西鹰潭商会在福州举行成立大会，鹰潭籍在闽企业家及全国各地兄弟商会共200余人齐聚一堂，共叙乡情、共谋发展。市委常委、统战部长戴春英，市政协副主席、市工商联主席吴泉水出席成立大会
89	2015/12/27	省民营企业家协会（华商书院江西校友会）2015年度会长办公扩大会议在南昌顺利召开。协会会长熊衍贵率副会长、秘书长、副秘书长及八大分会服务班子代表参加了会议。会议由舒文锋主持
90	2015/12/28	九江市赣州商会成立大会暨第一届会员大会召开。商会已发展正式会员70余人，市政协副主席、市委统战部部长黄大明出席成立大会